비거니즘

veganism

·· 비거니즘 ··

음식에서 윤리까지
식습관을 넘어선 비거니즘의 모든 것

에바 하이파 지로 지음
장한라 옮김

나의 부모님, 애니 Annie 와 압둘라만 Abdulrahman 에게.

추천사

비거니즘의 본고장 영국에서는 지난 십 년간 놀라운 변화가 있었다. 젊은 세대를 중심으로 비건들이 급증했다. 기후생태 위기에 대한 경각심이 큰 요인이다. 비거니즘이 비주류에서 주류 문화로 부상했다. 이제 거대 자본뿐만 아니라 정치권력도 비거니즘을 불가피하고 바람직한 흐름으로 인식한다.

그만큼 혼란도 커졌다. 1944년 도널드 왓슨이 만든 '비건'이라는 말은 작금의 현상을 오롯이 설명하지 못한다. 운동으로서의 비거니즘과 라이프스타일로서의 비거니즘이 갈등한다. 맥도날드 비건 버거는 비건인가? 식물 기반 자본주의가 비거니즘의 목표인가? 오랫동안 꿋꿋이 DIY로 비건 생활을 이어온 이들에게는 갑작스러운 비거니즘의 대중화가 반가우면서도 불편하다. 무엇이 진짜 비건인지, 비건이면 충분한 건지 논란이 거세다.

문화연구자 에바 하이파 지로는 혼란을 해소하기 위해 폭넓은 질문을 던진다. 오늘날 영국의 비건들은 정확히 무엇을 믿는가? 지로는 '비거니즘'의 이름으로 수행되는 정치, 실천, 이론을 총망라한다. 2015년까지 영국에서 대학원을 다니다가 한국에 돌아와 비건 운동에 몸담은 나에게도 생소한 개념이 많다. 포스트-비거니즘은 처음 들어봤다. 그만큼 영국 비건 운동은 최근 폭발적으로 성장했다. 담론의 최첨단이 『비거니즘』에 담겨 있다.

나는 솔직히 비거니즘에 관해 읽는 것이 지겨웠다. 관련 책을 여러 권 쓰고, 옮겼다. 동어 반복에 지쳤다. 지구와 생명을 살리는 선택이 나를 살리기도 한다는 건 자명한 이치다. 더이상 비거니즘은 새로울 것이 없었다. 하지만 이 책을 읽고 생각이 바뀌었다. 지로는 '비건학'을 주장한다. 젠더학이나 장애학처럼 비건학 역시 하나의 학문으로 연구해야 한다. 동물학, 에코페미니즘, 포스트휴머니즘과 연계되지만 별도의 영역을 구축할 때가 왔다. 새로울 것이 없기는커녕 비건학은 이제 시작이다. 나는 오랜만에 비건 관련 책을 읽으며 신이 났다.

유별난 식습관 또는 MZ세대의 힙한 트렌드, 그 이상으로 비거니즘에 관심이 있다면 이 책을 읽어 보길 바란다. 영미권 학계가 비거니즘이라는 새로운 물결을 어떻게 분석하는지 총체적으로 알 수 있다. 이는 다가오는 한국의 변화를 점치는 기회이기도 하다. 이미 한국의 비거니즘은 단순한 채식주의, 육식 반대가 아닌 죽임 반대, '살림'의 철학으로 자리잡고 있다. '비건' 뿐만 아니라 '비건 지향'의 정체성을 도입하여 포용적인 운동으로 나아간다. 서양의 전례와는 구분된다. 앞으로 한국의 비건학은 어떻게 발전할까? 동물 해방과 생명 살림의 학문을 꿈꾸는 여러분과 함께 『비거니즘』을 읽고 싶다.

전범선(가수 · 밴드 '양반들' 리더, 『해방촌의 채식주의자』 저자

"대단히 중요한 이 연구는 지금까지의 비거니즘 문화와 정치를 가장 포괄적이고도 이론적으로 섬세하게 연구한 대표적인 작업일 것이다. 특히나 훌륭한 점은 에바 하이파 지로가 정치적 전략의 문제에 주의를 기울이고 있다는 사실이다. 그 덕분에 이 책은 음식 소비의 정치를 다루는 사회 정의 운동에서 귀중한 도구가 된다."

디네쉬 조셉 와디웰, 호주 시드니 대학 사회법학 및 인권 학과 부교수

"에바 하이파 지로는 놀라울 정도로 참여적이고 강력한 생각을 불러일으키는 윤리적 · 정치적 실천으로서의 비거니즘을 탐구한다. 그녀는 비거니즘을 이해하고 자본주의적인 소비자 논리에 따라 비거니즘을 전유하는 데에 저항할 수 있도록 강력한 주장을 내세운다. 그리고 비거니즘의 급진적인 기반을 다시금 확인해주는 지속적인 연구와 행동주의를 보여준다."

캐서린 질스파이, 미국 켄터키 대학 박사 후 연구원

"동물과 인간을 지배하는 구조적인 불평등을 진정으로 해소하고자 다양한 형태의 비거니즘이 얽혀 있는 모습을 탐구하는, 놀라울 정도로 명쾌한 전달자. 에바 하이파 지로는 비거니즘의 정수를 뽑아내어 —바로 비거니즘이 지닌 잠재력이 결실을 얻으려면 음식이 핵심적이라는 메시지다— 우리가 지금 동물들이며 다른 인간들과 맺는 관계 때문에 생겨난 피해를 전복한다."

야미니 나라야난, 호주 디킨(Deakin) 대학 국제 개발 및 공동체 개발 학과 부교수

감사의 말

먼저, 맨 처음 이 책을 쓰도록 격려해주고 또 초고를 쓰고 편집하는 내내 든든히 지원해 준 마이크 굿맨 Mike Goodman 에게 감사를 해야겠다. 얼마나 고마운지는 아무리 강조를 해도 모자랄 정도다. 또, 인터뷰 대상자들이 내놓은 사려 깊고도 풍성한 생각들이 없었다면 이 책의 핵심부를 쓸 수 없었을 것이다. 여러분 한 명 한 명과 이야기한 건 각별한 경험이었으며, 그렇게 얘기하며 끌어낸 사안들은 비단 이 책의 맥락에서만 가치를 지니는 게 아니라 —지금 이 순간 비거니즘이란 무엇이며 어떤 의미를 지니는지를 생각하게 만들어주는— 나 자신의 연구와 실천을 곱씹어보는 데도 값진 것이었다.

이 책의 몇몇 챕터에 피드백을 준 친구들과 동료들에게도 이루 말할 수 없이 감사하다. 코멘트를 해준 조쉬 보우셔Josh Bowsher, 매튜 콜Matthew Cole, 알렉스 락우드Alex Lockwood에게 고맙다. 초고에 관해 예리하고, 건설적이고, 든든한 피드백을 준 익명의 검토자들과, 맨 처음 제안서에 관해 유익한 피드백을 준 검토자들에게도 감사하다. 다른 이들에게서 받은 그 모든 코멘트 덕분에 이 책이 의미 있는 모양새를 갖췄다. 아이디어를 구성하는 아주 초기 단계에서도 룬드Lund 대학교 워크숍 세션에서 유용한 코멘트와 제안들을 받았다. 이슬린 갬버트Iselin Gambert, 토비아스 린네Tobias Linné, 마리아 루이즈 카레라스María Ruiz Carreras, 헬렌 톰슨Helen Thompson을 비롯해 (참석은 했지만 끝나고 나서 이름을 적지 않았던 사람들까지!) 워크숍에 참석했던 사람들에게 어마어마한 고마움을 표하고 싶다.

특히나 나를 초대해 준 토비아스와 내가 머무르는 동안 넉넉히 시간을 내어 준 이슬린에게 고맙다. 마지막으로, 가장 마지막 교정을 도와준 모든 사람들에게 감사하다. 특히 그레그 홀린Greg Hollin, 애덤 설Adam Searle, 조나단 턴불Jonathan Tunbull이 후하게 시간을 내어 준 것은 두고 두고 감사할 것이다. 조금 더 폭넓게는 비건 실천에—어떤 방식으로든— 참여했던 내가 아는 모든 사람들과, 이 책에서 논의하고 있는 주제를 오랫동안 나와 얘기해 왔던 사람들 모두에게 감사하며, 특히나 브렌트 라이드Brent Reid에게 고맙다. 이 책으로 생기는 인세 수익은 브린즐리Brinsley 동물 보호소로 갈 것이다. 내가 아는 한, 여러분들의 마음과도 많이 맞닿아 있는 공간이다.

모두가 잘 알고 있는 바로 그 이유들 때문에 어려운 한 해를 보냈다. 코로나바이러스 락다운을 함께 겪은 동료들과 모든 친구들에게 고마움을 표하고 싶다. 전반적인 협력부터 줌 Zoom 퀴즈까지 모든 걸 활용해서 이번 한 해를 견딜 수 있도록 만들어주었으니까. 그런 점에서 콕 집어 얘기하고픈 사람들이 몇 명 있다. (첫 번째 락다운이 풀리고 나서 허용이 됐을 때!) 자신들의 정원에 우리를 초대해 준 케이티 히긴스 Katie Higgins 와 잭 데시 Jack Decie 에게, (다시 가능해졌을 때!) 처음으로 밖에 나가서 술자리를 함께해 준 캣 골드 Cat Gold 와 제프 화이트 Jeff Whyte 에게 두고두고 고마울 것이다. 또, (때마침 책의 주요 부분을 쓰는 시기였던!) 2019년 말에 처음 예상했던 것보다도 훨씬 더 오랜 기간 우리 머리 위에 지붕을 드리워 준 클라이브 홀린 Clive Hollin 과 펠리시티 스코필드 Felicity Schofield (그리고 토비 Toby)에게 마음 깊이 감사해야겠다. 그리고 (진즉에 넘겼어야 하는) 마지막 원고를 넘길 무렵 여러 가지를 고심하느라 분명히 지쳐 있었을 그레그에게 다시 한 번 특별한 감사를 보낸다. 마지막으로, 올해 갖은 스트레스를 겪으면서도 이 책을 쓰는 동안 딱 한 가지 정말로 눈부신 점이 있었다면 바로 조카가 생겼다는 것이다(동시에 나는 이모이자 고모가 되었다!). 그러니 하니 메이 Hani May 와 레오 Leo 의 이름을 특별히 언급하고 싶다. 정말이지 각별한 일이었다.

차례

차례

차례

일러두기

이 책에 인용된 도서는 출간일을 기준으로
국내에 번역이 되어 있는 경우에 한하여 국내 출판사와 출간 연도를 표기했다.
참고문헌의 경우 통상적으로 외국 문헌을 표기하는 방식을 따랐다.
이 책의 본문 표기에 관해서는 아래의 원칙을 따랐다.

· 작은따옴표 (' ')는 강조의 경우
· 큰따옴표 (" ")는 직접 인용, 대화를 나타내는 경우
· 겹낫표 (『』)는 책의 제목 및 잡지 등 정기간행물
· 화살괄호 (〈 〉)는 영화, 연극, 방송, 그림 등의 제목 및 기타 명칭
· 소괄호 ((), ──)는 저자의 보충 설명

Chapter 1

서론:

식습관 그 이상

"식물도 고통을 느끼면 어떡하죠?"

"수확할 때 죽는 쥐들은 어쩌죠?"

"동물성 제품이 포함되었다는 이유로 컴퓨터를 쓰거나 차를 운전하는 것도 거부하시나요?"

"고통받는 사람들은 어떡하고요?"

"주변에 사는 고양이가 자연스러운 원인으로 죽었다면, 그 고양이를 모자로 만들어 쓰는 건 비건다운 일일까요?"

어떤 맥락에서 나왔는가에 따라 이 질문들은 정말 궁금해서 생겨난 것일 수도, 도덕주의라고들 취급하는 것에 빈틈을 내고픈 마음에 던지는 것일 수도, 아니면 단순한 농담일 수도 있다. 그렇지만 이런 의문들이 공통적으로 지니는 것은 바로 기간이 얼마가 되었건 간에 비건으로 생활한 적이 있는 사람이라면 누구든지 이런 질문 가운데 최소한 하나는 들었을 거라는 점이다. 뭐, 어쩌면 저 마지막 질문은 아닐지도 모르지만—그렇지만 2003년에 들었던 질문인데도 내 머릿속에 단단히 자리 잡고 있기는 하다. 내 머릿속에 확실히 자리 잡고 있는 것 또 하나는, 그 당시—내가 신참 비건이었을 시절— 나는 이런 질문들을 매력적이라거나 심지어 때로는 즐겁다고 생각했으며, 다양한 윤리적 논쟁을 기꺼이 벌였다는 점이다. 반대로 친구 하나는 불신을 '뽑기'하듯 질문하는 순간을 몇 년 동안 겪으며 지쳤는지라 이 모든 것을 나보다는 별로 즐겁지 않게 여겼다. 즉, 질문처럼 던졌지만 사실은 위선이라고들 생각하는 것을 강조하려는 의도로 만들어진 말들 때문에 말이다. 비건 실천에 관한 최근의 글에 나타난 것처럼, 이런 경험은 특별한 것이 아니며 '뽑기' 도발은 비거니즘에 관한 일상적인 논의에 흔하게 나타난다(해밀턴 Hamilton, 2019: 185; 코 Ko, 2019: 7을 참고하라).

이런 광범위한 질문들은—그 뒤에는 다양한 동기가 자리 잡고 있으며, 서로 다른 답변을 이끌어낼 가능성이 있고, 이런 논쟁이 일어나는 빈도도 다양하다— 비거니즘 자체에 관한 중요한 점을 불러일으킨다. 누구나 비인간동물과 일종의 관계를 맺는다. 소비건, 오락거리건, 아니면 환경과의 일상적인 상호작용과 연관된 것이건 간에 말이다.[1] 따라서 동물이 사회에서 중심적인 역할을 한다는 것은, 비거니즘이 던지는 질문들, 즉 이런 관계에서 가장 흔히 여겨지는 것들을 다시 생각하고 이의제기를 요구하는 질문들이 스스로를 비건으로 정체화하는 소수의(빠르

---

1 여기서는 명확히 설명하고자 '인간'과 '환경'을 구분했으나, 실제로는 이렇게 구분하기가 어렵다는 점을 이해하고 있다. 인간과 다른 존재들이 어떻게 얽혀 있는가에 관한 더 많은 내용은 챕터 2에 나오는 포스트휴머니스트 사상에 관한 논의를 참고하라.

게 증가하고 있긴 하지만) 사람들에게만 관련이 있는 게 아니라는 의미이다.[2] 비거니즘은 실천, 가치, 그리고 필수적인 사회경제적 또는 문화적 역할을 지닌 동물과의 관계를 다룬다. 이러한 관계는 특정한 국가들의 맥락 사이에서, 또 그 안에서도, 상당히 다양하게 나타나지만 말이다.

비건 실천이 제시하는 사안이 방대하고 복잡하다는 것은, 농담처럼 표현하는 도발일지라도 결코 간단하게 풀어낼 수 없다는 것을 의미한다. 그러므로 이 책에서 나의 목적이란 과거에 내가 좀 더 사려 깊게 다뤘어야 했다고 생각되는 비거니즘에 관한 질문에 단순하게 반격을 하는 게 아니다. 이 책은 상상하거나 예측할 수 있는 비판에 맞서 비건 실천을 옹호하는 것도 아니다. 깔끔한 해결책을 제시하기보다는, 비거니즘이 제기하는 이론적으로, 정치적으로, 윤리적으로 복잡한 사안들을, 동시대 역사 속에서 중요한 시점에 보여주는 것이 이 책의 목적이다. 비거니즘이 식문화의 한 형태로서 지니는 고유함을 파악하려면, 역설적으로 비거니즘을 **식습관 그 이상**으로 이해해야 한다는 점을 이 책 전반에 걸쳐 주장할 것이다: 이는 그저 비거니즘이 음식을 넘어서 동물 윤리에 관심을 두고 있기 때문만이 아니라, 비거니즘이 기존의 인간-동물 관계를 비판하는 폭넓은 윤리적 함의를 지니고 있기 때문이다. 그와 동시에, 비건 실천을 둘러싼 긴장감을 파악하려면 비거니즘을 **고작 식습관**으로 축소하려는 시장, 구체적인 사회적 형성, 제도, 또 비인간 동물에 관한 특정 담론과 끊임없이 타협하는 무언가로 비거니즘의 위치를 설정해야 한다.

---

2 이를테면 비건 협회(Vegan Society)는 영국에서만 따져보더라도 2014년에서 2019년 사이에 비건의 수가 4배로 뛰었다고 밝힌다: https://www.vegansociety.com/news/media/statistics.

이 책의 중요한 목표는 '그 이상'과 '고작' 사이에서 벌어지는 투쟁이 어떻게 해서 비거니즘과 연관되어 정치적으로도 윤리적으로도 더욱 급진적인 잠재력을 열어젖히는 (또 때로는 닫아거는) 방식으로 타협되는가를 보여주는 것이다. 나는 비건 정체성과 비건 활동주의와 비건 캠페인의 형성, 다른 사회 정의 사안과의 친연성과 긴장을 부각하는 대중적인 논의, 또 최근 '식물 기반' 식품의 대중화를 비롯해 폭넓은 정보를 제공하는 맥락에 눈을 돌림으로써 이 과제에 접근해본다. 이 책은 대중문화, 기존 비건 학계의 논의, 또 장기적인 비건과의 원본 인터뷰 자료에 이르기까지 광범위한 사례를 다루며, 특정한 학문적 맥락이나 주류적인 미디어의 설명에서 인지하는 것보다 다면적이고 복잡한 것으로서의 비거니즘이라는 그림을 만들어 나간다. 이 책 전반에 걸쳐 내가 그려내는 사례와 논의들 모두가, 식습관을 넘어서는 방식으로 인간이 비인간동물과 맺는 관계에 질문을 던지는 것으로서의 비거니즘이라는 의미를, 또 이러한 문제제기가 지니는 광범위한 정치적 영향을 유지하는 것이 중요하다고 강조한다. '그 이상'이라는 의미를 유지하기 위해서 말이다.

지금의 공론장 안에서 비거니즘을 하나의 먹는 방식이나 유행하는 식습관 이상으로 개념화하는 것이 맞닥뜨리는 어려움 하나는, 이 책 시리즈[3]가 현대 음식 연구에 관한 것이라는 점이다. 이에 따라 책에서 음식을 강조해야 하다 보니, 비거니즘이 오로지 먹는 것과만 관련이 있다

---

3   역주: 여기서 말하는 책 시리즈는 "현대 음식 연구: 경제, 문화, 그리고 정치"다.
    이는 여러 분야를 아우르는 간학제적 시리즈로서, 사회과학 전반의 음식 연구를
    통합하고자 꾀한다. 각 영역을 주도하는 학자들이 집필을 맡아, 핵심적인 주제, ˎ
    논쟁, 새로이 부상하는 연구에 관해 신뢰할 만한 논평을 내놓는 시리즈다.

는 의미로 추락할 위험이 있다. 그렇지만 이 책 속 여덟 챕터에서 그려내
는 것들은 아마도 역설적으로 느껴질 것이다: 음식 그 자체를 논의할 때
조차도, 이러한 논의는 어김없이 결국은 음식을 넘어서게 된다. 이를테
면 비건 식품에 '크루얼티 프리 cruelty free'라는 라벨을 붙여 환경 정치와
노동 정치를 가린다는 이유로(하퍼 Harper 2010a를 참고할 것) 비건 식품
을 겨냥했던 잘 알려진 비판에 관한 챕터 3의 논의는 순수함의 정치, 라
이프스타일 활동주의, 정체성에 관한 보다 넓은 논의를 불러일으킨다.

　　이러한 복잡함을 더 멀리 밀고 나가, 비건 식습관을 홍보하고자 설
계하여 대규모 예산을 투입하는 캠페인에 관한 챕터 5 초반의 논의는 동
물의 주체성에 관한 광범위한 논의로 이어진다. 그 밖에 다른 대목, 이를
테면 챕터 2의 비건 연구 개괄이나 챕터 4의 풀뿌리 활동주의 분석에서
도, 비거니즘과 다른 사회정의 운동 사이의 연결 지점을 명확히 드러내
고자 했던 다양한 학문적·정치적 계획을 다루고 있다. 마지막 챕터는 이
러한 논의를 다시 살펴보며, 대안적 라이프스타일 정치와 연관하여 계급
적이고 인종적인 불평등에 관한 보다 넓은 우려와 시장에 기반을 둔 대
중적인 비거니즘의 한계를 다룸으로써, 특정한 현대적 비건 실천의 반복
이 지닌 한계를 그려낸다. 그렇지만 이 책의 개요를 살펴보기에 앞서 먼
저 해야 할 일이 있다. 중요한 논쟁을 벌일 만한 무대를 마련하는 일이
다. 그러니 비거니즘을 식습관 이상으로 그려내는 것이 어떤 의미인지,
또 최근의 변화가 이런 주장을 어떻게 복합적으로 만들기 시작했는가를
더 명확히 밝히며 이런 무대를 마련해보고자 한다.

비거니즘을 정의하고 위치 짓는 일의 어려움

비거니즘은 보기보다 정의 내리기가 어렵다. 최근에는 비거니즘이 무엇이며 어떤 의미를 지니는가에 관해 변화하는 정의들을 다루는 사건들이 여럿 벌어졌다. <더 게임 체인저스 The Game Changers>(2018)와 같은 대중문화 텍스트에서 엘리트 비건 운동선수를 묘사하고, 이와 관련하여 건강식 비거니즘을 칭송하는 것은(브라운 Braun 과 카루더스 Carruthers, 2020; 스캇 Scott, 2020) 제약과 금욕주의에 초점을 맞추던(콜 Cole, 2008; 콜과 모건 Morgan, 2011) 불과 십 년 전의 지배적인 미디어 담론과는 대조적인 모습이다. 저마다 아주 다른 함의를 지니고 있기는 하지만, '정크푸드 비거니즘'이 부상한다든가 서브웨이나 심지어는 맥도날드 같은 프랜차이즈 음식점에서 비건 푸드를 더욱 쉽게 접할 수 있게 된 점, 또는 비거뉴어리나 '고기 없는 월요일' 같은 캠페인 역시도 비거니즘을 엄격하고, 주변적이고, 극단적인 것으로 바라보던 초기의 문화적 이해와는 확연히 대조된다.

　이런 발전에 발맞춰 유연함과 개인의 선택을 강조하는 음식의 정치와 비거니즘을 연관 짓는 '식물 기반 식품'과 '플렉시테리어니즘'과 같은 어휘들이 우위를 점하게 되었다. 이는 비거니즘이 보다 급진적인 활동주의와 연관을 맺던 데서 벗어나기 시작했음을 예고한다(체리 Cherry, 2010을 참고할 것). 따라서 최근 비건 실천의 변화는 기나긴 정치적 역사와의 관계를 따졌을 때 복잡하고 때로는 불안한 위치를 차지하고 있다. 거기다 상황을 더욱 복잡하게 만드는 것은, 바로 최근의 이러한 사건들과 대조적일 수도 있는 비거니즘의 규범적인 정의를 분명히 밝히려는 시도들 때문에 생겨난 수많은 긴장이다.

　실제로 작용하는 비거니즘의 정의를 정립하는 데 유용한 시작점은 예를 들자면 영국 비건 협회UK Vegan Society라고 할 수 있다. 이 협회는 1944년에 창설되었으며, 동물성 제품 소비를 없애고자 하는 개인들을 지원하는 데 중요한 역할을 했다. 아마도 '비건'이란 용어를 만들어낸 창립 멤버인 도널드 왓슨Donald Watson을 통해 잘 알려진 비건 협회의 초기 활동으로는 새로 비건이 된 사람들을 위해 영양 정보를 제공하고, 초기 레시피 책을 출판하고, 1960년의 미국 비건 협회American Vegan Society와 같이 다른 국가적 맥락에서 비건 협회가 등장하도록 지원한 것이 있다(바트Batt, 1964).[4] 이후, 비건 협회는 비거니즘의 가장 중요한 기표 가운데 하나로 손꼽을 수 있는 비건 제품을 지정하는 국제적인 트레이드마크(알파벳 V가 잎사귀와 해바라기 모티브로 변해가는 디자인)를 만들었다.

　협회에서 자체적으로 내린, 많이 인용되는 비거니즘의 정의는 "음식, 의복, 그 밖에 다른 어떤 목적으로든 동물을 착취하고 학대하는 것을 가능하면서도 실행할 수 있는 선에서 배제하기를 추구하는 생활 방식"(비건 협회, 2020a)을 가리킨다는 것이다. 그렇지만 언뜻 보기에는 간단한 이 정의조차도 비거니즘의 의미에 관한 논의를 해결하기보다는 확장하고 있다: '착취'와 '학대' 같은 용어의 의미에서부터 시작해 '가능하면서도 실행할 수 있는' 주의사항을 어떻게 이해해야 할 것인가까

4　도널드 왓슨의 아카이브를 참고하여 그에 관한 보다 심도 있는 논의를 확인하고 싶다면, 비건 사회학 개회 컨퍼런스에서 열렸던 콜, 스튜어트(Stewart), 크랜(Craane)의 총회를 참고하라. 다음 링크에서 확인할 수 있다: https://www.youtube.com/watch?v=bAHHifclJH0.

지, 모든 것과 관련된 복잡한 문제를 열고 있다. 더군다나, 비거니즘이라는 **하나의** 역사를 동물 제품을 없애는 **확정적인** 역사로 취급하지 않도록 관심을 기울여야 한다. 이렇게 틀을 짓는 것은 다양한 문화적 또는 지리적 기원을 지닌 영적, 종교적, 윤리적 운동을 배제하기 때문이다(하퍼, 2012). 실제로 특정한 식이요법이나 영적인 실천은 비건 협회에서 규정한 전문용어를 활용해본다면 오늘날 '비건'이라 설명할 만한 것이긴 하겠으나, 이러한 것들은 비건 협회라는 기관보다 훨씬 더 기나긴 역사를 지니고 있으며, 특정 조직과 함께 '시작한' 비거니즘이 지닌 그나마 깔끔한 의미를 복잡하게 만든다(이는 협회가 처음 용어를 정의할 때 강조했던 점이다[콜 Cole, 2014]). 비거니즘의 구체적이고, 영향력 있고, 제도적인 정의를 분석하는 데 큰 가치가 없다고 말하려는 것이 아니다. 그보다는 비건 윤리에 관해 더욱 복합적인 논의를 열어젖히는 게 아니라, 오히려 닫아거는 방식으로 이러한 역사를 이용하려는 데에 저항하는 것이 중요하다는 의미이다.

이와 같은 긴장감을 마음속에 품고 본다면, 비건 협회의 정의는 어느 정도 유용하다. 이것이 **분명히** 열어젖히는 것이 있기 때문이다. 비건 협회의 초기 작업이 강조하는 것은 현재 비거니즘에 관해 가장 잘 알려진 개념 가운데 일부가 어떻게 비거니즘을 식습관 이상의 무언가로 이해하고 실행에 옮겼는가다. 여기서 비거니즘은 단지 먹는 데만 관련이 있는 것이 아니며, 주로 인간의 이익을 위해 쓰이는 동물과의 모든 관계를 아우른다. 다시 말해, 비건 실천은 역사적으로 단지 특정한 동물 제품을 거부하는 데만 초점을 맞췄던 것이 아니라, 특정한 인간들이 다른 존재와 관계를 맺는 방식에 관해 보다 근본적인 일련의 질문들을 제기했다. 비거니즘의 정의는 '가축'이나 '식용 동물'과 같은 구분을 뒤흔들 뿐만 아니라(아르카리 Arcari, 2020를 참고할 것), 동물원부터 오락거리로 하는 사냥까지, 또 경마부터 실험실에서 동물을 활용하는 것까지, 다른 여러 제도와 실천의 근간을 이루는 원칙들까지 뒤흔든다.

보다 정확하게 표현하자면 다음과 같다: 비건 윤리라는 개념을 의미 있게 만드는 것은, '인간지배제 anthroparchy'가―"인간에게 특권을 부여하는 사회 조직의 형성을 통해 '자연'이 지배를 받는, 복합적이며 비교적 안정적인 위계적 관계의 집합(커드워스 Curdworth, 2011:67)"― 특징인 사회에서 비건이라는 삶의 방식은 역사적으로 이러한 형성의 불가피함과 이를 뒷받침하는 제도를 뒤흔들기를 추구해왔다는 것이다. 이 책은 현대 비거니즘이 대중화되고 상업화된 다른 국가적 배경과 공명하는 여러 이론, 논의, 논쟁을 다루고 있지만, 인간지배제가 사회적 관계에 영향을 끼치는 맥락 속에서, 영국의 맥락 안에서 쓰인 책이다.

비거니즘이 인간의 불평등과 맺는 복잡한 관계

비건 협회에서 내린 정의로 시작하면서 불러온 비거니즘의 위치 지어진 계보에 초점을 맞출 때조차도, 비건 실천은 음식을 넘어 광범위하게 뻗어 나가는 함의를 지닌 다양한 윤리적 관심사를 보여준다. 비건 학계로 접어들어 보다 심도 있는 논의를 할 때 명확하게 드러나는 것은, 이런 형식의 비거니즘은 부차적인 의미를 살펴보더라도 식습관 그 이상으로 작용한다고 이해된다는 점이다. 역사적으로 비인간동물들은 비건 실천방식에서 중심 역할을 해온 것으로 간주되었으나, 비인간동물의 처우와 **인간의** 고통과 관련된 사회정의 사안 사이에 연결점을 그려내려는 시도 역시도 마찬가지였다(콜, 2014). 코리 리 렌 Corey Lee Wrenn 이 얘기하듯이, 등장하면서부터 "비건 협회는 식물 기반 소비를 기근, 전쟁, 환경 파괴, 건강, 특히 비인간동물의 고통에 대한 해결책으로 내세웠다"(렌, 2019; 191). 렌(2020)은 보다 공식적이고 전문적인 제도에서는 시간이 흐르면서 이러한 결합이 보다 약해졌지만, 그래도 급진적인 활동주의의 반복은 특정한 인간과 비인간동물의 억압이 겹쳐지는 지점을 발견하고, 질문을 던지고, 또 여기에 이의를 제기하는 (그리고 계속 이렇게 하고 있는) 비건 활동주의의 풍부한 역사가 있다고 주장한다(이 점은 조금 뒤에 더 심도 있게 논의할 것이다; 체리, 2006; 화이트 White 와 커드워스, 2014; 화이트, 2015; 화이트와 스프링어 Springer, 2018; 지로 Giraud, 2019: 69-97도 참고할 것). 이와 같은 활동주의적 역사들은 비거니즘을 개인주의적이며 단일한 쟁점만을 내세우는 형태의 정치로 이해하는 비교적 최근의 사고방식과 분명하게 선을 긋는다.

비거니즘이 획일적이라거나 단일한 쟁점만을 다룬다고 바라보는 스테레오타입을 뒤집으려면 긴 역사를 살펴보는 것이 도움이 되기는 하나, 무비판적으로 긍정적인 서사를 구성하는 데에 저항하는 일도 중요하다. 내 관점을 드러내자면 다음과 같다: 나 자신이 비건이며, 이 책 전반에 걸쳐 나는 비거니즘, 또는 보다 구체적으로 얘기하자면 풀뿌리 비건 실천이 지닌 희망적인 잠재력에 대해 대체로 호의적인 입장을 취하고 있다. 그렇지만 이 책에서 밝혀내고 있듯이, 비건 정치는 이질적이며, 때로는 과도하게 일반화를 하거나 문제적인 주장들이 비건 캠페인과 일부 학파에서 생겨난다. 보다 복합적인 분석을 발달시키는 기존의 생산적인 연구와 활동주의는, 인간과 동물 착취가 맺은 복잡한 관계를 보다 넓은 자본주의적 사회관계의 비판적 분석 속에 조심스럽게 위치시켰다(예를 들어, 커드워스, 2011; 와디웰 Wadiwel, 2015). 여기서 복잡한 관계라 함은 어떤 면에서는 실질적인 측면을 의미한다. 이를테면 살육이 벌어지는 도축장 같은 장소에서 생겨나는 인간의 불평등과 동물의 고통 사이의 폭력적인 교차점을 가리킨다. 정육 공장에 관해 강렬한 장문을 써내는 언론과 민족지적 연구에 자세히 나타나 있듯이, 인종화된 계급 질서는 가장 더럽고 사회적으로 제일 꺼리는 노동을 누가 맡을지를 결정하고는 하며, 또—주로 이주민이라는 노동자들의 불안정한 지위 때문에 심화되는— 경제적 불안정성이 빈번하게 영향을 받으며 노동조건을 개선하려는 시도를 약화시키고는 한다(르뒤프 LeDuff, 2003; 파키라 Pachirat, 2011). 예를 들면, 최근 미국에서는 정육 과정 때문에 COVID-19 바이러스 대규모 감염이 일어났다(스페흐트 Specht, 2020). 이는 유럽 전역에서도 똑같은 방식으로 일어났다: 새로운 바이러스 감염이 독일의 육류 공장을 비롯해 네덜란드와 덴마크의 밍크 털 농장에서도 나타났다(마론 Maron, 2020). 이러한 분석들은 폭력적인 방식으로 동물을 자본으로 전환시키는 제도들이(슈킨 Shukin, 2009) 특정 인간 집단을 소모성 자원으로 변화시키는 일에도 의존하고 있다는 사실을 보여준다(무어 Moore, 2017를 참고할 것).

인간과 비인간동물의 억압이 서로 얽혀 있다는 사실을 인지한 것은 새로운 일이 아니다. 활동주의적 배경에서 본다면 다양한 형태의 억압 사이의 관계를 명확히 밝혀낸 단체들의 역사가 길다: 빅토리아 시대 여성참정권 운동과 생체 해부 반대 운동이 함께 일어났던 것에서부터(킨 Kean, 1998), 사회적 불평등에 관한 마르크스주의적 분석에 동물들을 포함한 예리한 반자본주의 팸플릿까지 말이다(도미니크 Dominick, 2010 [1997]). 마찬가지로, 1980년 미국에서 생겨났으나 그 뒤 전 세계적으로 선언문을 낸 '푸드 낫 밤스 Food Not Bombs'와 같은 계획들은 채식 식품과 비건 식품을 공공장소에 공유함으로써 음식물 쓰레기와 식량 빈곤과 관련된 사회적 부정의를 오랫동안 강조해 온 역사가 있다(헤이넌 Heynen, 2010; 지로, 2015; 윈터 Winter, 2015; 스파타로 Spataro, 2016; 질스 Giles, 2018). 기후 발자국을 줄이고 다른 종과의 관계를 다시금 정리하고자 사람들이 할 수 있는 일 가운데 하나로 점점 더 비거니즘의 위치를 잡아가는 가운데, 신新 기후운동에서 비거니즘이 맡는 (논쟁적인) 역할은 동물 윤리와 다른 사회정의가 얽히며 만들어낸 이러한 유산을 상기시킨다.[5]

---

5 챕터 4에서 개략적으로 서술하듯이, 이와 같은 가정은 현재 정치적 투쟁의 장이 되는 비거니즘과 환경론이 맺는 관계의 속성을 따져본다면 결코 문제가 없다고 할 수 없다.

그렇지만 인간과 동물이 맺는 직접적이고 물리적인 관계는 그저 일부일 뿐이다. 기존의 비건 연구, 학계, 활동주의는 흑인 페미니즘(하퍼, 2010a, 2010b, 2012; 코와 코, 2017; 코, 2019), 비판적 장애 연구(테일러 Taylor, 2017), 퀴어 이론(델라베르사노 Dell'Aversano, 2010; 존스 Jones, 2014; 스테픈스 그리핀 Stephens Griffin, 2017; 브루엑 Brueck과 맥닐 McNeill, 2020), 토착민 학계(로빈슨 Robinson, 2013, 2014, 2017; 워맥 Womack, 2013; 벨쿠르 Belcourt, 2015), 에코페미니즘(애덤스 Adams, 2000 [1990]; 가르 Gaard, 2002; 그루엔 Gruen, 2015; 라이트 Wright, 2015)에서 나온 획기적인 성과를 비롯해 불평등한 음식 체계와 비거니즘이 맺는 관계를 질문해 온 풍부한 역사가 있다. 이렇게 많은 연구물은 더 많은 자료를 강조했으며, 인간의 억압과 비인간동물의 억압이 맺는 담론적 관계를 강조했다. 주요한 주장으로는 '동물'이나 '종'과 같은 범주가 동물을 '더 낮은 존재 Lower beings'로 그려낼 뿐만이 아니라, 규범적으로 '인간'이 소유한다고 여겨지는 권리와 특권에서 특정한 사람들을 배제하는 데도 관례적으로 쓰인다는 주장이 있다. 예를 들어, 부상하고 있는 학문적 장인 비건학은, 『비건학 프로젝트 The Vegan Studies Project』(2015)의 저자 로라 라이트 Laura Wright가 얘기하듯이(라이트, 2018, 2019를 참고할 것), 인간과 동물의 억압이 '뒤얽혀 있다'는 인식에 중점을 둔다. 더 나아가, 아프 코 Aph Ko의 『동물학적 마술로서의 인종차별 Racism as Zoological Witchcraft』(2019)은 이렇게 얽혀 있는 모습이 실제로는 어떻게 드러나는가를, 백인지상주의가 동물성 담론에 확고히 기반을 두고 있는 방식을 설명하는 예리한 대중문화 분석을 통해 보여주며, "**동물**이란 언제나 편리하고 변화하는 기표이며, 지배계층이 가치가 없다고 여기는 어떤 집단이든 즉시 이 꼬리

표로 낙인이 찍힌다"고 주장한다(2019: 37;).

코와 라이트가 상술한 배제적인 방식의 '인간' 개념 구성은 식민지 확장 계획과 긴밀히 연결되어 있던(킴 Kim, 2015; 잭슨 Jackson, 2020) 계몽주의 시기에 부상한 앵글로-유럽 철학에 뿌리를 내리고 있다는 게 드러났다(라투르 Latour, 1993; 울프 Wolfe, 2003; 해러웨이 Haraway, 2008; 브라이도티 Braidotti, 2013). 그렇지만 이 인본주의적 낙인의 유산은 오늘날에도 이어지고 있다. 예를 들어, 현재 유럽에서는 동물성과 특정 인간 집단이 지닌 느슨한 연관성이 타블로이드판 신문에 일상적으로 남아 있다. 마치 바퀴벌레라는 이미지나 '해충'이라는 말이 이주에 반대하는 미디어 담론에 쓰여 외국인 혐오 정책을 정당화하는 것처럼 말이다(이 담론은 유엔에 의해 널리 알려진 지탄을 받았다(2015); 베리 Berry, 가르시아-블랑코 Garcia-Blanco, 무어 Moore, 2016에서도 다루고 있다).

따라서 기존의 활동주의와 학계는 비거니즘이 단지 비인간동물에만 관련된 것이 아니며, 또 다른 사회정의 캠페인과 연결될 수 있는 가능성을 품은 것으로 위치 짓고자, 인간과 동물의 억압이 지닌 다양한 연결점을 강조했다. 그렇지만 실제로 이런 연결점을 실현하기란 꼭 간단치만은 않았다. 널리 알려진 비건 캠페인은 여러 억압이 맺는 복잡한 관계를 이해할 수 있는 공간을 열기보다는, 불평등을 고착시키는 방식으로 이 섬세한 작업에 접근하는 경우가 너무나 많았다(이에 관한 더 많은 내용은 챕터 5와 6을 참고할 것). 예를 들어 북아메리카에서는 특히나 동물을 윤리적으로 대우하는 사람들 PETA과 같은 대규모 NGO에서 홍보 활동을 하면서 유색인종과 토착민 공동체가 마주치는 폭력과 동물 학대를 조악하게 비교하는 바람에 심각한 해를 끼쳤다(킴, 2011). 게다가 백인 중산층 활동가들이 특정 행동을 (사냥, 육류 소비) 금지하라고 요구하는 것은 정착민 식민주의의 논리를 다시금 드러내는 규범을 일반화하며 강요하는 것으로 보일 수 있다(로빈슨, 2017). 한발 더 나아가, 코(2019: 6)가 제시하는 문제점은 대중적인 논평이나 비거니즘에 관한 일상적인 논의, 심지어는 일부 풀뿌리 활동주의까지도 비건 실천에서 가장 잘 알려진 측면으로 후퇴하는 경향이 있다는 것이다. 바로 음식으로 말이다.

초점을 음식에만 국한할 때의 문제점은, 다른 불평등을—또 이를 지원하는 제도와 체제를— 함께 뒤흔들지 않는 한, 식습관이나 심지어는 라이프스타일을 바꾼다 하더라도 실천이 곧 '크루얼티 프리'한 생활을 향한 길을(하퍼의 표현을 따오자면 이러하다, 2010a) 열어주지 않는다는 점이다. 자연을 파괴하는 단작물 농업의 사례가 보여주듯이, 저임금을 지불하는 이주노동과 불평등은 단지 유축농업하고만 연관된 문제가 아니다(헤더링턴 Hetherington, 2020). 식민주의가 남긴 유산과 관련이 있는 식물 기반 식품 제조에 보태어, 교차성 비건 학계는 소비자 정치의 관점에서 유사한 긴장을 지적했다: 과연 누가 억압적인 음식 시스템에서 '벗어나겠다고' 결정할 수 있는가의 문제 역시도 불평등과 밀접한 관계를 맺는다고 강조하면서 말이다(하퍼, 2010a, 2012).

이러한 긴장 가운데 일부는 줄리아 펠리츠 브루엑 Julia Feliz Brueck 이 편집한 에세이 선집에 나와 있다. 이 선집은 활동주의와 대중문화 양쪽에서 백인 중산층 비건의 경험을 중시하는 것이 비건과 동물 활동주의 실천방식에 참여하지 못하도록 만드는 장애물이라고 자세히 설명하는 비판적인 목소리를 담은 무대다(브루엑, 2017, 2019; 브루엑과 맥닐, 2020을 참고할 것). 이렇게 사람들에게 널리 알려진 비거니즘 묘사가 위험한 까닭은 누가 '전형적인 비건 typical vegan'으로 그려지는가 때문만이 아니라, 음식에 관한 '포스트-인종' 서사를(하퍼, 2012), 또는 인종적이고 계급적인 불평등이 음식 선택에 대한 접근성을 구성하지 않는다는 의미를 확고히 만들기 때문이다. 이와 같은 서사는 전형적인 신자유주의적 형성 과정 속에 자리 잡고 있는 개인에게 윤리적 책임을 옮겨둠으로써, 모든 음식 시스템에 영향을 끼치는 구조적 불평등을 간과한다는 점에서 문제적이다(리틀러 Littler, 2017을 참고할 것). 요컨대, 비거니즘은 동물이 사회적으로 어떤 위치에 있는가를 문제 삼을 수 있는 잠재력이 있으며, 그렇게 함으로써 구체적인 문화적 맥락 속에서 인간, 동물, 환경과 관련된 불평등이 맺는 관계에 관한 질문을 열어낸다. 그렇지만 비건 실천이 본질적으로 다른 불평등을 고착시키는 것에 반하는 것은 아니다.

여기서 비건 학계라는 맥락에서 개괄적으로 설명한 비거니즘의 비판적인 사회 참여는 비건 음식 실천에 참여할 때의 긴장과 장벽을 섬세하게 설명한다. 코의 주장에 따르면, 보다 광범위한 미디어나 대중적인 비거니즘 인식은 이런 섬세함을 놓치는 경우가 많다. 그 대신, 비거니즘이 먹는 방식으로만 축소되는 일이 흔히 벌어진다. 이는 곧 비건 윤리에 관한 논의가 '기존 음식 시스템 안에서 특정한 식품을 선택할 수 있는가?'라는 접근성을 따지는 것으로 국한된다는 뜻이다. 더군다나 음식 불평등에 관한 비판은 이런 시스템 자체의 문제에 관한 논의를 열기보다는 구조적 변화라든가 동물 억압과 다른 불평등 사이의 '다차원적인' 관계에 관한 논의를 배제하는 방식으로 쓰이는 경우가 많다(코, 2019: 10). 이와 같은 이유로, 비거니즘을 먹는 방식이나 라이프스타일로 축소하려는 시도에 저항하는 게 중요하며, 그 대신 비건 실천을—다른 사회

운동과 마찬가지로—"물건이나 소비가 아니라, 변화를 향한 강력한 논의에 관한" 것으로 여겨야 한다고 코는 주장한다(2019: 8). 그렇지만 코가 요청하는 이런 대화를 부추기는 것이 바로 지금 문제가 자리 잡고 있는 지점이기도 하다. 구조적 불평등에 대한 폭넓은 문제제기와 비거니즘 사이에 연결점을 만들어내는 것이야말로 근래 들어 어려워진 일이다. 비건 실천 자체의 대중화 때문은 아니더라도, 적어도 이러한 대중화의 몇몇 측면들 때문에 말이다.

비건 실천의 변화:
'활동주의 비거니즘'에서 '식물 기반 자본주의'로?

앞서 귀띔했던 것처럼 2010년대, 구체적으로 2015년부터는 비건 음식 문화가 주류로 이동했다. 특히나 북반구의 선진국들과, 남반구의 산업화된 도시 지역에서 말이다. 원래는 동물 활동가들이 벌이는 시위의 표적이 되었던 대규모 패스트푸드 체인점에서는 이제 비건 버거를 팔고, 힙스터 카페에서는—잭프루트 BBQ부터 가짜 오리 만두, 도사, 템페 사테 꼬치까지— 훨씬 더 오래된 식물 기반 역사를 지닌 음식 문화에서 가져온 메뉴를 판다. 여러 국가의 맥락 속에서 이런 변화는 비거니즘이 DIY 반문화로서의 지위를 지녔던 데서 탈바꿈하여, 돈이 많이 들고 중산층만이 접근할 수 있는 코드로 바뀌는 결과를 낳았다(폴리쉬 Polish, 2016). 비건 카페와 식당이 젠트리피케이션과 연관되는 경우가 왕왕 생겨나면서 말이다(해밀턴, 2019: 174-5). 이런 상황에 맞서, 비거니즘의 기원과 실천의 특징이었던 급진적인 차원의 일부를 잃어가고 있는 것이 아닌가 하는 학자들과 활동가들의 우려가 늘어났다. 식물 기반 음식의 대중화는 다시금 초점을 식습관으로서의 비거니즘에만 공고히 맞추도록 했다. 폭넓은 인간-동물 관계와, 이 관계가 다른 형태의 억압과 지닌 연결점을 질문하는 비건 실천에 관한 총체적 이해와는 반대로 말이다.

이를테면 리처드 화이트의 소중한 에세이 『뒤를 돌아보고, 앞으로 나간다 Looking Backward, Moving Forward 』(2018)는 비거니즘이 더 급진적인 풀뿌리 운동에서 주류로 옮겨가는 것에 관한 경고를 담은 메모처럼도 느껴진다. 그가 주장하기로는 이런 변화는 온갖 종류의 민주주의적 잠재력을 품고 있기는 하지만, 그와 동시에 비거니즘이 이런 변화에 휘말려서 그저 메뉴판에 있는 또 하나의 선택지나 유행하는 라이프스타일로 바뀌어버릴 위험도 있다. 비거니즘의 호소를 확장하는 일은 잠재력을 지닐 수 있으나, 비건 식습관이 더 널리 퍼지는 것이 곧 중요한 사회적 변화와 똑같다는 가정은 실제로 구체화되어 나타나지 않았다는 점을 지적한 것이다 ―동물 제품의 소비는 계속 증가하고 있으니 말이다.― 나아가, 식물 기반 식사를 곧바로 '크루얼티 프리'라는 틀 안에 넣는 것도 미심쩍다. '크루얼티 프리' 라벨에 대한 하퍼(2010a)의 비판에 공명하며 화이트는 여러 유럽 국가에 퍼져 있는 과일과 채소 재배 지역 농업 노동자들이 끔찍한 학대를 겪었다는 점을 지적한다. 화이트의 질문처럼, "비거니즘이 인간이나 비인간동물에게 긍정적인 영향을 끼치고 있지 않다면, 또 실제로는 더 높은 수준의 고통과 착취를 만들어내는 데 일조하고 있다면, 그렇다면 21세기 비거니즘은 과연 가장 위대한 가치를 지니고 있다고 할 수 있는가? 그리고 무엇을, 또는 실제로 누구를 위해 쓰이는가?"(화이트, 2018).

이런 긴장을 잘 보여주는 사례는 식물성 우유(또는 대체우유라고도 불리는, 견과류, 귀리, 삼 등의 작물로 만든 우유)를 겨냥한 새로운 시장의 등장에 관한 나탄 클레이 Nathan Clay 외(2020)의 논의에서 찾아볼 수 있다. 이런 제품이 부상한 것은 잠재적으로는 (갬버트 Gambert, 2019의 표현에 따르면) '교란하는 실천 disruptive practice'이 될 수도 있다. 식물 기반 시장이 성장하면서 음식 시스템 안에 더욱 극적인 과도기가 생겨날 가능성이 감지되는 가운데, 비인간동물과의 특정 관계를 탈-자연화하는 실천 말이다.

실제로 이런 제품들이 동물 농업에 끼칠 것으로 보이는 위협은—어느 정도는— 대체우유 mylk 라는 표현 안에 y가 들어있는 이유를 설명해준다. 이 대안적인 표기법은 원래 미국에 기반을 둔 유제품 기업들이 비동물성 제품에 '우유'라는 용어를 사용하지 못하도록 법적으로 이의를 제기한 것이나, 유럽에서도 유제품이 아닌 우유와 대체육류를 두고 비슷한 싸움이 맹위를 떨치던 데에 대응하고자 생겨났다(갬버트, 2019: 801-3). 그렇지만 가장 널리 퍼져 있는 대체우유는 대규모 유제품 기업들이 생산한다. 이 기업들은 유제품을 계속 생산하면서도, 식물성 우유가 더 건강하고 보다 환경친화적인 대안이라는 인식을 강화함으로써 소의 우유를 둘러싸고 늘어만 가는 윤리적 불안을 이용해 자신들의 (논비건) 파이를 키우고 이를 삼키는 일을 효과적으로 시도한다.

오틀리 Oatly 와 같은 다른 독립적인 브랜드는 자신들의 대체우유가 기존의 소비 양식과(또 유제품 기업들이 소유한 다른 대체우유 브랜드들과) 극단적으로 단절된 것이라고 **분명히** 내세운다. 그렇지만 이런 제품마저도 활동주의-비건 정치와 연합하기를 거부한다: "동물의 죽음을 역겹게 취급하는 것과 비건 활동주의의 '극단성'"을 피하면서 말이다(클레이 외, 2020: 956).[6] 다시 말해, 대체우유는 "유제품 시스템을 재구성하는 과정에서 손해를 볼 만한 위치에 놓인 사람들이 내세우는, 동의할 수 없는 주장"을 피하는 동시에 "[대체우유가] 경제적 이해관계에 맞는 불쾌한 심사숙고, 그리고 아몬드, 콩, 귀리를 생산하는 데 관련된 사회적

---

6 최근 오틀리는 벤처 자본 그룹인 블랙스톤(Blackstone)에서 자금 지원을 받은 일로 비판을 받았다. 이 결정을 옹호하는 주장은 다음을 참고하라: https://www.oatly.com/int/climate-and-capital.

관계들"을 피하려는 목적으로 자신들의 브랜딩을 조심스럽게 조절한다 (클레이 외, 2020: 956). 그러므로 이런 제품들은 음식 시스템에 혼란을 불러일으킬 기미가 보이기는 하나—또 어떤 경우에는 스스로 그렇다고 홍보하기는 하나— 대체로는 사업이 수월하게 정상적으로 굴러가도록 만드는 역할을 한다.

이런 점을 고려한다면, 비거니즘이 지닌 급진적인 윤리적 잠재성이라는 관념을 단념하거나, 또는—적어도— 비건 **식습관**이 서로 얽혀 있는 억압에 대응한다는 의미를 저버리고픈 생각이 들 수도 있다. 그렇지만 이 책에서 내가 이야기하는 것은, 집단적 변화와 개인적 변화 사이의 어지러운 공간에서 작동하는 비건 (또 그 어떤 것이건) 정치적 실천방식의 한계를 고찰하는 일이 중요하기는 하나, 여전히 간과해서는 안 될 중요한 것이 비거니즘에는 있다는 사실이다. 자본주의 아래에서 윤리적 소비 같은 건 존재할 수 없다는 걸 인식하는 것은, 그렇게 어마어마한 규모로 비인간생명체를 자원으로 축소해버리는 실천과 제도를 어떻게 고칠 것인가라는 어려운 질문에서 손을 떼는 것과 동일하지 않다. 비거니즘이 이런 과정에 저항하는 '대항품행'의 양식으로 기능할 만한 여지를 탐구하는 일은 여전히 가치가 있다(와디웰Wadiwel, 2015).[7]

비건 식습관과 관련된 긴장을 조정하는 화이트의 대응법은—그가 불완전하다고 시인하는 것이기는 하나— '라이프스타일' 비거니즘과 '활동주의' 비거니즘을 구분 짓는 것이다. '라이프스타일 비거니즘'이 민주

---

7 자본주의 아래에서 윤리적 소비란 없다는 (중요한) 생각이, 아무것도 하지 않는 길로
   빠져버릴 수 있다는 위험에 관해 고찰해 준 세안 맥코리(Seán McCorry)에게 감사하다.

화를 불러일으키는 힘이라며 무비판적으로 받아들이기에 앞서, "뒤를 돌아보고" 앞서 일어났던 풀뿌리 사회 운동이 벌였던 복합적인 형태의 비건 윤리에서 교훈을 끌어내는 것이 중요하다고 그는 촉구한다. 이 구분은 대중적 비거니즘의 부상이 지닌 이해관계를 설명한다는 점에서 유용하다. 내가 챕터 7에서 제안하는 라벨을 사용해 표현하자면, 식물 기반 자본주의의 이해관계를 말이다. 비거니즘의 대중화가 지닌 위험은 바로 식물 기반 자본주의가 '식습관 그 이상'으로서 기나긴 역사를 지닌 운동을 '그저' 식습관으로 축소해버릴 가능성이 있다는 점이다. 이런 상업화 과정은 인간-동물 관계에 관한 폭넓은 질문을 단절시킬 뿐만이 아니라, 비거니즘과 다른 사회정의 사안들 사이의 연결점을 잘라버린다: 이를 통해 명명백백한 인간지배제의 문제가 아니라, 동물을 먹는 문제로 축소시킨다.

'활동주의 비거니즘'과 '라이프스타일 비거니즘'의 차이를, 또는 유구하게 반복되어 온 비건 실천방식과 식물 기반 자본주의의 차이를 인식하는 것은 중요하나, 비건 활동주의를 낭만화해서는 안 된다. 앞서 언급했던, 인종적으로나 문화적으로나 문제가 있는 대규모 비건 캠페인을 제쳐둔다 하더라도, 풀뿌리 비건 실천방식 자체가 때로는 단일 쟁점 정치나 엘리트주의로 빠지기도 했다(이 책의 챕터 4와 6을 참고할 것). 그렇지만 활동주의/라이프스타일이라는 구분은 느슨한 발견법으로서는 유용하다. 이 쟁점이 지속되고 **있는 덕분에**, 최근 식물 기반 음식이 상업화되며 끓어올랐던 긴장감이 벌써 기나긴 역사를 지닌 비건 활동주의와 비건 학계라는 맥락에서 벌어지는 토론과 논의의 주제가 되었기 때문이다. 물론 ―비거니즘에 비판적인 것들까지 비롯해서―, 새로운 연구와 관점에 발을 들이는 것은 필수적이나, 비건 윤리와 비건 정치에 관한 이야기를 백지 상태에서 시작하려 하기보다는, 앞서 벌어졌던 논의를 다시금 찾아봄으로써 배울 수 있는 것이 많다.

어쩌면 가장 생산적이게도, 기존의 비건 학계와 비건 활동주의는 때로는 결국 별 의미 없는 것으로 밝혀지고 마는 논쟁을 헤쳐 나갈 만한 자원을 제공한다. 시작하며 던졌던 질문들이 넌지시 보여주었듯이, 비거니즘과 연관된 긴장을 불러일으키는 가장 큰 원천은 비거니즘이 품고 있다고 여겨지는 도덕적 판단이다. '설교를 늘어놓'거나 '성을 내는' 비건이라는 스테레오타입이 정확하건 아니건 간에(또, 챕터 3에 설명해둔 것처럼 이 비유는 복합적이다. 스테픈스 그리핀, 2017도 함께 참고할 것), 비건 정치와 비건 실천이 지닌 윤리적 함의는 여전히 도덕주의를 암시한다.

이런 함의를 파악하려면, 비거니즘을 "음식, 의복, 그 밖에 다른 어떤 목적으로든 동물을 착취하고 학대하는 것을 가능하면서도 실행할 수 있는 선에서 배제하기를 추구하는 생활 방식"으로 규정한 비건 협회의 설명을 다시금 참고하는 편이 도움이 된다. 이 정의에서 눈여겨봐야 할 것은, 특정 문화적 맥락에서는 일상다반사로 일어나는, 동물과 관계 맺는 일을 착취적인 것으로 재구성한다는 것이다. 규범적인 문화적 실천을 윤리적인 질문으로 재구성하는 것은, 말하자면 동물을 사랑한다고 생각하면서도 고기를 먹는 사람들은 (예를 들어 영국과 같은 국가적 맥락에서는 양립 불가능한 속성이라고 취급되지 않는 입장이다) 동물 학대에 연루되어 있다는 의미다. 이렇게 재구성하는 일이 많은 사람들을 불편하게 하는 이유는, 이것이 (조이스^{Joyce}, 2011의 주장대로라면) 관념적인 흐름을 거스르는 데서만 그치는 게 아니라, 마찰을 만들어낼 수 있기 때문이다. 음식 시스템과 얽혀 있으며, 또 비거니즘을 실현하기 어렵도록 만들 수 있는 다른 불평등을 감안한다면 말이다(챕터 3을 참고할 것).

그렇지만 비거니즘에 관한 비판적 서사에서 충분히 강조되지 않은 것은 화이트가 지적한 활동주의-비건일지도 모른다. 이는 비건 실천방식을 자유주의적이고 개인주의적인 측면보다는 구조적인 측면에서 바라본다. 사실 구조, 제도, 시스템을 강조하는 것은 비건 협회가 초기에 만든 비거니즘의 정의에도 등장한다. "가능하면서도 실행할 수 있는"이라는 표현 속에 말이다. 사회학자 매튜 콜(2014)은 — 비료와 거름을 비롯해 — 모든 것이 유축농업과 얽혀 있는 농업 시스템에서 완전한 비건이 되기란 불가능하다는 인식을 비건 협회의 초기 작업이 어떻게 심어두었는가를 설명하면서, 이 표현의 의미를 이끌어낸다. 어떤 정치적 행동이건 간에 순수하지 않은 기반을 지니고 있다는 인식은 이런 초기 논쟁에서 중심을 차지했다. 활동가들은 비인간생명체를 착취하는 것은 "우리 모두를 더럽힌다"고 계속해서 주장했다: 비건들도 비롯해서 말이다(콜, 2014: 214에서 인용함). 콜이 서술하듯이, 협회의 초기 계획이란 이런 시스템의 제약 안에서 개인들이 실현할 수 있는 일을 이루는 동시에, 보다 광범위하고 체계적인 변화를 일궈내는 데 필요했던 선구적인 기반 시설을 (이를테면 대안적인 농업 방법처럼) 통해 실현 가능성을 극대화하는 것을 도우려는 시도였다. 이런 노력은 오늘날 비건 농업 개발 계획이라든가, 음식을 유통하는 덜 해로운 방식을 찾아내려 노력하는 지구 전역의 수많은 소규모 음식 협동조합의 작업에서 이어지고 있다.[8] 그러므로 주목할 것은 역사

---

8   예를 들어, 비건 유기농 네트워크는 유축농업에 의존하지 않는 농업
    양식을 개발하고자 시도한다. https://veganorganic.net/을 참고할 것.

적으로 비거니즘이 도덕적인 위로나 순수함을 약속하는 것으로 여겨졌던 게 아니라, 시스템의 제약과 끊임없이 조율하는 과정으로 자리매김해 왔다는 점이다.

보다 최근에는 비거니즘에 관한 관계적 이해가 지속적인 정치적 틀로 발달해왔다. 장애의 사회적 모델에서 영감을 받아, 비거니즘을 탐구할 만한 가치가 있는 발견법으로 해석한 수나우라 테일러 Sunaura Taylor(2017)의 '비거니즘의 사회적 모델' 개념을 통해서였다. 물론, 이를 실현하는 걸 어렵게 만드는 제약도 인지하는 동시에 말이다. 이 주장에 관해서는 책의 나머지 부분에서 더 깊이 파고들어 가겠지만, 테일러의 접근법에서 중요한 것은 이것이 비거니즘을 개인적 선택으로 바라보는 서사에서 다시금 확고하게 방향을 틀어, 기존의 사회-기술적 기반시설이 비거니즘을 가능하게 만드는 동시에 제약을 가하는 것으로 분명하게 기술했다는 점이다.

그 스스로 결코 순수하다고 여겼던 적이 없음을 보여주는 정의들과 활동주의 실천을 지적하면서 복잡해질 수도 있는 도덕적 모순과 순수주의를 비난하는 데 집중했던 일부 지배적인 비거니즘 비판이 지닌 불확실한 전제들을 고려한다면, 비건 활동주의와 비건 학계는 이런 비판을 간단히 제쳐둘 수 있을지도 모른다. 그렇지만 테일러의 작업과 같은 것들이 이런 결론을 이끌어내는 것 역시도 아니다. 현재 비거니즘은 맞붙어 해결해야 할 긴장을 **확실히** 지니고 있다; 활동주의 비거니즘의 일부 반복들이 구조적 문제를 인식한다고 해서, 이런 인식이 보편적이라는 의미는 아니다(도미니크, 2010[1997]).

그러므로 비거니즘을 '식습관 그 이상'으로 바라보는 비건의 역사와, 비거니즘이 지닌 급진적인 잠재력을 침잠시키는 최근 식물 기반 자본주의의 반복을 구분하는 것이 중요하다. 이와 같은 구분은 인간과 동물의 억압이 지닌 물질적, 담론적, 기반적 연결에 관한 다채로운 비판적 질문이 깃들 공간을 만들어주기 때문이다. 한편으로, 이와 같은 초기 풀뿌리 형식의 비거니즘일지라도 비판에서 제외하지 않는 것이 중요하며, 비건 실천이란 그 목적에 공감하는 사람들에게까지도 비판받아 온 역사가 있다는 사실을 인지해야 한다. 활동주의 팸플릿 『짐을 끄는 짐승들』(오월의 봄, 2020)은 이렇게 선언한다:

> 동물 해방이 단일한 쟁점을 다루고 있기는 하나, 인간이 세상과 맺는 관계에 관한 근본적인 질문을 던지는 것은 확실하다. 이는 우리가 삶을 살아가는 방식을 근본적으로 질문하는 시작점이 될 수 있다; 다른 한편으로, 동물권 이데올로기는 사회의 폭넓은 비판을 막는 한계선이 될 수도 있다. 우리는 이 이데올로기가 대변하는 것 안에 들어 있는 체제 전복적인 면을 저버리지 않는 동시에 이 이데올로기를 넘어서야 한다. (아논[Anon], 2004)

동물 활동주의와 비거니즘의 역사가 동일하지는 않으나(챕터 4를 참고할 것), 위의 인용문은 내가 앞선 작업에서도 거듭 소환했던 것이다(예를 들면 지로, 2013a, 2019: 69). 이 인용문이 비건 실천에 관한 중요한 점을 포착하고 있기 때문이다. 이번 챕터를 시작할 때 다뤘던 것처럼, 비거니즘은 인간이 다른 존재와 관계를 맺는 방식을 근본적으로 뒤흔드는 잠재력을 지닌다. 그렇지만 식물 기반 자본주의가 부상하면서, 비건 실천과 연관된 유서 깊은 문제가 심화될 수 있다: 특히나 만약 특정 인간이 비인간동물과 맺는 방식을 보다 근본적으로 비판할 수 있는 여지를 제한하는 식으로 비거니즘이 기존의 음식 시스템을 통해 간단하게 충족되는 것이 되어 버린다면 말이다. 이 책의 한 가지 바람은 비거니즘이 식습관 이상으로 작용할 수 있는—그리고 줄곧 그렇게 작용해 온—기존의 몇몇 방식을 기록하고, 거기서 희망을 이끌어내는 한편으로, 이런 잠재력이 한계에 부닥치는 몇몇 유용한 맥락들을 탐구하는 것이다. 이렇게 한계를 마주하는 경우가 최근 들어 심화되었다.

챕터 개괄

이 책은 기존 학계, 활동주의, 윤리적 논쟁이 어떠한가를 설명한 다음, 현재 비거니즘이 다른 사회적·환경적 불평등과 (복합적인) 관계를 맺는 지속적인 방식을 살펴봄으로써 비건 실천방식 속 '그 이상'과 '고작' 사이의 복잡한 관계에 접근한다. 급속하게 부상하며 확장하고 있는 비거니즘에 관한 연구물을 떠올려본다면, 이 책은 완전한 개괄을 보여주는 것이 아니라, 민주화와 급진적 변화를 모두 일궈야 한다는 필요성과 씨름을 벌이는 라이프스타일 운동이—물질적 측면과 개념적 측면에서— 어떤 의미인가에 관해, 첫 번째 챕터에서 제시한 관심사를 가장 명확하게 다루는 사안과 논의에 집중한다. 때로는 위에서 이야기한 필요성들이 서로 다른 방향으로 갈라지더라도 말이다.

　두 번째 챕터에서는 기존의 비건 학계와 비거니즘 학계의 몇몇 생산적인 갈래들을 스케치한다. 비거니즘에 관한 규범적인 신념을 지닌 연구와, 비건 실천과 비건 정체성을 흥미로운 주제로 삼는 연구 사이에 뚜렷한 구분이 자리 잡고 있기에, 이 둘은 서로 동일한 영역이 아니다. 챕터 2는 비건학이 고유한 영역으로 보인다는 최근의 호소를 다루며 시작한다. 비건 연구는—라이트의 표현을 사용하자면(2015: 11-14)— 기존 동물 연구의 '세 갈래'와는 구분된다: 비판적 동물 연구[CAS], 포스트휴머니즘, 인간-동물 연구라는 세 가지와는 말이다. 현재 여겨지는 것처럼 이렇게 새로이 부상한 영역이 지닌 에코페미니스트 계보를 일부 살펴본 다음, 이것이 다른 동물 연구 갈래와 겹쳐지는 지점과 긴장감을 이루는 지점 모두를 부각시킬 것이다.

그렇지만 때로는 어지러운 이 학문적 관계를 살펴보는 목적은 단지 비건 연구의 지도를 그려내려는 것이 아니라, 앞으로의 생산적인 방향을 드러내는 것이다. 이런 방향이 어떤 것일지를 파악해보기 위해서, 현재 자리 잡고 있는 비건 연구에 깔끔하게 들어맞지 않는 연구와 비판적 시각에 동참하는 일이 중요하다는 주장과 함께 끝을 맺을 것이다. 구체적으로 얘기하자면, 비인간지리학, 미디어 연구, 소비사회학의 연구 결과와, 동물 연구의 바깥에 자리 잡고 있으되 현재 비건 실천이 작동하는 우려스러운 정치적 지형을 이해하는 데 유용할 만한 연구물들을 활용할 것이다.

세 번째 챕터는 기존의 비건 학계가 발전시킨 비거니즘에 관한 복합적인 그림을 쌓아 나간다. 이를 통해 여기 서론 챕터 전반에서 다뤘던 논쟁의 일부를 다시금 사유할 것이다: 즉, 비건 실천은 개인주의적인 순수성 정치라는 인식을 다시 따져볼 것이다(쇼트웰 Shotwell, 2016을 참고할 것). 역사적으로 비거니즘은 "순수한"(콜, 2014) 것으로 작동하지 않았다는 전제에서 시작해, 챕터 3에서는 순수성을 고착화하는 대중적인 담론이 때로는 어떻게 (의도치 않게) 기존의 사회적 규범에 의문을 제기하려는 **모든** 윤리적 입장을 비판하는 반동적인 서사로 이어질 수 있는지를 보여줄 것이다. 그런 다음, 현재 비거니즘이 표현될 때 불가피한 모순과 불순함이 어떻게 드러나는가를 살펴보는 근래의 사회학 연구로 넘어갈 것이다.

네 번째 챕터의 목표는 "비건 활동주의에서 배우다"라는 제목에 분명하게 드러난다. 활동주의적 실천에서 윤리적 복잡성이 드러난—그리고 관여한— 몇몇 기존 방식을 살펴보며 무엇을 배울 수 있는가에 초점을 맞출 것이다. 이 챕터의 전반부는 가시성 정책에, 또는 특정한 농업 맥락에서 동물을 취급하는 방식이 비거니즘을 향한 지지를 동원할 수 있는가를 강조하면서 오랫동안 벌어져 왔던 논쟁에 집중한다. 그런 다음, 세이브 무브먼트 Save Movement(도살장 밖에서 농성을 벌이는 운동이다), 애니멀 리벨리언 Animal Rebellion(기후 변화 운동인 익스팅션 리벨리언 Extinction Rebellion에서 파생되었다), 반-맥도날드 시위(1980년대 처음 생겨났으나 오늘날에도 이어지고 있다)를 비롯해 가시성이 변화를 이끌어 낸다는 가정의 한계를 중시하는 활동주의로 넘어갈 것이다.

이런 운동들은 '가시성' 자체만으로 충분하다고 여기기보다는, 동물은 애도할 가치가 없다고 만들어버리는 '가축'과 같은 범주와, 인간과 동물의 요구가 서로 배치된다고 묘사함으로써 이런 범주에 힘을 싣는 폭넓은 서사 모두에 대해 보다 근본적인 싸움이 필요하다는 것을 보여준다. 그렇지만 이런 활동주의 사례들이 기존의 범주화를 뒤흔들고 인간과 동물의 대안적인 사회적 관계를 만들어갈 필요가 있다는 걸 보여준다 하더라도, 이런 과업에 얽힌 실질적 어려움도 함께 드러낸다. 이런 어려움을 더 깊이 살펴보며 챕터를 마무리할 것이다. 단지 있는 그대로의 방식을 동요시키려고만 시도하는 게 아니라 적극적으로 대안을 예시하는 계획을 살펴봄으로써 말이다: 바로 지금 평등주의적 비건 정치를 실현하고자 노력하는 음식-공유 활동주의와 시위 캠프 기반이다. 이런 형식의 활동주의는—불가피하게도— 불완전하기는 하나, 이들이 실현하려는 세상을 향한 새로운 형식의 책임과 의무를 위한 가능성을 만들어낸다. 나는 이러한 책임과 의무가 앞으로 나아가는 데에 유용한 영감을 제공한다고 생각한다.

다섯 번째 챕터인 "동물의 주체성과 의인화"는 동물의 사회적 지위

—그리고 위치—를 어떻게 바꿀 것인가라는 문제를 다룬다. 동물들 스스로를 틀 안에 더욱 공고히 끌고 들어옴으로써 말이다. 이 챕터 전반에서 나는 의인화의 양가적인 역할을(파킨슨 Parkinson, 2019 참고), 또는 비건 윤리에 대한 지지를 이끌어내고자 인간과 동물 사이의 친연성을 강조하는 활동의 역할을 세 가지 사례의 맥락 속에서 탐구할 것이다: '가축'의 특성을 인체에 그대로 옮겨 그림으로써 동물 소비에 문제를 제기하는 PETA의 시도; 이 전략을 뒤집어 인간의 감정과 경험을 도살장에 있는 동물에게 그대로 옮겨 표현한 애니멀 이퀄리티 Animal Equality 의 시도; 그리고 대단한 돼지 에스더 Esther the Wonder Pig 의 집과 더 광범위하게는 보호구역 운동에서 찾아볼 수 있는, 반려동물과 식용 동물이라는—삭막한 대비를 이루는— 구분을 뒤흔드는 것이다(조이 Joy, 2011).

어떤 측면에서는 이 사례들을 비교하여, 동물을 대상이 아닌 주체로 다루기를 추구했던 캠페인 전략에 비판적으로 의문을 던질 방법을 얻을 수 있다(챕터 4에서 제기했던 사안들을 더 상세히 다루면서 말이다). 그렇지만 이 과정에서 동물의 주체성을 중심에 놓고자 학문적 맥락에서 등장했던—그렇지만 캠페인 상황에서 점점 더 많이 쓰이는— 다양한 틀에 관해서도 질문을 던질 것이다. 최종적으로 이 챕터에서는 학계와 활동주의에서 등장하고 있는 동물과 동일시하는 새로운 방식을 찾아낸다는 가치를 추구하려면, '가축'이나 '반려동물'과 같은 구분이 단지 인식만을 바꿔서 달라지는 것이 아니라, 종의 차이를 지속시키는 제도와 사회적 형성을 바꿔야 하는 것임을 주장한다. 후반부 챕터에서 논의하는 발전들을 염두에 둔다면, 이렇게 구조적인 변화라는 문제는 대단히 다루기가 어려워졌다.

이 책의 마지막에 실린 두 실질적인 챕터는 이 책의 가장 시급한 관심사로 초점을 돌려서, 식습관 그 이상이 되고자 하는 비거니즘의 분투가, 비거니즘이 주류가 되면서 어떻게 더욱 엉망이 되었는가를 살펴볼 것이다. 다른 챕터들이 대부분 기존의 학계와 대중문화에서 따온 사례를 이용해 기록 분석을 하는 데 반해, 마지막 두 챕터에서는 이 방법 대신 나의 인터뷰 자료를 활용한다.

챕터 6은 인터뷰 대상자들이 제시한 관심사를 끌고 온다. 더욱 교차적인 형식의 비거니즘에 관해 아주 널리 알려진 주장들에 접근하기 위해서다. 이렇게 교차성을 띤 비거니즘은 특정한 (자본주의적) 사회관계 안에서 인간과 동물의 억압이 지닌 연결점을 인식하고 이를 해체하고자 한다(하퍼, 2018). 패트리샤 힐 콜린스 Patricia Hill Collins (2015)가 교차성이 지닌 광범위한 '정의상의 딜레마'라고 표현했던 것을 미러링한 개념인 교차성 비거니즘은 비건 활동주의와 학계라는 맥락 안에서 조금 다른 범주의 의미를 지닌다. 이를 두고 어떤 이들은 이 용어가 그다지 유용하지 않다고 주장한다(예를 들어 코, 2019). 이 챕터에서는 이런 논쟁들이 현대 비건 문화에서 등장했던 서로 다른 두 가지 형식의 삭제와 관련하여 어떻게 드러났는지를 살펴본다. 먼저, '백인 비거니즘'이라는 문화적 현상과 관련된 문제다; 이 '백인 비거니즘'을 두고 하퍼(2012)는 계층화되고 인종화된 불평등을 과거의 일로 떠밀어버리고, 윤리적인 라이프스타일 선택에는 어떤 장벽도 없다고 주장하는 윤리적 소비의 '포스트-인종'적 양식이라는 틀로 바라본다.

두 번째로는 상호 연관되어 있는 삭제의 형식들이 비거니즘 비판에 어떻게 등장할 수 있는지를 탐구한다. 이런 비거니즘 비판은 백인 비거니즘이 마치 모든 비거니즘을 대표하는 것처럼 취급한다: 중산층의 '서구적' 비건 실천방식의 반복에서 이미 배제되어 있던 비건 경험, 비건 실천, 비건 정체성과 단절하는 과정을 통해서 말이다. 이 챕터에서는 이런 두 가지 형식의 삭제가 전지구적 현상으로서의 비거니즘이라는 서사 속에서 어떻게 유독 문제적인 방식으로 나타나는지를 개략적으로 살펴본다. 이런 긴장은 비건 실천방식의 불평등에 의문을 제기했던 영역에서 전개된 기존의 연구를 중심에 놓아야 한다는 필요와, 구체적인 국가적 맥락 안에서 비거니즘 표현에 관한 위치 지어진 서사가 자리 잡을 수 있는 공간을 만들어야 할 필요 모두를 보여준다고 주장하면서 말이다. 그렇지만 지금으로서는 이런 접근이 대중문화 속 친-비건 서사와 반-비건 서사 안에서 불분명해지는 경우가 많다.

여섯 번째 챕터는 포스트-인종 풍경에서 작동하는 윤리적 라이프스타일 정치에 관한 중요한 비판을 앞세우는 한편, 마지막 일곱 번째 챕터는 이렇게 구조적 불평등을 간과하는 것이 식물 기반 자본주의의 부상으로 인해 심화되었는가를 질문한다. 일곱 번째 챕터는 포스트페미니즘의 문화 현상을 비판적으로 분석한 연구에서 얻어낸 통찰을 끌어온다. 이는 로잘린드 질 Rosalind Gill (2007, 2017)이 주장하기로, 집합적이거나 구조적인 변화라는 서사에서 멀어져, 개인의 역량을 강화하는 쪽으로 (이는 소비할 때의 선택으로 표현하는 경우가 많다) 변화가 일어난 대중문화 속 페미니즘 묘사의 특징이라 할 수 있는 "감수성"이다. 나는 최근에 일어난 현대적 비거니즘의 대중화가 포스트페미니즘이 집합적인 정치 양식으로서의 페미니즘을 비정치화한 것과 구조적 유사성을 지니고 있다고 주장한다.

보다 구체적으로 짚어보자면, 최근 비건 정치에서 일어난 발전은 개인의 선택을 강조하는 한편, 누가 특정한 라이프스타일 결정을 내릴 수 있는가를 통제하는 구조는 간과했다. 식물 기반 자본주의, 또는 포스트비거니즘의 특징을 파악하고자, 나는 이런 발전이 영국에서 어떻게 드러났는지를 논한 인터뷰 열다섯 건을 바탕으로 삼는다: 설령 비슷해 보이는 환경에서도 비거니즘이 다양하고 불균질하게 활용된다는 것을 인지하는 동시에, 구체적으로 경계가 나뉜 이 영국이라는 맥락에 초점을 맞추면서 말이다(북아메리카와 북유럽의 경우는 아비크[Aavick], 2019a, 2019b를 참고할 것). 이 챕터에서 간략히 소개하는 핵심적인 발전 가운데 일부는 위치 지어진 관점으로 표현될 수도 있으나, 비거니즘이 주류로 이동하는 것과 같은 움직임이 있을 때 부상할 수 있는 긴장을 그려낸다는 측면에서는 폭넓은 의미를 지닌다. 다시 말해, 이 챕터는 비거니즘의 대중화와 상업화가 지닌 전망과 위험을 분명하게 드러낸다; 대중화는 민주화가 될 수 있는 잠재성을 지니기는 하나, 또 한편으로는 (이 책의 주된 관심사를 다시 언급하자면) "식습관 그 이상"으로 시작했던 무언가를 고작 식습관으로 바꿔버릴 위험도 있다.

비거니즘에 접근하기: 방법에 관한 마지막 메모

서론 챕터를 마무리하기 전에, 이 책의 전반적인 학문적 분과와 방법론적 방향성을 간단히 짚고 넘어가고자 한다. 인간, 동물, 환경이 광범위하게 얽혀 있는 데에 문제를 던진다는 측면에서—비거니즘이 지닌 광범위한 함의 때문에, 비건 연구에 관한 학제 간 접근법을 발전시키자는 요구가 쭉 있어 왔다.[9] 라이트(2015)가 중요한 저작에서 지적하듯이, 비거니즘은 동물 윤리, 몸의 문화적 이해, 정치 제도, 전 지구적인 생산과 소비의 경제, 대중문화 속 묘사, 심지어는 건강과 심리에 관한 사안에 이르기까지 방대한 관심사와 얽혀 있다. 그러므로 이 책에서는 이와 같은 사안을 파악할 수 있는 간학제적 도구를 활용하고 싶다는 생각도 들 것이다. 그렇지만 그 길을 택하기보다 언론 및 문화연구라는 특정한 전통에서 얻은 구체적인 도구에 집중할 것이다.

챕터 2에서 탐구하고 있듯이, 기존의 비건 학계와 비거니즘 학계는 규정하기가 복잡하다. 실제로 이 분야들이 그러하듯이—다양한 이질적인 이론의 영향을 받았으며 광범위한 학문적 맥락에서 탄생했기 때문이다. 비건 연구와 (이와 마찬가지로 복잡한) 다른 간학제적 영역들, 이를테면 고유한 역사와 신념을 지닌 동물 연구와 같은 영역들이 맺는 관계 때문에 다루기가 더욱 까다롭다. 실질적인 차원에서는, 훨씬 더 넓은 학제적 관점을 끌고 오는 것이 사태를 더운 손쓸 수 없게 만들 수도 있다. 화용론적인 측면은 제쳐두고라도, 내가 이 책을 쓰면서 선택한 방식이

---

9 이 논쟁에 관한 자세한 내용은 챕터 2를, 비판적 평가에 관한 내용은 챕터 5의 결론을 참고할 것.

지닌 윤리적이자 인식론적 책무를 한 가지 꼽아, 도나 해러웨이의 표현을 빌려 얘기하자면 다음과 같다. "모든 것은 그 자신의 세계를 지니고 온다"(해러웨이, 1997: 37; 푸이그 드 라 벨카사 Puig de la Bellcasa, 2012도 함께 참고할 것). 그 어떤 지식, 틀, 학문적 도구도 그것이 생산되는 맥락을 관장하는 사회정치적 맥락, 규범, 전제에서 완전히 따로 떼어낼 수 없다. 그 어떤 주어진 지식이건 간에 이를 구성하는 세계에서 뿌리 뽑는 일은 위험하다. 저변에 깔려 있는 전제와 특정한 학문적 분과라는 맥락을 감지하기 어려워질 수 있기 때문이다.

학제 간 연구가 공통적으로 지닌 긴장에 초점을 맞춘 연구가 설명하듯이, 다른 학문 분과에서 지나치게 "의기양양하게"(피츠제럴드 Fitzgerald와 캘러드 Callard, 2015) 빌려올 경우 맥락에서 벗어나 잘못 표현된다거나, 서로 다른 학문적 맥락에서 온 지식들이 서로 상충할 때 알아차리지 못할 위험이 있다. 예를 들어, 인간이 동물과 맺는 관계를 파악하고자 신경과학, 심리학, 문화 연구 등의 분야를 한데 끌어올 때 문제가 생길 수 있다. 관습적으로 이 영역들은 개인과 사회 사이의 관계를 아주 다르게 이해하기 때문이다. 그러므로 다양한 분과들을 제대로 통합하려면 먼저 이와 같은 긴장을 인식한 다음, 조심스럽게 조율하는 것이 중요하다. 그렇지만 비거니즘과 관련하여 취할 수 있는 다양한 분과의 통찰을 품은 세계를 완전히 보여주는 것은 이 책이 다루는 범위를 넘어선다. 캐리 울프 Cary Wolfe가 동물 연구와 관련된 유사한 논쟁의 맥락에서 짚었던 지점과 공명하며 이야기하자면(2010: 115), 다른 영역과 소통을 할 구심점을 마련하려면, 뚜렷하게 특정 분과의 관점으로 바라보고 결과물을 만들어내는 편이 때로는 더욱 생산적이다.

그렇기에, 이 책은 학제 간 대화에 기여하는 것을 목표로 삼는 한편으로, 영국 버밍엄 Birmingham 의 현대문화연구센터 Contemporary Centre for Cultural Studies 와 연계하여 문화 연구라는 구체적인 전통에서 영향을 받았다. 이런 형식의 문화 연구가 공식적이고 제도화된 분과로 부상한(그리고 슬프게도 쇠퇴한) 것을 여기서 심도 있게 살펴볼 만한 여력은 없다(웹스터 Webster, 2004를 참고할 것). 그렇지만 핵심적인 신념을 간단히 언급하자면, 이 작업에서 중요했던 것은 (또 여전히 중요하게 남아 있는 것은) 이런 문화 연구가 대중문화를 진지한 연구 주제로 삼았다는 것이다. 펑크 하위문화(헵디지 Hebdige, 2005 [1979])에서 매개된 국가주의(길로이 Gilroy, 1991)와 청년 잡지(맥로비 McRobbie, 1990)까지, 또는 영국을 훌쩍 넘어서서 현대문화연구센터의 유산과 연관을 맺고 있는 최근의 작업들을 끌어와 보자면, 퀴어 정체성(바오 Bao, 2020), 대중적 페미니즘(바넷-와이저 Banet-Weiser, 2018), 그리고 초국가적 육식 문화(채터지 Chatterjee 와 수브라마니암 Subramaniam, 2021)까지, 문화 연구는 특정한 문화적 맥락에서 일어나는 일상적인 실천과 연관되어 공유하는 의미라든가 집단적으로 인정되는 '코드'를 알아내고자 한다(피스크 Fiske, 2010).

더 구체적으로 이야기하자면, 문화 연구는 특히나 대중문화 텍스트나 제품의 생산자와 소비자 사이에서 이런 코드들이 지배적인 의미를 놓고 어떻게 투쟁에 휘말리는가에 관심을 품어 왔다. 이 영역에서 중요한 것은 의미를 두고 벌어지는 싸움이 불균등한 지형에서 벌어진다는 사실을 이해하는 것이다; 스튜어트 홀 Stuart Hall (1980, 2010)의 주장처럼, 대중은 언제나 지배적인 가치와 이데올로기가 이미 기입되어 있는 지평에서 문화적 의미를 해석, 즉 해독한다. 따라서 저항적이거나 비규범적인 문화적 독해나 실천을 실현하기는 어렵다. 기존에 확립되어 있는 의미를 거스르기 때문이다.

이 책은 이와 같은 문화 연구 전통에 세 가지 방식으로 영향을 받았다. 먼저, 방법론적 측면에서는 직접적으로 '학문적'이지는 않은 텍스트의 개념적 가치를 인지한다: 관습적인 학문적 자료와 더불어, 활동주의 팸플릿, 마케팅 자료, 레시피 책을 아우르는 자료들에서 영감을 취해 온다. 비거니즘의 행동 유도성이 빠르게 변화하는지라, 비건 실천에 관한 정보를 담은 생각들은 동료 평가를 거친 기사와 책이 아니라 온라인에 나타난다: 특히 블로그와 소셜 미디어 사이트에 말이다. 사실 이런 맥락에서 '학문적'인 것과 '비학문적'인 것 사이의 소통을 서로 떼어내기란 어렵다. 주요 학자들이 짧지만 가치 있는 성찰적인 에세이를 블로그 포스팅으로 펴내는 걸 선택하는 경우가 많으니 말이다. 더군다나, 비거니즘에 관한 최근의 주요한 책들 몇몇은 학문적 연구를 활용하는 동시에 또다시 비건 학계에 자양분을 제공한다. 그렇지만 이 책들은 복잡한 이론적 논의를 더 넓은 사람들이 접할 수 있게 만드는 일에 초점을 두고 있다. 물론 나는 내가 다루는 자료를 조심스럽게 위치 짓고자 노력하며, 이를테면 특정한 출판물의 대상 독자층과 관련이 있는 중요한 구분을 완전히 무화하지는 않으려 한다. 그럼에도 학계에서 때로 열외로 취급하는 대중적 텍스트가 가치 있는 분석 주제일 뿐만 아니라 나아가서는 강력한 개념적 통찰과 자극을 줄 수 있다고 주장한다.

이 책이 문화 연구에 영향을 받은 두 번째 방식은 미디어 문화에서 가져온 문제적 텍스트, 산물, 또는 사례들이 사람들이 실제로 일련의 특정한 정치적 가치를 실행하고, 생각하고, 이 책이 문화 연구에 영향을 받은 두 번째 방식은 다음과 같다. 미디어 문화에서 가져온 문제적 텍스트, 산물, 또는 사례들을 사용해서 사람들이 실제로 일련의 특정한 정치적 가치를 어떻게 실행하고, 생각하고, 느끼는가에 관한 가정을 만들어낼 수 있다는 전제를 거부한다는 점이다. 소셜 미디어에서 동물 보호구역에 관해 사용하는 의인화 이미지라든가 비건 게시판에서 열리는 성난 토론들이 특정한 인상을 줄 수도 있으며, 이를 진지하게 (또 비판적으로) 다뤄야 하나, 지나치게 일반적인 결론을 이끌어내지 않아야 한다. 바로 이런 점에서 마지막 챕터들에서 인터뷰 자료를 활용한 것이 특히나 유용하다.

이 책 전반에서 취하는 주된 방법론적 접근법은 텍스트 분석이기는 하나, 초반 챕터를 쓰기 시작하면서 내가 다루는 주제들이 너무나 빨리 변화하기에 부가적인 것이 필요하다는 걸 깨달았다. 매일같이 비건 실천에 관한 새로운 논쟁이 온라인에서 생겨났으며, 새로운 비건 캠페인이 언론의 관심을 받거나(잘못된 이유 때문인 경우가 많았다), 식물 기반의 새로운 제품 라인이 등장하고 있었다. 이런 발전에서 생겨난 많은 논의 속에 부재했던 것은 (다른 사람들 역시도 지적했듯이, 해밀턴, 2016, 2019를 참고할 것) 비건들 스스로의 관점이었다. 바로 이런 이유로 이 책의 마지막 챕터들은 내가 보다 큰 프로젝트의 일환으로 진행했던 일련의 인터뷰에서 얻은 자료를 담고 있다. 장기적인 비건들이 현재 비거니즘에 관해 어떻게 느끼는가를 파악하기 위해서 말이다. 이런 인터뷰를 해서 얻은 풍부한 질적 자료는 이 책에서 비건 실천을 식습관 그 이상으로 개념화하는 또 하나의 복합적인 층을 더해주는 동시에, 보다 구체적으로는 '식물 기반 자본주의'라는 최근의 현상이 지닌 지배적인 특징에 관한 통찰을 제공한다. 챕터 개괄에서 설명해둔 것처럼, 인터뷰 대상자들 역시도 비건 윤리에 관한 전제들을 문제 삼는 경우가 많았다. 특히나 이런 윤리가 지나치게 단순화하고 일반화를 불러일으키는 정치적 실천 양식을 낳는다는 생각에 말이다.

인터뷰 대상자들은 비거니즘의 인기가 높아지는 것에 관한 장기적 비건들의 인식을 탐구하고자 마련된 세 가지 큰 주제에 초점을 맞췄다:

- 장기적 비건들은 최근 비거니즘이 대중화된 것을 어떻게 생각하는가?
- 장기적 비건들이 생각하기에, 비거니즘의 대중화가 가져다주는 정치적 기회와 난관은 무엇인가?
- 장기적 비건들이 생각하기에, 이런 난관에 대처하려면 어떤 것을 해야 하는가?(예를 들어 비거니즘이 더욱 많은 사람들을 포용하도록/접하기 쉬워지도록 만든다든가, 비거니즘을 몰정치적인 라이프스타일 정치로 규정하는 데 맞서는 식으로 말이다)

비거니즘의 가장 큰 변화와 관련된 사안들은 무엇인지, 이런 변화가 일어난 결과 비거니즘이 다른 사회정의 캠페인과 맺었다고 (또는 맺지 않았다고) 생각한 연결점은 무엇인지, 또 점점 더 높아지는 비거니즘의 인기가 지닌 위험과 잠재력에 관한 의견이 있는지를 묻는 일련의 하위 질문들을 통해 이런 주제에 접근했다.

첫 인터뷰 이후, 프로젝트의 틀을 두 가지 조정했다. 원래는 비거니즘과 활동가 모두와 관련이 있는 학자들을 참고하고자 연구를 설계했으나, 실제로는 이런 구분이 무너졌다. 장기적인 활동가들은 학문적 틀을

(특히 에코페미니즘을) 열심히 성찰하는 경우가 많았으며, 학자들은 활동가로서 자신의 관점을 표현했기 때문이다. 나아가, 비건 학계의 초국가적 속성은 곧 비거니즘이 고르게 대중화되지 않았다는 의미였다: 구체적으로 짚어보자면 미국의 인터뷰 참가자들은 영국과는 아주 다른 경험을 이야기했다. 이와 같은 이유로, 내가 인터뷰 자료를 실질적으로 가장 많이 활용한 챕터(챕터 7이다)는 영국에 기반을 둔 장기적 비건들과의 열다섯 건의 인터뷰에서 얻은 통찰을 바탕으로 하고 있다. 다른 자료들은 교차성 비거니즘에 관한 보다 넓은 논쟁과 관련하여 챕터 6에서 다루고 있기는 하지만 말이다. 물론, '장기적 비건'이란 상대적인 표현이며, 여기서는 비거니즘을 10년 이상 실천한 개인들을 지칭하고자 이런 라벨을 사용한다. 그것이 이 책에서 논의하는 대중화보다 앞선 시기이기 때문이다. 이런 정의에 따라, 인터뷰 대상자들에게서 인용한 말에는 이들이 (인터뷰 중에 밝힌 대로) 비거니즘을 실천한 기간과 함께 정해진 가명을 붙여두었다.

이 책이 문화 연구 전통에 영향을 받은 마지막 방식은 개념적인 방향성이다. 현재 비건 실천과 관련하여 생겨나는 의미를 놓고 벌어지는 투쟁을 파악하고 이런 투쟁의 정치적이고 윤리적인 이해관계를 알아내는 데에 초점을 둔다. 대중과 연관된 투쟁을 강조한 최근의 다른 작업들에 호응하면서(예를 들어 리틀러 Littler, 2017; 바넷-와이저, 2018), 이 책 전반에 걸쳐 현재 비건 실천이 조율을 펼치고 있는 싸움의 장을 구성하는 담론과 실천에 면밀히 주의를 기울이고 있다. 의미를 놓고 벌이는 투쟁이 언제나 어지럽고 불균등하며 간단한 답이 나오는 경우는 드물다는 사실을 인지하는 한편으로, 이 책은 투쟁에 초점을 맞추며 비거니즘의 대중화가 지닌 정치적·윤리적 이해관계를 탐구한다. 이 책은 기본적으로 현재 **음식** 정치와 관련하여 위치 지어졌기 때문에, 이 책이 포함된 시리즈가 지닌 보다 넓은 관심사를 반영하고자 내가 다루는 투쟁은 식습관에 초점을 맞추는 것을 넘어서서 나아간다: 비건 정치, 실천, 그리고 이론 자체의 열망에 공명하면서 말이다.

Chapter 2

비건 논쟁: 비건 학계를
거슬러 올라가다

이 챕터의 목표는 인문학과 사회과학에 걸쳐 비거니즘에 관한 연구를 활성화한 핵심 사안과 논쟁을 거슬러 올라가는 것이다. 이 작업을 어렵게 만드는 것은 다양한 (하위) 분과들이 비거니즘 자체와 또 비거니즘이 학문적 탐구의 영역에 등장한 것에 관해 조금씩 다른 서사를 구축해왔다는 점이다. 그러므로 여기서 기존 연구를 개괄할 때는 비건 학계에 관해 단하나의 동질적인 이야기를 만들어내는 것도, 단일한 학문적 장을 완전히 개괄하는 것도 목표로 삼지 않을 것이다. 그보다는 비거니즘과 관련해 광범위한 학문적 맥락에서 생겨났으며, 비거니즘의 대중화 정치를 파악하는 데 유용한 개념적·경험적 접근법을 간략하게 설명할 것이다.

우선 비건 연구를 개별적인 학문 연구 영역으로 형식화하고자 했던 최근의 시도들을 살펴보며 시작하고자 한다. 또는, 달리 표현하자면, 비건 연구에서 비건학으로의 변화를 말이다. 그런 다음 연구 영역으로서의 비건 연구라는 첫 참고 대상이 생겨나기 시작했던 비판적 동물 연구^{CAS}

로 옮겨갈 것이다. 그다음 대목에서는 소위 주류 동물 연구 내지 포스트휴머니스트 동물 연구에서 일어나는 비거니즘 관련 연구로 접어들어, 이 이질적인 작업들을 두 범주로 나눌 것이다: 과학기술학STS에서 영향을 받은 이론적 작업과 문헌적 동물 연구로 말이다.[10] 마지막으로, 인간-동물 연구라는 라벨로 분류가 되곤 했던 비거니즘 관련 연구를 비롯해 지리학, 사회운동, 소비사회학의 연구를 살펴본다. 이 챕터에서 다루는 자료가 광범위하기는 하지만, 이 자료들은 비건 학계의 중요한 관심 영역이 음식이기는 하나 비거니즘이 지닌 윤리적 함의는 식습관을 훌쩍 넘어선다는 의미를 공유한다.

---

10 명확하게 설명하자면, STS는 과학과 기술을 사회학적으로 분석하는 영역이다: 그러므로 내가 STS 영역의 자료를 언급하는 것은 특정한 과학적 분과가 아니라, 이런 분과 내에서 벌어지는 작동과 기술과학적 혁신이 사회학적으로 지닌 광범위한 함의를 파악하고자 하는 사회과학적 작업을 지칭하는 것이다.

비건 연구에서 비건학으로

앞서 언급했던 것처럼, 비거니즘과 관련된 학문적 작업에는 어느 정도의 불협화음과 이질성이 있다; 말인즉슨, 수많은 텍스트가 판단기준으로 반복해서 등장한다는 뜻이다. 예를 들어 2000년대에는 일련의 저널 특별판이 등장하며, 비거니즘이 중요한 주제로 모습을 드러내는 가운데 특정한 개념적·분과적 맥락에서 동물 연구를 위한 공간을 만들어내고자 했다. 이런 특별판으로는 유색인종 여성들의 연구에 초점을 맞추었으며 많은 영향을 끼친 A. 브리즈 하퍼 A. Breeze Harper의 비거니즘 연구를 수록한 (같은 해 하퍼의 『비건 자매 Sistah Vegan』가 발표됐다) 『비판적 동물 연구 저널 Journal for Critical Animal Studies』(야브로 Yarbrough와 토마스 Thomas, 2010)가 있다. 비슷한 시기에 『페미니즘&심리학 Feminism & Psychology』(파츠 Potts, 2010)도 등장하며 비판적 동물 연구와 '포스트휴머니즘적' 동물 연구 (이 하위 영역에 관해서는 뒤이어 더 심도 있게 설명할 것이다) 사이의 긴장을 다룬 도나 해러웨이와 애니 파츠 Annie Potts의 대담을 실었다. 2년 뒤, 페미니즘과 동물 사이의 관계를 탐구한 『히파티아 Hypatia』(그루엔 Gruen과 웨일 Weil, 2012)가 한 호 발행되었고, 비거니즘은 다시금 중요한 주제가 되었다.

그렇지만 비거니즘과 관련해 아마도 가장 결정적인 학문적 활동은 비건 연구를 동물 연구의 하위 영역으로 바라보지 말고 독자적인 영역으로 취급하자는, 비건학에 대한 로라 라이트 Laura Wright의 요청이었을 것이다. 2015년 라이트가 펴낸 책 『비건학 프로젝트: 공포 시대의 음식, 동물, 젠더 The Vegan Studies Project: Food, Animals, and Gender in the Age of Terror』

에서 이 주장이 가장 잘 드러났고, 다른 출간물을 통해서도 발전이 되었다. 『ISLE』(간학제적 문헌 및 환경 연구) 저널의 2018년 특별판과 선집인 『비건학이라는 렌즈를 통해서: 텍스트로 보는 윤리와 경험해보는 활동주의 Through a Vegan Studies Lens: Textual Ethics and Lived Activism 』(2019), 그리고 곧 출판될 편람 두 권을 비롯해서 말이다. 앞서 언급했듯이, 비거니즘에 초점을 맞추는 것은 라이트만이 아니다; 다른 사상의 계보도 있으며, 이들 역시 다양한 개념적 도구를 활용해 비건 정치에 관여해왔다(대안적인 궤적을 살펴보려면 해밀턴, 2016; 질스파이 Gillespie, 2017를 참고할 것). 라이트의 연구와 겹쳐지면서도 이를 출발점으로 삼는 연구를 이 챕터의 이어지는 대목에서 논의하겠지만, 그녀의 주장을 살펴보며 시작하는 것이 도움이 될 것이다. 『비건학 프로젝트』는 논문 분량의 작업물로서는 최초로 비건학이 독자적인 학문적 영역으로 자리 잡게끔 시도했기 때문이다.

라이트의 주된 관심사 한 가지는 미국 문화 안에서 어떻게 특정한 신체는 규범적인 것으로 구성되며, 다른 것들은 비규범적이라 구성되는 가였다. 실제로 『비건학 프로젝트』의 원래 제목은 『비건 몸 프로젝트 The Vegan Body Project 』였다. 그렇지만 비거니즘에 얽힌 다양한 사안과 관심사를 이끌어내면서 신체에 초점을 맞추는 작업은 복잡해졌다. 이에 라이트는 "미국 비건의 신체가 현재 문헌, 대중문화 속 표현, 뉴스 미디어에서 투쟁이 벌어지는 장소로 구성되고 묘사되는 것에 관심을 기울이면서, 동물권을 둘러싸고 벌어지면서 동물권을 비거니즘과 연결하는 (또는 동물권을 비거니즘에서 삭제하는) 주류적 담론"(2015: 19)을 탐구하는 것으로 방향을 틀었다. 이에 따라 신체는 책의 주된 초점에서 변화하여 음식 정치와 동물 윤리에 관련된 폭넓은 사안에 접근하기 위한 렌즈가, 또 (상품화할 가능성이 없는 한은) 비규범적인 식사 방식에 적대적인 문화적 지평을 파악하기 위한 렌즈가 되었다.

이에 따라 『비건학 프로젝트』에서 라이트는 광범위한 소재를 다룬다. 이 책은 (포스트-아포칼립스 소설에서 뱀파이어가 등장하는 텔레비전 시리즈에 이르기까지) 대중문화 텍스트가 동물 제품 소비를 둘러싼 규범을 뒤흔들 수 있는 잠재력을 논의하고, 미디어가 만들어낸 비거니즘과 식이장애 사이의 관계를 탐구하며, 유명인의 비거니즘을 둘러싼 긴장을 탐색한다. 다시 한번 말하지만, 이 모든 사례를 뒷받침하는 것은 비거니즘이 연구 대상 그 이상이라는 감각이다. 또는 적어도 비거니즘이 너무나 **복잡한** 연구 대상이기에 이를 탐구하는 작업이—윤리에서 건강까지, 현대 정치에서 미디어 재현의 문제까지— 간학제적 접근법을 활용해서만 완전히 분석할 수 있는 다양한 범주의 주제를 아우른다는 의미다.

『비건학 프로젝트』에 뒤이어 이어지는 라이트의 연구물에서 비건학을 향한 요청이 더욱 확고한 형태를 띠게 됨에 따라, 몇 가지 중요한 특징이 모습을 드러냈다. 첫 번째로, 라이트는 비거니즘이 **정체성**이자 **실천**이라는 점을 반복해서 강조한다(2015: 2). 두 번째로, 이런 인식을 고려했을 때, 비건학은 현대 문화 속에서 비건 정체성과 비건 실천의 구성과 논쟁에 초점을 맞추는 경향을 띠고 있다(라이트는 미국에 초점을 맞춘 한편, 그녀의 작업을 참고한 다른 이들은 더욱 다양한 국가적 맥락을 다뤘다. 예를 들면 카스트리카노 Castricano 와 시몬슨 Simonsen , 2016). 이와 같은 비건학 형성의 세 번째 핵심 측면이자 라이트가 꾸준히 주장하는 것은, 에코페미니즘에 바탕을 두고 있다는 것이다. 그녀의 접근법은 여성 억압과 동물 억압의 교차성을 강조했으며, 비거니즘은 이런 억압에 맞서는 개념적이자 윤리적 수단이라고 주장한 에코페미니스트들이 —특히 캐롤 J. 애덤스 Carol J. Adams 와 그레타 가드 Greta Gaard 의 작업이— 세운 기반 위에 곧바로 자리 잡고 있다.[11] 실제로 비건학의 목적을 간명하게 형성해가는 과정에서, 그녀는 에코페미니즘의 틀을 명시적으로 끌어오면서 "지금과 같은 역사적 시점에서 비건 이론가들의 과업은 얽매인 억압을 뒷받침하는 메커니즘을 보다 온전히 이해할 수 있도록 얽매인 억압을 해체하는 것"(2018: 28)라 주장한다. 다시 말해, 라이트에게 비거니즘의 관점이란 동물-인간 관계만이 아니라 이 관계와 얽혀 있는 계층화되고, 인종화되고, 젠더화된 수많은 불평등 전부를 다시금 사유하는 시작점이다.

---

11 애덤스는 자신의 초기 작업을 "채식주의" 에코페미니즘이라 지칭했으나,
    그녀가 지지하는 실천방식은 비건이라는 점을 짚고 넘어가고자 한다.

에코페미니즘과 "얽매인 억압"

라이트가 일깨우는 얽매인 억압이라는 개념은 채식주의와 비거니즘이 서로를 지지하는 가부장주의와 종차별주의의 관계를 뒤흔드는 페미니즘적인 실천이 될 수 있다는 에코페미니즘의 주장에서 가져온 것이다 (예를 들어, 가르, 2002, 2011; 킬 Kheel, 2004; 스터전 Sturgeon, 2009). 비거니즘을 이와 같이 이해하는 것은 자연 억압과 여성 억압이 상호 연결되어 있다는 주장에서 예견된 일이었다. 에코페미니즘 사상가들이 생각하기에, 자연 세계를 인간의 이익을 위해 사용할 수 있는 자원이라 취급하는 것은 가부장제의 핵심 요소다. 이들의 주장에 따르면, 세계를 인간이 지배할 수 있는 대상으로 바라보기 시작하면, 특정한 인간 집단을 억압하고 대상화하는 행동 역시 정당화할 수가 있다. 즉, 역사적으로 (여성, 유색인종, 동물을 비롯해) 자연과 어떻게든 '가장 가깝다'고 취급받았던 사람들을 말이다. 마르티 킬 Marti Kheel 은 이렇게 얘기한다:

> 에코페미니스트들은 서구 가부장제 사회가 젠더화된 이원론에 따라 작동한다고 주장한다. 이 이원론의 절반인 남성적인 것은 '문화', '선', '합리적'인 것, '영적'인 것과 연관되는 데 반해, 절반인 여성적인 것은 '자연', '악', '비합리적'인 것, '세속적'인 것과 연관된다. (2004: 328)

킬이 짚어주듯이, 페미니즘의 여러 갈래는 (젠더에 관한 본질주의적 개념을 뒷받침하는 것이라 여겨지는) 여성과 자연의 결합에 도전함으로써 억압에 맞서 싸우고자 시도했던 데 반해, 에코페미니즘은 정반대의 접근법을 취한다. 에코페미니즘의 관점에서는 자연을 평가절하하는데에 이의를 제기해야 한다. 이와 같은 이원론이 존재하는 한, 이를 활용해 특정한 인간 집단을 인간-이하로 취급하는 일이 일어날 수 있기 때문이다. 이런 공식에서는 여성, 자연, 동물의 얽매인 억압이 돌봄이나 감정과 같은 자질에 대한 낙인찍기와도 얽혀 있다고 여겨진다. 합리성에는 높은 가치를 부여하는 반면에 말이다. 이와 같은 이분법에 맞서는 에코페미니즘의 주요 기획 한 가지는 덜 인간중심적인 형식의 윤리를 발전시키는 기반으로서의 돌봄을 되살리는 것이었다(트론토 Tronto, 1993; 도노번 Donovan과 애덤스 Adams, 2007; 푸이그 데 라 벨라카사, 2011, 2017; 그루엔, 2020를 함께 참고할 것). 나아가, 에코페미니즘은—이를테면 톰 리건 Tom Regan과 피터 싱어 Peter Singer와 같이— 윤리에 대한 합리주의적인 접근법에 바탕을 두고 있는 관습적인 동물권 운동과 동물 해방이라는 틀을 비판했다. 얽매인 억압의 한 가지 측면에만 초점을 맞추는 가운데, 돌봄의 윤리를 열외로 취급함으로써 '자연'의 타자화를 지속시키는 다른 이원론들을 고착화한다며 말이다(시거 Seager, 2003).

따라서 비건 윤리와 비건 정치에서 에코페미니즘은 구체적으로 두 가지 측면에서 중요성을 띤다. 첫 번째로, 에코페미니즘은 억압들이 어떻게 얽매이는가를 강조함으로써 인간-이상의 세계를, 특히 동물을 착취하는 데에 맞서 싸우는 것이 페미니즘의 프로젝트에서 중요하다고 주장한다. 두 번째로, 이런 주장은 비거니즘이 (에코)페미니즘적 행동으로 새롭게 표현되는 공간을 만들어낸다. (육류 소비와 같이) 동물을 '타자'로 설정하고 이원론적인 사고방식을 마치 '원래 그런 것'처럼 자연화하는 반복적이고 일상적인 실천을 뒤흔들기 때문이다. 비건학에 영향을 끼친 에코페미니즘의 핵심 인물이 강조했던 것이 바로 이 두 번째 지점일 것이다: 학자이자 활동가인 캐롤 J. 애덤스의 책 『육식의 성정치』(이매진. 2018)는 여성 억압과 동물 억압이 연결되어 있다고 주장하는 바탕을 마련한 텍스트였다.

애덤스의 주장에 따르면, 그녀가 "부재 지시대상 absent referent"(2000: 51)이라 규정한 메커니즘에 의해 여성과 동물은 현재의 문화 속에서 대상화된다. 애덤스는 포르노그래피 비판을 바탕으로 삼아, 여성의 신체가 전면이나 중심에 놓이는 경우는 많으나, 이들의 행위성이나 주체성은 삭제된다고 주장한다. 그녀는 탈맥락화된 동물의 일부가 문자 그대로 소비될 때도 이와 유사한 메커니즘이 발생한다고 말한다. 지각이 있는 동물로서의 흔적은 모두 삭제되는 데 반해, 신체 부위는 먹을 수 있도록 다듬어지기 때문이다(대체로 이런 제품의 기원을 파악하기 모호하게 만드는 형태나ー소시지, 햄버거ー 심지어는 이름을ー돈육, 우육ー 취함으로써 말이다). 애덤스의 프로젝트는 그녀의 표현에 따르면 에코페미니즘의 핵심 목표를 직접적으로 다룬다. 즉, "성차별, 이성애중심성, 인종차별, 식민주의, 장애차별주의가 종차별주의에 영향을 받으며 또 이를 뒷받침하는 다양한 방식을, 그리고 이런 힘들이 교차하는 방식에 대한 분석이 폭력을 줄이고 보다 정당한 실천을 만들어낼 수 있는지를" 다루는 것이다(애덤스와 그루엔, 2014: 1).

그렇지만 이렇게 에코페미니즘과 비건 정치를 연결하는 것에 대해 반대가 없었던 것은 아니다. 에코페미니즘 내부에서도 어떤 이들은 비거니즘이 전체주의적인 도덕적 명령이 되어가고 있다는 우려의 목소리를 낸다거나(플럼우드 Plumwood, 2003), 여성과 동물 사이에 존재한다고 여겨지는 친연성을 이끌어내는 것을 경계했다(조지 George, 1994, 2000). 캐리 해밀턴 Carrie Hamilton (2016)은 한발 더 나아가, 에코페미니즘 자체에 대해 건설적인 비판적 의문을 제기하기가 어려워졌다고 주장했다. 주류적인 학문적 맥락에서는 포스트휴머니즘 이론 때문에 에코페미니즘이 가려졌다는 서사가 부각되었기 때문이다(예를 들어 프레이먼 Fraiman, 2012). 해밀턴은 이와 같은 삭제의 문제를 부인하는 것은 아니나, 삭제 서사 자체로 인해 일련의 문제들이 의도치 않게 생겨날 수도 있다는 것을 지적한다. 해밀턴의 주장에 따르면, 비거니즘에 관한 학문적 논쟁에서는—에코페미니즘 학계를 중심에 놓는 대신— 에코페미니즘의 역사적 삭제를 보상하고자 하는 학자들의 열망 때문에 특정 에코페미니스트 텍스트에서 무심코 일어난 과도한 단순화와 배제에 관한 건설적인 논의를 벌이기가 어려워질 수가 있다(2016: 121).

여러 사상가들은 에코페미니즘이 비거니즘을 사유하는 주된 틀로 자리 잡은 것에 대해 호의적이면서도 비판적인 의문을 던졌다. 인종차별과 같은 다른 억압적 구조와 비교하여 가부장제를 최우선으로 꼽는다는 점 때문이다(예를 들어 데카 Deckha, 2012). 이를테면 에리카 커드워스 Erika Cudworth 는 "이 문헌은 여러 가지를 뭉뚱그려 취급하는 경향이 자주 보인다 — 즉, 교차하는 억압을 설명하고자 모든 것을 아우르는 젠더 관계 이론을 활용한다"(2014: 26)고 주장한다. 북아메리카 맥락에서 글을 쓰는 토착민 학자들도 '부재 지시대상'을 동물이 '타자화되는' 방식을 설명하는 보편적인 메커니즘으로 취급할 수도 있다는 위험을 지적했다(이에 관한 개괄은 질스파이, 2017를 참고할 것). 예를 들면, 마가렛 로빈슨 Margaret Robinson 은 동물 제품 소비 분석에 대한 보다 위치 지어진 접근법을 발전시켜야 한다고 강조하는 논문에서 "애덤스가 설명하는 분리는 미크마크 Mi'kmaq 구술 전통의 기반이 아니"(2013: 191)라는 점을 지적한다. 그보다는, "고기를 먹는 일을 심리적으로 편하게 여기도록 동물의 생명을 타자화하는 대신, 동물을 우리의 형제자매로 묘사하는 창조 모델이 우리 이야기 속에 어떻게 자리 잡고 있는가"(191)를 설명하면서 말이다.

그렇지만 로빈슨은 이런 중요한 차이를 활용해 애덤스의 주장을 완전히 일축하는 근거로 삼는 게 아니라, 에코페미니스트 이론을—조심스럽고도 비판적으로— 받아들여야 하는 시작점으로 삼는다. 이것이 생겨난 맥락을 넘어서서 확장하기 위해서 말이다. 따라서 로빈슨과 같은 사상가들이 에코페미니즘을 거부하는 것은 아니며, 때로는 에코페미니즘이 지닌 핵심적인 윤리적 주장을 포용하기는 하지만, 또 한편으로는 인간이 비인간동물과 관계를 맺는 방법에 관해 광범위하며 보편화하는 주장을 만들어내는 데에 에코페미니즘 작업을 활용하는 것은 피해야 한다고 강조하기도 한다(이를테면 거리두기와 분리라는 행동이 항상 살육을 뒷받침한다는 관념). 보편화를 유발하는 논쟁은 이 챕터의 이어지는 대목에서 더욱 심도 있게 살펴볼 것이다. 그에 앞서 마지막으로 비건학 자체가 지닌 몇 가지 특징들에 살을 붙여보겠다.

비건학과 동물학

비거니즘이 얽매인 억압과 맺는 관계에 초점을 맞추면서 라이트는 이렇게 주장한다.

> 비건 연구 접근법에서는 우리가 음식, 동물, 환경, 또 다른 인간을 이해하고, 이들과 관계를 맺고, 이들과 접하는 것을 복잡하게 만들고자, 실천, 정체성의 범주, 또 이론적 관점으로서의 비거니즘이라는 교차적인 렌즈를 통해 (광범위한 의미의) 텍스트를 탐구한다. (2019: xv)

이런 의미의 비건학을 하나의 **접근법**으로 이야기하는 것은 비건 학계의 윤리적 신념이다; (방금 전 논의했던) CAS와 마찬가지로, 이 영역에는 비거니즘이 인간과 비인간동물의 억압에 맞서 싸우는 수단이라는 신념을 품은 사람들이 머무르고 있다. 이 영역 안에서 연구하는 사람들은 비거니즘을 향한 규범적인 신념을 "왜곡하는 렌즈"(사라 아메드 Sarah Ahmed의 표현에 따르자면; 2017: 157)로 바라보기보다는, 페미니스트 학계와 흡사하게 위치 지어진 지식의 형식이라는 틀에 비건학을 집어넣었다. 진정으로 '중립적인' 위치란 없는 사안과 관련해 중립을 가정하기보다는 윤리적 신념을 솔직하게 다루는 일의 중요성을 인식하는 지식의 형식으로 말이다.

그러므로 비건학이 지닌 속성 가운데 여러 가지는 비거니즘과 관련된 다른 영역들과 겹친다. 이 영역의 윤리적 신념은 CAS와의 친연성도 지니는 한편, 비건학이 이론적으로 영향을 받아 인간과 동물의 윤리적 구분을 뒤흔들려는 시도는 포스트휴머니즘의 작업과도 공명한다. 따라서 라이트는 비건학을 다른 영역들과 구분하고자 비건학이 **무엇인가**만을 설명하는 것이 아니라, 그녀의 표현대로라면 광범위한 동물학의 "세 가지 갈래"에 **대항함으로써** 이를 규정하려 한다(2015: 11-14; 2019: vii): 바로 인간-동물 연구, CAS, 그리고 포스트휴머니즘이다. 그녀는 초점을 맞추고 있는 중심 주제와 비거니즘과 연관된 다양한 범주의 사안(이 가운데 상당수는 동물 연구의 범위를 넘어선다) 모두를 통해 비건학이 구분된다고 주장한다.

　이와 같은 이유로, 라이트는 비건학이 다른 동물학 갈래보다 훨씬 초점이 뚜렷한 동시에 동물이라는 직접적인 관심사를 넘어선다고 주장한다. 그렇지만 비건학이 지닌 별개의 지위는 '기정사실'이 아니며, 이런 연구물과 다른 동물학 갈래 사이의 경계는 다소 다른 방식으로 표현되는 경우가 많다는 점을 짚고 넘어가야 한다. 특히 비건 학계를 형성하기는 하나, 기존의 영역과 오랜 관계를 맺고 있는 연구자들의 손에서 말이다. 그러므로 비건학의 등장은 중요한 발전이기는 하나, 비거니즘을 연구할 때 중요한 역할을 한 다른 학문적 연구물과 이론적 계보를 이해하는 것도 마찬가지로 중요하다.

비판적 동물 연구와 비거니즘

비건학과 상당 부분 겹치는 영역은 CAS다. 이는 유축농업이며 동물 실험과 같이 착취적이라고 바라보는 특정한 인간-동물 관계만이 아니라, 이런 관계를 규범화하는 것에 대해 몰정치적인 입장을 취하는 (심지어 이와 공모하기까지 하는) 것으로 보이는 "주류" 동물 연구 역시도 명시적으로 반대하며 세워진 영역이다(예를 들어 베스트 Best 외, 2007; 베스트, 2009). 초기 CAS 텍스트가 몇 가지 목표를 상술하고는 있으나, 사실 이 영역은 동물 착취에 맞서 싸울 수 있는 구체적인 방안에 도움이 될 만한 연구를 발전시키고자 했다. 에코페미니즘의 주장에 공명하며 이러한 목적을 달성하고자, (자본주의와 제국주의에 뿌리를 내리고 있는) 인간 억압 역시도 맞서 싸울 대상이라는 점을 인식했다. CAS를 "완전한 해방"을 얻기 위한 "핵심적이고 필수적인 단계"라는 위치에 놓으며 영역을 형성하는 데 착수했던 초기 CAS 텍스트 여럿은 비거니즘을 하나의 실천으로서 적극적으로 지지했다(베스트, 2007: 44).

CAS의 초기 작업은 대단히 격렬한 논쟁을 불러일으켰으며, 학술적이기보다는 활동주의에 가까웠다. 동물 연구의 상태에 관한 폭넓은 논평을 할 때 단일 쟁점 접근법을 취한다며 으레 CAS를 일축하곤 했던 학계를 향해 공격적으로 비판적인 입장을 취하면서 말이다(예를 들어 로리머 Lorimer, 2013). 그렇지만 이렇게 강경한 어조를 띤 초기 CAS의 사명 선언문에조차도 비건 실천방식에 관해 예상보다 훨씬 섬세한 설명들이 등장했다. 예를 들어 스티브 베스트 Steve Best는 자본주의가 비거니즘을 끌어들이는 것에 대해 경계를 드러냈다. 활동주의가 또 다른 "서구, 백인, 중산층 운동"(2009: 43)이 될 수 있는 위험을 낳는, 동물 옹호에 대한 지나치게 교조주의적인 접근을 비판하는 동시에 말이다. 실제로 그는 "이와 같은 편협함을 인식하고 효과적으로 다루게 되기 전까지는, '비건 혁명'이 일궈낸 성취들을 계속해서 심각하게 위협할 것"(2009: 43)이라고 주장했다. 비거니즘을 둘러싼 긴장에 대한 인식은 이와 같은 초기 텍스트에도 나타났으나, 이런 긴장을 온전히 **다루는** 시도들이 등장하기 시작한 것은 이보다 조금 뒤의 일이었다.

CAS, 비판적 인종 연구, 비건 음식 정치

CAS는 언제나 반자본주의, 페미니즘, 탈식민주의 정치와 관련을 맺기를 의도했으나, 2010년에 앞서 언급했던 『비판적 동물 연구 저널』의 특별판인 『비판적 동물 연구 안의 유색인종 Women of Color in Critical Animal Studies 』이 발표되면서 보다 구체적인 목표를 깨닫기 시작했다. 이 특별판은 "비판적 동물 연구와 비건 연구 전반에 유색인종 여성의 목소리와 관점이 소름 끼칠 정도로 부재했던"(야브로 Yarbrough 와 토마스 Thomas, 2010: 3) 방식을 바로잡고자 기획된 것이었다. 이 특별판의 핵심은 인종차별과 동물 억압 사이의 교차성을 질문한 A. 브리즈 하퍼와 매니샤 데카 Maneesha Deckha 의 논문이었다.

예를 들어, 하퍼의 글은 비판적 인종 연구와 페미니즘 지리학을 끌어와, 설탕이나 코코아 등의 재료를 함유한 제품을 참고로 삼아서, 이런 제품이 식민지의 유산과 동시대의 지정학적 불평등과 얽혀 있는 방식을 '크루얼티 프리'와 같은 라벨을 사용함으로써 어떻게 삭제하는지를 설명한다. 하퍼는 이런 질문을 던졌다. "특정한 미국인 비건들이 비건 초콜릿 식품 소비를 통해 현대적인 윤리를 실천할 수 있도록 돕는 환경에서 초콜릿을 수확하는 비백인 인구는 누구인가?"(2010a: 14). 이 논문과 하퍼의 선집인 『비건 자매』(2010b) 모두 비건 실천방식에서 인종 정치를 삭제하는 데에 맞서고자 했던 한편, 마찬가지로 데카의 연구(2010; 2008a, 2012도 함께 참고할 것)도 비슷하게 동물 연구와 비판적 인종 연구를 끌어왔다. 비판적 동물 연구와 주류적 동물 연구 양쪽 모두에 대단히 핵심적인 것으로 등장한 움직임 속에서 말이다(예를 들어 브루엑, 2017; 코와 코, 2017; 부아스롱 Boisseron, 2018; 코, 2019, 잭슨, 2020).

하퍼와 데카의 개입에 대한 어느 정도의 응답으로서, 비교적 최근 비판적 동물 연구 학계에서는 얽매인 억압에 대한 에코페미니즘적 초점을 흑인 페미니즘에서 유래한 교차성에 대한 신념과 함께 끌고 오는 일이 빈번하다(펜더그래스트 Pendergrast, 2018; 노셀라 Nocella 와 조지 George, 2019). 그렇지만 최근에는 '교차성'이라는 용어의 사용에 대해 경고를 제기했다. 이 개념이 그 기원에서 벗어난 (심지어 때로는 이 기원을 모호하게 만드는) 지나치게 광범위한 방식으로 적용되기 때문이다. 이를테면, 킴벌리 크렌쇼 Kimberlé Crenshaw (2017)는 이 용어를 만들어내긴 했으나 교차성이 인기를 얻는 것에 관해 우려를 표명했다. 이 개념이 아프리카계 미국인 여성의 경험에 중점을 두는 게 아니라, "모든 것을 다루는 거대이론"으로 취급될 수 있는 위험이 있기 때문이다. 아프 코(2019)는 조금 다른 이유로 동물 연구라는 맥락 안에서 크렌쇼의 우려에 호응하며, 본래 입법적인 차원에 초점을 맞추던 것을 넘어서서 교차성 개념을 확장하는 것이, 비판적 인종 연구와 비건 윤리 사이에 펼쳐져야 할 대화의 특수성에 알맞은가를 질문한다.

이런 논쟁은 비판적 동물 연구라든가 비건학이라는 맥락에서 '교차성 비거니즘'이라는 용어를 쓸 때 어떻게 주의를 기울여야 하는가를 보여주며, 에코페미니즘에서 논의되는 얽매인 억압과 교차성을 완전히 뭉뚱그리는 일은 피해야 한다는 것을 알려준다(이 두 가지 페미니즘 사상이 잠재적인 친연성을 갖고 있긴 하지만 말이다). 이 사안들은 정치적이고 윤리적인 관점에서 너무나 중요하기에, 여기서 논의를 더 이어가기보다는 이 책의 뒷부분에서 교차성 비거니즘과 연관된 논의를 별도의 챕터 하나로 다루고 있다(챕터 6을 참고할 것).

학계에서는 비판적 동물 연구에 더 많이 참여하고 있다

교차성을 둘러싼 논쟁과 마찬가지로, 여기서 비판적 동물 연구의 역사를 더욱 깊이 논의할 만한 지면의 여유는 없지만, 비거니즘의 맥락에서 본다면 2000년대 중반 미국에서 비판적 동물 연구 협회가 등장한 이래(베스트 외, 2007) 다른 국제적 맥락에서도 협회들이 등장했으며, 비판적 동물 연구의 관심사도 보다 "주류적인" 학문적 맥락과 연관되는 일이 늘어났다는 점을 짚고 넘어가는 것이 도움이 된다(테일러와 트와인 Twine, 2014).

예를 들어, 테일러와 트와인의 선집 『비판적 동물 연구의 부상: 주변에서 중심으로 The Rise of Critical Animal Studies: From the Margins to the Centre』(2014)은 서론에서 비거니즘을 중심에 놓으며 "'동물'을 당연하다는 듯이 평가절하했던 것을 전복하는 측면에서 본다면 [비판적 동물 연구에서는] 비거니즘이 핵심적인 실천이다. 그렇지만 비거니즘은 인간과 동물의 상호 연관된 억압을 이제 막 다루는 윤리-정치적 시작일 뿐이다"(2014: 12)라 주장한다. 이 책의 상당 부분이 비거니즘을 다루고 있기도 하며, 그 가운데는 비건 협회의 역사에 관한 챕터라든가(콜, 2014) 불법 행동을 포함하는 비건 활동주의에 대한 탐구를 담은 챕터가(글래서 Glasser, 2014) 들어 있다. 이 밖에 비건 정체성 연구라는 맥락 속 비판적 동물 연구의 방법론적 쟁점(스테픈스 그리핀, 2014)에서 비건 당사자가 마주치는 불안에 관한 자기민족지적 분석(살리 Salih, 2014)에 이르기까지, 여러 주제를 다루는 다른 챕터들에서도 비거니즘은 핵심 역할을 한다.

『비판적 동물 연구의 부상』 속 연구의 목표와 범위가 지닌 절충주의는 비판적 동물 연구라는 전통 안에서 비건 주제에 관한 연구가 중요하게 부상하도록 했으며, 이것이 다시금 비건학과 상당히 겹쳐지는 방식을 반영하고 있다. 이를테면, 라이트의 주장을 더욱 자세하게 풀어낸 다른 주요 텍스트 하나는—『비거니즘에 관한 비판적 시각 Critical Perspectives on Veganism』(카스트리카노와 시몬슨, 2016)— 완전한 해방을 어떻게 이룰 수 있는가라는 실천적인 의미에 기여하겠다는 목적을 품고 비판적 동물 연구라는 렌즈를 통해 주제에 분명하게 접근한다. 비거니즘이 전 세계적인 여러 맥락에서 마주치는 난관을 탐구하고자 (지리학, 철학, 문화 연구를 비롯한) 여러 분과의 연구를 아우르면서 말이다. 비건 주제를 다루는 비판적 동물 연구의 신념과 연관된 다른 텍스트들은 미디어 연구 (알미론 Almiron, 콜, 프리먼 Freeman, 2016, 2018; 린네 Linné, 2016; 파킨슨, 2019), 영화(픽 Pick, 2012, 2018), 사회학(커드워스, 2011, 2014; 콜과 스튜어트, 2016; 렌, 2016, 2020), 범죄학(플린 Flynn과 홀 Hall, 2017), 법학 (갬버트 Gambert, 2019), 철학과 비판/정치 이론(킴리카 Kymlicka와 도널드슨 Donaldson, 2011; 와디웰, 2015) 등의 영역에서 모습을 드러냈다.

비판적 동물 연구와 비건학

비거니즘에 관한 비판적 동물 연구가 보여주듯, 이 분야는 비건학과 중요한 개념적 친연성을 공유하고 있다: 두 분야 모두 비건 정치를 중심으로 삼았으며, 교차하는 억압들을 강조했고, 서로 비슷하게 비건 실천을 지지함으로써 이와 같은 억압에 맞선다는 규범적인 윤리적 목표를 지니고 있다. 이런 개념적 흐름을 비롯해, 스스로 비판적 동물 연구에 해당한다고 여기는 학자들은 앞서 설명한 몇 가지 비건학 맥락에서 연구를 발표했다; 예를 들어, 라이트의 『비건학이라는 렌즈를 통해서』와 『ISLE』특별판은 비판적 동물 연구라는 간판을 달고 다른 연구들을 발표한 학자들의 작업을 수록하고 있다.

학문적 영역 사이의 경계에 제법 빈틈이 많았던 덕분에 생산적인 소통이 생겨난 것은 비단 비판적 동물 연구와 비건학만의 일이 아니다. 나아가서는 비거니즘에 관심을 두고 있는 다른 동물 연구 분야들 사이에서도 벌어진다. 이렇게 겹쳐지는 면들을 더욱 명확히 살펴보고자, 이 챕터의 다음 대목에서는 (라이트의 틀을 활용해 표현하자면) 동물 연구의 또 다른 "갈래들", 소위 말하는 포스트휴머니즘 동물 연구로 옮겨갈 것이다. 그렇지만 이 영역은 비거니즘에 관한 학계의 윤곽을 그려내는 데만 도움을 주는 것이 아니라, 비건 윤리에 전념하는 학계와 이에 대해 비판적인 태도를 고수하는 작업들 사이의 긴장을 확고하게 굳힌, 비거니즘에 관한 우려스러운 논쟁을 강조하는 데에도 유용하다.

'포스트휴머니즘적' 비건학?

캐리 울프Cary Wolfe의 『포스트휴머니즘이란 무엇인가?』는 이런 제목 때문에 포스트휴머니즘 이론을 안내하는 개요를 제시할 것 같지만, 실제로는 전혀 그렇지 않다. 그렇지만 첫 챕터가 '포스트휴머니즘'에 관한 유용한 정의를 담고 있기는 하다. 이를 "기술적, 의학적, 정보학적, 경제적 네트워크에 인간의 탈중심화가 스며들며 이를 외면할 수 없게 된 역사적 순간이자, 새로운 이론적 패러다임의 필요성을 짚어내는 역사적 발전"(2010: xv-xvi)라고 표현하면서 말이다. 이 책에서는 울프가 기술에 초점을 맞추고 있으나, 다른 작업에서는 인간이 독립적인 관계를 맺는 존재로서 동물이 중심을 차지한다. 따라서 울프의 주장은 인간이 개별적이고 자율적인 존재가 아님을 강조한다는 점에서 에코페미니즘과 호응한다. 인간 존재의 모든 측면은 비인간에 의존하기 때문이다.

이런 상호의존성이란 늘 존재했으나, 울프는 최근의 문화적·기술적 발전으로 이와 같은 뒤얽힘이 더욱 극명해졌다고 주장한다. 따라서 울프에게 포스트휴머니즘이란 '인간'이 물질적인 비인간세계와 따로 떨어져 있는 자율적인 존재가 아니라는 깨달음이 주는 어려움에 대처하려는 시도다. 포스트휴머니즘의 페미니즘적 갈래는 이런 깨달음이 지닌 정치적 이해관계를 강조하며, 인간 예외주의는 틀렸을 뿐만이 아니라 위험하기도 하다고 주장했다. 예를 들어, 도나 해러웨이(2008, 2016), 로시 브라이도티Rossi Braidotti(2013, 2016), 스테이시 알라이모Stacy Alaimo(2016)와 같은 이론가들은 기후 변화나 대규모 멸종과 같은 현재의 환경 위기에는 인간에게 특권을 부여하지 않는 (또는 더 정확히 얘기하자면, 특정한 인간에게 특권을 부여하지 않는) 새로운 사고방식이 필요하다고 주장했다. 이런 사상가들이 발전시킨 새로운 개념적 틀은 모든 존재가 살고 있는 위태로운 세계를 공유하는 새로운 방법을 찾아내는 데에 초점을 맞춘다.

동물이 포스트휴머니즘에서 핵심적인 역할을 차지하지만, 이 유형의 이론은 훨씬 광범위하며 또 비인간적인 것 전반과 인간이 얽혀 있는 데에 주로 관심을 둔다는 점이 어쩌면 주목할 만한 지점일 것이다(이를테면 미생물과 무기물, 기술과 원소에 이르기까지 말이다, 지로 외, 2018를 참고할 것). 인간을 넘어선 윤리로 확장하고자 시도하는 가운데, 포스트휴머니즘의 양상들이 그럼에도 인간-동물 관계를 재고하는 데에 영향을 많이 끼쳤는지라, 이 이론이 주는 통찰을 살펴볼 만한 가치가 있다. 겹쳐지는 면들도 있기는 하나, 굵직하게 이야기하자면 포스트휴머니즘적 동물 연구에 영향을 끼친 두 가지의 개념적 흐름이 있다. 첫 번째는 STS과학기술학에서 이뤄지는 연구이며, 인간에게만 초점을 맞춰서는 사회적인 것을 이해할 수 없다고 주장한다. 그리고 두 번째는 현대 철학 및 문학 이론으로, 이는 인간중심주의의 메커니즘을 이해하고자 대륙철학을 보다 직접적으로 끌고 왔다.

이와 같은 이론들이 지닌 가치를 각각 살펴보기에 앞서, 한 가지 주의할 점이 있다. 동물 연구에서 '인간'을 뒤흔드는 데 이론적인 관심을 두는 작업들을 하나로 묶는 수단으로 '포스트휴머니즘'이라는 라벨을 사용하는 데에는 몇 가지 문제점이 있다. 동물 연구와 환경인문학 분야의 몇몇 이론가들이 스스로를 포스트휴머니스트라는 틀로 분명하게 규정하기는 하나(알마이모, 2016; 브라이도티, 2013; 커드워스, 2011; 커드워스와 홉든 Hobden, 2013; 맥코맥 McCormack, 2016; 울프, 2010, 2012), 인간중심주의에 이의를 제기한 상당수의 이론적 작업들은 엄밀히 말해 이 범주에 들어가지 않는다.

 예를 들어, 일반적으로는 후기구조주의, (신)유물론, 또는 퀴어 이론과 연관이 되는 이론가들에게(특히 자크 데리다 Jacques Derrida, 질 들뢰즈 Gilles Deleuze, 캐런 바라드 Karen Barad, 주디스 버틀러 Judith Butler) 영감을 받은 작업들은 포스트휴머니즘 이론가들과 보다 명확하게 묶인다. 더군다나 도나 해러에이와 같은 주요 사상가들은—포스트휴머니즘에 핵심적인 영향을 끼친 사람으로 주로 인용된다(울프, 2012; xiii)— 때로 이런 라벨을 애써 피하려 한다(해러웨이, 2008: 19). 이런 문제는 포스트휴머니즘과는 약간 다른 공명을 지니고 있으나, 인간을 뒤흔든다는 관심사는 여전히 공유하는 인간-이상 more-than-human (워트모어 Whatmore, 2006)이라든가 비인간(라투르 Latour, 1992)과 같은 대안적인 라벨을 사용하는 것과는 상당히 거리가 멀다. 여기서는 간결성을 위해 '포스트휴머니즘'이라는 표현을 계속 사용하겠다. 따라서 이제부터는 용어에 관한 문제는 잠시 한편에 제쳐두고, 이 작업이 지닌 **내용**을 탐구할 것이다.

과학기술학 분야에서는 인간 너머로 행위성을 확장한다

'인간' 너머로 초점이 이동한 데에는 구체적으로 STS 안의 서로 뒤얽혀 있는 갈래 두 가지가 선구자적인 구실을 했다: 행위자-네트워크 이론 내지 ANT와 연관된 갈래(이를테면 브뤼노 라투르 Bruno Latour, 미셸 칼롱 Michel Callon, 존 로 John Law, 앤마리 몰 Annemarie Mol), 그리고 페미니스트 과학 연구와 연관된 갈래다(이를테면 도나 해러웨이, 캐런 바라드, 빈치안 데스프레 Vinciane Despret, 이자벨 스텡거스 Isabelle Stengers, 푸이그 데 라 벨라 카사, 요안나 라티머 Joanna Latimer 의 작업과 같이). 이런 작업에서 중심이 되는 것은 행위성의 재분배다. 사회적 행동을 형성하는 능력이 인간의 전유물로만 여겨지지 않도록 말이다. 가리비(칼롱, 1984)부터 시작해 버섯(칭 Tsing, 2015), 개(해러웨이, 2003, 2008), 양(데스프레, 2006; 데스프레와 뫼레 Meuret, 2016), 말(라티머, 2013), 미생물(팍슨 Paxson, 2008), 민달팽이(진 Ginn, 2014), 해저에 사는 낯선 생명체(바라드, 2007; 헴리히 Helmreich, 2009)에 이르기까지, 이 연구들은 사회적인 것에 관한 이해 속에 비인간을 **포함시키고자** 했을 뿐만 아니라 이런 비인간이 인간의 삶을 만들고 구성하는 데 상당한 **행위성**을 발휘한다는 점을 강조했다.

예를 들어, 가리비에 관한 미셸 칼롱(1984)의 연구는 조개류가 행위성을 발휘한다고 주장한다. 이들이 어디서 어떻게 사는가가 어부, 과학자, 기술적 기반의 행동을 만들어내기 때문이다. 이보다 최근에는 지리학자 프랭클린 진 Franklin Ginn (2014)이 STS 계보를 따르는 연구를 통해, 민달팽이의 행위성이 사람들이 각자의 정원을 조율하는 방식을 어떻게 변화시키는가를 설명했다. 주로 어떤 식물이 자라고 정원이 어떻게 가꿔지는가를 만들어냄으로써 말이다. 그렇지만 이 영역에서 가장 눈에 띄는 인물은 도나 해러웨이일 것이다. 그녀의 작업은 비인간의 생기와 행위성을 인지하고 나면 어떤 윤리적 질문이 열리는가를 물으며 영향력을 발휘했다. 이런 질문을 제기하고자 해러웨이는 주로 특정한 사회적·문화적 쟁점을 확고하게 만드는 구체적인 사례, 즉 "형상화 figurations"(2008: 4; 이에 관한 상세한 설명은 지로 외, 2018를 참고할 것)를 살펴보며, 이런 쟁점들이 제기하는 윤리적 딜레마를 설명한다.

해러웨이의 형상화 가운데 가장 유명한 사례는 사이보그이기는 하나, 2000년대 초부터 그녀는 집 안의 구성원들과 맺는 일상적인 관계에서 어떻게 윤리적 통찰을 찾아낼 수 있는가를 탐구해왔다: 인간과 개의 공진화에 관한 거대한 진화 서사에서부터 집안에서 반려동물과 맺는 일상적인 돌봄 관계에 이르기까지, 해러웨이는 다른 동물과 맺는 관계를 통해 인간이란 어떤 의미인가가 어떻게 상당 부분 만들어지는가를 추적해왔다. 『반려종 선언 Companion Species Manifesto』(2003)과 『종들이 만날 때 When Species Meet』(2008) 모두 그녀가 자신의 개 카이엔 Cayenne과 맺는 관계를 내밀하고도 의도적으로 도발적인 방식으로 설명한다. 카이엔이라는 "오스트레일리안 셰퍼드의 붉고도 청회색을 띠는 잽싸고 유연한 혀가 [그녀의] 편도선을 닦아내며" 온갖 종류의 미생물을 교환하게 만든다며 말이다(2008: 16).

나아가, 이 텍스트들은 전 지구적 반려동물 산업이 구축하는 유축농업과 연관된 지정학적 네트워크와 경제적 관계를 탐구한다. 따라서 집안에서 인간과 동물이 접촉하는 일은 해러웨이가 그녀의 작업 모두에 영향을 끼치는 주요한 윤리적 질문을 던질 수 있는 풍요로운 바탕을 제

공해준다: 어떤 상황에서건 "무엇이, 누구를 위해, 어떤 비용을 치르고 자연이라 간주되는가?"를 말이다(1997: 104). 다시 말하자면 특정한 환경에서 누구의 가치가, 심지어는 누구의 생명이 자연스러운 것으로 여겨지고 또 무엇은 평가절하되며, 이와 같은 가치의 배분을 만들어내는 관계가 덜 억압적인 방식으로 조직될 수 있을까라는 질문이다.

인간이 탈중심화되면 새로운 형식의 윤리적 책임감이 열릴 수 있을까를 탐구한 해러웨이의 신념은 비건 윤리를 위한 희망적인 시작점처럼 느껴질 수도 있다. 세상 속에서 인간은 행위하는 반면, 비인간동물은 이런 행위를 수동적으로 수용한다는 관념에 도전하기 때문이다. 예를 들어, 『ISLE』에서 비건학을 소개하며 라이트는 해러웨이에게서 영감을 받아 "우리는 비인간 타자들과 신체적으로 얽매여 있다. 우리가 이들과 맺는 관계의 체화된 속성을 고려할 수밖에 없도록 만드는 방식으로 말이다"(2018: 731)라고 주장한다. 동물 역시도 행위성이 있다는 인식은 비교적 덜 인간중심적인 세계관을 제공할지도 모르나, 해러웨이 자신의 작업에서는—그리고 해러웨이에게 영향을 받은 수많은 연구물에서는—이런 인식이 비인간동물과의 물질적 관계를 변화시켜야 한다는 요청을 항상 지지한 것은 아니었다(또는 비판적 동물 연구나 에코페미니즘이 요청한 노선을 함께하지 않는 것이 확실했다).

해러웨이 본인은 동물권, 동물 해방, 동물 지지 운동을 직접적으로 비판하는 태도를 지녔다. "동물권 담론에서 일반적으로 사용하는 범주는 그다지 멀리까지 나아가지 못한다. 이런 담론에서 동물은 결국 영구히 의존적이거나('인간 미만의 존재 lesser humans') 순전히 자연적이거나('비인간'), 인간과 정확히 동일하다('털옷을 입은 인간')"(2008: 67)고 주장하며 말이다. 해러웨이가 보기에 이런 담론들은 인간 너머로 윤리를 확장하려고 시도하는 가운데, 인간의 특권을 떠받들려 하기에 고유한 목표를 약화시킨다(인간은 비인간을 대변해서 발화할 수 있는 특권적인 행위성을 지닌 존재로 그려지는 경우가 많기 때문이다. 해러웨이, 2011를 함께 참고할 것). (동료 학자인 빈치안 데스프레와 이자벨 스텡거스를 바탕으로 삼아 만든) 대안으로서, 해러웨이는 동물과의 위치 지어진 신체적 연관을 강조한다. 인간이 동물에게 영향을 받는 법을 익히고 동물들의 신체적인 힌트를 이해하기 시작하는 것은, 즉 동물들이 "되받아 말하"고 동물들의 의무를 인간에게 부과할 수 있는 공간을 창조하는 것은 바로 일상적인 상호작용, 관찰, 돌봄노동을 통해서라고 해러웨이는 주장한다. 이런 주장은 복잡하지만(이에 관해서는 챕터 5에서 더욱 심도 있게 분석하겠다), 여기서 이를 언급하는 것이 중요하기도 하다. 이와 같이 위치 지어진 신체적 윤리에 대한 강조는 해러웨이와—또 그녀의 작업에 영향을 받은 광범위한 연구들과— 비건 관점 사이에 가장 중요한 마찰을 만들어냈기 때문이다.

해러웨이가 비건학과 다소 상충하도록 만드는 것은 그녀의 작업이 비판적 동물 연구 관점에서 보기에는 착취와 인간 예외주의를 고착화한다고 여겨지는 장소에서 영감을 취했다는 사실이다. 이를테면 동물 실험실(와이즈버그 Weisberg, 2009; 지로와 홀린 Hollin, 2016), 동물 제품 소비(애덤스, 2006; 와디웰, 2015), "애완동물" 사육(콜라드 Collard, 2014)과 같이 말이다. 이런 장소에서 일어나는 대체로 도구적인 관계를 인정하는 한편으로, 해러웨이는 이 관계들을 완전히 억압적이라고 해석하는 것이 위험하다고 주장한다. 이는 인간이 비인간 세계를 지배한다는 신화를 고착시키기 때문이다. 이런 장소를 억압적이라고 바라보는 것은 행위자로서의 동물의 역할을 인정하지 않으며, 이들의 행위성을 삭제한다고 그녀는 주장한다.

　다음 챕터에서 더욱 깊이 설명하고 있듯이, 비거니즘에 관한 보다 구체적인 비판은 『종들이 만날 때』에도 간간이 등장한다. 이런 참고 자료들은 짤막한 경우가 많기는 하지만, 커다란 울림을 지닌다; 첫 번째로, 해러웨이의 주장은 비거니즘에 교조적이라는 라벨을 붙이면서 이런 교조주의를 미심쩍어하고, 또 이를 근거로 비거니즘을 일축했던, 동물 연구 내에서 급증하는 작업들을 뒷받침한다. 두 번째로, 또 보다 희망적인 방향에서 살펴보자면, 톰 타일러(2018)가 짚어주듯이 해러웨이가 비거니즘을 규정하는 틀은 이와 같은 비거니즘 비판에 도전하는 수많은 반론을 낳았다(이는 해러웨이가 자신의 주장을 다소 조정하도록 이끌었다, 해러웨이, 2017를 참고할 것). 이런 반론은 다음 챕터에서 더 깊이 살펴볼 것이다. 다만 지금은 해러웨이의 비거니즘 비판에 대한 주요 반응 가운데 하나가 비건 실천에 관한 대안적인 개념을 내놓았으며, 이것이 비거니즘이란 무엇이며 어떤 것을 하는가라는 서사를 뒤바꾸었다는 점을 짚고 넘어가는 것이 중요하다. 이 작업은 존재 방식을 폐쇄하는 것은 비건 윤리가 아니라, 세상 속에서 행위하는 덜 인간중심적인 방법을 배제하는 사회 자체라고 주장했다. 이렇게 훼방을 놓는 개념적 접근법으로 비거니즘을 다시 자리매김함으로써, 기존의 인간중심적 규범을 부각시키고 교란시켰다. 이것이 이어서 살펴볼 두 번째 이론의 주된 관심사다.

이론으로서의 비거니즘

비거니즘이 규범을 **강요**하기보다 **훼방을 놓는** 역할을 할 수 있다는 생각은 때로 '포스트휴머니즘'이라는 라벨이 붙기도 하는 두 번째 연구들이 추구한 것이었다: 이번에는 대륙철학에 광범위하게 의지하고 있는 문헌 연구 전통에서 다룬 것이었다. 대략적으로 이야기하자면, 이 영역의 이론가들은 '현대적'인, 즉 계몽주의 이후의 사상 체계는 관습적으로 존재를 (이성적이고, 자신의 존재 조건을 성찰할 수 있으며, 세계에서, 또 세계를 향해 행위하는 자율적인 행위성을 지닌) 인간 주체와 (이와 같은 자질이 없는) 비인간으로 분할했다고 주장한다.

포스트휴머니즘의 STS 갈래와 달리, 문헌 분야는 비건학과 더 즉각적인 친연성을 지닌다. 이것이 취하는 개념적 전통이 다소 다르기 때문이다. 예를 들어 자크 데리다(2008)의 저작은 동물의 역할을 명시적으로 논하고 있어 특히나 영향을 끼쳤다. 이후 이런 통찰은 동물 연구에서 데리다의 중요성을 더욱 온전하게 밝히는 가치 있는 작업을 한 매튜 칼라르코^{Matthew Calarco}와 같은 사상가들이 쌓아 올렸다. 칼라르코는 데리다가 보기에 어떻게 "유전적인 인간-동물 구분을 훌쩍 뛰어넘는, 배제를 만들어내는 관계의 네트워크를 통해 주체성의 의미가 구성되는지"(칼라르코, 2008: 151)를 설명한다. 데리다는 이런 배제의 네트워크를 설명하고자 "육식남근이성중심주의^{carnophallogocentricism}"라는 용어를 사용한다. 이 개념은 인간이란 무엇인가가 주로 '동물'에 반해 규정되었다는 데리다의 분석을 가리킨다. 나아가, 이와 같이 동물성을 배제하는 것은 다른 형식의 배제와도 함께 묶인다. 이런 배제에서는 특정 집단의 사람들도 자유로운 인간 주체에게 부여된 권리와 특권에서 배제된다. "주체성의 기본적 특성이 결여되었다"(칼라르코, 2008: 141)고 묘사된다는 근거에 따라서, 또는 달리 표현하자면 어떤 식으로든 동물성에 가깝다고 묘사된다는 근거에 따라서 말이다.

따라서 에코페미니즘과 유사하게, 특정 인간 집단의 타자화와 억압에 맞서려면 이들이 동물과 연관을 맺는 데 이의를 제기하는 것만으로는 충분하지 않다는 주장을 한다(그렇게 하면 끊임없이 맞서 싸워야만 하는 낙인을 찍는 라벨인 '동물성'이라는 개념은 계속 남기 때문이다). 대신, 동물이라는 개념 자체를 해체해야 한다. 다른 이들의 이익을 위해 동물과 특정 인간을 합법적으로 '착취할 수 있게' 만드는 폭력적인 배제와 더 지속적으로 다투기 위해서는 말이다.

데리다의 주장은 포스트휴머니즘의 STS 갈래보다는 비건 실천과 더 희망적인 관계를 맺을지도 모르나, 여전히 긴장은 존재한다. 칼라르코가 지적하듯이, 채식주의 에코페미니즘과 달리 데리다의 작업은 비건 윤리에 힘을 실어주도록 설계된 것이 아니다. 그의 해체주의적 접근법은 윤리적 틀을 발달시키도록 도움을 주기보다는 이미 있는 것을 풀어내는 작용을 하기 때문이다(칼라르코, 2014를 함께 참고할 것). (이를테면 동물해방주의와 같이) 확고한 윤리적 입장을 "휴머니즘적 포스트휴머니즘"(2010: 121)이라는 형식으로 **확실하게** 유지시키는 관점의 특징을 설명한 해러웨이에 동조하며, 캐리 울프는 이와 관련하여 더욱 강력한 주장을 한다. 윤리적 고려를 인간을 넘어서까지 확장하기를 추구하면서도, 그 권리에 관한 휴머니즘적 틀에 의지함으로써(그의 주장에 따르면, 이런 틀은 어떤 식으로든 인간과 가장 가깝다고 여겨지는 동물들에게 가치를 부여한다) 스스로의 목표를 약화시키는 주장을 말이다.

비건학이 보다 형식적인 차원에서 등장하기 시작하면서, 해체주의적 접근법이나 포스트휴머니즘적 접근법이 비건 윤리와 빚어내는 긴장을 정면으로 다루는 경우가 증가하고 있다. 예를 들어, 에밀리아 퀸Emilia Quinn과 벤자민 웨스트우드Benjamin Westwood의 『문헌과 문화에서 비거니즘을 사유하다: 비건 이론을 향해서Thinking Veganism in Literature and Culture: Towards a Vegan Theory』(2018)는 비거니즘이 지닌 개념적 중요성을 탐구하는 중요한 판단기준이다. 비거니즘에는 동물 연구 분야의 신진 학자들과 기존 학자들 모두가 개입하며, 이 학자들은 다양한 분과적 맥락에서 비거니즘이 지닌 개념적으로 파괴적인 잠재력을 숙고한다: 철학에서 문학, 영화 연구에 이르기까지 말이다. 라이트가 보기에 이 책은 광범위한 측면에서 비건학과 같은 맥락이기는 하나(실제로 그녀는 이 책의 첫 번째 챕터를 담당했다), 새로운 이론적 궤도를 열고자 하며, 또 비판적 동물 연구의 영향을 받은 비거니즘 연구에서 (부분적으로) 벗어나 있다(예를 들어, 카스트리카노와 시몬슨, 2016). 퀸과 웨스트우드가 바라보기에, 학문적 연구를 위한 렌즈로서의 비거니즘은 단지 비거니즘에 관한 서술을 분석하는 수단이 아니며, 비거니즘을 적용하고, 지지하고, 홍보하는 수단인 것만도 아니다. 그보다는 비거니즘이 뚜렷하게 구분되는 생각의 방식을 제시한다고 이들은 주장한다.

퀸과 웨스트우드의 첫 챕터는 비거니즘을 퀴어 이론의 맥락에 놓으며, 비건 사상이 인간이란 어떤 의미인가를 둘러싼 기존의 이론을 어떻게 곤란에 빠뜨릴 수 있는지, 즉 퀴어하게 만들 수 있는지를 묻는다. 이들은 "비인간 생명체 착취를 규범화하고 산업화해 온 세계"(2018: 2)를 탈자연화할 수 있는 수단을 비거니즘이 제공한다고 주장한다. 이렇게 비거니즘을 기존의 규범을 교란하는 방식이라는 틀에 새로이 집어넣는 것은 『비건 이론을 향해서』에서 생각을 가장 많이 떠오르게 한다고 꼽을 수 있는 챕터를 살펴보면 깔끔하게 설명된다: 바로 로버트 맥케이 Robert McKay의 에세이인 『비건적인 삶의 양식』이다. 이 챕터에서 맥케이는 "나는 비건이지, 인간이 아니다"(2018: 350)라고 언명하면서, 주체-위치로서 비거니즘이 내놓은 도발을 슬며시 언급한다. 이런 주장이 생겨난 배경은 맥케이를 정기적으로 식사에 초대했던 가족과의 개인적인 만남이다. 맥케이를 초대한 친척은 비건 음식을 내놓으려고 애를 쓰기는 했으나(비록 "거의 항상 라따뚜이"가 나왔지만 말이다), 매번 음식을 대접할 때마다 "여기 있다, 로버트. 네가 먹을 레즈비언 음식이다"(맥케이, 2018: 250)라고 말했다.

맥케이는 이 순간을 의도적으로 과도하게 해석하며, 이것이 지닌 중요성은 젠더, 섹슈얼리티, 음식 선호도가 상호를 강화하는 방식으로 타자화되는 헤게모니적인 남성성을 단순히 표현한 것을 넘어선다고 말한다. 맥케이는 비거니즘을 타자화함으로써 성취되는 특수한 작업에 질문을 던지면서, 이는 그의 친척이 지닌 인간성의 의미를 위협한다고 여겨지는 라이프스타일 실천과 맥케이의 (인간적) 정체성 사이에 거리를 두려는 시도라고 읽어낸다: "비거니즘에 내재하고 있는, (맥케이의 친척 입장에서는) 상상도 할 수 없는 비인간과의 동일시 때문에 위태로워지는 것은 바로 나를 초대한 사람의 규범성—즉 중심성이다"(맥케이, 2018: 251). 맥케이의 과도한 해석을 돕는 개념적 도구는 구체적으로 두 가지다. 첫 번째로는, 앞서 언급한 데리다의 육식남근이성중심주의다.

이는 인간의 주체성이란 비인간을 배제하는 것을 근거로 삼는다고 이해한다. 그렇지만 푸코와 버틀러도 함께 끌고 오며, 맥케이는 동물의 상징적인 위치를 규정하는 일은 언제나 이런 배제를 끊임없이 **실행하는** 구체적인 실천과 얽혀 있다고 지적한다. 맥케이의 식습관에 관한 농담은 (그리고 이에 따라 동물 제품 소비를 규범화하는 것은) 이런 배제의 일종이며, 비인간과 인간의 분리를 드러낸다고 그는 주장한다.

그리하여 맥케이가 바라보기에 비거니즘을 문화적으로 폄하하는 것은 단순히 특정한 먹는 방식을 비판하는 것만이 아니라, 다른 종과의 윤리적 친연성을 약화시킨다. 따라서 맥케이의 주장은 비거니즘을 새로운 틀에 집어넣음으로써, '동물권'이라는 자유주의적인 휴머니즘적 개념과 연관된 규범적인 식습관이 아니라, 어쩌면 심지어 포스트휴머니즘을 넘어서는 방식을 활용해 인간중심적 규범을 뒤흔드는 도발로 변화시킨다. 맥케이가 집필한 챕터는 『비건 이론을 향해서』의 핵심적인 견해를 확고하게 드러낸다: 바로 비건 실천과 비건 정체성이란 (종종 주장하는 것처럼) 기존에 인간과 동물이 얽혀 있는 것을 부정하거나 단절하는 게 아니라는 것이다. 오히려 비거니즘은 동물과 맺는 일상적인 관계가 만들어낸 기존의 배제를 부각하는 사고방식이다. 대안적인 관계란 어떤 모습일까를 상상할 만한 공간을 창조하기 위해서 말이다.

포스트휴머니즘에 관한 폭넓은 비판적 작업도 포스트식민주의 학계에서 전면에 드러났다. 이는 광범위하게는 동물 연구에, 또 구체적으로는 비건학에 관한 함의를 품고 있다. 이런 비판은 어떤 면에서는 전형적으로 포스트휴머니즘과 연관되는 제한적인 주요 텍스트에 관한 에코페미니즘의 관심과 맥락을 같이 한다(애덤스와 칼라르코, 2016를 참고할 것). 에코페미니즘은 포스트휴머니즘적 동물 연구 안에서 벌어지는 젠더화된 배제를 지적했던 한편, 재키야 이만 잭슨 Zakiyyah Iman Jackson 은 푸코나 라투르와 같은 사상가들을 인간을 탈중심화하려 시도했던 시초 격의 인물로 취급하는 포스트휴머니즘의 경향성을 비판적으로 바라본 다. 실비아 윈터 Sylvia Winter 나 애메 세제르 Aimé Césaire 와 같은 포스트식민 주의 사상가들과는 반대로 말이다. 나아가, 잭슨은 단순히 이런 배제를 강조하기만 하는 것이 아니라, 이렇게 누락된 것을 바로잡음으로써 어떻 게 포스트휴머니즘을 새로운 방향으로 밀고 나갈 수 있는가를 보여준다.

포스트휴머니즘이 지닌 문제 하나는, 대체로 인간/동물 또는 인간/ 비인간이라는 이분법을 기본적인 것으로, 다른 배제가 뒤따라오는 일차 적인 배제라고 취급한다는 점이다. 이런 가정은 심지어 울프의 초기 인 식에도 분명하게 드러난다.

> 전통적으로 주변화되었던 사람들은, 학문적 지식인들이 그 안으로 "졸업할" 준비를 갖춘 바로 그 역사적인 순간에, 그 모든 특권과 함께 휴머니즘적인 주체성 모델을 포기하자는 요청에 회의적일 수 있다. 그렇지만 여기서 내가 강조하려는 더 광범위한 측면은, 이와 같이 휴 머니즘적이고 종차별적인 주체화의 구조가 고스란히 남아 있는 한, 또 단지 종을 이유로 삼아 비인간동물을 체계적으로 착취하고 죽이 는 것이 괜찮다며 제도적으로 당연시되는 한, 종에 관한 휴머니즘적 담론은 일부 인간이 다른 인간에 대항하는 데에도 계속해서 쓰일 것 이다. (울프, 2003: 8)

여기서 울프는 포스트휴머니즘을 향해 제기될 수도 있는 비판을 극복한다. 다른 불평등에 대한 도전의 근간에 자리 잡은 것은 '종'이라는 관념을—그리고 이 개념이 정당화하는 폭력을— 해체하는 것이라 주장함으로써 말이다. 그렇지만 잭슨의 작업이 강조하는 것은 종이 반드시 일차적인 배제 형식인 것은 아니라는 점이다. 역사적으로 이 개념은 인종의 식민주의적 구성과 함께 등장했기 때문이다(잭슨, 2016, 2020; 킴, 2015도 함께 참고할 것). 다시 말해, 종 담론과 인종 담론은 특정한 시점에 공진화했으며, 이 두 담론을 **함께** 풀어내야 한다.

이런 주장을 내세우면서 잭슨은 "인간들humans" 전반이 비인간 세계에 대한 특권을 지니고 있다고 바라보는 것을 지양해야 하며, 지리적·역사적으로 특수한 "인간the human" 이해에 대한 비판에 초점을 맞춰야 한다고 강조한다(선드버그Sundberg, 2014; 토드Todd, 2016; 톨베어Tallbear, 2017도 함께 참고할 것). 따라서 잭슨의 주장이 분명하게 보여주는 것은, "인간the human"이라는 개념이 작동하는 방식에 관한 인종화된 역동을 주의 깊게 성찰하지 않는다면, "인간들the humans" 전반이 언제나 "동물들animals"보다 특권을 지니고 있다고 설명하는 개략적인 서술을 내놓기가 십상이라는 것이다. 인종화된 사람들의 죽음들 역시도 "일상적이고, 평범하고, 이미 예상된" 것이라 빈번히 취급하는 방식을 간과하는 식으로 말이다(코, S. 2017: 86). 그러므로 비거니즘이 어떤 의미이며 이것이 어떻게 실행되는가를 일반화하지 않으려면, 맥락-특정적인 틀을 만들어낼 필요가 있다는 데에 응당 더 많은 관심을 기울여야 한다; 이는 라이트가 비건학과 겹쳐지면서도 구분된다고 보는, 마지막 분야에서 서서히 다루고 있는 주제다: 바로 인간-동물 연구 분야다.

인간-동물 연구… 그리고 그 너머

인간-동물 연구, 또는 문화와 사회에서 동물이 하는 역할에 관심을 둔 수많은 학자들이 쓰는 용어를 따오자면 HAS 인간동물연구 (드멜로 DeMello, 2012)를 라이트는 동물 연구의 세 번째 "갈래"라고 설명한다. HAS라는 라벨을 사용하는 연구를 여기서 분명히 다루기는 하겠지만, 나는 이런 지침을 따르는 자료를 넘어서고자 하는 바람도 있다. 이 챕터에서 논의했던 동물 연구와 비건학의 다른 흐름들과 마찬가지로, HAS의 정의를 확정하기란 어렵다. 동물에 관심을 둔 연구와 관련하여 구체적인 영역에서 이 라벨을 사용하는 편이다—특히나 사회학적인 맥락과 조직 연구에서(예를 들어 윌키 Wilkie, 2015; 해밀턴과 테일러, 2017) 말이다.

그렇지만 이런 분야에 있는 여러 사상가들은 **동시에** 스스로를 비판적 동물 연구라 규정하기도 한다. 그러니 지금 이 대목에서 학계를 모아본 이유는 방향성의 차이와 더욱 관련이 깊다. 다른 동물 연구의 "갈래"와 비교했을 때, 앞서 간략히 설명했던 연구는 비판적 동물 연구를 동물 연구의 하위 분야로 규정하거나 포스트휴머니즘 동물 연구를 새로운 이론으로 서술하고자 했던 데 반해, 이 대목에서 설명했던 연구는 반대 방향으로 나아갔다: (사회학이며 지리학과 같은) 기존의 학문 분과들이 동물을 학계에서 진지하게 초점으로 삼기를 촉구하면서 말이다. 그렇지만 이런 구분은 그저 느슨한 발견법이며, 이 챕터의 앞선 대목에서 똑같은 학자들을 다룰 수 있었을지도 모른다.

이 작업이 동물 연구 안에서 어떻게 분류되는가와는 무관하게, 사회학적인 초점을 지닌 연구를 다룰 때 드러나는 것은, 비거니즘을 탐구할 때면 몇몇 주요 학계가 동물 연구라는 틀과 전혀 맞아떨어지지 않는다는 것이다(또는 적어도 스치는 정도에 그친다). 그러므로 여기서 나는 비거니즘을 연구하는 데 가치를 지니지만 동물 연구의 다른 "갈래들" 그 어디에도 깔끔하게 맞아떨어지지 않는 작업도 포함할 것이다. 특히 지리학, 사회학, 사회운동연구 분야의 연구를 말이다. 이런 작업들 가운데 일부는 스스로를 HAS라 규정하는 한편, 다른 연구들은 소비사회학 같은 하위 분야라든가 또는 음식 연구와 같은 간학제적 연구 영역에 해당한다.

비건사회학

앞서 언급했듯이, 커드워스는 역사적으로 에코페미니즘이 다른 억압에 비해 (예를 들면 인종이나 정치경제적 억압과 비교했을 때) 젠더를 우선시한 데에 질문을 던지며 에코페미니즘에 대한 (호의적인) 비판을 제기했다. 그녀가 제시하는 점들 가운데 가치 있는 것 하나는 바로 에코페미니즘적 작업은 광범위한 이론적 방향성을 지닌다는 것이다. 즉, 인간-동물 관계가 물화된 구체적인 제도적 맥락을 논의하기보다는, 동물에 대한 문화적 태도 전반에 관한 주장을 만들어낸다는 것이다. 커드워스는 이와 같이 에코페미니즘이 생략해버린 것이 있다며 비난을 하지는 않고, 이는 목표와 초점의 차이라고 보았지만, 그렇다 하더라도 그녀의 주장은 사회과학이 채워야 하는 기존 지식 안의 공백을 짚어낸다. 그녀는 이제 "사회학은 종 담론이 배제된 사회적 제도의 개요를 그려내는 과업을 향해 한 발짝 다가가서, 사회적 관계의 차원에서 분석을 내놓아야 할"(커드워스, 2014: 27) 때라고 주장한다. 그렇지만 분과 학문으로서의 사회학은 동물에 관한 질문을 더디게 받아들였다: 비거니즘은 차치하고라도 말이다.

2000년대 초반에 사회학이 동물에 관여해야 한다는 요청이 두드러지기 시작했지만—특히나 데이비드 니버트 David Nibert 의 『동물권/인권 Animal Rights/Human Rights』(2002)에서—, 수많은 사회학자들은 자신의 연구가 사회학 안에서 진지하게 받아들여지기가 어렵다고 말했다(페그스 Peggs, 2013; 카터 Carter 와 찰스 Charles, 2018). 관련 분야이자 하위 분야인 사회운동 연구와 같은 영역에서는 비거니즘에 관한 민족지적 작업이, 특히 엘리자베스 체리 Elizabeth Cherry 의 연구와 같은 작업이 발달했으나

(2006, 2010, 2015; 지로, 2015; 로크우드 Lockwood, 2018도 함께 참고할 것), 동물을 관심사로 삼는 것은 무언가 '비주류스럽고', '급진적이고', '활동주의적이다'는 인식 때문에 전통적으로 주류 사회학이라는 맥락에서는 비건이라는 주제를 충분히 다루지 못했다(예외적인 주요 작업들을 살펴보려면 콜, 2008; 그리네바움 Greenebaum, 2012a, 2012b; 렌, 2016, 2020를 참고할 것).

동물에 관한 연구 안에서조차 동물이 연구 가치를 지니는 일차적인 까닭은 인간과 얽혀 있기 때문이라는 감각이 스며 있었다. '사회적인 것'이라는 지배적인 관념은 인간의 공동체를 지향하고 있었다. 행위자-네트워크 이론, 포스트휴머니즘, 신유물론으로 인해 이런 경향도 서서히 바뀌고는 있지만 말이다(윌키, 2015; 폭스 Fox와 올드레드 Alldred, 2016; 해밀턴과 테일러, 2017를 참고할 것),

그렇지만 최근에는 변화가 나타나고 있다. 이는 어느 정도는 비거니즘의 대중화, 그리고 IPCC 기후 변화에 관한 정부 간 협의체나 UN 국제연합과 같은 핵심 기관에서 비거니즘이 기후 변화에 대한 대응책으로 자리매김한 덕분이다. 이런 발전은 비거니즘에 초점을 맞춘 연구를 '주류적'인 정치적 관심사라는 틀로 바라보도록 했으며, 핵심적인 사회학 저널에(예를 들어, 트와인 Twine, 2017) 실리도록 만들었고, 그와 동시에 비건 협회를 위한 국제 컨퍼런스도 등장했다.[12] 비거니즘에 관한 사회학적 연구들이 종종 공유하는 점은 비건 윤리를 강조한다는 것이다. 이 가운데 비

---

12 이 행사에 관한 세부적인 정보와, 이 행사가 대표하는 네트워크는
    다음에서 찾아볼 수 있다: http://www.vegansociology.com/.

판적 동물 연구 전통에서 탄생한 영역에서 활동하는 핵심적인 인물 몇몇이 있다. 예를 들어, 매튜 콜과 케이트 스튜어트의 연구는(스튜어트와 콜, 2009; 콜과 스튜어트, 2016) 미디어, 장난감, 시각 문화 전반에 대한 어린 시절의 참여를 통해 어떻게 육류 소비를 자연스러운 것으로 여기게 만들면서 종차별주의가 강화되는가를 탐구했다(이와 같은 자연화에 질문을 던지는 것을 목표로 삼아서 말이다). 나탄 스테픈스 그리핀^{Nathan} Stephens Griffin (2017)은 비건들의 체화된 경험과, 대체로 비거니즘을 실현하기 어렵게 만드는 일상적인 환경 속에서 비건들의 정체성을 조율하는 방식을 살펴보았다(이 주장에 관해 보다 심도 있는 논의는 챕터 3을 참고할 것).

그러므로 집합적으로 봤을 때 사회학적 방향성을 띤 연구가 비거니즘의 복잡한 그림을 쌓아나가기 시작하면서, 비건들 스스로와 비건 활동가 집단 모두가 비건 라이프스타일 정치와 구조적 변화를 향한 요청 사이의 긴장을 어떻게 조율하는지를 탐구한다(이 주제는 챕터 4에서 더 깊이 논의하고 있다). 이런 연구와 관련해 특히나 중요한 점은, 비거니즘이 무엇이며 어떤 의미를 지니는가에 관한 주장에 대해 이론적 바탕을 갖추면서도 경험적인 근거를 확보한 답을 내놓기 시작했다는 점이다. 이런 응답은 비거니즘이 단일 쟁점을 다루는 교조주의라며 과도하게 환원주의적으로 바라보는 시각을 복합적으로 바꾸어주며, 나아가서는 이런 시각에 반기를 들기도 한다.

비건지리학

사회학이 인간-동물 관계에 초점을 맞추는 한편, 다른 분과 학문들은 —특히 지리학은— 동물들 자체와 오랜 시간 관련을 맺어 오면서 비건 학계가 꽃을 피울 수 있는 풍요로운 바탕을 제공했다. 줄리 어버닉^{Julie} ^{Urbanik} (2012)은 동물지리학의 주요한 세 가지 "파도"를 발견한다. 1990 년대 초기에 등장한 세 번째 "파도"는 유축농업의 지리학을 탐구하는 가 치 있는 연구를 낳았다. 예를 들면, 크리스 필로$^{Chris\ Philo}$의 연구는 '가축' 이라 분류된 동물들이 어떻게 해서 19세기 중반부터 줄곧 공적 공간에 서 제거되었는가를 개략적으로 보여준다(챕터 4를 참고할 것). 동물 지 리학에서 생겨나는 수많은 동시대의 텍스트들은 이런 주장들을 바탕으 로 삼으며, 비건 정치는 특정한 공간적 배치가 만들어낸 동물의 비가시 성에 맞서 싸우는 수단이라는 틀로 바라본다(올리버^{Oliver}, 2020a).

동물 연구의 다른 갈래들과 유사하게, 포스트휴머니즘과 포스트구 조주의는 지리학 안에서 인기가 높아졌으며, 대개는 초점이 **동물**에서 **비 인간** 전반으로 옮겨갔다. 해러웨이는 이런 변화의 중심인물이었으며, 이 에 따라 앞서 간단히 설명했던 그녀의 연구와 비거니즘이 만들어내는 긴장은 지리학에도 그대로 이어졌다. 명시적인 동물 연구와 마찬가지로, 지리학에서 포스트휴머니즘을 활용하는 데 대한 한 가지 반응은 **비판적 인** 동물 지리학을 향한 요청이었다. 비판적 동물 연구의 초기 연구처럼 적대적인 성격은 아니지만, 이런 연구는 동물 지리학과 비인간지리학에 서 하는 다른 연구들보다 비판적인 접근법을 취하면서, 포스트휴머니즘 맥락에서 두드러지게 드러나던 인간-동물의 뒤얽힘에 대한 긍정적인 틀

일부에 이의를 제기하는 사례를—낙농업(질스파이, 2018)이나 전 세계적인 야생동물 거래(콜러드 Collard, 2014)— 탐구했다.

　수록된 논문의 제목을 동일하게 따온 선집인 『비판적 동물 지리학 Critical Animal Geographies』(질스파이와 콜러드, 2015)은 특정한 문화적 맥락에서 비인간동물을 취급하는 기존의 방식을 비판적으로 다루는 이런 시도를 아마도 가장 잘 이야기하고 있을 것이다. 이 선집에는 구체적으로 비건 윤리에 초점을 맞추고 있는 챕터들이 실려 있다(예를 들어, 화이트, 2015와 나의 연구인 지로, 2015). 인종 지리학과 사회운동 연구가 오랫동안 만들어낸 교차점은, 사회운동으로서의 비거니즘에 관한 연구 역시 지리학적 맥락에서 더 많은 탄력을 받은 반란의 시점일지도 모른다는 의미이며, 곧 출판될 선집인 『비건 지리학 Vegan Georgraphies』(호지 Hodge 외, 2021)에서 이런 통찰을 더 발전시킬 것으로 보인다. 나아가, 동물 지리학과 비건 지리학의 양상은 HAS를 넘어서는 데서 그치지 않으며, 향후 비거니즘 연구에는 유용하면서도 동물 연구의 범위를 벗어나는 귀중한 연구 영역을 보여준다.

미래의 궤적

이 챕터는 비건 협회 안에서 일어난 주요 논쟁 일부를 개략적으로 소개했으며, 서로 겹쳐지는 동물 연구의 갈래들 안에서 비거니즘이 지닌 역할을 보여주었다. 그렇지만 이 챕터의 마지막 대목에서 넌지시 밝혔듯이, 또 라이트가 주장하듯이, 비거니즘에 관한 연구는 이런 영역을 넘어서기도 한다. 여기에 덧붙여 내가 주장하는 것은, 비건 연구의 양상이 현재 형성되어 있는 비건학 역시도 넘어선다는 것이다: 비건 연구에 관한 일부 자료는 비건학 영역이 형성되기 이전에 생겨난 반면(특히 비판적 동물 연구 내의 연구가 그렇다), 다른 연구들은 다소 다른 개념적·경험적 계보를 지니고 있다. 이런 역동을 추적하고자, 현재 비건학의 영향을 받는 연구를 보완하는 동시에 이를 벗어나는 생산적인 궤적을 보여주는 연구를 살펴보면서 이 챕터를 마무리한다.

서론 챕터에서 주장했듯이, 비거니즘은 식습관 그 이상이며, 음식을 넘어서는 맥락 속에서 인간과 비인간동물이 맺는 억압적인 관계를—그리고 이런 억압이 특정한 인간 집단의 억압과 묶여 있는 방식을— 뒤흔들고자 노력한다. 이 챕터는 광범위한 학문적 텍스트를 탐구했으며, 이런 텍스트들은 "식습관 그 이상"이라는 것이 실질적으로 어떤 의미인가를 확장했다. 여기서 논한 학계는 비거니즘이 동물 억압, 인간, 그리고 보다 넓은 환경 파괴 사이의 연결점을 설명할 능력을 지닌 정치적 실천의 형식이나 세계를 바라보는 방식이라 위치 짓는다. 그렇지만 역설적이게도, 비거니즘은 단순한 먹는 방식 그 이상이지만, 비거니즘에 관한 유독 광범위한 연구를 음식에 분명하게 초점을 맞추고 있는 학술 연구 가운데서 발견할 수도 있다. 음식 연구의 간학제적 영역이―지리학이 두드러지면서도, 소비사회학이라든가 포스트휴머니즘이라는 범주에 느슨하게 묶이는 문화 이론과 같이 다른 사회과학적 연구를 참고로 하는― 비거니즘을 점점 더 많이 논의하고 있다. 예를 들어, 비건 정치는 윤리적 음식 풍경에 관한 마이크 굿맨Mike Goodman의 연구에서 핵심 주제였던 한편(2010), (앞서 언급했던) 최근 사회학의 핵심 연구 일부는 소비 이론을 다룬다. 그 밖에 앞서 이야기했던 페미니스트 지리학 연구(예를 들어, 하퍼, 2012)는 음식을 특정한 방식으로 생산하고 소비하는 것을 어렵게 만들 수도 있는 시장, 식품 생산 시스템, 그리고 인종화된 사회경제적 불평등과 같은 요인을 고려해야 한다고 주장한다.

예를 들어 소비사회학, 비인간지리학, 과학기술학의 교차점에 자리 잡고 있는 몇몇 가치 있는 연구는 대체육류의 윤리적 중요성에 관심을 둔다. 특히 기술과학적 혁신을 바탕으로 개발한 배양육에 말이다(예를 들어, 스테픈스, 2013; 스테픈스 외, 2018; 섹스턴Sexton, 2016). 이런 연구는 배양육이란 무엇이며, 이것이 어떻게 개발되며 비거니즘의 실질적인 쟁점을 강조하는가라는 근본적인 질문을 다뤘다. 이를테면 이 식품이 지금으로서는 여전히 동물 도살에 의존하고 있다는 사실이라든가, 이것이 실리콘밸리의 시장 논리와 얽혀 있다는 것과 같이 말이다. 나아가, 대체육류에 관한 연구는 **개념적인** 난관도 제시한다; 알렉산드라 섹스턴Alexandra Sexton이 주장하듯이, 완전히 식물 기반 식품으로만 만든 육류 제품이라도 부재 지시대상일 수가 있다: 이 경우에는 (애덤스의 분석에 나왔던 것처럼) 그런 제품 뒤에 놓여 있는 동물을 감추는 것이 아니라, 이런 제품의 생산과 얽혀 있는 상업과 기업형 농업의 네트워크를 감춘다.

이런 식품 개발의 특정한 양상이 강조되며, 이런 제품을 윤리적 대안으로 구성하는 데에 딱 들어맞지 않을 수도 있는 "재료와 정치경제에서 관심을 돌리는" 방식에 따라서 특정 대체육류의 생산이 소비자들에게 "중요한 문제로" 만들어지는 (이를테면 "진짜" 동물과는 거리를 두면서도 "진짜" 고기와는 강력한 친연성을 지니는 것처럼) 복합적인 과정을 수반한다고 섹스턴은 설명한다(섹스턴, 2016: 75).

대체육류에 관한 연구는 비거니즘 연구에 중요한 작업을 간략하게 보여주기는 하나, 지금까지 비건학의 특징을 만들어 온 명시적인 형식의 비판을 반드시 동일하게 드러내지는 않는다. 그렇지만 이 영역의 연구는 비거니즘의 대중화와 상업화가 불러일으키는 향후의 윤리적 난관을 맞이하는 데 중요하다.

그러므로 이 책의 나머지 부분에서는 비건학으로 분류되는 연구를 살펴보는 한편으로, 현대 비거니즘의 역동을 통해 사유하는 데에 유용한 도구를 제시하면서도 다소 다른 학제적 또는 개념적 전통을 따르는 연구 역시도 참고할 것이다. 구체적으로 이야기하자면, 비거니즘을 연구하는 데 중요하지만 동물 연구의 초점을 넘어서서 다른 길로 빠지는 관련 영역들, 보다 광범위하게 시장, 소비, 그리고 인간중심주의의 저치를 향한 질문을 제기하는 영역들의 연구를 가져올 것이다. 이런 주제들은 음식에 관한 논의에서 출발한 것이지만, 궁극적으로는 이를 훌쩍 넘어선다. 서론에서 주장했듯, 비거니즘은 식습관 그 이상이다. 그러므로 "그 이상"이라는 데에 걸맞게끔, 이 책 전반에서 다루는 비거니즘 연구 접근법은 비건학을, 또는 지금까지 이 영역이 등장한 방식을 넘어서는 경우가 종종 있을 것이다: 그렇더라도 생동감 넘치고, 복합적이고, 이제 막 생겨난 이 연구 영역에 다시금 자양분을 공급할 만한 잠재력은 여전히 품고 있다.

Chapter 3

비건 정체성:
순수와 불완전함

"비건들은 퀴노아에 관한 불편한 진실을 소화할 수 있을까?" 조안나 블라이스먼 Joanna Blythman (2013)이 영국의 신문 <가디언> 기사 제목에서 던진 이 질문은 이 챕터에서 제기하는, 또 보다 폭넓게는 비거니즘과 관계가 있는 핵심적인 쟁점 일부를 끌어내기에 유용하다. 이 기사는 다양한 소셜 미디어 플랫폼에서 167,511회 공유되었으며, 상당한 관심을 끄는 바람에 PETA와 같은 대규모 NGO에서 즉각 반박문을 작성할 정도였다 (예를 들어, 베커치 Bekhechi, 2013). 그렇지만 이 기사가 유용한 까닭은 이것이 유통되었기 때문이라기보다는, 소위 비건의 도덕적 모순이라고들 하는 데에 초점을 맞춘, 비거니즘에 관한 폭넓은 담론과 관련을 맺는 방식 때문이다. 블라이스먼의 기사 제목이 암시하듯, 이 기사의 핵심 주장은 개인들이 식물 기반 식품을 먹는다는 이유만으로 이들의 라이프스타일이 폭력이나 불평등과 결코 무관하지 않다는 것이다. 퀴노아에서부터 (예전에는 저렴했지만 이제는 인기가 너무 높아지는 바람에 더 이상 볼 리비아인들이 구입할 수 없게 되었다) 아스파라거스 농업으로 인한 페루의 물 고갈에 이르기까지, 블라이스먼은 곡물과 채소 생산이 지닌 문제를 드러내는 여러 사례를 상세히 설명한다. 기사에 나온 대두 농업 비판은 한층 더 신랄하다:

> 비건들이 로비를 하며 유제품의 대체품이라고 총애하는 대두는 환경 파괴를 불러일으키는 또 하나의 문제적인 수입품이다… 대두가 지구를 파괴하는 육류를 대체할 진보적인 대안이라고 설명하는 사람들 입장에서는 당혹스럽게도, 현재 대두 농업은 소 목장과 더불어 남아메리카 지역의 삼림을 파괴하는 두 가지 주요 원인 가운데 하나다. 남아메리카에서는 광활한 숲과 풀밭을 없애고 거대한 플랜테이션에게 자리를 넘겨줬다(블라이스먼, 2013).

즉, 이 기사 전체는 비건들에게 또 다른 "뽑기gotcha"의 순간이라고 볼 수 있다. 이 글에서 비건들은 음식 시스템의 복잡함을 파악하지 못하며, 본인들이 생각하는 것만큼 음식 선택이 윤리적이지는 않은, 자기만족에 빠져 있고 독선적인 개인들이라 그려진다.

그렇지만 이 챕터에서 주장하는 것은 비건 식습관의 도덕적 모순에 초점을 맞춘 주장은 과도하게 단순화하는 것일 수가 있으며, 때로는 이 주장에서 이야기하는 소위 비건 로비가 지니고 있다는 독선을 똑같이 행할 수가 있다는 점이다. 실제로 블라이스먼의 기사에서 눈에 띄는 것은 위선적인 비건이라는 비유에 집착하는 완고함이다. 심지어는 이 기사의 주장이 부정확하다는 사실이 밝혀지자 신문사가 포기 각서를 실어야만 했던 뒤에도 말이다. 이를테면, 몇몇 핵심 주장이 대중에 의해 틀린 것으로 밝혀진 뒤에 각주가 추가되었다: "대두는 다양한 건강식품에 사용되기는 하나, 대두 생산량의 대부분은—2006년 UN 보고서에 따르면 97%가— 동물 사료로 쓰인다." 이런 사실이 기사의 핵심 주장을 근본적으로 문제 삼기는 하나, 해당 내용이 각주로 실린 이상 기사의 핵심 요지는 온전하게 남아 있다. 그렇지만 댓글에서 제기한, 이와 유사하게 문제가 되는 다른 지점들은 전혀 다뤄지지 않았다. 이를테면 퀴노아가 건강식으로 광범위하게 유행하는 것과 비교한다면, 상대적으로 적은 영국의 비건 비율은 퀴노아에 훨씬 적은 영향을 끼친다는 주장 등이 말이다.

이 챕터는 독선적인 비건 소비자의 구성을 시작점으로 삼는다. 이런 구성이 어떻게 미디어에서 비유로 작동하는지를 파악하기 위해서만이 아니라, 이것이 지닌 광범위한 사회적 기능을 이해하기 위해서 말이다. 어떤 면에서는, 서론 챕터에서 개괄했던 비건 역사를 살펴보면 비거니즘을 이렇게 묘사하는 것이 틀렸다고 입증할 수 있다: 비건 협회와 같이 널리 알려진 기관들이 기존의 음식 시스템 안에서 순수하기란 불가능하다는 사실을 인지하면서 설립했으니 말이다(콜, 2014).

순수함이라는 스테레오타입을 간단히 일축하고픈 마음이 들지도 모르지만, 이 챕터에서 나의 목표는 이런 스테레오타입이 비건 정치와 비건 정체성에 중요한 질문을 던지는 것으로 진지하게 다루는 것이다. 이런 스테레오타입이 환원주의적인 경우가 많기는 하나, 그렇더라도 중요한 쟁점을 제기할 수가 있다. 알렉시스 쇼트웰Alexis Shotwell이 주장하듯이: "음식과 에너지 체계는 언제나 시스템이다. 우리가 개인적 차원에서 윤리를 지닌다면, 우리는 시스템에 의해서 그리고 시스템 안에서 가장 특권을 누리는 사람들에게 윤리적 선택을 제한하는 것이다"(쇼트웰, 2016: 125). 쇼트웰은 보다 넓은 개인주의적 라이프스타일 정치를 비판하는 일환으로 이 주장을 한 것이기는 하나, 그녀가 이와 같은 위험을 설명하고자 비건 식습관을 활용한 점은 주목할 만하다. 이렇게 함으로써 그녀의 연구는 대중문화를 비롯해 특정한 학문적 맥락에서 두드러지게 나타나는 비거니즘의 부정적 묘사를 다룬다.

이 챕터는 라이프스타일 운동과 도덕주의에 관한 보다 넓은 논쟁과의 관계 속에 비거니즘에 관한 논의를 자리 잡게 만들면서 시작한다. 챕터 전반부에서는 쇼트웰의 주장을 끌고 와서 순수성 정치라는 개념을 더 심도 있게 다룬다. 이 개념이 비거니즘을 향한 학계와 문화적 비판 모두를 어떻게 다루는가를 이해하기 위해서 말이다. 그런 다음, 이 챕터의 후반부에서는 비거니즘을 향한 일반적인 비판에 대한 반론을 내놓는다. 먼저 이런 논쟁을 다루는 대중문화 속 비건 정체성 묘사를 살펴본 다음, 비건 실천에 관해 훨씬 더 어지럽고 복잡한 그림을 보여주는 (하위)문화 연구, 사회운동 연구, 그리고 사회학적 관점의 연구를 이끌고 오면서 말이다. 이런 연구들이 때로는 보다 개인주의적인 라이프스타일 정치라든가, 배제하기 위한 정체성의 표지로서 음식을 사용하는 것과 맞아떨어지는 비거니즘의 사례를 묘사하기도 하나, **모든** 비건 정치를 이런 범주에 집어넣는 것은 위험하다고 강조하기도 한다. 그리고 특정한 맥락에서 어떻게 비거니즘이 순수성을 기약하는 규범적인 것으로 작동하지 않고, 음식만이 아니라 보다 광범위한 인간-동물 관계를 둘러싼 기존의 규범을 뒤흔드는지를 보여주는 연구에서 희망을 확인해보면서 결론을 맺는다.

비건 정체성과 실천 비판

쇼트웰의 우려는 비거니즘이 급진적인 정치적 변화를 가능케 하기보다는 비건 식습관에 참여하는 사람들에게 개인적인 윤리적 정체성을 부여하는 "순수성 정치 purity politics"의 형식이 되었다는 것이다. 이와 같은 비거니즘 (또는 적어도 음식 실천으로서의 비거니즘) 비판은 쇼트웰의 『순수성에 반대한다 Against Purity』에서 섬세하게 설명되었으나, 그녀의 주장은 영향력을 지닌 다른 수많은 문화 이론가들이 내세운 보다 단호한 비판들과도 공명하기도 한다. 더군다나 순수성 정치라는 개념은 대중매체에서 비거니즘을 표현할 때 반복적으로 등장하는 소재다. 이를 다 같이 고려한다면, 순수성 정치가 학술적·문화적으로 지닌 의미를 파악하고, 이 개념을 심도 있게 살펴보는 것은 곧 지난 20년 동안 비건 정체성이라는 질문과 관련해서 세력을 키워 온 과격한 학술적·정치적 논쟁을 돌파할 길을 열어준다는 뜻이다.

윤리적 정체성으로서의 비거니즘에 관한 논쟁은 소위 라이프스타일 운동을 향한 광범위한 비판과도 관련을 맺는다(핸플러 Haenfler, 존슨 Johnson, 존스 Jones, 2012). 이 라벨은 개인적인 윤리적 라이프스타일 선택을 공유하나, 반드시 조직적인 사회운동에 속한 것은 아닌 사람들을 가리킨다. 이를테면 구체적인 목표를 달성하고자 전략적으로 움직이는 환경 운동 단체, 아나키스트 단체, 동물권 단체와는 달리, 라이프스타일 운동 구성원들은 절대로 집단적으로 행동하지 않으며—심지어는 만나지도 않으며— 동일한 실천에 참여한다는 추상적인 의미에서만 서로 연결되어 있는 경우가 많다. 비판을 내놓는 사람들은 라이프스타일 운동과 사회적 변화의 관계를 보다 희망적으로, 또는 적어도 양가적으로 이해하기 시작했으나(예를 들어, 리틀러 Littler, 2009; 캐롤런 Carolan, 2011; 굿맨, 메이 Maye, 할로웨이 Halloway, 2010; 할키어 Halkier, 2019), 전통적으로 두 가지 이유 때문에 이런 형식의 정치를 문제적이라고 바라보았다.

첫 번째로, 라이프스타일 운동은 다른 사회운동처럼 조직화된 집합적 활동과 연관을 맺지 않고, 특정한 방식으로 살기를 선택한 개인들로 이뤄진다는 점이다(식습관을 받아들이건, 또는 윤리적 소비 활동에 참여하건 간에 말이다). 라이프스타일 운동은 대개 "자신을 표현하며 확신하는 자기중심적이고 대단히 개인주의적인 기획으로 구성된다고 보인다. 따라서 운동은 사회적 변화를 향한 중요한 도전인 반면에 라이프스타일은 비교적 사소하다고 표현한다"(핸플러, 존슨, 존스, 2012: 1-2). 그러므로 윤리적 라이프스타일주의는 비판을 받는 경우가 많다. (다른 사람들은 해당하지 않지만) 특정한 소비 양식에 참여하는 사람들은 자신들의 행동이 "옳다"고 바라봄으로써 도덕적 위로를 취한다고 가정하기 때문이다.

라이프스타일 정치를 향한 비판은 분명 비건 식습관이 지닌 양상으로 확장해볼 수 있을 것이다. 사람들이 올바른 제품을 구입하거나 올바른 음식을 먹는 것이 윤리적으로 올바르다고 느낀다면, 이는 탈정치화하는 행동일 수가 있다. 보다 지속적인 구조적 변화가 필요하다는 사실을 가리기 때문이다(허더트 케네디 Huddart Kennedy, 파킨스 Parkins, 존스턴 Johnston, 2018를 참고할 것). 예를 들면, 영국의 프랜차이즈 베이커리인 그레그스 Greggs에서 비건 소시지 롤을 구입할 수 있다고 해서, 핀란드의 맥도날드에서 비건 버거를 구입할 수 있다고 해서, 미국에 있는 치폴레

Chipotle 지점에서 비건 부리또 보울을 구입할 수 있다고 해서, 이런 식품 선택 뒤에 자리 잡고 있는 시스템이 덜 해로워지는 것은 아니기 때문이다. 대규모 음식 시스템은 여전히 문제적인 농업 관계, 고용 행태, 환경 피해를 야기할 수 있다. 이 시스템의 작은 일부가 비건 소비자들에게 음식을 마련하기 시작했다 하더라도 말이다.

실제로 음식 시스템을 비판적으로 분석했던 학자들은 기업들이 새로운 시장을 포착하고 새로운 수입원을 창출하고자 윤리적인 소비자들을 목표로 삼는 경우가 잦으며, 이런 전략은 궁극적으로는 이러한 형식의 소비가 표면적으로 맞서고자 하는 문제적인 구조를 유지한다고 오랫동안 주장해왔다(거스먼 Guthman, 2003, 2004). 인공적으로 자라나는 배양육과 같은 새로운 기술적 혁신이 일어난 결과, 윤리적 라이프스타일 정치의 위험은 심화될 준비를 갖춘 것처럼만 보인다. 이는 음식 시스템의 문제적인 측면 한 가지는—동물들에게 저지르는 폭력 (설령 직접적인 폭력이 아닐지라도)— 약화시키지만, 세계화된 수많은 음식 시스템이 만들어내는 식량 부족과 불평등과 같은 다른 문제들은 고스란히 남겨둔다(섹스턴, 가넷 Ganett, 로리머, 2019).

음식이라는 맥락에서 윤리적 라이프스타일 운동은 다음의 두 번째 이유로 문제적이라 여겨지기도 했다: 음식 시스템의 복잡성을 간과한다는 것이다(프로빈 Probyn, 2000, 2016). 복잡성을 강조하는 것은 비거니즘 비판에서 중요한 역할을 했다. 채식주의자나 비건이 동물성 제품을 삼가는 것은, 먹는 것이란 단순화를 유발하는 윤리적 규칙으로 처리하기에는 너무나 복잡하다는 사실을 인지하지 못하는 윤리적 경계선을 임의로 긋는 일이라 여겨지고는 했다(키스 Keith, 2009).

비거니즘을 겨냥한 주요 비판 몇 가지를 정리해보자면 이러하다: 비건 정치를 홍보하는 것은 음식 **생산**과 음식 **소비** 모두의 복잡성을 간과한다고 그려지는 경우가 많다. 챕터 1에서 다루었듯이, 생산이라는 측면에서 보면 비건 정치는 모든 음식 생산에는—식물 기반 제품도 포함해서— 어떤 형식의 살육이든 포함될 수 있다는 사실을 감추는 것으로 보인다: 수확 때 죽는 쥐들부터 시작해서, 특정한 살충제를 써서 죽는 곤충들까지 말이다(해러웨이, 2008: 80; 쇼트웰, 2016: 120). 이와 같이 의도치 않게 일어나는 폭력 외에, 더 부유한 국가로 수송하는 식품이 자라나는 지역에 사는 특정한 인구 집단에게 벌어지는 피해도 있다(대개 이 과정에서 상당한 양의 탄소 발자국이 생겨난다)(하퍼, 2010a). 음식 소비는 복잡한 정치를 동반하며, 대안적인 음식 네트워크와 연관된 도덕주의는 계급 불평등과 인종 불평등을 간과한다는 비난을 받았다. 이런 요소들은 특정한 식사 방식을 채택하기 어렵게끔 만들 수 있기 때문이다(슬로컴 Slocum, 2007; 거스먼, 2008). 그렇지만 흔히들 상정하는 것만큼이나 비거니즘이 순수성 정치 서사에 꼭 맞게 들어맞는가는 질문을 던져볼 만하다.

"순수성 정치"로서의 비거니즘?

『순수성에 반대한다』의 서문에서 쇼트웰은 "우리가 오염 이전이나 오염이 없는, 불순함이 없는 시간이나 상태에 접근하거나 이를 회복할 수 있다는… 에토스"로 이뤄진 정치 형식에 관한 우려를 깔끔하게 요약한다. 그녀는 "이런 에토스의 일부는 어쩌면 이와 같이 자연스러운 순수성의 상태로 되돌려줄 제품을 살 수 있다는 감각일지도 모른다. 특정한 좌파 판에서는 이데올로기적 순수성이 마치 올인원 클렌징폼인 양 구는 것처럼 보이지만 말이다"(쇼트웰, 2016: 3)라고 말을 이어간다. 다시 말해, 쇼트웰은 사람들이 구조적 폭력이나 광범위한 사회·환경 문제에서 자신들의 책임을 면제받고자 개인적으로 참여하는 행동이나 신념에 비판적이다.

쇼트웰이 보기에, 우리가 개인으로서 어떤 행동을 하건 간에 우리는 시스템 차원의 문제와 불평등을 고착화하는 구조 안에 들어 있다. 예를 들어 전형적인 북아메리카나 서유럽의 라이프스타일은, 개인이 탄소 발자국을 줄이고자 얼마나 많은 선택을 하건 간에 지우기 어려운 탄소 발자국을 남긴다(이를테면 재생 가능 에너지 공급사로 옮긴다든지, 대중교통을 이용한다든지, 동물 제품 소비를 줄인다든지 등). 마찬가지로, 이런 라이프스타일은 기나긴 식민주의의 역사와 얽혀 있다거나, 마찬가지로 개인적인 행동을 통해 변화시킬 수 없는 현재의 노동·지정학적 불평등에 의존하고 있는 경우가 많다. 쇼트웰이 순수성을 약속하는 것처럼 보이는—또 그 과정에서 시스템의 문제는 여전하다는 것은 숨기는— 제품, 가치, 정치적 실천의 여러 다양한 사례를 지적하기는 하나, 그녀 저서에서 가장 중요한 챕터 하나는 먹는 행동의 정치에 초점을 맞추고 있다. 이 책에서는 먹는 것이, 특히 비거니즘이 중요한 역할을 한다; 이를 테면, 『순수성에 반대한다』를 홍보하는 어느 인터뷰에서 쇼트웰은 이렇게 설명한다.

> 나는 비건이기 때문에 먹는 것과 순수성에 관해 생각해보기 시작했습니다. 내 기억으로는 가장 짜증이 나는 대화를 동료 비건들과 몇 번 한 적이 있어요… 정말로 바라보기 시작하면, 단지 [몸을 가진] 우리라는 이유로 생겨나는 엄청난 고통에서 벗어날 수 없다는 사실을 보게 됩니다. 자신들이 죽음과 고통의 순환에 관여하지 않는다고 생각하는 내 모든 비건 친구들, 그 친구들은 그저 틀렸을 뿐입니다(쇼트웰, 2017).

여기서 쇼트웰이 좌절하는 까닭은 어떤 형태의 정치도 순수할 수 없다는 주장 때문만이 아니다. 마치 어떤 순수성을 **확실히** 내놓는 것처럼 구는 윤리적 실천들은 모두 세상의 어지러움과 복잡성을 부인하기 때문이다(블라이스먼이 얘기했던, 퀴노아를 우적우적 먹는 비건과 유사하게 말이다). 순수성은—그리고 이와 연관을 맺고 있는 도덕주의는—환상을 불러일으키기 때문만이 아니라, 도덕적으로 '순수한' 실천을 고수하는 사람들과 그러지 않는 사람들 사이의 위계질서를 강화할 수가 있기 때문에 위험하다. 여기서 위계질서는 특히나 치명적이다. 경제적인 제약과 특정한 음식을 접하기 어려운 한계를 고려한다면, 모두가 특정한 선택을 할 수 있는 것은 아니기 때문이다; 쇼트웰은 이와 같이 간결히 설명한다: "윤리적일 수 있는 능력을 부자들만이 갖기를 바라는 사람은 없다. 부자들은 그런 행동을 거의 드러내지 않는 경우가 많기 때문이다"(2016: 125). 이런 주장은 앞서 개략적으로 살펴보았듯이 비거니즘을 도덕주의며 의도치 않았던 엘리트주의와 연결 지었던 여러 비거니즘 비판과도 맥을 같이 한다.

순수성 정치 비판은 그 자체로 무척 중요하지만, 이 챕터의 나머지 부분에서는 비거니즘에 이와 같은 라벨을 붙인 방식들 일부에 문제를 제기하고자 한다. 주요 이론적 논쟁과 경험적인 사회과학 연구를 개괄함으로써—엘리트주의와 위계질서라는 문제를 다루는 것이 중요하기는 하나—, 독선적인 중산층 개인들이 타인에게 규범을 강요하려 하는 라이프스타일 운동이야말로 비거니즘의 특징이라고 하는 것은, 일반적으로 제시하는 것처럼 썩 깔끔하게 떨어지지 않는다는 것을 설명한다. 그렇지만 이런 주장들은 비건 정치에 대한 비판을 일축하지 않아야 한다는 경고를 동반한다. 널리 알려진 캠페인과 사례들이 개인에게 윤리적 책임을 부여하며, 비건 소비주의 그 자체를 목표로 삼는다고 **확실하게** 느껴진다는 점을 고려한다면 말이다(이 문제들은 챕터 6과 7에서 더 깊이 다루고 있다).

비거니즘이 때로는 개인주의적인 라이프스타일 운동이라며 비판을 받는 까닭을 간략히 설명하려면, 널리 영향을 끼친 다큐멘터리인 <소에 관한 음모 Cowspiracy>(앤더슨 Anderson 과 쿤 Kuhn 감독, 2014)을 살펴보는 편이 도움이 된다. 이 장편 영화는 동물 농업이 기후 변화를 불러일으킨다는 사실이 감춰져 왔다는—감독 킵 앤더슨 Kip Anderson 의— 관심사에서 제목을 따왔다. 앤더슨과 쿤의 이 다큐멘터리에서는 유축농업에 초점을 맞추지 않은 이유가 기존의 가축 산업과 이해관계로 얽혀 있던 기업과

정부 기관의 은폐 때문만은 아니라는 걸 보여준다. 동물 제품 소비 감소라는 논쟁적인 사안을 따지고 들기보다는, 다른—보다 받아들이기에 수월한— 형식의 라이프스타일 변화를 홍보했다는 점에서 자선 단체 역시 잘못이 있다고 묘사된다.

나아가, 이 영화는 비거니즘을 기후 변화와 관련을 맺는 단일 쟁점 정치로 표현하지 않고, 환경에 대한 관심과 동물 윤리의 교차점을 중시한다. 예를 들어, 처음에 앤더슨은 자신의 탄소 발자국을 줄일 수 있는 다른 대안들을 탐색한다. 이를테면 소규모의 지속 가능한 가축 농업처럼 말이다. 그렇지만 결국에는 이 방식은 옹호할 수 없다고 드러나는데, 그가 소규모 농지에서 오리를 도살하는 모습을 보았을 때 겪었던 불쾌감 때문이다. 알렉스 로크우드Alex Lockwood가 주장하듯이, 이 장면의 메시지는 명확하다: "소비를 하고자 동물을 도살하는 모습을 [앤더슨이] 지켜볼 수가 없다면, 심지어 짐작건대 이렇게 환경에 해를 덜 끼치는 뒤뜰 농장에서마저도 지켜볼 수가 없다면, 그는 그 어떤 형식의 유축농업 실천에도 기여할 수가 없다"(2016a: 743). 다시 말해, 영화 속의 이런 순간은 교차하는 문제들에 대한 대응으로 개인적인 윤리가 어떻게 등장할 수 있는가를 그려낸다: 여기서는 기후 변화와 유축농업이라는 문제가 교차한다.

이런 주장들을 참고해보자면, <소에 관한 음모>는 라이프스타일 운동의 어지러움과 복잡성을 강조하면서 사람들이 육류 소비의 정치에 관여하게 만드는 강력한 영화라고 보인다(지로, 2019: 69-97). 그렇지만 나는 이 다큐멘터리의 다른 부분에서는 개인이 느끼는 윤리적 책임감이 구체적인 맥락에서 어떻게 다뤄지는가라는 주제를 약화시킨다고 지적했다. 이를테면 비건 활동가 대니 칠버스 Dany Chilvers (2016)는 다음과 같은 우려의 목소리를 낸다.

〈소에 관한 음모〉는… 이 영화의 메시지가 향할 만한 사람들은 오로지 북반구에 거주하는 백인 중산층이라고 간주하는 것 같다. 영화에서 가장 문제적인 대사 하나는, 해설자가 "고기를 먹는 환경론자가 될 수는 없다"고 얘기하는 것이다. 이 선언은 짐작기로는 미국의 부유한 환경운동가들에게 일침을 놓으려는 의도인 듯하나, 이 대사는 그보다 가난한 수많은 남반구 사람들과 토착민들의 투쟁을 감춰버린다. 안전한 지구 환경을 위해 싸우는 대부분의 사람들은 탄소를 잔뜩 배출하는 라이프스타일을 영위하는 북반구의 중산층이 아니다. 이들은 전 세계 화석 연료, 국지적 오염, 그리고—그렇다— 공장식 가축 농업에 맞서 최전선에 나선 사람들이며, 우리 모두가 공유하는 기후를 지키는 길에 앞장서고 있다.

이 주장은 지정학적 관점에서 순수성 정치의 역설을 명확히 설명하는 데 보탬이 된다. 쇼트웰이 보기에 이런 형태의 정치가 지닌 핵심 쟁점 하나는, 북반구와 산업화되고 부유한 남반구 지역에 사는 사람들이 생태 문제에 불균형하게 영향을 끼치는 라이프스타일을 지니고 있을 뿐만 아니라, 이런 시스템에 가장 많은 책임을 지니고 있는 사람들에게 위안을 주는 개인주의적 형식의 정치에 참여한다는 것이다. 반면, 이미 인종적, 계급적, 그리고 또 다른 형식의 차별을 마주하는 사람들은 생태 문제에 불균형하게 영향을 받을 뿐만이 아니라, 대개는 접근할 수가 없고 비싼 값을 치러야 하는 윤리적인 라이프스타일 정치에 참여하기가 훨씬 더 어렵다는 것이다(아니면 구조적으로 불가능하거나 말이다).

쇼트웰의 순수성 정치 비판은 전반적으로 긍정적인 어조였으며(예를 들어, 글라보 Glabau, 2017), 라이프스타일 운동과 관련된 긴장을 사유해보는 섬세한 방식을 제시한다. 쇼트웰 본인이 비건이며, 쇼트웰이 비거니즘 전반을 전면적으로 질타하는 것이 아니라, 그녀가 바라보기에 순수성 정치와 관련을 맺는 특정한 갈래의 비건 실천을 비판하는 것임을 짚고 넘어가는 것도 중요하다. 실제로 쇼트웰은 이를테면 리에르 키스 Lierre Keith (2009)와 같이 비거니즘이 유독 문제적이라고 지목할 수 있다고 여기는 학자들을 비판한다. 키스가 "먹는 것을 시스템으로 이해해야 한다는 점, 또 시스템 안에서 우리가 결코 죽음에서 자유로울 수 없음을 이해해야 한다는 점"을 강조하기는 하나, 여전히 키스는 "비건과 채식주의자를 설득해서 농업을 파괴하는 쪽으로 개인의 식사 실천을 바꾸도록 만드는 데에 힘을 쏟고 있다"고 주장하면서 말이다(쇼트웰, 2016: 118). 쇼트웰은 비거니즘을 이와 같이 취급하는 것은 핵심을 벗어난 일이며, 시스템이 아닌 개인적인 실천에 주의를 기울임으로써 비거니즘이 질타를 받은 이유였던 바로 그 모순을 그대로 재생산할 뿐이라고 주장한다. 쇼트웰이 보기에는 비거니즘에 본질적으로 문제가 있는 게 아니다. 순수성의 에토스가 (또 이와 연관된 도덕주의가) 특정한 형식의 비건 정체성 정치와 연관된다는 점이 문제인 것이다.

다른 사상가들은 복잡한 문제에 대해 과도하게 단순화하는 반응을 내놓는 라이프스타일 운동에 대한 쇼트웰의 전반적인 우려를 공유하는 한편으로, 이런 측면에서는 비거니즘이 전형적이라고 **분명하게** 짚어낸다. 예를 들어, 엘스페스 프로빈 Elspeth Probyn 은 "스스로를 비건이라고 선언하는 행동이 마치 음식 공급, 생산, 소비의 구조적 복잡성에서 빠져나오는 일처럼 기능하는 경우가 증가한다"고 말한다(프로빈, 2016: 3). 따라서 쇼트웰의 연구와 이보다 공격적인 비판 사이에는 미묘한 변화가 있다. 비거니즘을 특정 맥락에서 문제적인 특징을 드러낼 수도 있는 순수성 정치의 한 가지 사례로 취급하는 데서 바뀌어, **유달리** 단순화하고 환원주의적인 것으로 그려내는 것이다. 더군다나 이와 같은 비판적인 주장은 진공 속에 존재하는 것이 아니다. 모든 행동의 흐름마다 특정한 결과가 생겨날 것인 이상, 그 어떤 윤리적이거나 정치적인 결정도 결코 "순수할" 수 없다고 주장한 도나 해러웨이(2008; 챕터 2를 참고할 것)와 같은 다른 사상가들의 계보 위에 만들어진 것이다: "우리가 할 수 있는 한 거리를 두고자 노력하라. 삶의 방식이란 한편으로는 누군가가, 무언가가 아닌 누군가가 죽는 방식이 될 수밖에 없다"(2008: 80). 다시 얘기하지만, 해러웨이의 연구는 이런 거리두기의 형식으로 비거니즘을 꼽는다. 이는 필연적으로 실패할 수밖에 없는데, 그 이유는 다음과 같다.

> 먹는다는 건 곧 직접적으로건 간접적으로건 간에 죽인다는 뜻이기도 하다. 그리고 잘 죽인다는 것은 잘 먹는 것과 유사한 의무다. 이는 육식인에게만큼이나 비건에게도 적용된다. […] 인간과 비인간동물 사이에서 삶과 죽음의 관계를 해결해 줄 합리적이거나 자연스러운 구분선이란 없다; 만약 문제를 "기계적으로" 해결하고자 그런 구분선을 상상한다면, 이는 변명일 뿐이다. (해러웨이, 2008: 296)

해러웨이는 일상적인 사례와 관련지어 위와 같은 주장을 한다: 어느 동료가 자신이 사냥한 돼지로 구운 고기를 내놓았던 학과 모임에서 벌어졌던 갈등에 관한 것이다. 모임을 뜨겁게 달군 논쟁에 대한 해결책에는 (이후 열리는 모임에서는 사냥한 동물보다는 시판되는 식용 고기를 내놓자는 타협안이었다) 모두가 불만족스러운 것 같았으나, 해러웨이는 이 문제가 중요하다고 본다. 그녀는 "누군가 사냥이 신학적으로 옳은지 그른지를 알고 있다면, 또는 동물권의 지위가 교조적으로 옳은지 그른지를 알고 있다면, 전 세계의 이해관계와 두루 관련이 있는 참여란 없다"(2008: 299)고 주장한다. 해러웨이의 주장에서 눈여겨봐야 할 점은 두 가지다: 첫 번째로, 그녀는 이 논쟁에서 가장 문제적인 것이 교조주의라고 추론한다. 두 번째로, 그녀는 확고한 정치적 또는 윤리적 입장을 취하는 것은 반드시 교조적이라고 주장한다. 사냥을 하는 것 역시도 교조적일 수 있다고 표현되기는 하나, 해러웨이가 비거니즘은 먹는 행동이 지닌 윤리적 복잡성에 관한 성찰을 약화시킨다고 보는 것은 유독 통렬하다. 이는 『종들이 만날 때』 전반에 걸쳐 반복되는 후렴구이기 때문이다.

에코페미니즘 안에서도 채식주의나 비건 정치를 옹호하는 사람들과(예를 들어, 가르, 2011; 애덤스와 그루엔, 2014) 규탄하는 사람들(조지, 1994, 2000) 사이에 유사한 논쟁이 벌어졌다. 특히나 발 플럼우드 Val Plumwood는 그녀의 표현을 따르자면 "존재론적 비거니즘 ontological veganism"과—"모든 동물 이용을 일반적으로 자제하는 것을 지배에 대한 유일하고 진정한 대안이자 해악에 반대하여 동물을 보호하는 가장 중요한 수단으로서 지지하는 이론"—"생태주의적 동물주의 ecological animalism"를 서로 구분한다(2003: 1). 플럼우드가 바라보기에 생태주의적 동물주의에서 내세우는 정치는 인간이 자연을 **지배**한다는 관념에 도전하고 자 인간을 자연의 **일부**라는 위치에 놓는다. 반면, 그녀는 비거니즘이 자 민족중심주의라고 주장한다. "특권을 누리는 '소비자'의 관점을 일반화 하며", 그렇게 함으로써 의도치 않게 인간과 "자연 세계" 사이의 구분을 강화하기 때문이다. 마치 인간과 마찬가지로 생태계와 이용을 넘어서서, 특히 먹이 사슬에서 이용되는 것을 넘어서서, 의식이 없는 영역 위에 군 림하며 '자연 바깥'에 있는 보다 큰 범주인 '반半-인간semi-human'까지 인 간의 지위와 특권을 "확장"함으로써 말이다(2003: 2). 플럼우드 이후, 비 거니즘의 특징을 이와 같이 구성하고 또 이에 관해 논쟁을 벌이는 일이 에코페미니즘 안에서 반복적으로 등장했다(이에 관한 개괄적인 설명은 가르, 2002; 지로, 2013b; 해밀턴, 2019를 참고할 것).

 이와 같은 이론가들 모두가 다룰 만한 중요한 쟁점들을 제기하기는 하나, 반복적으로 비거니즘을 (해러웨이의 표현을 따오자면)—인간이 계속해서 폭력에 연루되는 것을 숨기는—윤리적인 "변명"이라 묘사하 는 것이 비건 정치나 라이프스타일 운동 전반의 어지러움을 포착하기에 정확하거나 적절한지를 비판적으로 성찰하는 것도 중요하다.

"순수성 정치"로서의 비거니즘에 관한 대중문화 속 담론

앞서 설명한 라이프스타일 운동 비판은 진정으로 순진하거나 순수한 입장이란 없다는 관념을 바탕으로 삼고 있다. 순수성을 담보한 것처럼 보이는 특정 정체성이나 실천은 기껏해야 환상에 불과하며—최악의 경우에는— 계속되는 폭력과 불평등을 감춘다. 여기서 간략히 설명한 주장들이 명확히 보여주었듯이, 비거니즘은 으레 이와 같은 문제적인 형식의 정치의 실례로 쓰였다. 그렇지만 비건 윤리에 관한 비판은 이론적 작업에만 국한되지 않고, 대중문화 안에서도 유통된다.

식물 기반 식품에 관한 비판의 가장 전형적인 사례는 널리 알려진 2000년대 초반 조지 우주니언 George Ouzounian 의 풍자적인 웹사이트인 "우주 최고의 페이지 Best Page in the Universe "다. (인터넷상의 인격체인 매독스 Maddox 로 더욱 잘 알려진) 우주니언은 1997년에 사이트를 개설했으며, 빠르게 인지도를 높여 갔다. 이 사이트에는 다양한 표적을 겨냥한 글이 실렸다. 매독스가 자신의 정치적 입장을 명시적으로 밝히지는 않았으나—정치적 스펙트럼의 좌파와 우파 모두를 공격했다— 여성혐오를 함축한 점을 비롯해, 이 사이트가 소위 사회정의 전사들을 향해 독설을 퍼부은 결과, 현대 극보수주의 온라인 미디어의 선구자 격으로 여겨지게 되었다(커스즈 Kusz , 2017).

채식주의는 매독스의 수많은 표적 가운데 하나였다; 제일 인기 있는 글 중에 "죄책감 없는 그릴 요리라고? 다른 것도 있나? Guiltless Grill? Is there Another Kind? "(우주니언, 연도 미상)라는 글이 있었다. 이 글은 매독스가 식당 메뉴판을 열었을 때 "죄책감 없는 그릴 요리"라는 채식 메뉴 코너를 발견하고는 짜증이 났다는 것을 상술한다. 도입부에서 분위기를 조성하면서 매독스는 "'와, 내가 고기를 혐오하는 파시스트가 아니라서 다행이군'이라며 생각하고는 스테이크 코너로 건너뛰었다(알팔파 샌드위치, 오이 한 조각, 차가운 코티지 치즈 한 조각을 먹겠다고 15$를 내야 한다면 기분을 잡칠 테니까)"고 설명한다. 그렇지만 "죄책감 없는 그릴 요리"라는 라벨에 짜증이 난 그는 이렇게 말을 이어간다:

> 이 말이 나를 이토록 열받게 만드는 건 그 거만한 채식주의자 멍청이들의 옹졸한 마음가짐이죠. 당신네들은 두부 버거를 먹고 곡물과 베리류가 있는 식습관을 고집하면서 세상을 구한다고 생각할 테죠? 자, 채식주의자들이 많이들 모르는 사실이 여기 있어요(아니면 인정하려 들지 않거나 말이에요): 매년 수확기가 되면 밀과 대두 콤바인 때문에 동물들 **수백만 마리**가 죽어요. 아 그래, 우리 고기 먹는 사람들이 스테이크를 먹었으니 지옥에 떨어질 거라며 몇 시간씩 떠들어보라죠. 당신네들의 식사 습관이 직접적으로 낳은 결과로, 매년 수백만 마리 생쥐, 토끼, 뱀, 스컹크, 주머니쥐, 다람쥐, 땅다람쥐, 들쥐가 무자비하게 살해당한다는 사실은 간단히 무시하면서 말이에요.

이 점을 더욱 명확히 하고자 일련의 이미지를 사용했으며—이 모두 나중에 4Chan과 같은 사이트와 관련을 맺는, 의도적으로 조악한 미관의 이미지였다— 그 가운데는 "고기 밀은 살인이다"라는 현수막도 있었다. 더군다나, 이 글은 만화로 시작을 여는데 (딱 보기에도 마이크로소프트 페인트Microsoft Paint로 만든 것이었다) 토끼 한 마리가 수확용 콤바인에 잔인하게 짓눌리는 가운데 다른 토끼가 지켜보는 모습을 그리고 있다. 두 번째 토끼에게 말풍선이 두 개 달려 있고(여기서도 다시 전체적인 미감을 고수하며, 코믹 산스 comic sans 체로 글자를 썼다), 이런 대사를 한다: "야, 좋게 생각해: 적어도 너는 의도치 않게 <u>살해당하는</u> 거잖아"와 "두개골이 으깨질 때 너무 큰 소리 내지 않도록 해. 독선적인 채식주의자들이 그 "죄책감 없는 그릴 요리"라는 게 사실은 그다지 죄책감 없는 게 아니라는 걸 알아채지 않았으면 좋겠으니까"다.[13] 매독스가 채식주의를 논하기는 했으나, 최근에는─극보수주의자들이 반-사회적 불평등 전사라는 수사법을 취함에 따라─비거니즘이 꾸준히 비판을 받는 표적으로 떠올랐다(캠버트와 린네, 2018a, 스타네스쿠 Stănescu, 2018).

중요한 것은, 이와 같은 대중문화 속 주장이 이론적인 비거니즘 비판과 유사성을 띤다는 것이다. 비거니즘은 다시금 산업화된 농업과 연관된 문제를 탈피한 "순수성"이라는 환상을 주는 것으로 비춰진다. 그렇지만 이론적인 텍스트와 달리, 매독스는 이와 같은 비판을 활용해 음식 시스템에 관한 훨씬 더 복잡하고 어지러운 생각을 밀고 나가지 않고, 어떤 식으로든 윤리적 활동에 참여하는 사람들을 조롱하는 광범위한 대중적 담론의 일부다. 앞서 언급했듯이, 이와 같이 도덕주의를 조롱하는 것은 현대 극보수주의 수사법의 전조라고 할 수 있다. 특히나 최근 들어 "콩소년 soy boy"와 같이 비하적인 별명을 쓰면서 비건 정체성을 명시적으로 드러내는 사람들은 물론이고 젠더 평등과 인종 평등에 관심을 드러내는 소위 "베타 남성 beta man"을 폄하하는 것처럼 말이다(여기에는 과도

---

13 매독스가 페이지에 실은 다른 것들 가운데는 이 이야기에 대한 PETA의 반응으로
　　연결되는 링크와, 자신의 책 『고래를 죽여라(Kill the Whales)』광고도 있다.

한 대두 소비가 "거세"를 유발한다는 추론이 담겨 있다; 갬버트와 린네, 2018b를 참고할 것). 이와 같이 비거니즘을 무기화하는 것은 새로운 용법이기는 하나, 이는 대중문화의 맥락에서 비건 윤리와 채식 윤리를 웃음거리로 삼아온 긴 전통을 바탕으로 삼고 있다.

이를테면 로라 라이트 Laura right 는 인터넷에 등장하는 반-사회적 불평등 전사 담론이 특별한 것은 아니라고 설명하며, 대중문화에서 비거니즘을 유머러스하게 표현할 때 등장하는 유사한 논리를 추적한다. 라이트는 텔레비전 애니메이션 시리즈인 <심슨 가족 The Simpsons> 가운데 "나무를 껴안는 리사 Lisa the Treehugger"라는 제목이 달린 에피소드를 언급하며 이 점을 명확히 보여준다. 이 에피소드에서 리사는 환경 정치에 관심을 품지만, 동료 활동가인 제스 그래스 Jesse Grass 의 우월의식 때문에 방해를 받는다. 제스는 리사의 채식주의 이야기를 듣자, 자신은 "그림자를 드리우는 그 어떤 것도 안 먹"는 "레벨 5짜리 비건"이라며 악명 높은 선언을 한다(라이트, 2015: 5에서 인용).

이와 같이 여기서 비거니즘의 과도한 도덕주의를 풍자함으로써 드러내는 논리는 바로—라이트가 간단명료하게 설명하듯이— "무한한 윤리적 퇴행: 이와 같은 공식 안에서 '진정해지'거나 '충분히 선해'지는 유일한 방법은 그 어떤 것도 하지 않는 것이다. 누군가가 무언가를 하는 순간, 그 무언가를 충분히 하지 않고 있다고 간주하는 (이런 판단을 내리는 다른 사람들은 판단의 대상으로 삼지 않는) 기준에 따라 그 사람은 즉각 판단을 받는다"(라이트, 2015: 21).

<심슨 가족>에 나오는 고전적인 에피소드를 완전히 비난하려는 뜻

은 없으나, 이와 같은 이미지를 대중문화 안에 존재하는 광범위한 라이프스타일 운동 비판의 일부로 위치 짓는 일은 도움이 될 것이다. 이와 같은 재현은 비규범적인 식습관에 역사적으로 낙인을 찍어왔다(그리고 다른 형식의 개인적인 윤리적 의사결정에도 말이다). 영국 미디어 속 비거니즘 묘사를 분석하면서 매튜 콜과 캐런 모건 Karen Morgan (2011)은 "금욕주의자, 입이 짧은 사람, 감상적인 사람, 또 때로는 적대적인 극단주의자 등, 비건에 관한 다양한 스테레오타입을 만들어"내는 "비건포비아 vegaphobia"라는 특정한 담론을 발견했다(2011: 134).

이와 같은 재현에서 지배적으로 나타나는 주제로는 "비거니즘 조롱하기", "금욕주의가 비거니즘의 특징이라고 하기", "비거니즘은 지속하기 어렵거나 불가능하다고 설명하기", "비거니즘은 잠깐 스쳐 가는 유행이라고 설명하기", "비건은 지나치게 감상적이라고 표현하기", "비건들은 적개심이 많다고 표현하기" 등이다(2011: 139). 콜과 모건은 집합적으로 보았을 때 이와 같은 주제들이 담론을 구성하며, 그 결과 "비건들의 주변화를 낳았으며, 상상으로 만들어낸 잡식성 독자들은 어디에나 존재하는 데 반해 비건들의 신념, 경험, 의견을 다루는 글이 부재한다는 사실이 그 증거"(2011: 149)라고 주장한다.

챕터 7에서 탐구하는 것처럼, 비거니즘의 인기가 올라가며 이와 같은 담론의 속성은 다소 바뀌었다.[14] 그렇지만 뉴스에서 대중문화 전반에 걸쳐 나타나는 비거니즘의 재현은 전통적으로 현 상태를 성스럽게 추앙

---

14 이와 같은 변화를 보여주는 유용한 사례는 챕터 7에서 보다 심도 있게 논의하고 있는 캐롤 모리스(Carol Morris)(2018)의 연구에서 설명하고 있다.

하는 구실을 했다는 점을 인식해야 한다. 비거니즘이 도덕주의적이고 위선적이며(퀴노아에 관한 블라이스먼의 글에 나타났던 것처럼), 효과가 없고 실패할 수밖에 없다고 보이게끔 만들고자 이의를 제기하려 어떤 식으로든 애를 쓰는 식으로 말이다. 이와 더불어 이러한 재현에서 중요한 것은, 또 어쩌면 당황스러운 것은, 이런 재현이 비거니즘의 위선적인 도덕주의를 비슷한 방식으로 비판한 이론적인 연구들과 닮아 있다는 것이다.

호의적이건 아니면 노골적으로 비판적이건 간에, 비거니즘을 이와 같이 묘사하는 것은 모두 하나의 가정을 바탕에 깔고 있다: 바로 비건이나 채식주의자들 스스로가 특정한 방식으로 먹는 것이 모종의 윤리적 순수성을 부여한다고 믿는다는 가정이다. 이렇지만 매독스의 사례에서는 이런 믿음이 식물 기반 음식을 먹는 사람들을 만난 데에 바탕을 둔 것이 아니라, 식당의 브랜딩에서 생겨났다. 학술적 비판은 이와 같은 추측에 비해서는 보다 현실적인 근거를 지니고 있기는 하나, 사실은 비건 캠페인을 근거로 삼으면서도 비거니즘이나 비건 전반에 관해 이야기한다고 내세우는 경우가 여전히 많다. 이와 같은 비건 캠페인은 비건 공동체 안에서 끊임없이 비판을 받는 일이 많다(챕터 4와 5를 참고할 것).

나아가, 콜과 모건(2011)이 지적하듯이, 이와 같이 계속해서 비거니즘의 특징을 규정하는 일에서 눈여겨볼 측면은 비건 당사자들의 목소리가 부재하다는 것이다. 순수성 정치의 문제를 설명하는 데에 비거니즘이 반복적으로 쓰이는데도, 또는 비거니즘이 어지럽고 서로 얽혀 있으며 복잡한 세상을 단순하게 바라보고 반응한다며 비난하는 일이 연거푸 벌어지는데도, 이런 주장을 뒷받침하고자 비건 정치에 참여하는 사람들에게 비건 정치가 어떤 의미를 지니는가를 다룬 경험적인 연구가 제시되는 일은 극히 드물다. 지금으로서는 전반적으로 비건들은 자신의 정체성이 어떤 식으로건 간에 도덕적 위안을 준다고 **확실히** 생각하는가에 관한 근거는 거의 없다(해밀턴, 2016을 참고). 온라인에서 벌어진 부정적인 대면에 관한 성찰에서부터 짜증을 돋우는 비건 친구와 동료에 관한 이야기에 이르기까지, 제시되는 근거들은 일화적인 성격에 그친다: C. 루 해밀턴 C. Lou Hamilton은 생선 소비에 관한 프로빈의 논문인『대양을 먹다 Eating the Ocean』에 관한 우호적인 비평에서 이 점을 강조한다:

> "복잡성"이라는 말이 계속해서 반복된다… 마치 주문처럼 말이다. 프로빈은 생선과 다른 해양 생물들이 복잡한 방식을 통해 인간의 삶에 붙들려 있으며, 음식의 지속 가능성에 대한 해결책은 이런 복잡성을 고려해야 한다며 설득력 있는 사례를 내세운다. 그렇지만 이와 마찬가지로 반복되는, 대부분의 음식 정치가 너무나 "단순화한다"는 주장을 뒷받침하는 경험적 사례는 훨씬 적으며, 그 대신 지역에서 나는 유기농 작물에 혈안이 된 비건과 백인 중산층 도시민에 대한 지나친 일반화에 의존한다. (해밀턴, 2019: 68)

프로빈의 구체적인 텍스트를 염두에 두고 얘기한 것이기는 하나, 이 챕터에서 살펴본 비건의 위선에 관한 문화적 담론을 고려한다면, 해밀턴의 우려는 훨씬 광범위한 시사점을 지닌다; 그녀의 표현대로라면 이렇다: "동물을—동물의 삶, 감정, 지능, 동물이 우리와 맺는 관계를— 고려하는 것을 놓고 '단순화한다'는 라벨을 붙이는 지경에 어쩌다가 이르게 되었는가?"(2019: 69). 그러므로 순수성 정치는 대단히 문제적이기는 하나, 또 특정한 형식의 비거니즘이 이런 범주에 들어갈 수도 있다는 주장을 일축한다거나, 부정적인 개인적 경험을(나도 이런 경험을 많이 겪어봤다!) 제쳐두고 싶지는 않으나, 널리 알려진 수많은 비거니즘 비판이 일반화하는 주장을 내놓으면서도 이런 주장을 뒷받침하고자 상당히 일화적인 근거만을 활용하는 수준은 여전히 우려스럽다.[15]

이 챕터의 나머지 부분에서는 비건 정치는 어쩔 수 없이 순수성 정치의 형식이라는 가정을, 또는 더 일반적으로 보자면 본질적으로 몰정치적인 라이프스타일 정치의 사례라는 가정을 복잡하게 만들 것이다. 이와 같은 주장을 발전시키고자, 이론적 맥락과 대중문화라는 맥락에서 비거니즘을 겨냥한 비판 일부를 혼란에 빠뜨린, 점점 증가하고 있는 사회학적 연구를 살펴볼 것이다.

---

15 내가 연구를 하면서 인터뷰한 활동가들 몇몇도 이와 같은 우려를 공유하며, 화가 나 있다든가 가치평가를 하려 드는 비건과의 부정적인 조우를 설명했다: 예를 들어, 스코티 (비건 34년 차)는 이렇게 말했다: "내가 비건 생활이 고작 34년 차인 이유는, 처음에 비거니즘을 접했을 때 만났던 비건들이 분노에 찬 비건들이었기 때문이에요... 그리고 그때 나는 비건들이 전부 이런 거라면, 그렇게 되고 싶지 않다고 생각했죠!" 이와 같은 태도가 존재한다는 걸 인정하는 것도 중요하지만, 일반화를 할 때 주의를 기울이는 것도 중요하다: 예를 들어, 비건이 자신들의 실천을 어떻게 바라보는가에 관한 대규모 설문조사는 비거니즘이 단일 쟁점을 대의명분으로 삼는다고 바라보는 것에 대한 저항감을 보여준다. 이는 비거니즘을 순수성 정치로 바라보는 비판적인 관점을 복합적으로 만든다(렌, 2017a를 참고할 것).

비거니즘: 규범적인가, 아니면 규범에 도전하는가?

비거니즘에 관한 비판적 묘사는 비거니즘이 어떤 형식의 식사가 윤리적이며 또 어떤 것이 비윤리적인가를 가르는 규범적인 정체성 표지로 작동한다는 가정에 바탕을 둔 경우가 많다. 이와 같은 비거니즘 묘사는 비건 실천이 단지 규범을 강요하는 것만이 아니라, 규범을 **뒤흔들기도** 한다는 점을 놓치고 있다. 이 말의 의미는 인기 있는 페이크 다큐멘터리인 <대학살의 신 Carnage>(2017)을 잠시 살펴보며 더 명확하게 설명할 수 있을 것이다. 코미디언이자 작가인 사이먼 암스텔 Simon Amstell 이 감독을 맡은 이 영화는 (잡식이라는) 특정한 먹는 방식이 어떻게 으레 중립적인 기본값처럼 취급되는가를 비건 정치를 활용해서 분명하게 보여준다. 이 페이크 다큐멘터리는 비거니즘이 규범으로 자리 잡은 미래를 배경으로 삼고 있으며, 표면적으로는 비거니즘의 규범화가 역사적으로 어떻게 전개되었는가를 주제로 삼고 있다(해밀턴, 2019: 155-9도 함께 참고할 것). 비거니즘이 주류로 자리매김한 핵심적인 전환점은, 가상의 활동가인 트로이 킹 존스 Troye King Jones 가 유명 뉴스 프로그램에서 인터뷰를 하며 비거니즘이 극단적인 형태의 도덕주의라 비난하는 인터뷰어에게 다음과 같이 답했을 때다: "우리가 '비건'인 게 아니라 저 사람들이 '육식자'인 겁니다"(암스텔, 2017). 여기서 육류 소비는 중립적인 (그리고 자연스러운) 것에서 단순히 규범적인 것으로 뒤바뀌며, 이런 규범들이 지닌 윤리적 함의에 관해 질문을 던질 만한 공간을 열어준다. 따라서, 이 맥락에서는 비거니즘이 규범으로 자리 잡는 과정을, 어떤 소비 형태가 사회적으로 수용 가능한가에 관한 기존의 규범을 뒤흔드는 행동과 결코 떼어놓을 수 없다.

 "자연스러운" 것으로 보이는 실천을 단순히 규범적인 것으로 전환하는 것은 사회학 이론에서 오랫동안 중요하게 여겨졌다. 피에르 부르디외 Pierre Bourdieu (2008: 164)의 표현을 따오자면, 사회적 행동을 지배하는 규범은(또는 "정통 doxa"은) 레이더 바로 밑에 있으면서 심지어 존재하는 줄도 의식되지 않을 때, 마치 "원래 그런 것"처럼 여겨질 때 가장 강력하다. 그렇지만 행동하는 대안적인 (또는 부르디외의 이론틀에서라면 "비정통적 heterodox"인) 방식이 등장하면, 기존의 사회적 규범은 힘을 일부 잃는다. 기존의 규범들은 더 이상 의심의 여지가 없는 대상이 아니라, 그저 행동하는 "정통적인"(즉, 규범적이거나 주류적인) 방식으로 여겨지기 때문이다. 사회적으로 정통적인 규범과 실천이 여전히 지배적이기는 하나—또 대체로 열렬히 옹호되기는 하나— 이와 같은 규범들이 감지되지 않은 채로 기능하던 때만큼은 결코 힘을 발휘하지 못한다.

 (자신만의 도덕주의적인 가치를 강요하는 무언가라기보다) 기존의 규범을 탈-자연화하는 비정통적인 실천으로서 기능하는 비건 정치의 역량은 문화 이론 안에서도 이미 주장이 되었다(개괄적인 내용은 지로, 2013a, 2013b, 2019를 참고할 것). 실제로 "육식주의 carnism"라는 용어는 본래 비판적 동물 연구에서 사용되었으며(조이 Joy, 2011), 육류 소비를 정통적인 것이라거나 윤리적 질문을 초월한 대상이 아니라 하나의 정통이 되도록 확립함으로써 비건학이 하나의 영역으로 자리 잡는 데 중요한 역할을 했다. 그렇지만 이런 개념적 주장이 여전히 가치를 지니고 있다 한들, 비거니즘에 관한 많은 스테레오타입은 비건들이 어떻게 생각하고 느끼는가에 관한 경험적인 주장을 내놓는다; 따라서 이와 같은 가정

을 복합적으로 만들려면, 비건 당사자의 이해와 신념을 살펴봐야 한다.

그러므로 이 챕터의 마지막 대목에서는 기존의 사회학적 연구를 살펴볼 것이다. 이 연구들은 첫째로, 비건 실천을 형성하는 데에 규범화의 압력이 어떻게 중요한 역할을 하는가를 강조하며, 둘째로, 비거니즘을 지속하는 것이 어떻게 이와 같은 규범에 저항하는지에 따라 다양하게 달라질 수 있는지 강조한다. 이 주장들 모두 나탄 스테픈스 그리핀 Nathan Stephens Griffin 의 책 『비거니즘을 이해하다: 전기와 정체성 Understanding Veganism: Biography and Identity 』(2017)에 나와 있다. 이 책은 실제로 비거니즘을 다루는 복잡한 방식을 다룬 몇 안 되는 책 가운데 하나로, 귀중한 텍스트다. 이 책이 강조하는 것은, 바로 비규범적 식습관으로서의 비거니즘의 지위는 비건 정체성이 어떻게 실현되는가에 상당한 함의를 지니고 있다는 점이다. 수많은 비건들과의 인터뷰를 통해 스테픈스 그리핀은 비건 정체성이란 언제나 다양한 방식으로 비건 정체성을 약화시키려 드는 주류 음식 문화와의 관계 속에서 표현된다는 것을 보여준다. 점점 증가하고 있는 비건 연구 분야의 다른 텍스트들과 더불어, 그의 분석은 비건 주체성을 생산하고 통제하는 다양한 사회적 관계를 탐구하기 위해 푸코의 이론적 전통을 명시적으로 끌고 온다(예를 들어, 아카리 Acari, 2020; 콜, 2008; 파츠 Potts 와 패리 Parry, 2010; 스타네스쿠 Stanescu, 2013; 딘 Dean, 2014; 페더슨 Pederson 과 스타네스쿠, 2014). 특히, 그는 "모든 행동을 판단하며, 또 포상하거나 처벌하는 기준이 되는 과정"인 "규범화 normalization" 개념을 끌고 온다(2017: 20). 이와 같은 틀에 따라, 스테픈스 그리핀이 꾸준히 인터뷰한 비건들은 보다 규범적인(즉, 잡식 또는 "육식") 식사 방식을 강요하고자 하는 사회적 관계를 맞닥뜨렸을 때 자신들의 정체성을 실현하고자 투쟁해야 한다.

일상적인 차원에서는, 수많은 인터뷰 대상자들에게 친구, 가족, 심지어는 동료 활동가들이 가하는 압력이 비거니즘을 실행하는 방식에 어떻게 영향을 끼쳤는가를 설명했다. 더욱 극단적인 차원에서는, 한 인터뷰 대상자의 기저질환이 그가 비거니즘을 실현하는 것을 제한하기도 했다. 비건을 지속하기 어렵게 만드는 제도적 배치와 의료 때문이었다. 다른 동물권 활동주의에 참여했다는 이유로 체포되었던 비건들 역시도 감옥에서 비건이 아닌 식단에 순응하도록 부추김을 당하거나, 심지어는 비건이 아닌 약물을 강제로 제공받았다. 때로는 공격적이기도 한 이와 같은 규범화 과정을 드러냄으로써 부각되는 것은, 스테픈스 그리핀의 결론처럼 다음과 같다.

> 정치적으로 유순한 "식습관"이나 "라이프스타일" 선택과는 거리가 먼 비건들은 일상적으로 규범화 과정의 대상이 되었다. 이 과정은 비건이 되기가 더욱 어렵게 만든다. 문제시되지 않을 수도 있었던 일상적인 경험의 영역에서 갈등을 만들어내면서 말이다. (2017: 121)

스테픈스 그리핀의 인터뷰 대상자들이 설명한 경험은 규범화 과정이 어떻게 다른 사회적 불평등과 교차하는가를 보여준다; 예를 들어, 두 인터뷰 대상자의 사례를 보면, 이미 종교와 민족성을 구실로 삼아 이들을 주변화하며 이질적으로 취급하는 담론에 비거니즘이 영향을 주었다. 사회적으로 높은 지위와 큰 영향력을 지닌 직업을 갖고 있던 또 다른 인터뷰 대상자는 비거니즘이 기존의 젠더 차별을 더욱 강화할까 봐 두려워 자신의 비거니즘을 의도적으로 감췄다. 이와 같이 다양한 형태의 규범화 과정을 고려하며, 스테픈스 그리핀은 "'비거니즘'의 핵심은 확고하게 자리를 지키는 반면, 비건 정체성을 활용하고 성취하는 과정은 유동적이며 맥락적이다"(스테픈스 그리핀, 2017: 123)라고 결론을 내린다. 이 연구 속에서 설명하는 맥락에서 비거니즘은 기존의 사회적 불평등을 간과하거나 강화하는 식으로 규범을 강요하지 않는다. 실제로는 반대인 경우가 많다. 비거니즘은 개인을 비규범적이라 규정하는 표지가 되며, 이는 보다 근본적인 배제를 낳는 원인이 된다.

규범화 압력에 관한 유사한 주장은 비판적 동물 연구 및 장애 연구 학자 수나우라 테일러의 자기민족지적 연구에도 등장했다. 그녀는—마찬가지로— 자신이 타자화되는 기분을 느끼도록 만드는 데에, 선천성근형성부전증이라는 자신의 장애와 더불어 자신의 비거니즘이 어떤 역할을 했는지를 설명한다(2017: 19). 자신의 책 『짐을 끄는 짐승들』의 끝부분에서 테일러는 물리적으로 접근할 수가 없는 행사에서 강연을 해달라는 요청을 받았던 일을 기술한다(다른 사람들이 위층에서 열리는 예술 행사에 참석하는 동안, 그녀와 파트너는 아래층에서 기다려야만 했던 일을 떠올리면서 말이다). 당시 음식이 나오고 나서 그녀가 느끼는 이질감은 한층 심화되었다—"주로… 구운 채소로 이뤄진 특별 메뉴"는 그녀의 라이프스타일 선택이 마치 "자신을 고립시키면서 다른" 것처럼 느끼도록 만들었다(2017: 150). 스테픈스 그리핀과 마찬가지로 테일러도 비거니즘 때문에 생겨나는 일상적인 낙인을 다른 구조적 억압과 동일하게 치부하지 않으려 주의를 기울이면서도, 규범화 압력이 비건 정체성에 끊임없이 영향을 끼치는 방식을 계속 부각시킨다.

이와 같이 일상적인 비건 경험에 초점을 맞춘 연구의 중요한 측면은, 이것이 (자신들의 식습관이 일종의 윤리적 위안을 준다고 믿기에) 특권적인 위치에 있는 개인들이 다른 사람들에게 강요하려는 규범이라고 비거니즘을 단순화하여 설명하는 것을 뒤흔든다는 점이다. 비거니즘의 비정통적인 지위란—비거니즘에 결합되어 있는 도덕주의적인 스테레오타입도 결합한— 실제로는 사람들이 "너무 심각해 보이"거나 "설교를 들어놓으려는 것처럼" 보이는 걸 피해야 한다고 예리하게 의식한다는 것을 의미한다(예를 들어, 스테픈스 그리핀, 2017: 43, 73). 이와 같은 발견은 비거니즘의 사회적 역동을 사라 아메드 Sarah Ahmed 의 개념인 "흥을 깨는 페미니스트 feminist killjoy"에 빗댄 연구와도 흐름을 같이 한다(트와인 Twine, 2014). 이는 비건의 경험에 관한 대규모 연구 프로젝트의 결과로 생겨난 비교다. 이 연구 프로젝트에서 "[프로젝트] 참가자들 40명 가운데 35명(82.5%)"이 경멸부터 노골적인 적개심에 이르기까지, 비건이 되는 것에 대한 부정적인 반응을 겪었다(트와인, 2017: 629).

아메드(2017)의 개념은 페미니스트들이 자신의 정치적 신념 때문에 다른 사람들의 즐거움에 훼방을 놓는다고 인식되는 것을 가리킨다. 그녀는 친구나 가족들이 흥을 깨는 페미니스트가 문자 그대로 흥을 깬다고 인식하는 일상적인 사례들을 제시한다. 무심하게 일어나는 여성혐오를 모르는 체하지 못한 페미니스트가 저녁 식사 분위기를 깨는 장면을 설명하면서 말이다. 겉으로 보기에 "농담을 받아들이지" 못하는 것처럼, 또 언제든 기분이 상할 준비가 되어 있는 것처럼 보이기는 하지만, 페미니스트가 반대하는 억압적인 사회적 관계보다는 페미니스트 본인이 문제라고 제시된다. 더군다나, 아메드의 흥을 깨는 페미니스트와는 달리,

흥을 깨는 비건은 말이라든가 감정을 통해 반대 의견을 드러낼 필요조차 없다. 비거니즘에 관한 트와인의 사회학적 연구가 보여주듯이, 비건이 자리에 있다는 것을 다른 사람들이 아는 것만으로도 때로는 즐거움이 방해를 받는다. 도덕적 판단을 내릴 것이라 추론하기 때문이다(그 결과 비건들이 적대적인 질문을 받는 경우가 많다).

그러므로 기존의 사회과학적 연구가 그린 그림은 두 가지 중요한 방식을 통해 이론적 서사를 복잡하게 만든다. 첫 번째로, 비건에 관한 사회학적 연구는 순수성 정치로서의 비거니즘이라는 관념을 뒤흔드는 데에 도움을 준다. 비건들이 어떻게 이 라벨을 예리하게 의식하고 있으며, 어떻게 여기에 저항하려 하는가를 명확하게 밝힘으로써 말이다. 두 번째로, 이 연구는 순수주의에 관한 가정이 사람들의 자기 정체성의 일부로 취급되지 않고, 비건들에게 적용되는가를 설명해준다. 때로는 비건의 존재 자체만으로도, 문화적으로 규범적이며 윤리적으로 문제가 없다고 일상적으로 여기곤 했던 음식 실천에 관한 불편함이 생겨난다: 비건들 스스로가 어떻게 행동하는지와는 무관하게 말이다.

새로운 규범을 다루다

비거니즘에 대한 규범화 압력에 관한 인식은 학술적 맥락에만 있었던 게 아니다. 비건들 스스로도 자신들의 라이프스타일을 철저한 조사 대상으로 삼는 사회적 압력을 인지하고 있었다. 온라인 비건 문화는 이런 사회적 압력을 조율할 방법을 오랫동안 찾아왔다. 예를 들어, 온라인 비건 공동체에서 흔히 공유되는 밈 가운데는 비건들의 도덕적 일관성을 확인하고자—그리고 비건들의 위선을 들춰내고자— 흔히들 던지는 "뽑기" 질문을 나열한 비건 "빙고 카드"가 있으며, 이 카드의 내용은 모두 규범화 압력을 짚어낸다. 소위 방어적인 잡식 빙고 카드라 부르는 이것은 본래 온라인 비건 포럼인 포스트 펑크 키친 Post Punk Kitchen 사용자인 브라이언 벤더빈 Brian VanderVeen 이 만들어 올리면서 등장했던 것이다. 이 카드에는 "단백질은 어떻게 먹는지 물어본다", "고통받는 식물을 걱정한다", "PETA 이야기를 꺼낸다", "왜 인간보다 동물을 더 신경 쓰냐고 물어본다", "우리가 소를 먹지 않으면 소들은 어떻게 되냐고 물어본다", "우리가 단숨에 모두 다 채식주의자가 되면, 충분한 음식을 어떻게 만들어낼 수 있을지를 궁금해한다" 등의 질문을 담은 칸이 있다(이 밖에 다른 질문들도 많다).

물론 이 빙고 카드의 어조는 궁극적으로는 독선적인 비건이라는 비유에 영향을 끼친다. 이와 같은 선택지들은 비판을 예측할 수 있는 일련의 "반대 뽑기 reverse gotcha" 역할을 효과적으로 해내기 때문이다.[16] 이런

---

16 포스트 펑크 키친 포럼은 이제 없지만, 밈은 다음에서 찾아볼 수 있다:
    https://vegansaurus.com/post/254784826/defensive-omnivore-bingo.

접근법은 비거니즘에 관한 흔한 질문들이 모두 다 나쁜 신념에 바탕을 두고 있다고 취급할 수도 있다는 위험을 지닌다. 설령 그런 질문들이 진심 어린 우려나 호기심에서 생겨났다 하더라도 말이다. 그렇지만 이 카드에 관한 보다 너그러운 해석대로라면, 규범화 압력을 조율하고 개선하는 과정에서 비건 공동체가 지닌 중요성을 강조한다. 이 주장은 앞선 대목에서 논의했던, 비거니즘은 이를 약화시키려는 다양한 규범화 과정에 저항하는 방식을 찾음으로써만 지속될 수 있다고 제시한 사회학적 연구가 뒷받침하고 있다.

비건 음식을 더 "즐겁고" "매력적인" 것으로 그려내고자 스테레오타입을 벗어난 비건 음식 문화가 확장한다고 언급하는 연구들이 점점 늘어나고 있다. 잠재적인 비건을 위해서만이 아니라, 가족과 친구 모두를 위해서 말이다(베롱 Véron, 2016b; 스캇 Scott, 2020): 이런 과정은 비건 실천을 지속하는 데에 중요하다. 규범화를 돕는 일반적인 실천들 가운데는 (대체육류나 대체 치즈를 비롯해) 새로운 제품을 개발하거나, 온라인에서 비건이 주도적으로 나서서 비거니즘이 제약을 가한다는 인식을 뒤흔드는 비거니즘 묘사라든가—이를테면 #비건들이먹는것 #whatveganseat 과 #살찐비건들이먹는것 #whatfatveganseat 같은 인스타그램 커뮤니티처럼—, 아쿠아파바와 같이 생소한 재료로 실험을 벌이는 온라인 요리 공동체라고 트와인(2017)은 주장한다.

아쿠아파바는 비교적 최근에 발견된 것으로써, 콩 통조림에서 "남은" 물이다. 이 물은 달걀흰자와 속성이 비슷한 것으로 밝혀졌으며, 휘핑을 하면 기존에는 비건식으로 만들 수 없다고 여겨졌던 것들을 만들 수가 있다(이를테면 머랭이나 마카롱 등). 이 재료는 등장하면서부터 관

심을 많이 받았다: 유명한 텔레비전 시리즈인 <그레이트 브리티시 베이크 오프 Great British Bake Off>의 도전 과제 가운데서 주요 재료가 되기도 했다(이 프로그램에서는 2018년에 처음으로 비건 주간을 마련했다). 그렇지만 이런 변화는 비거니즘이 점점 더 규범화된다는 것을 보여주는 한편으로, 이와 같은 과정에 결부되어 있는 일정 수준의 모순을 명확히 보여주기도 한다. 예를 들어, 페이스북 그룹인 "비건 머랭-성공과 실패 Vegan Meringue-Hits and Misses"는 최근에 명칭을 그저 "아쿠아파바"로 바꾸었다. 이와 같이 이름을 바꾼 것은 규범화와 더불어 일정 수준의 탈정치화가 일어날 수도 있다는 위험을 보여준다. 이전에는 비규범적이라는 표시가 따라붙던 것들에다, "흥을 깬다"는 연상작용을 탈피하고자 새로운 포장을 덧입히는 것이다.

그렇지만 규범화 과정이 비거니즘을 곧바로 탈정치화한다고 읽는 것은 지나치게 단순한 독법일 것이다. 이를테면, 대체육류, 대체 유제품, 대체 달걀의 부상은 으레 음식 트렌드로 여겨져 왔으며, 대규모 슈퍼마켓 체인 역시도 이용 가치가 큰 성장하는 시장이라고 바라봤다. 그렇지만 챕터 7에서 상세히 탐구하고 있듯이, 비건들은 이런 긴장을 인지하고 있으며, 이를 조율하고자 한다. 대체육류, 대체 유제품, 대체 달걀을 둘러싼 긴장을 인식한다는 사실은, 예술가와 활동가들이 모든 음식 선택이란 어지러우며 순수하지 않다는 것을 드러내려는 시도에서도 명백하게 드러난다.

예를 들어, 2014년 룬드 대학에서는 연구와 창작을 결합한 행사들을 개최하며, 사회과학과 인문학 전반에 등장한 "동물적 전환 animal turn"을 탐구했다. 2년 뒤, 이때 열렸던 행사 가운데 하나가 "이 비건들은

E.T.를 요리하고 먹는다. 당신을 위한 BBQ를 외계인이 망칠 것이다"(커프 Kurp, 2016)라는 제목으로 유명 블로그에 실린 뒤 인기를 얻었다.

블로그에서 언급한 바비큐는 창작 디자인 스튜디오 언스원 인더스트리스 Unsworn Industries 의 예술가들이—헬가 스테판 Helga Steppan, 니클라스 마렐리우스 Nicklas Marelius, 리비아 수너슨 Livia Sunesson, 에릭 샌들린 Erik Sandelin, 매그너스 토르스텐슨 Magnus Torstensson, 스베타 서보리나 Sveta Suvorina, 줄리아 자작 Julia Zajax — 테르제 외슬링과 함께 기획한 것이었다. 이들은 세이탄 seitan (필수 밀 글루텐으로 만든 대중적인 육류 대체품)으로 거대한 E.T.를 만들어 꼬치에 꽂아 바비큐를 만든 다음 참석자들에게 제공했다. 그런 다음 참석자들을 인터뷰했는데, 이는 샌들린의 말에 따르자면 예술가들이 "가짜 고기의 사회적 기능, 외계인의 법적·도덕적 지위, 허구적인 잔혹 행위와 피해자가 없는 범죄, 그리고 육식이 주는 복합적인 즐거움 일부를 대체할 수도 있는 대용품으로서의 가짜 고기와 같은 쟁점"(샌들린과 언스언 인더스트리스, 2014: 49)을 탐구하기 위해서였다. 이 창의적인 실험에서 중요했던 점은, 이 실험이 동물 제품 소비를 비판하는 정도에서 그치기보다는 **모든** 먹는 행위를 뒷받침하는 조건과 음식 시스템에 명확하게 주목했다는 것이다.

E.T.를 소비한 사람들은—놀라우리만치 실물을 닮은, 또는 적어도 영화와 똑같은— 친숙한 외계인의 몸을 소비하는 것이 불편하다는 목소리를 내었지만, "가짜 고기는 사람이었던 적이 없다"거나 "아무도 해를 입지는 않았다"와 같은 발언을 통해 비판의 수준을 조정했다(2014: 53). 그렇지만 샌들린은 이런 감정이 그 어떤 윤리적 종결을 만들어내지 않으며, E.T. 소비를 수단으로 삼아 위와 같은 합리화를 어렵게 만든다. 그

는 육류가 없다고 해서 "죄책감도 없는 것"은 아니라고 지적한다. "밀 등을 산업적으로 단일 경작하는 것 역시 인간과 비인간이 계속해서 살고 죽는 과정의 일부"이기 때문이다.

샌들린은 구체적으로 안나 칭 Anna Tsing (2011)의 연구를 참고하여 "여러 종이 심어진 풍경에 애착을 품었던 데서 바뀌어, 한두 가지 특정 작물에 집중하는 것으로 역사적으로 변천한 것을 풀어낸"다. 이 과정은 "곡식 재배와 사회적 위계질서의 등장을—그리고 국가의 등장을" 연결해주는 과정이다(샌들린과 언스원 인더스트리스, 2014: 53). 따라서 대체육류를 활용한 이 창의적인 실험은, 먹는 행위의 정치에 관한 성찰을 닫아버리는 것이 아니라, 음식 시스템의 복잡성을 전면에 내세운다. 바비큐를 하고 난 소감에 관해 온라인에서 벌어진 논의는 명시적으로 육류 비판에 초점을 맞추기는 했으나, 근본적으로 이 실험은 모든 먹는 행위란 순수하지 않다는 점을 드러내고자 설계되었다: 순수성 정치에서 한참 멀어진 행위라고 말이다.

결론: 시스템을 시야에 넣다?

비거니즘에 관한, 또는 더 정확히 말하자면 순수성 정치로 이어지는 비건 정치의 갈래에 관한 우호적인 비판에서 쇼트웰은 음식 윤리란 음식 선택을 이루는 시스템을 "시야에 넣는" 쪽을 지향해야 한다고 주장한다. 이 챕터에서는 비거니즘과 관련하여 소위 순수성과 도덕적 모순에 초점을 맞춘 이론적 담론과 대중문화 담론 양쪽을 간략히 살펴보았다. 그런 다음 이런 서사들을 사회학이나 미디어 연구와 같은 영역의 다른 연구들과 대조해보았다. 보다 사회학적으로 초점을 맞춘 연구가 보여주는 그림은, 또 비건들이 자신의 정체성을 어떻게 이해하고 조율하는가에 대한 탐구는, 비거니즘이—음식 시스템 안의 구조적 문제를 감추기보다는—이런 시스템의 중요한 측면을 강조하는 구실을 할 수 있다는 것 보여주었다. 다시 말해, 비거니즘은 몇몇 논평가들이 주장한 것처럼 구조적 복잡성을 외면하는 것이 아니라, 음식 윤리에 얽혀 있는 여러 층을 벗겨내는 "선택"이, 즉 시작점이 될 수 있다는 것이다.[17]

또한, 이 챕터에서 전하고자 했던 것은 윤리적 음식 실천을 둘러싼 사안들은 결코 단순하지 않으며, 라이프스타일 운동에 관한 폭넓은 논쟁과의 관계 속에서 맥락적으로 바라봐야 한다는 점이다. 핸플러, 존슨, 존스(2012)가 주장하듯이, 라이프스타일 운동은 구조적 변화보다는 개인에게 책임감을 부여하는 문제적이자 자유주의적인 시도라고 일축되고는 했다. 이 챕터에서 논의한 사안들은 이런 형태의 정치가 지닌 정치

---

17   이 챕터의 초고를 살펴보고 이 점을 일깨워 준 알렉스 로크우드에게 무척이나 감사하다.

적 잠재력을 이해하려면 (또한 그런 정치의 몰락을 더욱 심도 있게 파악하려면) 보다 섬세한 틀이 필요하다는 것을 보여준다. 핸플러와 그 밖의 연구자들이 보여주는 핵심적인 요지는 라이프스타일 운동에 참여하는 사람들이 기회가 생겨나면 보다 지속적인 형식의 활동주의로—때로는—바뀔 수도 있는 예시적 정치에 참여하고 있다는 것이다. "명백하게 정치적인 사회운동과 겹치기 때문이다; 실제로 서로 떼어 놓을 수 없이 연관을 맺는 경우가 많다. 운동 단체들은 라이프스타일과 집단행동 모두를 주기적으로 홍보하며, 라이프스타일 운동의 지지자들은 때때로 선거 정치와 논쟁의 정치에 참여하기" 때문이다(핸플러, 존슨, 존스, 2012: 12).

　이 챕터에서 다뤘던 보다 최근의 사회학적인 비거니즘 연구는 이와 같은 주장을 지지하면서, 규범화가 하나의 개인적 저항의 형식으로 **시작할** 수는 있으나, 이는 반드시 집합적 실천을 통해 **지속된다고** 설명했다: 이는 라이프스타일 운동이 어떻게 보다 의미 있는 방식으로 사회 변화를 이끌어내는 매개체가 될 수 있는가를 밝힐 수 있게 해주는 주장이다. 라이프스타일 운동의 비교적 해로운 측면—윤리적 소비주의—에 관한 연구조차도 음식 정치의 어지러움을 언급하며, 보다 집합적인 정치적 행동 양식이 어떻게 해서 (얼핏 보기에는) 미심쩍은 시작점에서 탄생할 수 있는가를 설명한다(리틀러, 2009; 에반스 Evans, 웰치 Welch, 스워필드 Swaffield, 2017; 캐리건 Carrigan, 2017). 그러므로 비거니즘에 관한 논쟁은 변화하는 풍경 속에 놓아야 한다. 윤리적 소비주의가 보다 정치화된 의미를 얻고 있는 풍경 속에 말이다. (챕터 7에서 심도 있게 논의하고 있듯이) 소비주의 역시 사회적 변화라는 측면에서 보면 명백한 한계를 지니고 있기는 하지만 말이다.

그렇지만—해밀턴의 주장을 되풀이하자면— 음식 시스템과 음식 정치 모두를 복잡한 현상으로 바라보기만 하지 않는 것이 중요하기는 하나, 이 모든 복잡성을 고려한다면, 비거니즘이 본질적으로 반-규범적인 게 아님을 인지해야 한다. 비거니즘의 규범이 지금으로서는 비정통적일 수 있으며, 또 기존의 규범을 가시화하는 데에 중요한 역할을 하는 것은 분명하나, 이 규범들도 여전히 **규범적이다**. 이 챕터에서 다룬 사회학적 연구들이 주장하듯이, 비거니즘은 지배적인 규범이 비거니즘을 약화시키려 하는 문화적 환경 속에서 실질적으로나 감정적으로나 비건 생활을 가능하게 만드는 다양한 규범화 과정을 통해서만 지속되는 경우가 많다. 다시 말해, 대안적인 식사 방식을 규범화하는 것은 특정 사회 안에 보다 광범위하게 존재하는 규범화 압력에 저항하는 데에 필수적이다. 이 주장의 난점은, 비거니즘을 지지하는 데 규범화 과정이 필수적이기는 하나, 이는 동시에 차후에 긴장이 발생할 수 있는 곳이기도 하다. 규범을 지지하고 지속하는 것이 (적어도 지금으로서는) 상업화 과정, 새로 부상하는 시장, 그리고 문화적인 (또는 하위문화적인) 가치와 얽혀 있기 때문이다.

그러므로 비거니즘이 기존 규범에 저항하는 데에서 더 나아간다면, 비거니즘 자체가 사회적으로 규범적인 것으로 자리를 잡는다면, 비거니즘이 보다 덜 정치화된—더 배제적인— 윤리적 라이프스타일주의 양식으로 축소될 수 있는가에 관해 발전된 질문을 던져야 한다. 이 책의 나머지 부분에서 이런 질문들을 이어갈 것이지만, 이런 질문들이 비건 활동주의의 맥락 속에서 어떻게 조율되는지를 다음 챕터에서 탐구하기에 앞서, 마지막으로 한 가지 살펴보아야 할 사안이 있다.

이 챕터에서 소개한 많은 논의들은 먹는 방식으로서의 비거니즘에 중점을 두고 있다. 비거니즘이 라이프스타일 운동인지에 관한 논쟁, 또는 비거니즘의 한계에 관한 논쟁은 복잡한 음식 시스템 안에서 윤리적 선택을 내릴 때 불가피하게 생겨나는 모순에 바탕을 두고 있다. 그렇지만 앞선 챕터의 내용을 받아서 논의를 이어가 보자면, 설령 음식이 시작점이라 할지라도, 머지않아 사회경제적 관계나 미디어 담론과 같이 보다 광범위한 성찰로 논의가 옮겨간다는 것을 비건 학계는 보여준다. 또, 이 챕터에서 다뤘던 비건 학계의 상당수 연구들이 분명히 음식을 넘어서서 나아갔다는 점에도 주목해야 한다: 이를테면 스테픈스 그리핀의 약 논의라든가, 또 다른 것으로는 해밀턴의 연구에서 의복, 구체적으로는 가주의 정치를 설명하는 것처럼 말이다(2020: 132-54).

챕터 1에서 논의했던 아프 코(2019)의 주장을 다시 끌고 와보자면, 어쩌면 근본적으로는 음식에 초점을 맞추는 것 자체가 문제일지도 모른다. 이는 비거니즘에 관한 복잡한 인식을 제한하는 방식을 통해 논쟁의 조건을 설정하기 때문이다. 그러므로 비건 윤리가 내놓을 수 있는 인간-동물 관계에 관한 광범위한 질문을 일축하지 않으려면, 식습관으로서의 비거니즘을 둘러쌀 수도 있는 긴장을 활용하지 않아야 한다. 이런 주장을 바탕으로 삼아, 다음 챕터에서는 비거니즘을 어떻게 개인적인 식습관 정치의 차원에서 작동하는 것이 아니라 폭넓은 구조적 변화를 요구하는 것으로 드러낼 것인가라는 문제를 놓고 비건 활동주의가 싸움을 벌였던 기존의 몇몇 방식들을 탐구할 것이다.

Chapter 4

비건 활동주의에서 배우다

앞선 챕터의 결론부는 질문으로 마무리되었다: 비거니즘은 음식 시스템의 복잡성을 "시야에 넣는"(쇼트웰, 2016: 125) 시작점이 될 수 있을까? 더 구체적으로 표현해보자면, 비건 실천은 기존의 시스템 안에서 어떻게 윤리적으로 먹을 것인가라는 논쟁을 넘어서서, 이런 시스템을 어떻게 재조직할 것인가라는 질문을 다룰 수 있을까? 이런 질문은 필연적으로 환경 정치와 인간의 불평등이라는 문제를, 또 광범위한 제도적 맥락에 걸쳐 인간이 다른 존재와 맺는 관계를 재사유하는 것에 관한 복잡한 사회적·문화적 함의를 한 자리에 가지고 온다. 다시 말해, 식습관으로서의 비거니즘에 좁게 초점을 맞춰 시작을 하더라도, 오래 지나지 않아 논의가 훨씬 광범위해진다.

앞서 간략히 설명했듯이, 비거니즘과 시스템 차원의 문제가 맺는 관계는 비거니즘에 우호적인 사람들과 비판적인 사람들 사이에서 벌어진 열띤 논쟁의 중심이 되었다. 수많은 문화 이론가들은 그 어떤 일반적인 측면에서건 비거니즘이 피해를 최소화하는 해결책이라는 가정에 반기를 들었다: 그 대신, 비건 실천은 음식에만 초점을 좁게 맞추며 과도하게 단순화하고, 개인주의적이고, 도덕주의적인 정치라고 설명했다. 다시 말하지만, "자본주의 아래서 윤리적 소비란 없다"는 격언은 이런 주장을 가장 잘 담고 있는지도 모른다. 추수 과정에서 죽는 동물부터 제품을 생산할 때 착취당하는 사람들, 또 소비를 선택할 수 있는 사람은 누구인가를 결정하는 불평등에 이르기까지, 그 어떤 먹는 방식, 아니 사는 방식도 도덕적 위안을 주지 못한다: 비거니즘을 비롯해서 말이다.

그렇지만 챕터 3 전반에서 살펴보았듯이, 다른 학계는 (이론적인 것과 경험적인 것 모두) 일련의 반론을 내놓았다. 진정으로 윤리적인 소비란 없다는 것을 인정하는 건 무척이나 중요하지만, 이는 인간과 비인간동물 모두가 입는 피해를 어떻게 바로잡을 것인가라는 버거운 질문을 열어내기보다는 닫아버리는 경우가 너무 많다. 모든 소비가 지닌 비윤리적인 속성은 때로 수사적인 "뽑기"로 활용되어, 위선을 두려워한 나머지 아무것도 하지 않는 결과를 낳을 수가 있다(라이트, 2015: 21, 코, 2019: 7).

앞선 챕터에서 설명했던 것처럼, 비건 실천방식에 우호적인 여러 사상가들이 대안적인 서사를 내놓았던 것은 이런 교착 상태를 넘어서기 위해서다. 비거니즘의 특정 측면과 연관된 문제와 위험을 인식하는 한편, 이런 연구는 흔히 제기되는 비판을 복합적으로 바꾸는 주장들을 두 갈래 내놓았다: 첫 번째로, 비건들 스스로가 비거니즘이 구조적 문제에서 벗어나 일정 수준의 위안이나 순수성을 안겨준다고 여긴다는 가정을 뒤흔들었다. 두 번째로, 첫 번째와 관련된 것이기도 한데, 이 학계는 비거니즘이 인간과 비인간동물의 복잡한 관계를 다루는 일을 걸어 잠그기보다는, 복잡성에 다가가는 입구를 제공하는 경우가 실제로는 많았다는 것을 보여주기 시작했다.

이 챕터에서는 비건 활동주의를 살펴봄으로써, 비거니즘이 인간-동물 관계에 관한 폭넓은 관심사로 이어지는 입구가 될 수 있는가를 더욱 심도 있게 평가해본다. 이 챕터 전반에 걸쳐서 다양한 활동주의 운동에 초점을 맞출 것이다. 이 가운데 어떤 것은 먹는 패턴을 바꾼다는 좁은 영역에 초점을 맞추며, 또 다른 것은 "식습관 그 이상"인 비건 윤리를 지지한다. 이런 계획들 가운데 희망적인 축에 속하는 것들은 인간과 동물의 억압이 지닌 연결점을 강조하는 다층적인 서사를 구축하거나, 얽매인 억압에 대한 답을 제시하는 실천을—심지어 때로는 대안적인 기반 시설을— 발전시킨다. 그런 한편으로, 이 챕터는 비건의 (또는 어떤 형태건 간에) 윤리정치적 실천에 무비판적으로 가치를 부여하고자 하지 않고, 이런 실천이 지닌 이질성을 강조하며, 활동가들이 활동하는 지형을 비롯해 활동주의 자체가 지닌 어지럽고 복잡한 속성을 파악할 것이다.

이 챕터에서는 현실의 복잡성을 운동이 어떻게 다루는가에 초점을 맞추어, 앞서 간략히 설명한 유형의 논의들을 넘어 나아가는 것을 목표로 삼는다. 비거니즘이 순수성 정치의 양식인지, 또는 비거니즘이 개인적 행동과 집합적 행동 가운데 무엇을 지향하는지와 같은 논의를 넘어서서 말이다. 이와 같은 논의 대신, 비거니즘이 이미 개인적인 식습관 선택 이상의 무언가로 실행되는 맥락에서 배울 수 있는 게 무엇인가를 질문해본다: 이런 잠재력이 구체화되지 못하는 사례들도 아울러서 말이다.

처음에는 인식을 재고하고 변화를 촉구하고자 동물의 고통을 강조한 활동주의에 초점을 맞춘다. 그다음, 동물을 자원으로 변화시키는 걸 규범화하는 구조와 분류를 드러내고자 시도했던 대안적인 접근법을 살펴본다. 그 뒤에는 기존의 구조적 억압을 비판하는 것은 물론, 대안적인 기반 시설을 만들어내고자 했던 풀뿌리 활동주의를 탐구한다. 그렇지만 구체적인 운동에 집중하기에 앞서, 비건 활동주의와 연관된 역사와 정치적 지형에 관한 폭넓은 맥락을 제시해야 한다.

비건 활동주의를 맥락화하다

지난 20년 동안 다양한 형식의 비건 활동주의에 관한 연구가 등장했다: PETA와 같은 대규모 NGO가 실시한 인식 캠페인 분석부터(챕터 5를 참고할 것), 라이프스타일 활동주의로서의 비거니즘과(핸플러, 2004; 렌, 2011; 그리네바움, 2012a; 베룽, 2016; 딕슈타인 Dickstein 외, 2020), 사회운동 안의 정치적 비건 실천방식에 이르기까지 말이다(먼로 Munro, 2005; 지로, 2015, 2019; 로크우드, 2016a, 2018, 2019a, 2021). 그렇지만 실제로 비거니즘은 조직적인 사회운동과 활동주의라는 코드가 붙은 영역 바깥에서 벌어지는 일상적인 문화적 활동주의 사이에서 작동하는 경우가 많다.

이 두 가지 모두와 비거니즘의 위치 선정은 비거니즘이 "식습관 그 이상"으로 행위할 수 있는 잠재력의 핵심이다. 보다 총체적인 차원에서 인간이 다른 존재와 맺는 관계에 문제를 제기하는 집합적인 실천방식에 개인적 저항이 반영될 수 있는 길을 슬며시 보여줌으로써 말이다. 앞선 챕터에서 논의했듯이, 비거니즘을 비판하는 사람들은 비거니즘을 규범적이라는 틀 안에 집어넣었지만, 비건 정치에 관한 사회학적 연구를 지속적으로 수행하는 사람들은 기존의 규범적인 먹는 방식과 비교해볼 때 비거니즘이 반-패권적인 위치를 차지하고 있다고 짚었다. 채식주의를 식습관 규범에 대한 저항의 형식으로 바라보았던 연구와 같은 맥락에서(콴 Kwan과 로스 Roth, 2011), 비거니즘 역시 이데올로기적으로 자연화된 육류 소비 또는 "육식주의"에 도전하는 일상적인 활동주의의 한 형식이라는 틀로 바라보는 경우가 많다(조이, 2011). 또, 비건 실천은 다른 자본주의적이고 가부장적인 규범에 대한 저항의 표지로 여겨지기도 했다. 부, 남성성, 식민주의적인 사회 구성과 같은 가치들이 고기와 연관되어 왔기 때문이다(애덤스, 2000; 하퍼, 2010b; 파츠와 패리, 2010; 로빈슨, 2013; 딘, 2014).

그렇지만 챕터 6과 7에서 심도 있게 논의하고 있듯이, 비거니즘이 본질적으로 다른 형태의 억압에 대한 저항의 표지가 되는 것은 아니다(하퍼, 2010a, 2012; 브루엑, 2017; 코와 코, 2017를 참고할 것). 사실, 연결점을 이끌어내려는 보다 정치화된 비건 활동주의 양식은 목표와 범주가 이질적이며, 때로는 성공을 거두지 못하기도 한다.

"비건 활동주의"는 활동주의라는 맥락에서 다양한 의미를 불러일으킬 수 있다. 예를 들어, 비거니즘은 동물권 활동가들의 정체성의 표지가 되거나, 심지어는 이들의 시위 목록의 일부가 될 수 있다. 활동가들이 실현하고자 하는 세계를 반영하는 예시적인 정치적 실천의 일환으로 기능하면서 말이다(체리, 2006, 2010, 2015).

비거니즘과 동물권 활동주의가 반드시 동일하다고 얘기하려는 것은 아니다. 예를 들면, 비건 협회가 설립되기 전, 빅토리아 시대 영국에는 널리 알려진 생체 해부 반대 단체가 50년 넘게 존재했다. 그런 한편, 이와 같이 광범위한 동물권 활동주의의 역사가 현대 비거니즘의 윤곽을 형성하는 데에 영향을 주었다. 이를테면 비건 실천 단체와(동물 착취를 없애고자 하는 세계의 예시 prefiguration) 복지주의 단체(기존의 공간과 제도 안에서 동물이 처한 조건을 개선하는 데 집중했던) 사이에서 폐지론자/복지국가주의자를 구분한 것은 이와 같은 빅토리아 시대 활동주의 역사에 뿌리를 내리고 있다(렌, 2016을 참고할 것). 이런 구분은 최초의 현대적 동물권 활동주의 운동이—동물을 실험용으로 사용하는 데 반대하며 설립된 빅토리아 거리 협회 Victorian Street Society 가— 복지국가주의자/폐지론자라는 경계를 따라 폭넓게는 두 집단으로 나뉘었던 19세기 후반까지 거슬러 올라간다: 1897년 전국 생체 해부 반대 협회 NAVS 와 영국 생체 해부 폐지 연합 BUAV 으로 말이다(프렌치 French, 1975).

비건과 동물권 활동주의가 맺는 복잡한 관계는 훨씬 더 큰 이야기 속에서 단지 일부를 차지하고 있을 뿐이다. 비거니즘이 활동주의와 맺는 관계는 동물권과 동물해방에만 국한되지 않으며, 비거니즘은 다른 활동가 집단의 정체성의 일부가 될 수도 있다. 특히 환경 정치에 참여하는 집단에게 말이다. 그렇지만 이 지점에서 이야기는 훨씬 더 복잡해진다. 환경론이라는 맥락에서 비건 실천은 철저한 조사 대상이 되는 경우가 많기 때문이다. 어떤 맥락에서는 비거니즘이 급진적인 풀뿌리 집단에서 내부자와 외부자를 구분하는 배제적인 수단으로 쓰인다는 혐의를 받으나(예를 들어, 선더스 Saunders, 2008), 또 어떤 맥락에서는 비거니즘 자체가 주류 환경론에서 주변화된다: 이는 신新 기후운동이 부상하면서 최근에야 막 바뀌기 시작하고 있다.

앞서 간략한 스케치로 보여주었듯이, 비건 활동주의는 정의를 내리기가 쉽지 않으며(이는 전혀 과장이 아니다), 이는 고작 한 국가의 맥락에서 구성 요소가 되는 활동주의 역사의 몇몇 갈래에 초점을 맞췄음에도 나타나는 실상이다. 복잡성을 인식하는 것은 중요하나, 이 챕터의 목표는 비건 활동주의의 계보를 보여주는 것도, 오늘날 존재하는 널리 알려진 활동주의의 사례 유형을 알려주는 것도 아니다(이와 같은 관계를 파악하려면 렌, 2016, 2020을, 또 활동주의적인 관점을 이해하려면 스톨우드 Stallwood, 2014를 참고할 것). 앞서 언급했던 것처럼 비건 활동주의가 시스템 차원의 문제를 어떻게 시야에 넣을 수 있는가를 논하는, 특히나 유익한 활동주의적 전략을 다룰 것이다.

동물을 시야에 넣다

시스템을 시야에 넣는다는 난관을 드러내는 데에 비거니즘이 도움이 되는 까닭은 평소에는 특정한 사회경제적 구조나 문화적 구조에 의해 감춰져 있던 것을 드러내는 전략이 비건 활동주의와ー실제로ー 동물권 활동주의 전반의 핵심 교리이기 때문이다. 동물권 활동주의라는 광범위한 맥락에서 보면, 가시성 정치는 역사가 오래되었다(킨 Kean, 1998: 39-69). 앞서 말했듯이, 영국에서 초창기 현대적 동물권 운동 (그리고 동물권 합법화 운동) 일부는 빅토리아 시대에 등장했으며, 당시 동물권 활동주의는 여성 참정권과 같은 다른 정치적 사안과도 얽혀 있었다(프렌치, 1975; 엘스턴 Elston, 1987).

예를 들어, 초창기 동물권 운동에서 가장 큰 논란은 19세기로 접어들 무렵 루이즈 (리지) 린드 애프 해즈비 Louise (Lizzy) af Hageby 와 라이자 스카르타우 Leisa Schartau라는 학생 두 명이 규정을 준수하며 해부를 하는가를 확인하려는 목적으로 유니버시티 칼리지 런던 University College London에서 생리학 강의를 수강하면서 벌어졌다.[18]

두 여성이 남긴 증언은 책으로 만들어졌으며(『과학의 도살장 The Shambles of Science』), 활동가들의 수많은 강연과 기록에 반영이 되었으며,

---

18 해즈비와 스카르타우를 비롯해 초기 동물권 운동에 참여한 다른 여성들의 이야기는 웹사이트 아카이빙 액티비즘(Archiving Activism)에서 찾아볼 수 있다 (급진적 활동주의와 관련된 아카이브 실천을 이해하고자 만든 기획이며, 레이첼 타버너 (Rachel Tavernor), 사라 에반스(Sarah Evans),캐서린 올리버(Catherine Oliver)로 이뤄진 공동 편집팀이 이끌고 있다): https://archivingactivism.com/category/animal.

이는 법적 조치의 대상이 되었다(메이슨 Mason, 1997). 결국 이런 일들은 갈색 개 사건 Brown Dog Affair [19]이라는 결과로 이어졌다. 실험동물을 위해 최초의 기념비를—어떤 취급을 받았는가를 여성들이 기록했던 작은 갈색 개 동상을— 건립한 사건이었다(갈릭 Garlick, 2015). 이 동상은 훨씬 더 많은 관심을 불러 모으며, 의대생들이 이 동상을 없애려고 시도하자 지역 주민들이 저항을 한 뒤로는 폭동으로 이어지기까지 했다(이는 어떤 점에서는 노동계급의 지역인 배터시 Battersea에 중류층과 상류층 학생들이 침입했다는 데에 아연실색해서 벌어진 것이기도 하다; 다시 메이슨, 1997을 참고할 것).

카메라가 증언을 대신하고(또는 적어도 증언을 보완하고)(맥커슬랜드 McCausland, 오설리번 O'Sullivan, 브렌튼 Brenton, 2013), 강연과 팸플릿에 더해서 소셜 미디어가 활용되는 등(지로, 2019: 118-41), 다양한 미디어 기술의 등장이 변화를 가져왔는지도 모르나, 감춰져 있던 것을 폭로하는 일의 중요성은 동물권 활동주의와 특히 비건 정치의 주요 전술로 남아 있다. 다시 이야기하지만, 가시성 정치의 역사에 주목하는 것은, 비건 활동주의가 생체 해부 반대 운동과 같은 다른 형식의 동물권 활동주의와 동일하다는 이야기가 아니다. 그렇지만 역사적으로 봤을 때 이와 같이 다양한 저항의 갈래들 사이에 겹치는 지점들이 있었다는 것을 인식하는

---

19 역주: '갈색 개 사건(Brown Dog Affair)'은 1903년 런던 의학대학에서 일어난 동물실험이 촉발한 사건이다. 당시 런던 의학대학 강의실에서는 살아 있는 어느 갈색 개에게 몇 달에 걸쳐 반복적으로 수술을 하며 시연했다. 목격자들에 따르면 개에게 마취를 하지 않고 수술을 한 적도 있다고 한다. 과학이라는 이름 아래 실험 대상이 되었던 이 개는 결국 목숨을 잃었고, 동물복지에 관심이 있던 목격자 두 명이 이 사건을 공론화하며 동물 생체 실험의 잔혹성에 문제를 제기했다. 이후 이 '갈색 개 사건'의 여파는 전국적으로 확대되어 10년가량 이어졌다.

것은 도움이 된다고 분명하게 주장한다. 특히 동물 연구라든가 "식용" 동물을 산 채로 수출하는 사안과 관련해서는 말이다(먼로, 2005). 더군다나 비건 활동가들의 초창기 글 속에는 비거니즘이 무엇인가라는 규정 속에 실험용 동물들이 명시적으로 포함되어 있다(바트 Batt, 1964). 나아가, 어쩌면 더 중요한 지점일지도 모르나, 전략적으로 가시성을 강조하는 것은 정치적 비건 실천의 중요한 측면으로 남아 있다. 유축농업의 양상들을 시야에서 가리고자 했던 일련의 사회역사적 발전에 맞서 싸우기 위해서는 말이다(필로 Philo, 맥라클란 McLachlan, 2018).

　역사가, 문학이론가, 동물 지리학자들은 19세기 전반에 걸쳐 일어난 변화에 오랫동안 주목해왔다. 이 시기 동물들이 팔리고 도살당하던 공간들은 점차 대중의 시야에서 사라졌다(필로, 1995; 피츠제럴드 Fitzgerald, 2010; 가이어 Geier, 2017; 맥코리 McCorry와 밀러 Miller, 2019). 예를 들어, 크리스 필로 Chris Philo(현대 동물지리학을 독립적인 역 영역으로 확립하는 데 핵심적인 역할을 한 인물이다)는 19세기 동물 시장이 어떻게 대중적 불안의 초점이 되었는가를 추적했다. 이런 불안은 강력한 경우가 많았으며, 필로는 "'대중의 사기'를 위해 가축은 '세련된 도시' 속 일상적인 공간과 '거리를 두어야' 했다"(1995: 670)는 주장을 제기하며 대중적 담론을 재구성하는 탁월한 아카이브 자료를 내놓았다. 이런 정서에 반영되어 있듯이, 또 이 시기부터 도시 노동계급에 대중적으로 들러붙어 있었으며 빅토리아 시대에 강화된 낙인과 관련하여, 노동계급은 동물의 행동에서 특히나 부정적인 영향을 받기 쉬울 것이라는 믿음이 널리 퍼져 있었다. 시장과 도살장을 도시 밖으로 이동하는 것은 동물이 끼치는 영향만이 아니라, 다시 말해 동물과 함께 일하는 사람들, 즉 이들이 지닌 노동의 속성 때문에 불결하며 폭력을 저지를 가능성이 있다는 낙인이 찍힌 사람들이 끼치는 영향을 무력화하려는 수단으로 여겨졌다(아이젠만 Eisenman, 2016).[20]

이와 같은 사회적·문화적 배경은 비건 이론과 실천의 핵심이 되었던 여러 관심사에 영향을 끼쳤다. 이를테면 비판적 동물 연구 CAS 분야의 연구는 인간 억압과 동물 억압을 한데 묶고 있는 시스템을 유의미하게 해체하려면 반자본주의 정치와 결합해야 한다고 주장했다(스테픈스 그리핀, 2014). 나아가, 에코페미니즘에서는 이와 같이 얽매인 억압을 해체하는 과정이 가시성의 문제와 뚜렷하게 연결이 되었다. 앞서 다뤘던 것처럼, 부재 지시대상에 관한 캐롤 애덤스의 이론은(2000[1990]) 산업화된 유축농업에 얽힌 다양한 억압에 관한 윤리적 질문을 배제하는 방식을 통해, 동물의 삶은 시스템 차원에서 비가시화된다고 주장한다. 이런 과정에 맞서 싸우고자, 많은 학술적 연구가 동물을 다시 틀 안으로 가지고 들어와서 이들의 삶을, 그리고 특히나 죽음을 전면에 드러내고자 했다(예를 들어, 스튜어트와 콜, 2009; 커드워스, 2011; 해밀턴과 테일러, 2013; 피츠제럴드와 테일러, 2014; 알미론, 콜, 프리먼, 2016, 2018; 콜과 스튜어트, 2016; 파츠, 2016; 질스파이, 2018). 이 학자들은 동물의 삶과 죽음을 가시화하고자 노력하며, 인간의 이익을 위해 동물을 사용하는 것을 자연스럽게 여기도록 만드는 규범, 범주, 실천을 뒤흔들고자 했다.

인지부조화 이론(페스팅거 Festinger, 1957) 역시도 동물 제품 소비에 일상적으로 적용되며, 이는 자신들의 폭넓은 윤리적 책무와 어울리지 않

---

20 챕터 1에서 주장했듯이, 인간 억압과 동물 억압 사이의 숨겨진 연결점은 지금의 미국의 육류 생산이 지닌 인종적 역동과도 같은 맥락을 공유한다(파키라, 2011). 이는 정육 공장이 코로나 바이러스 대규모 감염지 역할을 한 것이 밝혀지면서 최근에 주목을 받게 되었다(스페흐트, 2020).

는 행동에 관해 윤리적 합리화를 하는 개인들에게 달린 문제라는 것을 보여준다(예를 들어, 러넌 Loughnan, 하슬람 Haslam, 바스티안 Bastian, 2010, 2014). 이런 정서는 이를테면 멜라니 조이 Melanie Joy의 책 『우리는 왜 개는 사랑하고, 돼지는 먹고, 소는 신을까』(모멘토, 2011)에 등장한 육식주의 개념을 뒷받침한다. 이 책은 디너 파티에 참석해 요리가 풍기는 냄새를 음미하다가, 그 요리가 다름 아닌 골든 리트리버라는 사실을 깨닫는 가상의 독자를 설명하며 시작한다. 이 독자가 처음에 느낀 역겨움은, 파티 주최자가 사실 그건 농담이었으며 실제로는 소고기를 먹을 것이라는 이야기를 들은 뒤에는 수용으로 바뀔 것이라고 조이는 주장한다. 어떤 동물은 친구로 바라보고 어떤 동물은 음식으로 바라보는가에 관한 문화적 인식이 다르기 때문이다. 조이는 이 사례를 시작점으로 삼아 종 사이의 차이는 자연스러운 것이 아니라 이데올로기적이라고 주장한다. 책의 나머지 부분에서는 육식주의의 논리를 풀어낸다. 육식주의는 동물과의 모순적인 관계를 사람들이 문화적으로 합리화하도록 만든다고 그녀는 주장한다.

그렇지만 무언가를 가시화하는 것이, 즉 윤리적 모순이라 추정되는 것을 강조하는 것이 반드시 변화를 불러일으킨다는 가정이 아무런 문제가 없는 것은 아니다. 오랜 역사를 거치며 이뤄진 학술적·활동주의적 고찰은 실제로는 그런 일이 벌어지지 않는다는 걸 보여주고 있으니 말이다(예를 들어, 오설리번, 2011; 스탈우드, 2014; 테일러, 2016). 리처드 화이트와 사이먼 스프링거는 이렇게 이야기한다:

그렇지만 고통스러울 만큼 분명한 사실은, 의식을 고취하며, 이런 공간을 넘어서면서 끊임없이 드러나는 충격적인 죽음과 폭력에 관한 감춰진 "사실"을 표현하는 과정이 동물 제품을 보이콧하는 행동을 널리 퍼뜨리는 결과를 낳지 못했다는 것이다. 유감스럽게도 종차별적인 소비주의 사회에서는 육류가 그려내는 폭력적인 지형을 직면하지 않고 편리한 신화로(복지 기준, 적절한 감시) 안심하려는 열망이 빠르게 다시 효력을 발휘한다. 따라서 근본적으로는 이런 질문을 마주해야 한다: 만약에 진실로는 충분하지 않다면, 그다음에는 어떻게 해야 할까? (화이트와 스프링거, 2018: 175)

고통받는 동물에 관한 "진실"을 드러내는 것이 동물이 인식되고 분류되는 방식을 바꿀 수 있는가에 관한 다양한 주장의 중요성은 비건 활동주의에서 특히나 두드러지는 전략을 살펴봄으로써 탐구해볼 수 있다: 바로 잠입 취재의 결과로 일어나는 폭로다.

폭력을 드러내다

가시성 정치, 또 보다 구체적으로 말해 잠입 취재는 그 자체로 기나긴 역사를 지닐 수 있지만, 다른 형태의 시민 저널리즘과 마찬가지로, 인터넷과 소셜 미디어가 부상하면서 이와 같은 영상의 유통이 증가했다(머머리 Mummery 와 로던 Rodan, 2017). 현대 비건 활동주의의 맥락에서는, 동물 농업 안에서 고통받는 이미지를 유통시키는 것을 포함해서 충격 전략이 일상적으로 쓰인다(이에 관한 비판적인 개괄은 렌, 2013을 참고할 것). 때로는 이런 이미지들이 폭로 형식을 띠며, 학대에 관한 관심을 불러 모으고자 특정한 사건을 기록한다: 영국의 버나드 매튜스 Bernard Matthews 칠면조 농장 노동자들이 놀잇감 삼아 야구 방망이로 새를 때리는 모습을 담은 악명 높은 이미지라든가(BBC, 2006), 네슬레 Nestlé 아이스크림에 쓰일 우유를 만드는 소에게서 송아지들을 강제로 떼어내서, 주먹질과 발길질을 한 다음에 뿔이 자라지 못하게 막으려고 인두로 머리를 누르는 모습을 촬영한 것처럼 말이다.[21]

목소리 없는 이들을 위한 익명 Anonymous for the Voiceless 과 같은 단체들

---

21 열을 이용해 뿔을 나지 못하게 하는 것, 또는 "인두로 뿔 제거하기"라 부르는 이 행동은 일상적인 절차이며, 소의 뿔을 제거하는 "가장 덜 고통스러운" 방법이라며 옹호되는 경우가 많다(레이븐(Laven), 2010). 킬링(Killing)의 잠입 취재가 야기한 동정심은, 이 절차가 추가적인 고통과 괴로움을 야기하는 방식으로 잘못 이뤄지는 경우가 빈번하다는 주장을 하는 데 활용되었다. 그렇지만 활동가의 입장에서 본다면, 유독 문제적인 뿔 제거 사례에 관심을 불러일으키는 것이 핵심이 아니라, 이 학대 사례를 활용해 전반적인 관행을 비판하는 것이 핵심이었다. 따라서 이 전략은 이 단체의 목표를 약화시킬 위험이 있었다. 촬영본은 다음에서 확인할 수 있다: http://cok.net/inv/martinfarms/.

이 이런 전략을 들고 거리로 나서서, "진실의 큐브"라는 방법으로 비거 니즘을 홍보했다. 가면을 쓴 단체 활동가들이 커다랗게 "진실"이라 쓰인 팻말을 들고 광장에 서고, 다른 활동가들은 이들이 설명하기로는 "동물 착취를 생생하고도 강력하게 보여주는 촬영본"이 담긴 텔레비전 화면을 들고 서 있는 방법이었다(목소리 없는 이들을 위한 익명, 연도 미상).

이와 같은 활동주의 (그리고 활동가 집단) 사례에는 수많은 문제 들이 얽혀 있으나, "비건학이라는 렌즈"(라이트의 표현을 활용하자면, 2019)로 봤을 때 이런 접근법이 지닌 위험은, 이런 유형의 이미지는 고 통을 마치 정상에서 벗어난 예외적인 것으로 비추며, 마치 복지 지침을 더 잘 지켜서 해결해야 할 문제처럼 비출 수 있다는 점이다. 다시 말해, 충격 전략은 시스템의 합법성을 의도치 않게 강화할 수가 있다. 예를 들 어, 축산업에서는 소들이 다른 소에게 (그리고 소와 같이 일하는 사람에 게) 상처를 입히는 걸 방지하려면 뿔을 제거하는 게 필수라고 설명하며, 인두로 제거하는 것이 다른 방식보다 덜 고통스럽다고 설명한다(품종 개량을 통해 큰 뿔을 만들어내는 유전자를 제거하는 것이 가장 바람직 하다고 보기는 하지만 말이다)(레이븐, 2010). 따라서 뿔을 제거하는 것 에 대한 활동주의적인 비판은, 뿔을 필수적으로 제거해야 하는 음식 시 스템 자체가 아니라 뿔을 어떻게 제거할 것인가라는 문제로 뒤바뀜으로 써 비판이 약화될 수가 있다.

이와 유사하게, 폭력적인 개별 행동에 관한 폭로는, 다시 얘기하지 만, 시스템에서 개인으로 관심을 틀게 만들 뿐만 아니라 "동물 학대와 관련된 구조적인 사안을 '해결'하고자 감시와 감금이라는 틀에 의존하 며 이를 고착시키"는 "교도소 비거니즘carceral veganism"을 들먹일 위험이 있다(활동주의 역사 리뷰 Activist History Review, 2020). 그러므로 이런 전략들은 활동가들이 비판할 수 있는 문제적인 제도를 강화할 수가 있다. 이를테면 사법 제도 (그리고 대체로 이런 제도와 긴밀한 관련을 맺는 인종적이고 계급적인 불평등을) 등을 말이다.

어쩌면 활동주의에서 사용하는 다른 이미지에서 보다 생산적인 전략을 찾아낼 수도 있을 것이다. 예외를 폭로하거나 개별적인 행동을 강조하는 게 아니라, 현재 음식 시스템의 일상적인 요소에 의문을 제기하는 이미지 말이다. 예를 들어, 이런 캠페인에서 전형적으로 사용하는 이미지 가운데는 달걀 생산에 필요가 없는 수컷 병아리들을 마치 생명이 없는 돌처럼 컨베이어 벨트에 던져 넣는 모습이라든가(프래니 암스트롱 Franny Armstrong 의 다큐멘터리 <맥리벨 McLibel>, 2005에 실린 모습처럼), 송아지와 떨어져 고통스러워하는 젖소(이를테면 머시 포 애니멀스 Mercy for Animals 와 같은 단체가 유튜브에 올린 영상에 나온 것처럼), 또는 목이 마른 채로 혼란스러워하면서 도살장으로 운반되는 돼지의 모습(세이브 캠페인 Saves Campaigns 이 등장하는 것처럼 말이다. 이어지는 대목을 참고할 것) 등이 있다.[22]

규범 바깥에 있는 실천에 주의를 끌기보다 이런 규범 자체에 문제 제기를 하는 전략은 일상적인 것을 폭력적인 것이라는 틀로 다시금 바라보고자 설계되었다. 이런 접근법은 시스템에 대한 관심과 서로 겹쳐지는 억압의 형식들을 "시야에 넣는" 중요한 장소가 될 수 있다고 나는 주

---

22 머시 포 애니멀스가 촬영한 이미지는 다음에서 확인할 수 있다:
    https://www.youtube.com/watch?v=dZQ3slOxNC4.

장한다. 이런 시스템의 합리화와 규범화를 풀어내는 방식으로 말이다: 티모시 파키라 Timothy Pachirat 의 강렬한 도살장 민족지인 『12초에 한 번씩 Every Twelve Seconds 』(2011)이라든가 캐서린 질스파이 Kathryn Gillespie 의 민족 지적 낙농업 연구인 『#1389번 소 The Cow with Ear Tag #1389 』와 같은 귀중한 연구에서 지적했듯이. 윤리적 관심사라는 틀로 이를 새롭게 바라봄으로 써 일상화 과정을 방해할 가능성은, 전체에 영향을 끼치는 비판 사례 하 나를 심도 있게 살펴보면서 설명해볼 수 있을 것이다: 이는 조나단 사프 란 포어 Jonatha Safran Foer 의 동명의 책을 바탕으로 만든 장편 다큐멘터리인 <동물을 먹다 Eating Animals >(감독 퀸 Quinn, 2017)에 출연한 미국의 농부 크레이크 와츠 Craig Watts 가 촬영한 영상이다.

와츠는 활동가들이 페르듀 팜스 Perdue Farms Corporation 가 강요한 동물 사육 환경을 폭로하고자 자신의 닭장에 있는 닭들을 촬영하는 걸 허락 한 뒤 유명세를 탔다. 영화 <동물을 먹다>의 핵심 주장은 현재 미국 농 업은 개별 농부가 자기 농장에서 짓는 동물 농사를 거의 통제하지 못하 는 규모로 벌어진다는 것이었다: 조류, 사료, 공급 네트워크 모두를 대기 업이 관리하며, 농부는 병아리를 받아서 겨우 몇 주 기른 뒤에 도살장으 로 보내는 것이 전부였다. 다큐멘터리에서 와츠는 닭이 가득한 어두운 닭장 사이를 걸으며, 선천적인 조건과 과밀한 사육 때문에 일어서거나 걷지 못하는 닭들을 가리킨다. 이와 같은 농업이 불러온 결과를 전면에 드러내고자 말이다. 와츠의 영상은 주류 미디어가 이 다큐멘터리를 주목 하게 했으며(예를 들어, 크리스토프 Kristof, 2014; 맥케나 McKenna, 2015), 활동와 시민단체가 이 다큐멘터리를 활용하게 되었고(컴패션 인 월드 파밍 Compassion in World Farming, 2015; 휘슬블로어 변호사 팀 Whistleblower

Lawyer Team, 2016), 나아가 와츠의 이야기는 <동물을 먹다>의 중요한 요소가 되었다. 결정적으로 이런 캠페인들은 일반적으로는 서로 타협할 수 없는 이데올로기적 차이 때문에 대결 구도에 갇혀 있던 농민 공동체와 활동가들이 새로이 연합할 수 있는 가능성을 보여주었다.

그렇지만 와츠의 사례를 둘러싼 논쟁은 고통을 서로 다른 신념을 지닌 사람들의 공통 관심사로 삼는 전략의 윤리적·정치적 중요성을 숙고하는 과정에서 탐구해 봐야 할 여러 과제를 부각시키기도 했다. 비판적 장애 연구 학자 수나우라 테일러(2017)는—어떤 형태의 생명체가 살아 있을 가치가 있는가에 관해 널리 퍼져 있는 장애차별적인 가정으로 인해— 폭로와 유사한 함정에 빠지는 걸 방지하려면 고통에 초점을 맞출 때는 주의를 기울여야 한다는 점을 지적한다: 폭로는 시스템보다 개인이 문제라고 비추기 때문이다. 테일러가 주장하듯이, 밀집된 생활환경 때문에 벌어지는 근친교배나 부상이 불러일으키는 고통에 초점을 맞추는 것은, 이 고통을 더 길게 끌고 가지 않으려면 이런 문제 때문에 고통스러워하는 개별 동물을 죽이는 것이 훨씬 인도적이라는 주장을 지지하는 데에 활용될 수가 있다(2017: 38).

따라서 그녀는 이런 접근법은 어떤 종류의 생명체가 살아갈 가치가 있는가에 관해 오랫동안 이어져 온 편견을 강화할 수가 있다고 주장한다. 실제로 와츠의 영상에 대한 업계의 반응을 보면 테일러의 경고는 일리가 있다고 보인다. 이 사건에 관한 마린 맥케나 Maryn McKenna (이후 현대 닭 농업에 관해 인기 있는 책을 썼다; 맥케나, 2017)의 조사 보고서는 와츠가 찾아낸 문제를 와츠 본인의 농사 탓으로 돌리는 전문가 패널의 답변을 수집했다.

다리가 꼬여 있거나 부리가 교차하는 것과 같이 선천적 결함이나 발달 장애가 있는 병아리는 예상할 수 있는 것이다. 미국에서 한 해 병아리가 90억 마리 태어난다는 사실을 고려한다면 말이다. 대개 선천적 결함이 있는 병아리들은 부화장에서 안락사 시키며, 결코 농장으로 보내지 않는다. 미처 발견하지 못하고 농장으로 옮겼다거나 농장으로 옮긴 뒤에 이상이 생긴 경우는 농부가 인도주의적으로 안락사를 해야 한다. (맥케나, 2015에서)

나아가, 전문가들은 이 닭들이 가슴 부위를 최대한 크게 키우려고 유전적으로 선택되었으며, 그에 따라 힘이 너무 많이 들어서 움직이는 걸 꺼린다는 고려한다면, 닭이 움직이지 않는 것은 정상이라고 주장했다(맥케나, 2015). 이런 수사적 틀은 테일러의 주장과 맥을 같이 한다: 업계에서 내놓은 서사는 개별 닭의 신체를 병리화함으로써 일상적인 농업 방식에서 와츠에게로 책임을 돌릴 수가 있었다.

이런 논리에 대항하려면 고통을 강조하는 일반적인 활동주의 전략으로는 충분치 않으며—어떤 경우에는—, 사회적으로 규정된 정상을 벗어나는 신체에 관한 광범위한 병리화 담론에 보탬이 될 수도 있다고 테일러는 주장한다(2017: 42-3). 그 대신 테일러는 대안적인 선택을 탐구한다: 장애의 사회적 모델을 동물에게로 확장하는 것이다.

장애 활동주의라는 맥락에서, 장애의 사회적 모델은 중요한 정치적 변화를 낳았다. "장애가 있는 신체는 잘못 작동하는 것이라 바라보는"(2017: 13) 의학적 모델을 벗어나 "장애는 손상 때문에 생겨나는 것이 아니라, 사회가 구성된 방식 때문에 생겨나는 것"(13)이라는 사고방식으로 전환하면서 말이다. 다시 말해, 테일러가 요구하는 것은 개인에서 시스템으로 초점을 바꾸는 것이다. 어떻게 하면 장애화를 덜 하는 방식에 따라 사회적 삶을 조직할 수 있는가를 질문하기 위해서 말이다. 비판적 장애 연구와 동물 연구를 이렇게 한곳에 모으는 것은 활동주의와 (동물 연구와 활동주의를 넘어서는 동시에 포함하는) 학술적 연구가 가시성, 시야에 넣는 것, 그 밖에 장애 차별적인 가정을 품고 있는 시각적 은유 개념을 중심으로 삼았다며 비판받아왔던 맥락 속에서 대단한 중요성을 지닌다(베커릴 Becerril, 2018).

와츠 사례에 관한 테일러의 주장을 읽다 보면 정치적으로도 개념적으로도 중요한 잠입 취재의 부수적인 측면으로 이어진다. 촬영본 자체보다는, 그것이 어떻게 받아들여지고 논의되는가와 관련이 있다. 내부고발 사례에서 주목할 점은, 이런 사례가 동물들이 처한 조건만을 강조하는 데서 그치지 않고, 폭력이 일상적인 것으로 취급됨으로써 비폭력으로 탈바꿈하는 메커니즘을 폭로한다는 것이다. 디네쉬 와디웰 Dinesh Wadiwel 은 『동물에 대한 전쟁 The War Against Animals 』(2015)에서 이런 탈바꿈을 논하고 있다. 이 책에서 그는 생명정치적 틀을 사용해 동물의 죽음을 이해하는 것은 물론, 동물의 가치를 최적화하고자 동물의 생명을 규율하는 복잡한 과정을 파악한다.

와츠의 촬영본에 대한 반응이 보여주듯이, 공공연한 학대와 다르게 일상적인 실천이 지닌 윤리적 함의는 대조적인 정치적 신념을 지닌 사람들에 의해 철저히 다른 방식으로 해석되는 경우가 많다. 와디웰이 강조하듯이, 생명정치적 동물 관리 안에서 일상화된 실천은 (이를테면 앞서 언급한 것처럼 뿔을 제거한다든가, 닭 도살이라는 맥락에서 그가 직접 언급한 사례를 들어보자면 산 채로 매다는 것, 전기가 흐르는 욕조, 깃털을 뽑는 탱크 등; 2015: 1-2) 폭력적이라고 묘사되지 않는 경우가 많으며, 산업계의 관점으로는 표준이라고 여겨지거나, 심지어는 전체 동물의 건강을 확보하는 데 필요하다고 여겨지기까지 한다.

활동가의 관점에서 폭력적이라고 보는 것과 업계의 관점에서 표준이라고 보는 것의 충돌은 현대적인 동물권 운동이 탄생했을 때부터 활동주의의 서사에 끊임없이 훼방을 놓았다. 이런 역동은 대개 활동가들에게 해로운 것으로 드러났다. 주류 미디어에서는 업계의 규정이 지배적인 틀로 작동하는 이상, 활동가들의 관점은 규범을 벗어나는 것으로 여겨졌으며, 지나치게 감상적이라고 그려졌기 때문이다(지로, 2019: 98-117). 와디웰이 지적하는 것은, 이와 같은 활동가 관점의 주변화가 인간-동물 관계에 곤한 규범적인 담론을 통해서만이 아니라 일반적인 업계의 관행을 통해서도 강화된다는 것이다. 그는 폭력을 비폭력으로 탈바꿈하는 데 핵심적인 두 가지 과정을 구체적으로 짚는다.

첫 번째로, 현재 인간-동물 관계는 동물의 생명을 규율하는 다양한 폭력적인 방식을 활용한다고 와디웰은 주장한다. 이 과정에는 동물의 저항을 통합하는 일이 필수로 포함된다. 동물 제품을 대규모로 효율적으로 생산하는 것은 저항의 순간을 (이를테면 신체를 움직이고 몸부림친다든가, 인간과 기계가 다루기 쉽도록 행동하지 않는 등) 인지하고, 이런 행위성에 대항하여 시스템을 다시 만드는 데에 달려 있기 때문이다. 따라서 "동물을 더 부드럽게, 더 효율적으로, 그리고 '마찰'을 줄이며 도살하고자"(2015: 13) 저항을 끊임없이 인식한다. 동물을 관리하는 새로운 기술적 시스템과 기술을 만들어냄으로써 저항을 줄이는 것은 와디웰이 설명하는 탈바꿈의 두 번째 단계로 이어진다: 그 인식론적인 차원, 즉 동물을 취급하는 일상적인 방식이 동물을 이해하는 특정한 문화적 방식에 어떻게 영향을 끼치고 이를 고착시키는가이다.

　도살장, 대규모 우유 농장과 양계장, 또는 식용이 아닌 목적으로 운영되는 모피 농장과 같은 장소에서 일어나는 관행의 매끄럽고도 체계적인 속성은 동물 제품 생산을 수월하게 만들 뿐만이 아니라, 동물을 "더 낮은 존재"로 가정하는 것을 규범화해서 다른 상황에서라면 (이를테면 반려동물처럼 다른 문화적 분류에 해당하는 동물들에게 행해졌다면) "폭력적"이라고 해석되었을 행동들이 폭력적이라고 해석되지 않도록 만든다고 와디웰은 주장한다. 와디웰이 보기에 이와 같은 탈바꿈 과정은 정치적인 중요성을 지니는데, "이와 같은 방식으로 폭력이 매끄럽게 이루어져 폭력으로 여겨지지 않는다면, 지각이 있는 생명체를 '물건'으로 바꾸는 절차가 완료된 것이며, 저항과 전쟁은 평화로움이라는 겉치레 아래에 감춰지기"(와디웰, 2015: 13) 때문이다.

　그러므로 이와 같은 주장들이 보여주듯, 비건 연구의 관점에서 보면 단순히 유축농업의 일상적인 관행을 드러내는 것만이 문제가 아니라, 일상적으로 평화롭다고 바라보는 관행을 새로운 틀로 이해하는 것이 중요해진다. 이런 작업이 늘 간단치만은 않지만 말이다. 일상적인 관행을 보다 넓은 비인간동물에 대한 전쟁의 일부라고 새로이 설명함으로써, 와디웰은 업계의 서사에 대항하는 도발을 신중하게 만들어내고 있다. 그렇지만 폭력 개념, 특히나 전쟁 개념과 연관된 인간중심적인 가정 때문에 그의 연구는 전투warfare 개념을 동물에게 적용할 수 있도록 복잡성을 다루는 데에 상당한 시간을 할애해야 한다.

활동주의의 맥락에서는 이와 같이 새로운 틀을 제시하는 것이 분명 더욱 큰 도전일 것이다. 그저 이것이 복잡하기 때문이 아니라, 일상적인 관행을 기록하려는 잠입 취재와 같은 전략을 범죄화하기 때문이다(마치 유명한 사례인 미국의 "어그 개그ag-gag" 법률[23]처럼 말이다; 애덤스, 2018: 16). 다음 챕터에서 더욱 상세히 다루고 있듯이, 대규모 NGO가 실시한 인식 재고 캠페인은 맥락 특정적이고 세심한 방식으로 비인간동물의 처우를 표현하는 데에 유독 부족한 점이 많았다. 그 대신, 다른 억압에 맞서기보다는 이를 강화하는 인간과 비인간동물의 조악한 비교에 의지하는 경우가 많았다(데카, 2008b; 킴, 2011; 하퍼, 2010b; 코, 2017a).

가시성에 초점을 맞추는 활동주의에 주어진 실질적·법적 과제에 보태어, 폭로, 잠입 취재, 내부고발에 관한 논의를 통해 부각되는 것은 가시성 정치가 결코 간단치 않다는 점이다. 에밀리아 퀸Emilia Quinn의 주장처럼, 가시성을 강조하는 것과 밀접하게 연관된 것은 바로 동물을 가시화함으로써 사회적 변화를 불러일으킬 수 있다는 사고방식이다. "'도살장의 벽이 유리로 되어 있다면, 모두가 채식주의자가 될 것이라'라는, 널리 알려진 격언이 전형적으로 보여주듯"(퀸, 2020: 915)이 말이다.

가시성과 더불어 변화가 일어날 것이라는 가정과 함께, "비거니즘은 감춰진 지식에 대한 각성과 발견"으로 바라보는 반면, "고기를 먹는

---

23 역주: 미국의 '어그 개그' 법률이란 기업형 농장에서 일상적으로 벌이는 활동을 조사하는 내부고발자들을 처벌하는 법이다. 농장에서 사진, 영상, 음성 등을 기록하거나, 소지하거나, 배포하는 행위 모두를 처벌한다. 기업형 농장에서 벌어지는 동물 학대를 폭로하는 내부고발자들을 침묵시키려는 의도로 만들어진 법이다.

것은… 스스로를 유지하고자 사실을 은폐하고 불분명하게 만드는 데 의존하는 종차별적 문화"(퀸, 2020: 915)로 취급하는 일도 뒤따라 일어난다. 그렇지만 앞서 언급했듯이, 또 퀸이 주장하듯이, 감춰졌다고 여겨지는 것을 드러내는 행동이 반드시 변화를 촉구할 것이라는 가정을 멀리하는 것이 중요하다.

비거니즘이 대중문화에서 점점 더 두각을 나타내고는 있으나, 이는 "행복한 고기" 담론을 통해 동물이 점점 더 가시화되는 새로운 육식주의와 밀접하게 연관을 맺었다(질스파이, 2011; 스타네스쿠, 2014). 실제로 비거니즘이 부상했음에도 이와 동시에 고기 소비는 규범화되고 강화되었으며, 국제연합은 2030년까지 전 세계적으로 육류 생산이 19퍼센트 증가할 것이라 내다보고 있다(FAO, 2018: 14). 토비아스 린네 Tobias Linné (2016)의 유제품 마케팅 분석 역시 동물 제품을 마케팅하는데 어떻게 가시성이 전략적으로 사용되는가를 강조하고 있다. 농업의 특정 측면은 부각하고 (이를테면 초록색 들판을 거니는 동물의 모습) 다른 면은 감추면서 말이다(어미 소와 떨어지는 송아지, 농업의 산업화된 차원 등).

폭넓은 미디어 풍경에서 일어난 이런 발전은 가시성 정치와 연관된 몇몇 복잡성을 시사한다. 활동가들은 자신들의 전략에 도전하거나 약화시키는 기존의 미디어 환경 속에서, 또 이에 대항하여 활동해야 하기 때문이다. 이와 같은 기존의 미디어 환경은 활동가들과는 상반되는 동물에 관한 재현을 내놓는다(챕터 5에서 보다 상세히 논의하고 있는 파킨슨, 2019를 참고할 것). 다시 말해, 표준적인 업계 관행만이 아니라 미디어 담론에도 맞서는 방식을 통해—다른 종에게 행해진다는 이유로—, 사회적으로 폭력적이지 않다고 여겨지는 실천을 폭력이라는 틀에 새롭게 넣기란 어렵다. 다음 챕터에서 논의하듯이, 동물을 윤리적 공동체 안으로 포함하려면 "가축"과 같은 분류 자체를 뒤흔드는 것도 이 과업의 일부라고 여겨진다. 그렇지만 이런 범주화를 고착시키는 기반을 뒤흔드는 작업을 수반하지 않는다면, 이런 전략만으로는 충분치 않다. 기반 차원의 변화에 관한 근본적인 논쟁으로 넘어가기에 앞서, 이와 같은 윤리적 포함이라는 과업을 아주 구체적인 방식으로 접근했던 활동주의 단체를 여기서 잠시 살펴보겠다: 동물을 일상적으로 도살당하는 가축이 아니라 애도할 가치가 있는 주체라는 틀로 새롭게 바라봄으로써 말이다. 이런 전략 역시 가시성 정치의 양상이라고 볼 수 있겠으나, 여기서는 철저한 조사를 하려고 애쓰기보다 규범을 드러낸다.

규범을 드러내다

비건 공동체와 비건 학계 양쪽이 주목한 최근의 변화는 세이브 무브먼트 Save Movement 다. 2010년 캐나다 토론토에서 시작된 세이브는 전 세계에 500개가 넘는 자율적인 지부를 보유할 만큼 성장했다(로크우드, 2018: 107). 이 운동의 주요 활동은 도살장 바깥에서 밤샘 농성을 열어, 활동가들이 동물의 죽음을 기리는 것이었다; 이는 상당히 많은 언론의 관심과 논란을 불러일으켰다(예를 들어, 맥마혼 McMahon, 2019). 즉, 세이브는 와디웰이 설명한 생명정치의 논리를 교란하고자 적극적으로 노력하는 운동이다; 동물을 윤리적 주체라는 틀로 명확하게 해석함으로써, 도살장에서 벌어지는 절차는 "평화로운 peaceable" 관계라며 "매끄럽게 smoothed" 넘어갈 수가 없게 된다. 그렇지만 이 대목에서 내가 주장하려는 것은, 세이브가 이렇게 교란을 일으키는 방식은 업계의 표준적인 관행을 폭력적이라는 틀에 새로이 넣는다는 폭넓은 사회적 함의와 관련을 맺는 추가적인 문제를 낳는다.

학자이자 활동가인 알렉스 로크우드는 세이브에 관해 광범위한 글을 썼으며(예를 들어, 로크우드, 2016b, 2018, 2019a, 2021), 이 운동의 특징 네 가지를 강조한다. 첫 번째로, 이 운동은 "집합적 목격 collective witnessing"에 초점을 맞추며, 두 번째로, 활동가들이 언제든 기회가 생기면 동물들에게 일시적인 위안을 주고자 시도한다는 것이며(예를 들어, 과일이나 물을 줌으로써), 세 번째로, 동물들이 도살되는 장소를 시위로 보여주고자 노력한다는 것이며, 마지막으로, 사건에 관한 증언을 글로 남기고 시각적으로 기록해서 퍼뜨린다는 것이다(2018: 109). 이런 활동을 통해 세이브는 "우리가 음식이라고 여기는 종과의 관계를 급진적으로 다시 상상하는 기회를 주는 '적극적인 목격 active witnessing'을 내세움으로써 농장에서 사육되는 비인간동물과 이미 체화하고 있던 복잡한 관계를… 가시화한다"(2018: 107)고 로크우드는 주장한다.

로크우드는 시위에서 겪는 감정적 경험을 풍성하게 설명한다. 이런 행사에서는 그저 고통을 목격하는 걸 감수하는 데서 그치지 않고 동물과의 정서적인 조우를 간간이 경험하기 때문이다. 예를 들어, 그는 돼지를 구출하던 어느 현장에서 "동물들이 (느릿느릿) 몰려와서 물과 수박을 가져가고, 환풍구를 통해 주둥이를 들이밀며 우리 손가락을 킁킁거리던"(2018: 111) 순간을 설명한다. 이런 활동을 통해 활동가들은 동물을 애도할 가치가 있는 윤리적 주체로 끌어들일 뿐만 아니라, 동물을 향한 책임감을 직접 느끼며 길러낼 수 있다고 로크우드는 주장하다. 추상적인 연민을 넘어서서, 동일한 윤리적 공동체의 일원이라고 느끼는 감각으로 다가선다는 것이다(이 주제는 챕터 5에서 더 심도 있게 발전시키고 있다).

밤샘 농성은 더욱 광범위한 윤리적 공동체를 구성하는 동시에, 앞선 대목에서 논의했던 공간적 배치에 적극적으로 맞서 싸운다. 동물 도살이 체계적인 방식으로 공공장소에서 사라졌으며, 대중이 물리적으로 접근하지 못하도록 만든 공간적 배치 말이다. 이를테면 시위대는—도살장의 비가시성에 맞서 싸우고자— 밤샘 농성이 열리는 장소를 도살장이라고 표현하는 현수막을 빈번하게 사용하거나, 동물을 극적으로 표현하며 기리는 미술 작품을 만들어 동물의 죽음이 일상적인 것으로 여겨지지 못하도록 막는다(로크우드, 2021).

특정한 윤리적 공동체 안에 행위자를 포함하는가 배제하는가는 단지 조이가 지적한 분류에 의해서만 생겨나는 것이 아니라, 범주화와 얽혀 있는 물리적인 배치와 실천을 통해서도 만들어지는 것이라는(또는 푸코의 용어를 사용한다면 장치 ispositifs 라 표현할 수 있다, 울프, 2012를 함께 참고할 것) 와디웰의 주장을 고려한다면, 인간과 동물을 분리하는 공간적 배치에 이렇게 물리적으로 개입하는 행동은 중요하다.

세이브 무브먼트의 시위에 참여한 경험에 분석의 초점이 많이 맞춰지기는 했으나, 인식 재고 역시도 운동의 중요한 요소다: 밤샘 농성이 만들어낸 몇몇 이미지는 케빈 드루카 Kevin DeLuca 의 "이미지 행사 image events"(1999) 개념을 통해 해석할 수 있다: 그는 환경의 취약함에 관한 관심을 불러 모으고자 활동가들의 자신의 몸을 (환유적으로) 취약한 위치에 놓는 순간을 설명하고자 이 용어를 사용한다. 예를 들어, 널리 알려진 토론토의 세이브 밤샘 농성 사례에서는 창립자인 아니타 크라이츠 Anita Krajnc 가 돼지 서른 마리에게 마실 물을 준 일로 고발을 당한 적이 있다(카삼 Kassam, 2017; 더 많은 논의는 크라이츠, 2016를 참고할 것). 결국은 무죄라고 판결이 나기는 했으나, 이 사건은 기념하는 의식과 인식 재고 사이의 경계를 모호하게 만들었다. 본래 고통을 가라앉히겠다는 의도로 했던 크라이츠의 행동이 더 광범위하게 유통되는 이미지로 탈바꿈했기 때문이다: 인간의 몸과 동물의 몸이 공유하는 취약성의 의미, 또 이와 더불어 즉각적인 활동주의적 맥락을 넘어서서 동물을 윤리적으로 수용한다는 것의 의미를 분명하게 드러내면서 말이다.

그렇지만 세이브가 실천하는 비건 윤리와 과도한 유축농업에 얽혀 있는 다른 억압적인 사회 정의 쟁점들이 맺는 관계에 관해 더욱 심도 있는 질문을 던져야 한다. 유축농업은 동물의 죽음을 매끄럽게 취급하는 장소이기만 한 것이 아니라, 수많은 다른 사회적 불평등과 교차하는 곳이기도 하다(와츠의 사례에서 드러났듯이, 노동과 환경이라는 관심사를 포함해서 말이다). 농장 노동이 계급적이고 인종적으로 이뤄지는 미국과 영국 등의 맥락에서는 어떻게 주변화된 인간을 배제하지 않으면서 비인간동물을 윤리적 공동체 안으로 포함시킬 것인가가 대단히 중요하다.

시위대가 이런 문제를 조율해야 한다는 걸 간과하지 않았다는 사실에 주목해야 한다. 로크우드는 활동가들이 이런 분열에 맞서려 했던 사례를 들면서, 시위 도중 연대를 키우고자 활동가들이 서로 음식을 나누고 농장 노동자들도 참여하도록 청했다고 설명한다. 안타깝게도 이런 시도는 성공을 거두지 못하는 경우가 많았으며, 음식을 나눠먹는 일에 이런 장벽이 생겨났을 만한 이유를 생각해봐야 한다. 노동자들과 연대를 만들어내려는 전략을 심어두고 있기는 했으나, 동물을 가축으로 분류하는 데에 반기를 드는 세이브와 같은 시위는 서로 경합하는―어쩌면 양립할 수 없는― 두 가지 현실이 충돌하는 것을 보여준다. 이 둘은 세상을 범주화하고, 나누고, 이해하는 서로 다른 방식에 해당한다. 동물을 애도할 만한 주체의 위치에 놓는 행동은, 그리고 동물을 취급하는 방식을 폭력적이라는 새로운 틀에 넣는 것은, 동물과 함께 일하는 사람들을 필연적으로 폭력을 저지르는 범죄자로 만들며, 이들이 활동가들과 불화하도록 만든다. 따라서 특정한 사회적 맥락에서 무엇이 폭력적이라 여겨지는가라는 데서 생겨나는 긴장을 푸는 방법을 찾기란 실현하기 어려운 과제인 동시에, 앞으로 나아가기 위해서는 맞설 수밖에 없는 문제다.

로크우드가 글에서 다루고 또 직접 관여했던 다른 기획들도 비슷한 문제를 놓고 고심했다. #미래를위한금요일 #FridaysforFuture (스웨덴의 청소년 그레타 툰베리 Greta Thunberg가 시작한 전 세계적인 학교 파업 네트워크)이나 익스팅션 리벨리언 Extinction Rebellion 24 시위와 같은 기획이 등장하면서 2018~2019년을 신新기후운동 New Climate Movement의 시대라 이야기하는 경우가 많다. 주류 미디어에서 널리 긍정적으로 다루기는 했지만 익스팅션 리벨리언 역시 여러 요인으로 인해 강력한 비판을 받기도 했다. 창립자가 문제적인 역할을 하는 데서부터, (인종화된 특권을 간과한 채) 체포를 방해 전략으로 삼는 것, 전체주의를 강요한다는 혐의, 환경운동에 관한 신식민주의적 서사, 그리고 인간의 멸종에 심취하는 것 등, 쟁점은 다양했다(도허티 Doherty, 드무어 de Moor, 하예스 Hayes, 2018; 하예스와 도허티, 2019; 슬레이븐 Slaven과 헤이든 Heydon, 2020). 2019년에는 상당히 현대적인 환경론이 지닌 인간중심주의와 연관된 문제들에 대한 대응으로 애니멀 리벨리언 Animal Rebellion을 실시했으나—특히나 익스팅션 리벨리언 안에서는 동물 농업이 기후 변화에 끼치는 영향에 관한 논의가 여전히 부재한다는 데 대해서— (익스팅션 리벨리언과) 자매 관계에 있는 이 운동은 광범위한 익스팅션 리벨리언 운동을 향한 비판을 비롯해 동물권 활동주의 전반을 향한 비판에서 배울 점을 찾고자 했다.

애니멀 리벨리언의 핵심 전략은 스미스필드 Smithfield를 점령하는 것이었다: 스미스필드는 영국에서 가장 규모가 크고 잘 알려진 육류 시장

---

24 역주: 익스팅션 리벨리언은 탈중심적이고, 국제적이며, 초당파적인 사회운동이다. 비폭력적인 직접행동과 시민불복종을 활용해, 정부가 기후 위기와 생태 문제에 적절히 대처하도록 촉구한다.

이다. 그렇지만 활동가들은 시장을 단순히 봉쇄하지 않고, 상점 주인들과 미리 의논해서 업무에 지장을 주지 않겠다는 점을 확실히 했으며, 그 결과 보수적인 영국 언론에서도 "스미스필드 시장을 점령하는 비건 활동가들을 환영하는 상인들"과 같은 긍정적인 헤드라인과 함께 보도가 되었다(볼 Ball, 2019). 처음에는 점령하는 것에 대해 일부 적대적인 반응도 있었으나, 시위가 진행되면서 결국은 농민들과 상당한 수준의 연대를 쌓을 수 있었다: 농민 가운데는 시위자들의 목표에 동의하는 목소리를 내는 이들도 있었으며, 또 그 가운데 한 명은 식물 기반 음식을 팔기 시작했는데, 이 시장에서는 처음 있는 일이었다(로크우드, 2019b).

로크우드는 언론 담당 대변인으로 일하며 활동가들이 지적하는 문제는 구조적인 것이며, 여기에는 제도적 변화가 필요하다고 분명하게 설명했고, 예를 들어 "육류 산업이 어려움에 처해 있는데도, 농민들이 식물 기반 식품 시스템으로 옮겨가도록 돕는 지원금은 여전히 부재한 실정이다", "우리는 평범한 사람들이 일하는 걸 방해하려고 스미스필드에 온 것이 아니다", "우리는 정부에 메시지를 전하러 온 것이다: 기후 위기의 중심에 있는 육류 산업이 식물 기반 식품 시스템으로 이행할 수 있도록 보조해야 한다. 기후 재앙에 적절하게 대처하면서도, 노동자들이 가족을 계속 먹여 살릴 수 있도록 보장해주는 합당한 절차를 거쳐야 한다"와 같은 성명을 내었다(프란시스 Francis, 2019).

장소를 봉쇄한 뒤에 활동가들이 체포당하도록 부추겨서 관심을 끄는 게 아니라, 시장을 점령하는 동시에 얽매인 억압을 부각하는 미디어 서사를 구축한다는 결정은 과연 어떤 사람이 익스팅션 리벨리언에 참여할 수 있는가를 둘러싼 계급적·인종적 불평등을 일부 개선했다는 의미이기도 했다. 다시 얘기하지만, 이 운동을 무비판적으로 바라봐야 한다는 의미는 아니다; 광범위한 익스팅션 리벨리언 운동은 여전히 열띤 논쟁의 초점이 되고 있으며, 애니멀 리벨리언이 활용한 전략을 두고도 많은 논쟁이 벌어지고 있다. 심지어는 비건 공동체 안에서도 말이다(로크우드, 2019c). 그와 동시에, 환경 문제와 동물 윤리 문제를 함께 다루는 활동주의에서 얻을 수 있는 통찰에 관해 성찰해야 한다. 특히 차이를 넘어 연대를 만들어내고자 시도했으며, 비판을 고려해가며 자신들의 실천을 성찰적으로 바꾸었던 운동에 관해서 말이다.

세이브 무브먼트와 애니멀 리벨리언 모두가 보여주듯이, 이런 형태의 활동주의가 잠재력을 지니고 있기는 하나, 때로는 동물의 주체성을 천명하고 기반 시설에 일시적인 혼란을 불러일으키는 것이 지속적인 변화를 불러일으키기에는 역부족일 수도 있다. 그보다는, 새로운 정치적 연대를 만들어내고 인간과 동물의 권리가 상충한다는 생각에 이의를 제기하는 대안적인 미디어 틀을 만들어내는 일이 필수적이다. 이런 주장은 활동주의적인 열망의 중심에 있었으나(이를테면 널리 알려져 있는 동물 활동주의 슬로건인 "하나의 투쟁, 하나의 싸움, 인간의 자유, 동물의 권리"처럼), 이런 관계를 유의미한 방식으로 조율하는 계획을 만들어내는 것이 실제로는 어렵다는 것이 드러났다. 이 챕터의 나머지 대목에서는 구조적 불평등을 뒷받침하는 시스템의 대대적인 전환을 요구하고 또 희망하는 다종적인 미래를 예시하는 대안적인 기반을 만듦으로써 이런 과업을 향해 나아간 활동주의를 살펴볼 것이다.

대안을 실행하다

동물권, 노동, 환경 정치를 한데 묶고자 했던 특히나 유용한 캠페인은 바로 국제 맥도날드 반대 행동 캠페인International Campaign of Action Against McDonald's 이었다. 이는 1990년대에 정점에 이르렀으나, 비교적 최근 활동주의에서도 여전히 중요한 선구자적 역할로 남아 있다. 이 캠페인은 1990년 맥도날드가 영국의 탄압적인 명예훼손 법률을 이용하고 나서 등장했다. 당시 맥도날드는 회사를 비판하는 5페이지짜리 "팩트 시트"를 펴내어 1980년대 런던의 맥도날드 지점 바깥에서 이를 배포했던 소규모 활동가들에게 명예훼손 영장을 발부했다(비달Vidal, 1997).

당시 영국의 명예훼손 법률은 피고에게만 책임을 물었다. 명예훼손으로 고소를 당한 활동가들은 첫 번째로 법적인 조력을 요청했으나 거부당했으며, 두 번째로 자신들의 주장이 옳다는 것을 입증해야 했다. 고소를 한 측에서는 이런 정보가 부정확하다는 증거를 제시할 의무가 없었던 반면에 말이다(니콜슨Nicholson, 2000). 맥도날드라는 조직의 복잡성과 맥도날드가 법적 절차에 쓸 수 있는 자원을 고려했을 때, 이 사건 이전에는 맥도날드에 대한 비판을 제시했던 수많은 영국의 언론 단체들이 고소를 당할 것을 두려워해 공식 사과문을 발표할 수밖에 없었다. 맥도날드는 활동가들에게도 비슷한 전략을 취하며, 처음에는 공식 사과를 하지 않으면 고소를 할 것이라고 활동가들에게 요구했다(그 뒤 사실은 비밀경찰, 즉 "스파이 경찰"이었다는 것이 밝혀진 활동가 한 명이 포함되어 있었다, 스테픈스 그리핀, 2020을 참고할 것).

그렇지만 활동가 두 명은 사과를 거부했으며, 이는 영국의 법률 역사상 가장 긴 소송이라는 결과로 이어졌다(암스트롱의 영화 <맥리벨>, 2015로 영화화되었다). 이와 같은 소송 기간 때문에, 또 활동가와 기업이 벌이는 "다윗과 골리앗"의 싸움으로 묘사가 되면서(다우니 Downey 와 펜튼 Fenton, 2003: 196) 주류 언론의 어마어마한 관심을 끌었으며, 이 사건은 맥도날드 입장에서는 대중 관계 차원에서 크나큰 재앙이라 평가가 되었다. 활동가들이 비판을 쏟아놓는 유명한 무대를 만들어냈기 때문이다(힐슨 Hilson, 2016).

결국 이 캠페인은 초국가적인 기획이 되어—맥도날드가 본인들의 사이트를 출범하기 전인—, 1997년에 세워진 맥스포트라이트 McSpotlight 사이트로 향했으며, (검열을 피하고자) 다양한 국가에서 미러 사이트와 온라인 게시판, 그리고 다양한 국가적 맥락에서 맥도날드가 야기한 문제에 관한 개요를 제작했다(피커릴 Pickerill, 2003을 참고할 것). 맥스포트라이트는 이런 정보를 제공하는 중추 역할을 했지만, 맥도날드 반대 팸플릿을 다양한 언어로 번역하고 또 저마다의 맥도날드를 "골라" 시위하는 방법을 안내함으로써 탈중심화된 시위를 지원하기도 했다(지로, 2019: 21-45).

맥리벨 사건 자체만으로도 주목할 만하지만, 비건 연구의 관점에서도 이 재판과 재판 참가자 지지 캠페인은 중요한 의미를 지닌다. 비건 정치가 다른 사회적·정치적 사안과 어떻게 연결될 수 있는가를 보여준 유명한 사례이기 때문이다. 원래 맥도날드 반대 캠페인에서는 동물 복지라는 쟁점이 쓰레기나 삼림 파괴와 같은 환경 문제를 비롯해, 토착민 공동체를 강제로 농경지에서 몰아낸다거나, 해피밀에 들어가는 장난감 제조를 아웃소싱한다거나, 맥도날드 지점에서 일어나는 문제적인 고용 행태와 같은 인권 문제와 연결이 되었다(비달, 1997). 활동가들이 전반적으로 재판에서 이기지는 못했지만, 맥도날드를 상당히 난처하게 만들었다. 법정 비용으로 천만 파운드를 쓰고 나서 마침내 지급 판정을 받았던 사만 파운드를 결국에는 받지 못했기 때문이다.

더군다나 동물 복지와 같이 재판에서 핵심적이었던 지점에서는 활동가들의 주장이 정확한 것으로 판결이 났다. 맥리벨 사건의 법적 함의에 대한 분석들에서 제시하듯이, 기존의 복지 법률이 지니고 있던 다양한 문제들이 부각되었으며, 사실상 업계에서 자체적인 표준을 설정하고 있었다는 점이 드러났다. 현행법 시스템에서는 "일반적인 현대적 농경이나 도살 관행에 따라 이뤄지는 행동은 법적으로 용인되었기 때문이다. 설령 잔인한 관행이라도 말이다."(울프슨Wolfson, 1999: 20).

그렇지만 재판부는 경제적 동인 때문에 업계가 스스로 규제하지 못하게 된다는 것을 지적하면서, 규범에 부합하는 관행이라는 이유만으로 윤리적으로 받아들일 수 있다는 의미는 아니라는 판결을 내렸다. 중요한 것은, 최종 판결에서 농업의 표준을 확립하는 것이 기업의 책임이라는 것을 강조했다는 사실이다. 재판부는 세계에서 가장 큰 소고기 구매 업체인 맥도날드는 제품을 위해 도살되는 동물들이 처한 환경에 대해 적극적으로 책임을 져야 한다는 판결을 내렸다.

따라서 와츠의 촬영본을 둘러싸고 벌어졌던 논쟁과 비슷하게, 이 재판은 동물의 처우를 규제하는 규범을 확립하는 데서 기업이 수행하는 고유한 역할을 강조했다. 시스템의 변화를 촉구할 수 있도록 말이다. 그렇지만 맥리벨에서 눈에 띄는 점은, 특정한 인구 집단 또한 행동 개입의 표적이 되었다는 사실에도 관심을 불러일으켰다는 점이다. 예를 들면,

이 재판에서 중요했던 쟁점은 맥도날드가 노동자들에게 "저임금"을 지불했다는 것만이 아니라 "외식 산업 전체의 임금을 떨어뜨렸다"는 것을 보여주는 것이었다(비달, 1997: 312).

맥도날드가 이를 실현시킨 핵심적인 방식은 공장 조립 라인의 포드주의 원칙을―자동차를 가능한 한 저렴하고 간단하게 생산할 수 있도록 각 노동자가 고유한 업무를 할당받는 방식이다 (이 시스템은 도살장 구조에서 유래했다, 슈킨 Shukin, 2009를 참고할 것) ― 식당으로 옮겨가는 것이었다. 이런 관행은 쉽게 관리할 수 있는 인력을 만들어내는 것이 목적이었으며, 식당 운영을 매끄럽게 만드는 동시에 전문적인 기술이 필요하지 않도록 만들어 종업원에게 쓰이는 비용을 최소한으로 유지하려는 의도였다.

재판 과정에서 드러난 것처럼, 식품업계에서 일반적인 농업 관행이 규범적이라고 주장하며 합리화했던 것과 같이―이런 규범을 세운 데 대한 책임은 지지 않으며, 이런 규범이 윤리적인가에 관한 문제는 피한 채 ― 노동자들의 권리에 관해 논의할 때도 비슷한 논리를 내세웠다. 예를 들어, 맥도날드는 음식 제조에 필요한 기술의 수준을 최소화하도록 의도적으로 주방을 설계했다는 점은 인정하지 않은 채, 비숙련 노동이라는 점을 근거로 들어 종업원의 임금을 합리화했다(지로, 2019: 34). 더군다나 노동은 재판에서 다뤄진 쟁점들 가운데 그저 하나에 불과했다. 이 재판은 맥도날드로 상징되는 전 지구적 자본주의가 만들어낸 사회적·생태적 결과에 대한 광범위한 비판 속에 동물 윤리를 위치 짓고자 했다.

다양한 쟁점을 연결시켜 기업의 권력을 비판하고자 했던 이 시도는, 맥리벨이 단순히 사건 자체만으로 중요한 게 아니라, 반자본주의 활동주의의 중요한 선구자 역할을 한다는 뜻이다. 이 반자본주의 활동주의는 1990년대와 2000년대에 세력을 모았으며, 비거니즘은 그 안에서 계속해서 역할을 수행했다: 비거니즘은 그저 홍보의 대상에 그치지 않고, 실천으로 옮겨졌다. 반자본주의라는 말은 복합적인 라벨이며(채터튼 Chatterton, 2010: 1205-6), 아나키즘부터 시작해서 사회주의에 중점을 둔 공식적인 좌파 정당에 이르기까지, 온갖 것을 가리키며 다양한 방식으로 쓰이는 경우가 많다.

　　나의 앞선 연구에서와 마찬가지로, 여기서는 자본주의에 대한 대안으로 풀뿌리 공간과 라이프스타일 실천을 만들어내고자 하는 위계적이지 않으며 지도자가 없는 활동가 집단을 가리키는 의미로 반자본주의라는 용어를 사용하고 있다(지로, 2018: 130; 피커링과 채터튼, 2006도 함께 참고할 것). 이런 운동이 지닌 한 가지 특징은 바로 집합적인 수준에서 예시적인 정치에 참여하는 경우가 많다는 것이다. 이들이 바라는 반자본주의적 삶의 방식을 예시하는 실천과 기반을 발전시키면서 말이다(브라운과 피커링, 2009; 메켈버그 Maeckelbergh, 2011).

　　예시적 정치 내부의 긴장을 어떻게 조율하는가에 관한 유용한 사례는 시위 캠프와 같은 장소에서 찾아볼 수 있다(파이겐바움 Feigenbaum, 프렌젤 Frenzel, 맥커디 McCurdy, 2014; 브라운 외, 2017). 이와 같은 사례로는 스코틀랜드의 글레니글스 Gleneagles 리조트에서 열렸던 2005년도 G8 정상회담에 대항하여 시위 캠프인 호라이존 Horizone 을 설치했던 것을 들 수 있다. "G8"이란 "8국가로 이뤄진 모임"을 가리키며(캐나다, 프랑스, 독일, 이탈리아, 일본, 러시아, 영국, 미국), 이들은 국제 무역 협정을 의논하고자 모였다. (시애틀에서 열린 세계무역기구 회의를 상대로 시애틀

전투Seattle Battle라는 대규모 시위가 열렸던) 1999년부터 G8 정상회담이며 이와 유사한 정상회담들은 시위의 표적이 되었다(주리스Juris, 2007). 그 결과, 이런 단체들은 시위대가 접근하기 어려운 아주 외딴 장소로 옮겨갔다; 호라이존과 같은 시위 캠프는 이런 문제를 해결했다(하비Harvie 외, 2005).

호라이존은 임시로 만든 친환경 마을로써, 활동가들이 모이는 장소 역할을 했을 뿐만 아니라 활동가들이 대안적 형태의 사회 조직을 실험하는 장소가 되기도 했다. 아주 실질적인 차원에서는, 캠프에 참석하는 사람들을 지원하려면 여러 기반 시설을 만들어야 했다: 미디어(파이겐바움, 프렌젤, 맥커디, 2013: 69-112)에서 하수도 시스템에 이르기까지 말이다(스타호크Starhawk, 2005). 이런 기반 시설은 단지 목적을 수행하도록 설계하는 데서 그치지 않고, 위계질서가 없는 점이라든가 지속가능성과 같은 반자본주의적 원칙이 일상생활에 어떻게 스며들 수 있는가를 보여주도록 설계되었다.

음식을 마련하는 데에도 유사한 원칙이 적용됐다: 예를 들어, 활동가들은 지역적 맥락과 연결점을 만들어내고자 활동가들이 얼마나 애를 썼는가를 설명한다(아나키스트 티팟Anarchist Teapot, 연도미상; 모건머펠Morganmuffel, 2005). 모든 음식을 비건으로 만들자는 결정이 내려지기는 했으나, 이 건 자체가 "도덕적 위안"을 준다고 여겨지는 않았다(비거니즘에 대한 일부 이론적 비판과 같은 측면에서 말이다, 챕터 3을 참고할 것). 그보다는, 위계질서가 없으며 친환경적인 다른 원칙들을 체화한 비건 실천방식을 실행하고자 노력했다(지로, 2019: 86-9). 일반적인 공급방식을 사용하는 대신, 영국에서 활동하는 식품 공급자들이 유기농 채소라든가 빵이나 밀가루와 같은 기본적인 식료품을 제공해줄 만한 지역 농부들이며 식품 직판점과 관계를 쌓으려고 노력했다.

조직적인 위계를 조율하는 것이 더 어려웠을지도 모른다. 특정 운동 단체는 장비를 보유하고 있다거나 식품을 공급했던 경험이 상당하며 영국의 식품 공급 법률에 익숙했던 반면(이를테면 잘 알려진 비건 캠페인 식품 공급업체인 베지스 Veggies 와 아나키스트 티팟처럼), 다른 단체는 —대체로 다른 나라에서 온 단체들이었다— 이와 같은 자원이 없었다.25 그렇지만 기술과 장비를 공유하는 전략을 활용해, 또 다른 단체들이 필요한 자원을 활용할 수 있도록 노력함으로써, 영국에서 활동하는 식품 공급업체들은 최대한 탈중심적으로 식품을 공급하고자 했다. 나아가, 호라이존의 기반 시설을 만들어내는 일에 관한 다른 설명에서 드러나듯이, 식품 공급업체들은 지속 가능한 방식으로 쓰레기를 버리고자 다른 활동가들과 함께 노력했다(스타호크, 2005). 따라서 전반적으로 보았을 때, 과정이 결코 쉽지는 않았지만 동물 윤리를 비롯해 다양한 환경·노동 문제와 식사를 연결하는 방식으로 식품을 공급하고자 모두가 협동해서 노력했다.

비건 정치와 다른 사회적 사안들 사이의 연결점을 만들어야 한다는 생각은 다른 오래된 사회운동이 구체화했던 것이다. 이를테면 1980년대부터 푸드 낫 밤스 Food Not Bombs (미국에서 탄생했으나, 그 뒤 전 세계에 지부를 세운 단체)는 버려질 예정이었던 음식을 모아 비건 식사와 채

25　베지스 케이터링 캠페인(Veggies Catering Campaign)의 작업은 웹사이트에 설명되어 있으며, http://veggies.org.uk/를 확인하라. 아나키스트 티팟은 레시피를 알려주는 동시에 자신들의 작업을 기록한 『군중을 먹이다(Feeding the Masses)』(연도 미상)와 같은 텍스트를 발표했다.

식 식사를 다 함께 준비해서 도시 중심부에서 나눠주었다(헤이넌, 2010; 스비카 Sbicca, 2013). 공공장소에서 홈리스를 배제하고자 만들어낸 배회 금지 법률과 같은 정책에 계획적으로 대응하고(미첼 Mitchell 과 헤이넌, 2009) 또 "지금의 공공장소가 방해받지 않는 소비와 유통을 촉진하는 방식에 대항"(스파타로 Spataro, 2016: 193)하고자 음식 나눔도 자주 벌였다. 푸드 낫 밤스의 시위에서는 비건 윤리와 채식 윤리를 기준으로 삼으면서, 그와 동시에 배고픈 사람들에게 음식을 주고자 노력하면서 음식물 쓰레기, 불평등, 공공장소의 민영화 문제에 관심을 불러일으켰다(윈터 Winter, 2015).

음식 나눔에 관한 앞선 연구에서 논의했듯이(지로, 2013a, 2015, 2018, 2019: 89-97), 음식 분배가 지닌 아주 공적인 속성은 (푸드 낫 밤스와 다른 비건 캠페인 모두의 맥락에서) 대중 구성원들이 활동가들의 가치에 관해 논의하고, 토론을 벌이고, 때로는 반기를 드는 공간을 만들어낸다. 예를 들어, 비건 음식 나눔은 2010년대 후반 영국 맥도날드 반대 시위에서도 활용하여, 맥도날드에 대한 수행적인 저항을 보여주고자 비건 버거를 요리해서 맥도날드 체인점 바깥에서 공짜로 나눠주기도 했다(지로, 2015, 2018을 참고할 것). 맥리벨 재판 이후 생겨난 맥도날드 시위와 비교했을 때(주로 사람들이 바닥에 버리는 팸플릿을 나눠주는 데에 집중하는 편이었다), 음식 나눔은 토론을 벌이고, 대화를 나누고, 심지어는 논쟁을 벌이는 공간을 만들어냈다.

그렇지만 위계적이지 않은 방식으로 비건 정치를 실행하는 방법을 찾는 것은 단순하지 않았으며, 이런 운동에 관한 연구들은 이런 이상을 실현하지 못하도록 막는 (주로 사회적이고 경제적인) 다양한 장애물을 보여준다. 예를 들어, 푸드 낫 밤스에 관한 연구는 특정한 정치적 맥락 속에서 음식 나눔이 어떻게 활동가와 음식이 필요한 배고픈 사람들 사이의 장벽을 강화할 수 있는가를 전면에 드러낸다(예를 들어, 스비카, 2013).

나아가, 음식 나눔이 범죄로 규정되어 있는 미국의 도시들에서는 체포된다 하더라도 사회적 지위가 비교적 취약하지 않은 사람들은 법적 절차에 기꺼이 맞섰으나, 다른 사람들은 손을 뗄 수밖에 없었다. 또, 활동가들은 배고픈 사람들을 구경거리로 끌어들일 수 있다는 위험도 조정해야 했다: 음식이 필요한 사람들에게 질문을 던지는 정치적인 상황을 만들고자 음식을 나누는 상황에서는 말이다. 미국의 맥도날드 반대 시위에서 벌어진 음식 나눔이라는 맥락에서도 유사한 우려가 등장했다. 이 시위에서는 활동가들과 대중 사이의 위계를 조절하고자 다양한 계획을 고안했으나(이를테면 사람들을 초대해서 요리 기술을 공유한다든가 나눌 음식을 만드는 일손을 돕는 등, 활동에 참여하게 만드는 것), 얼마나 성공을 거두었는가는 제각각이었다(지로, 2015와 2019: 89-95를 참고할 것).

이와 같은 긴장을 품고 있기는 하나, 시위 캠프와 음식 나눔 모두 비건 윤리가 대안적인 세계를 예시하는 데서 할 수 있는 역할을 보여줌으로써, 단일 쟁점을 지닌 대의명분이라거나 엄격한 도덕적 명령으로서의 비거니즘이라는 서사를 복합적으로 만드는 데 보탬이 된다(질스, 2018를 참고). 첫 번째로, 이런 기획들은 비건 정치와 다른 사회적 사안들이 맺는 관계를 강조하려고만 한 것이 아니라, 실현하고자 노력했다. 음식 나눔과 시위 캠프 모두 기존의 소비 행태를 교란하며, 새로운 규범을 지지하는 대안적인 기반을 예시한다.

두 번째로, 이런 형식의 활동주의가 끊임없이 실험을 벌이며 새로운 소비 규범을 엄격한 것이 아니라 맥락에 따라 반응하도록 만들려 한다는 점도 중요하다. 음식 나눔과 시위 캠프에서는 비거니즘 자체만으로 충분하다고 여기는 것이 아니라, 새로운 조직 방식도 계속해서 실험함으로써 지역의 환경과 정치적 조건에 맞춰 음식을 얻고, 생산하고, 분배한다. 세 번째로, 이런 사례들에서 비건 정치를 실현하는 방식은 활동주의적인 규범과 가정에 이의를 제기할 수 있는 공간을 만들어낸다. 이를 공적으로, 대단히 가시성이 높은 방식으로 실행함으로써 말이다.

물론 비건 정치를 다른 사회 정의 사안들과 연결한다는 이상이 실제로 늘 실현되는 것은 아니다. 활동주의 역사는 얽매인 억압을 인식하고 여기에 대응하는 투쟁에 관한 풍부한 통찰을 주기는 하나, 이런 맥락에서조차도 위계적이지 않은 비건 정치를 활용한 실험이 늘 성공을 거두지는 않았다. 하지만 활동주의 안에 비공식적인 위계질서가 지속되고 있다는 오래된 논쟁이 보여주듯이, 다양한 활동가 단체 사이에도 비슷한 긴장이 이어진다(프리먼, 1984; 눈스 Nunes, 2005).

그러므로 비건 활동주의 안에서 위계의 문제를 고찰하는 것은 중요하나, 이것이 유독 문제적이라고 선별적으로 지적하는 것은 오해의 소지가 있다. 이와 같은 문제는 "위계적이지 않은" 활동가 단체가 맞서야 하는 광범위한 사안의 일부로 삼아야 하기 때문이다. 나아가, 활동주의 공동체 내부에서 오가는 비거니즘에 관한 논평이나 비판이 비건 정치의 긴장을 지적할 수도 있지만, 그와 동시에 비거니즘이 일반화를 유발하는 규범으로 작동하지 않는다는 걸 보여주기도 한다. 비거니즘이 일상적으로 실천되는 활동주의적 맥락에서조차 말이다. 오히려 비건 정치는 일상적으로 재평가되고, 도전을 받으며, 다시 조율된다.

결론

이 챕터에서 중점적으로 다뤘던 전략들은 잘 알려진 형태의 비건 활동주의가 어떻게 식습관이나 정체성의 표지 그 이상이 되고자 노력했는가를, 즉 지금의 인간-동물 관계를 규범화하고 이를 (와디웰의 표현을 따오자면) "평화로운" 것이라 만드는 시스템에 도전함으로써, 소비 관행에 개입하는 것 그 이상이 되고자 분투했는가를 보여준다. 결론을 맺으면서, 활동주의적 실천을 살펴볼 때 드러나는 두 가지 중요한 사안을 다시 언급하고자 한다.

첫 번째로; 비거니즘이 사회적으로 널리 알려지는 시점에는 구체적인 사회운동의 역사에서 무엇을 배울 수 있는지 진지하게 질문을 던지는 것이 중요하다. 특정한 전략이 만들어낸 위험과 문제, 그리고 잠재력은 무엇인지를 말이다. 앞선 챕터의 끝부분에서 제시한 우려를 이어서 이야기하자면, 지금 시점에서는 비거니즘의 인기가 높아지면서 앞서 이야기했던 (일부) 활동주의 사례들의 특징이라 할 수 있는 성찰적이고 실험적인 양식의 정치가 약화되는가에 관해 심화된 질문을 해야 한다. 구체적으로는, 비건들이 스스로를 연루될 수 있는 시장과 동일시하게 되면서 비건 정치가 작동하는 풍경을 뒤바꾸었다. 이를테면, 패스트푸드 식당 안에서 비건 음식도 제공하고 있다면, 식당 바깥에서 비건 음식을 나눠주는 것이 여전히 헤게모니에 대항하는 행동이 될 수 있을까? 또는, 식물 기반 식사 그 자체를 목적으로 여긴다면, 이는 다른 사안들과 연결점을 만들어낼 가능성을 약화시키고 비거니즘에 관한 폭넓은 이해를 배제하는 것일까?

중요한 사안 두 번째는, 운동의 역사에서 교훈을 얻는 것은 비건 활동주의에도 중요하지만, 비건학에도 중요하다는 것이다. 앞선 연구에서 나는 활동주의 역사에서―그리고 구체적인 전략과 관련된 긴장과 난관에서― 무언가를 배우는 것은 정치적으로만이 아니라 개념적으로도 유용하다고 주장했다. 예를 들어, 여기서 설명했던 전략 가운데는 동물의 고통을 드러내려는 가시성 정치가 있었으며, 동물을 자원으로 취급하는 것을 고착화하는 구조에 관한 논쟁이 있었고, 인간 억압과 동물 억압의 연결점을 강조하면서 또 어떤 경우에는 대안적이고 덜 억압적인 기반을 만들어내는 풀뿌리 활동주의가 있었다. 이런 접근을 실행할 때 맞닥뜨리는 난관과 투쟁에 관한 이해를 발전시키는 것은 그저 실질적인 차원에서만 중요한 것이 아니다. 이 챕터의 제목이 보여주듯이, 여기서 논의한 일부 전략과 관련된 긴장을 더욱 잘 파악하는 것은 학술적 연구를 복합적으로 만드는 가치도 지닌다. 세상을 사는 덜 인간중심적인 방식을 만들어내는 과정에서 가시성의 힘, 연결점 만들기, 그리고 분류를 교란하는 행동에 관해 유사한 주장을 활동가들에게 설파했던 학술적 연구를 말이다.

Chapter 5

동물의 주체성과 의인화

앞선 챕터에서 넌지시 언급했듯이, 역사적으로 보았을 때 가장 주목할 만한 비건 활동주의의 면모는 음식이라든가 식습관 정치 그 자체라기보다는, 동물을 특정 인간 집단의 이익을 위해 사용할 수 있는 "더 낮은 존재"라 설명하는 분류와 실천을 문제 삼는 비거니즘의 원대한 시도였다. 이 챕터에서는 윤리적 공동체를 인간을 넘어서까지 확장하려는 시도를 둘러싸고 벌어질 수 있는 긴장을 심도 있게 탐구하며, 동물을 "가축"이나 "애완동물"과 같은 범주로 분류하는 것을 뒤흔들고자 하는 캠페인을 살펴본다.

이 챕터의 대부분에서는 세 가지 사례연구를 비교한다: 인간의 고통과 동물의 고통을 비교한 비건 포스터 캠페인, 공장식 농장에서 길러지는 동물들과 더 체화되고 공감 어린 동일시를 할 수 있도록 권하는 가상현실 영상, 그리고 대안적인—덜 착취적인— 다종적 공동체를 육성하는 것을 목표로 삼는 보호구역 사례다. 각 사례는 동물을 대상이 아니라

고유한 욕구, 욕망, 행위성을 지닌 주체라는 틀로 바라봄으로써 생겨나는 난관과 잠재력을 보여준다. 그렇지만 이런 사례들을 살펴보기에 앞서, 이 세 가지 사례 모두를 광범위한 비판과의 관계 속에서 맥락화하는 것이 도움이 될 것이다. 역사적으로 인간은 "예외적"이라 취급하며 응당 다른 존재들보다 특권을 누려야 한다고 바라보았던 문화적·철학적 틀에 가해졌던 비판 말이다.

인간 예외주의를 다시 생각해보다

비건 캠페인과 (폭넓게는 동물 연구와 환경인문학을 비롯해) 비건학과 같은 분야의 학계 모두 세계를 이해하는 덜 인간중심적인 방식을 만들어내고자, 인간과 다른 동물을 구분하는 것을 뒤흔들고자 해왔다. 인간 예외주의를 교란하려는 일상적인 사례 한 가지를 꼽아보자면: "비인간동물"이라는 용어는 정치적 의도를 지니고 있다. 활동가와 비판적 하자들은 이 라벨을 자주 사용하며, 인간**이란** 동물이며 "자연"의 일부라는 사실을 일깨우고자 한다. 그러므로 "비인간동물"이라는 용어는 호모 사피엔스를 예외적으로 취급하며, 호모 사피엔스가 소위 자연 세계를 지배한다고 설명하는 논리에 도전한다.

"비인간동물"과 같은 표현을 쓰는 것은 인간이 특권을 지녀야 한다는 관념을 뒤흔듦으로써 인간을 넘어서까지 윤리적 공동체를 확장하고자 한 활동주의와 학계의 수많은 시도 가운데 그저 한 가지일 뿐이다. 앞선 챕터에서 설명했듯이, 비건 관점에서 폭력적이라 여겨지는 인간과 비인간동물의 관계를 가시화하는 전략은 의도했던 것처럼 변화를 일으키는 효과를 내지 못할지도 모른다. 동물을 다른 사회적 규범을 적용받는 더 낮은 존재로 여기는 관념이 이런 전략을 약화시킬 경우에는 말이다.

예외론적 논리는 암암리에 작용하는 경우가 많아서, 특정한 방식으로 동물을 이용하는 것은 자연스러우며 의심할 여지가 없는 것이라 여겨진다(챕터 4에서 등장했던 동물 농업을 둘러싼 규범에 관한 논의와 마찬가지로 말이다). 또 어떤 경우에는 인간의 예외적인 지위를 대대적으로 구실로 삼아 특정한 방식으로 동물을 이용하는 것을 옹호했다. 이를테면—인간을 가장 꼭대기에 두는—, 존재의 대사슬^{great chain of being}이라는 관념은 인간의 이익을 위해 동물을 이용하는 것을 자연스럽게 여기도록 만드는 데에 으레 활용되었다(이 논리의 철학적 계보에 관한 비판적 분석은, 타일러, 2003, 2006, 2012; 울프, 2003, 2010; 칼라르코 ^{Calarco}, 2008; 칸드커 ^{Khandker}, 2014, 2020; 잭슨, 2016, 2020을 참고할 것). 그렇지만 캠페인이라는 맥락에서는 인간 예외주의를 **어떻게** 뒤흔들 것인가라는 질문이 열띤 논쟁을 불러일으켰으며, 인간을 넘어서까지 윤리적 의무를 확장하려는 문제를 유독 복잡하게 만드는 것은 바로 두 가지 문제다.

첫 번째 문제는 인간 예외주의라는 개념 자체와 결부되어 있다. 이 개념과, 보다 광범위한 종차별주의라는 관념은 때로 동물 해방과 특정 인간 집단의 주변화에 대항하는 사회정의 활동주의 사이에, 즉 이를테면 인종차별 반대 운동이나 페미니즘 운동 사이에 마찰을 일으켰다. 아프 코(2019: 19-38)가 설명하듯이, 다양한 형태의 활동주의 사이에 긴장감이 생겨나는 이유는 어떤 점에서는 (이것이야말로 확실한 비거니즘이라며 그릇된 방식으로 동일시되기도 하는) PETA와 같은 단체에서 강력한 캠페인을 벌이기 때문이다. 이런 캠페인에서는 이를테면 공장식 농업과 노예 제도를 섬세하지 못한 방법으로 비교하기도 한다(하퍼, 2010b; 킴, 2011도 함께 참고할 것). 나아가, 코와 다른 사상가들은 인간 예외주의라는 관념이 지닌 근본적인 문제를 설명하거나, 적어도 활동주의 맥락 안에서 이 개념이 어떻게 일반적으로 쓰였는가를 기술한다.

인간이 "예외적"이라 간주함으로써 생겨나는 문제는, 그리고 이런 예외론을 바탕으로 삼아 다른 종을 억압하면서 생겨나는 문제는, 역사적으로 봤을 때 존재의 대사슬에서 낮은 단계에 놓인 것이 비단 동물만이 아니었다는 것이다(잭슨, 2016). 인종화 과정과 동물화 animalization 과정의 관계(킴, 2015), 또는 자연을 평가절하하는 것과 가부장적인 사회관계 사이의 연결은(애덤스, 2000; 라이트, 2015) 곧 특정한 사람들 역시도 역사적으로—그리고 지금도 계속해서— 특정한 정치적·사회적 권리에 접근하지 못하도록 배제되었다는 것을 가리킨다(챕터 2와 6도 함께 참고할 것).

따라서 실 코 Syl Ko (2017)는 인간의 억압과 동물의 억압이 맺는 복잡한 관계를 인식하면서 인간 예외주의라는 개념을 신중하게 사용하지 않는다면, 인간의 생명이 언제나 일관적으로 동물보다 위에 놓인다고 잘못 추론할 수도 있다고 강조한다. 실제로 인종차별 반대 활동주의와 동물권 활동주의 사이에 긴장을 불러일으킨 중요한 지점 한 가지는 특정한 동물의 죽음과 관련된 대중적인 격분의 수준과 관련이 있다—이를테면 2015년 오락 목적으로 사냥을 당한 사자 세실 Cecil[26]은 격분을 불러일으켰다. 이 사건은 유색인종을 향한 일상적인 경찰 폭력이라거나 구조적인 차별보다 언론의 관심을 **더 많이** 받는다고 여겨졌다(코, 2019: 23).

세실과 같은 동물에게 주어진 관심은 인간 예외주의에 도전하고자 하는 활동주의와 연관된 두 번째 문제와 교차한다: 바로 인간의 생명과 동물의 생명을 지나치게 단순화하여 비교하는 캠페인이라는 문제다. 인

---

26 역주: 세실은 짐바브웨에 있는 황게(Hwange) 국립공원에 살던 숫사자다. 2015년 7월 2일, 미국인 치과의사인 월터 파머(Walter Palmer)는 미끼를 써서 당시 12살이던 세실을 국립공원 바깥으로 꾀어내어 화살을 써서 10시간도 넘게 고통을 주며 세실을 살해했다. 총 대신 활을 써서 사냥하는 것이 사냥꾼들 사이에서 높이 평가받는다는 이유 때문이었다.

간을 넘어서서 윤리적 가치를 확장하게 하는 핵심 전략 한 가지는 동물을 대상화할 수 있는 실체가 아니라 고유한 행위성을 지닌 주체로 이해하는 것이었다: 대체로 인간과 동물의 친연성을 강조하며 이런 전략을 달성했다(예를 들어, 카스트리카노, 2008; 웨일, 2012). 이런 점에서 본다면, 의인화라는 역할이─또는 인간의 특성을 동물에게 부여하는 것이─ 특히나 불안정한 자리를 차지했다(세르펠, 2003).

　(고통을 느끼는 능력 또는 기쁨을 경험하는 능력을 공유한다는 사실을 활용해서) 인간과의 친연성을 강조함으로써 동물의 주체성 문제를 다루려던 시도는 유독 "카리스마가 있는" 동물에 초점을 맞추는 의인화 이미지에 의존한다는 비판을 곧잘 받고는 했다(로리머, 2007, 2015). 이런 접근법은 윤리적 책임을 인간을 넘어서까지 확장하려고 시도한 것일 수는 있으나, 권리라는 개념을 동물에게 강제한다는 주장이 제기되었다. 주로 인간적인 (인본주의적인) 주체성 개념과 유사한 자질을 (쾌고감수능력이라든지, 고통을 느끼는 능력 등) 지닌 생명체에게 가치를 부여하면서 말이다. 이런 관점에서 본다면, 의인화 이미지를 쓰는 것은 자멸적이며 심지어는 "일부 특권적인 타자들", 다시 말해 인간이 쉽게 동일시할 수 있는 동물들에게 권리를 확장함으로써 종 사이의 위계질서를 강화한다(로리머, 2013: 12). 카리스마가 덜한 종이라든가 다른 형태의 비인간생명체는 간과하는 한편으로 말이다. 의인화는 세계를 바라보는 **인간중심적인** 방식을 강화하는 경우가 많으며, 비건 정치가 대항하고자 하는 바로 그 인간과 비인간동물 사이의 위계질서를 고착시킨다는 주장이 제기된다.

　그렇지만 파킨슨(2019)이 지적하듯, 현실에서 의인화의 정치는 일반적인 비판에서 상정하는 것보다 훨씬 더 어지럽다. 물론 특정한 맥락에서는 의인화가 종 사이의 위계질서를 강화할 수도 있으나, 또 다른 맥락에서는 이런 위계질서에 **도전하는** 정치적·윤리적 기회를 만들어낼 수 있다. 따라서 단순히 의인화를 나쁘게 바라보는 것에서 나아가, 특정한 상황에서 의인화가 성취할 수 있는 전복적인 역할을 고찰하는 것이 중요하다고 파킨슨은 주장한다.

이와 같은 맥락 가운데 하나가 바로 씨 월드(Sea World), 더 구체적으로 설명하자면 씨월드라는 테마파크에 관한 비판적인 미디어 텍스트다. 이를테면 조련사가 사망하면서 악명이 높아진 범고래 틸리쿰 Tilikum 을 둘러싼 논란을 기록한 영화 <검은 물고기 Black Fish >(카우퍼스웨이트 Cowperthwaite 감독, 2013)처럼 말이다. 씨월드 사례에서 눈길을 끄는 것은, 이것이 드러내는 의인화의 양면성이라고 파킨슨은 주장한다. 그렇다, 씨월드와 같은 테마파크는 고래를 의인화했으며, 이런 과정은 이윤을 창출하고 착취적인 사회경제적 관계를 고착시키는 데 필수적이다.

그렇지만 이와 동시에 의인화는 정치적 변화가 일어날 만한 조건을 조성했다: 다양한 대중이 고래에게 일정 수준의 감정적이고 윤리적인 투자를 하도록 만들었고, 이는 범고래를 가둬 두는 것에 대해 비판이 쏟아지도록 이끌었으며, 결국에는 입법적 틀을 전면적으로 점검하도록 촉구했다. 다시 말해, 씨월드가 고래의 지능과 카리스마를 강조한 것은 궁극적으로는 인간과 해양생물의 관계를 광범위하게 재고하도록 만들었다.

의인화가 지닌 생산적인 양면성을 파킨슨이 인식한 것은 이보다 오래된 활동주의의 역사와 관련이 있다. 활동주의의 역사 속에서 인간과 동물의 유사성을 강조하는 것은 인간의 이익을 위해 동물을 특정하게 이용하는 것에 대항하는 가치를 지닌 동시에, 학술적 연구와 정치적 실

천이 역사적으로 교차하는 장소가 되기도 했다. 예를 들어, 피터 싱어의
『동물 해방』(연암서가. 2012)은 인간이 동물에게 책임을 져야 하는 근거
인 동물의 고통이라는 문제에 초점을 맞췄으며, 쾌고감수능력은 순수하
게 인간적인 자질이라는 생각에 이의를 제기했다. 이와 같은 핵심 주장
이—동물이 고통을 느낄 수 있다는 사실이 중요하다는 주장은— 그 뒤로
상당한 반대에 부딪혔다는 점에 주목해야 한다. 동물해방론이라는 틀을
넘어서고자 하는 사람들과(예를 들어, 해러웨이, 2008) 규범적인 동물
윤리를 확장하고자 하는 사람들 (예를 들어, 테일러, 2017와 에코페미니
즘적인 연구; 심도 있는 설명은 챕터 2와 4를 참고할 것) 양쪽 모두에서
말이다.

그런 한편, 싱어는 동물권 활동주의 운동에 확실한 영향을 끼쳤다.
종이라는 경계를 넘어서서 공유하는 능력이 있다고 강조함으로써, 윤리
적 공동체를 인간을 넘어서까지 확장하려는 활동가들의 시도에 정당성
을 부여하는 틀을 제시하면서 말이다. 이런 운동들이 싱어와 분명하게
연관이 되었는지 여부는 차치하고라도, 그가 고통을 강조한 것은 유산으
로 남아 비건 캠페인에 널리 퍼졌다; 앞선 챕터에서 설명했듯이, 고통 받
고 괴로워하는 동물을 묘사하는 전략은 비건 활동주의에서 자주 쓰였다.
PETA나 비바 Viva와 같은 대규모 NGO의 포스터 캠페인에서부터, <지
구생명체 Earthlings>(몬슨 Monson 감독, 1995)나 <소에 관한 음모>(앤더슨
과 쿤 감독, 2014)와 같이 인식을 고취시키는 널리 알려진 영화들에 이
르기까지 말이다.

그렇지만 비인간동물과의 친연성을 만들어내고자 활동가들이 고통
이라는 전략만 사용한 것은 아니다. 비건 캠페인에서는—즐거움, 호기

심, 애정과 같이 일반적으로 인간에게 고유하다고 여겨지는 감정을 느끼는 동물의 모습을 묘사하는 것을 비롯해서— 다른 방식으로 동물의 주체성을 호소하는 것 역시 빈번하게 강조된다. 이후에 더 심도 깊게 논의하겠지만, 카리스마가 있는 동물을 활용해 호소하는 방법 역시도 자주 사용되어, 농장에서 사육했던 동물을 돌보는 보호구역을 위한 기금을 마련하는 데에 쓰였다. 마치 널리 알려진 영화 <평화로운 왕국Peaceable Kingdom>(2004, 2009, 스타인 Stein 감독)이라든가 풀뿌리 동물 구조 센터의 소셜 미디어 계정에서 하듯이 말이다.[27] 이런 전략을 의인화라며 비판적으로 해석하는 경우도 많지만, 여러 학자들은 이런 텍스트에 드러난 공감과 돌봄의 가치를 분명히 드러내고자 했다: 특히나 에코페미니즘의 맥락에서 말이다(프레이먼, 2012; 프로빈-랩시 Probyn-Rapsey , 오설리번, 와트, 2019).

비건 실천을 바탕으로 삼아 돌봄의 윤리를 발전시킨 가장 최근 사례는 로리 그루엔의 『뒤얽힌 공감Entangled Empathy 』(2015)에서 찾아볼 수 있을지도 모른다. 이 텍스트는 에코페미니즘에 뿌리를 내리고 있는 동시에, 인간이란—필요에 따라— 다른 종과 얽혀 있다는 포스트휴머니즘적 주장을 바탕으로 삼고 있다(챕터 2를 참고할 것). 그루엔은 이성에 바탕을 둔 전통적인 윤리 이론은 사람들이 행동을 바꾸도록 만들지 못하는 경우가 많다고 주장한다.[28] 이와 달리, 그녀는 "뒤얽힌 공감entangled

---

27 예를 들어, 내가 거주했던 지역의 유용한 사례 두 가지는 브린즐리 동물 구조대(Brinsley Animal Rescue)와 스코틀랜드 트라이브 동물 보호구역(Tribe Animal Sanctuary Scotland)이다. http://brinsleyanimalrescue.org/와 https://tribesanctuary.co.uk/를 참고할 것.

28 활동주의적 관점에서 이와 유사한 주장으로는 스톨우드(2014)를 참고할 것.

empathy"의 윤리를 제시한다. 그루엔은 침팬지 엠마^{Emma}와 자신의 관계가 변화를 불러일으켰던 것을 끌고 와서 이 이론을 설명하며, 현실에서 윤리적 변화가 어떻게 일어날 수 있는가를 설명한다.

그루엔이 보기에 엠마와의 만남이 불러일으킨 통찰은 바로 비인간 동물과의 가까운 교류가 "한 사람의 인식을 근본적으로 바꿔놓을" 수 있으며, 인간중심주의에 빠지지 않으면서도 종의 경계를 넘어서는 공감을 낳는다는 것이었다(2015: 75). 그루엔은 이후 에세이에서 이렇게 이야기를 이어간다: "침팬지와 이런 식의 관계를 맺은 사람은 많지 않지만, 반려동물과 깊은 관계를 맺으면서 개라든가, 고양이라든가, 거북이처럼 아주 다른 존재로서 잘 산다는 것이 어떤 의미인가를 이해하게 된 사람들은 많다"(2020: 42). 다시 말해, 그루엔은 동물들과 맺는 관계가 특정 종의 욕구에 관한 의인화적 가정을 넘어서서 공감, 돌봄, 그리고 비인간 반려동물과의 관계를 향상하고자 하는 열망을 낳는 새로운 방식의 이해를 만들어낼 수 있다고 주장한다.

결론적으로: 광범위한 윤리적·정치적 틀은 동물을 성찰 없이 사용하고 죽일 수 있는 낮은 존재가 아닌 주체로 이해하는 방법을 제시했다. 이런 접근법이 마찰을 빚기도 했지만 말이다. (리건과 싱어를 따르는) 동물권과 동물해방의 접근법은 이성에 호소하며 인간과 동물이 공유하는 특성에 호소하는 편이었지만(곧 등장하는 밀번^{Milburn}을 참고할 것), 에코페미니즘과 비판적 미디어 연구의 연구물은 동물권과 동물 해방을 향한 실용주의적 접근법의 효용에 의문을 제기하며, 감정의 정치라든가 심지어는 (비판적인) 의인화의 정치를 주창했다. 그렇지만 잭슨(2020)이 강조했듯이, 개념적 바탕이 무엇인가와는 무관하게, 인간 예외주의에

관한 비판을 개괄적이며 일반화하는 방식으로 써서는 안 된다. 그보다는, 인간의 동물 지배에 관한 주장을 특정한 지리적·역사적·제도적 맥락과의 관계 속에서 신중하게 위치 짓는 것이 중요하다.

이 챕터의 나머지 부분에서는 동물의 주체성에 관한 이론적인 논쟁이 비건 캠페인과 어떻게 연관되는지를 보여주는 세 가지 맥락에 초점을 맞출 것이다. 첫 번째로, 유독 비판을 받았던 캠페인에서 동물을 인간에게 비유했던 방식을 탐구할 것이다. 이는 비건 캠페인으로는 아마도 가장 유명한 NGO일 PETA에서 펼쳤던 캠페인이다. 다음으로, 가상현실 헤드셋과 특정 동물의 시점으로 촬영한 유튜브 영상을 활용해서, 관객이 동물의 관점으로 바라보게끔 시도했던 애니멀 이퀄리티 Animal Equality 의 캠페인을 살펴본다.[29] 그런 다음, 이 챕터는 전혀 다른 형태의 재현으로 접어든다: 즐거우면서도 여전히 양면적인 것으로서, 여러 종으로 이뤄진 가족이란 어떤 모습일까를 새롭게 표현한 것이다. 이는 대단한 돼지 에스더 Esther the Wonder Pig 의 집에서 등장했다가, 이후 농장 동물 보호 구역에서 공동체 만들기를 할 때 더욱 넓은 논의의 장을 열어주었다.

---

29 앞선 챕터에서 언급했던 것처럼, 이런 접근법은 시각에 치우쳐 있으며,
    비판적 장애 연구의 관점에서 비판을 받았다(장애 연구를 비판적 동물
    연구 안으로 끌어들이는 생산적인 접근법은 테일러, 2017를 참고할 것).

고통을 비교하다

인간/동물 이분법을 해소하려던 시도 가운데 가장 유명한 (악명 높은) 사례 몇 가지는 PETA의 작업에서 찾아볼 수 있다: PETA는 동물 신체의 대역 삼아 인간의 신체를 일상적으로—그리고 극적으로— 사용해 온 단체다. 특히나 논란을 불러일으켰던 캠페인으로는 살이 찐 것을 조롱하며 동물 제품 소비를 줄이도록 부추기는 광고판, 반쯤 옷을 벗은 여성이 도축용 고리에 걸린 모습을 묘사한 것, 홀로코스트 이미지를 사용한 것, 그리고 공장식 농업과 노예 제도를 비교한 것 등이 있다(킴, 2011).[30] PETA가 미디어에서 흔히 비판을 받기는 하지만, 목적이 수단을 정당화한다는 입장을 취하며 대변하는 사람들이 이들의 전략을 합리화하는 경우가 많다. 예를 들어, 성폭행에 관한 여성들의 증언에 초점을 맞춘 2016년 캠페인은—이런 증언이 여성들의 개인적인 경험을 가리키는 게 아니라, 동물 농업에서 일어나는 관행을 가리킨다는 걸 밝히려던 의도였다— 싱어가 고통을 강조했던 것을 떠올리게 만드는 방식에 따라 옹호되었다: "체면이 있는 사람은 누구나 여성을 성적으로 학대하는 걸 증오하고 비난한다. 하지만 어쩌다 보니 인간으로 태어나지는 않았으나 인간과 똑같이 고통에 취약한 다른 암컷에게도 성적 학대가 가해진다는 점은 선뜻 납득하지를 못한다"(샤피로 Shapiro 에서 뉴커크 Newkirk, 2016).

---

30 유독 문제적이었던 캠페인 목록을 정리해 둔 웹사이트가 여러 곳 있다: https://www.buzzfeed.com/copyranter/the-12-absolute-worst-peta-ads-of-all-time 과 https://www.businessinsider.com/peta-shocking-controversial-ads-2011-10?r=US&IR= Tand-so-did-ron-jeremy-11 를 참고할 것.

이런 캠페인은 대중 매체에서 광범위하게 비판받았으나, PETA의 이데올로기에 동의하지 않는 이들만이 PETA를 향해 비판했던 것이 아니며 비거니즘에 우호적인 학계 역시 PETA의 접근법을 비난했다는 사실에 주목해야 한다(예를 들어, 데카, 2008b; 하퍼, 2010b; 글래서, 2011; 폴리쉬 Polish, 2016; 펜더그래스트, 2018). 코리 리 렌 Corey Lee Wrenn 은 PETA의 제도적 정책이 지닌 다양한 문제점을 지적했다. 비거니즘에 참여하도록 유도하는 데에 충격을 주는 전략이 효과가 있는지 의문을 제기하는 것에서부터(렌, 2013), PETA의 노동 정책이 젊은 여성의 감정 노동에 의존한다고 비판하는 데 이르기까지 말이다(렌, 2015). 이와 비슷하게 로라 라이트도 "목적이 수단을 정당화한다"는 PETA의 입장에 비판적인 태도를 취하면서, 배우—그리고 유명한 비건인— 파멜라 앤더슨 Pamela Anderson 의 이미지를 이용한 유명한 캠페인을 분석하며 이런 전략이 자멸적이라는 것을 설명한다. 이 이미지에서 앤더슨의 신체에는 마치 고기 부위인 것처럼 표시가 되어 있었다("엉덩이"와 "가슴"이라는 말도 해당하는 신체 부위에 쓰여 있었다). 이 캠페인이 의도하는 메시지는 명확하다: 여성의 몸을 고기 부위처럼 취급하는 이미지가 역겹거나 최소한 불쾌하게 보인다면, 대체 왜 동물의 몸은 윤리적 성찰 없이 이런 식으로 취급해야 하는가?

라이트(2015: 137)가 지적하듯이, 문제는 여성의 신체 **역시도** 당연하다는 듯이 일상적으로 소비된다는 것이다—물론 문자 그대로 소비되는 것은 아니나, 미디어에서 대상화하며 소비한다. PETA의 이미지가 의도했던 충격은 기존에 일상적으로 대상화되지 않았던 인체를 묘사할 때만 작동할 수가 있다. 그렇기에 이 이미지는 육류 소비를 탈자연화하기보다는, 그저 미국에서는 어떤 신체가 성적으로 매력적인가라는 기존의 편협한 관념의 일부가 될 뿐이다(라이트, 2015: 137). 라이트의 주장은 캐롤 애덤스의 부재 지시대상 이론을 바탕으로 삼고 있다. 이 이론은 앞서 설명했듯이(챕터 2를 참고할 것) 여성과 동물성이 끊임없이 연관을 맺는 것은 여성의 주체성과 행위성을 박탈시키는 방식으로 여성을 대상화하는 담론의 일부다.

애덤스의 『육식의 성정치』에서는 특히 동물 제품을 마케팅할 때 성애화된 이미지를 사용하는 데에 초점을 맞추고 있다. 그녀의 책에는 너무나도 많은—때로는 기이한— 광고가 실려 있는데, 그 가운데는 잠재적인 소비자들을 향해 눈을 깜박이는 비키니 차림의 돼지도 있다. 부재 지시대상이라는 렌즈로 바라보면, PETA의 캠페인은 쾌고감수능력을 지닌 동물을 대상화하는 것을 강조하고 이에 대항하려는 시도를 필연적으로 실패할 수밖에 없다. 이와 같이 성애화된 이미지를 사용하는 것이 너무나 대상화를 하는 행동이기에, 애덤스가 보기에 (그리고 라이트가 보기에) 이는 동물의 주체성을 강조한다기보다, 그저 여성의 주체성을 삭제하는 것을 재생산하는 효과를 낼 뿐이다. 여성을 이와 같은 이미지로 표현하는 것에다 곧장 "대상화"라는 라벨을 붙이는 것에 이의가 없지는 않았다는 사실을 짚고 넘어가야 하나(주요 비판으로는 해밀턴, 2019: 24-30을 참고할 것), 여전히 근본적인 지점은 남아 있다: 다양한 불평등이 얽히고 교차하기에, 인간 억압과 동물 억압을 비교하는 것은 바람직하지 못할 뿐만 아니라 자멸적이기도 하다.

A. 브리즈 하퍼의 『비건 자매 Sistah Vegan 』(2010b)는 도입부에서 이와 관련된 주장을 하며, PETA가 인종차별적인 요소가 가득한 이미지를

쓴 것을 비판한다. 이와 같은 이미지는 "비인간동물을 착취하고 학대하는 것은 아프리카인 노예, 북아메리카인 학살, 유대인 홀로코스트와 같은 잔혹 행위를 만들어낸 것과 동일한 주인/압제자 이데올로기에서 온 것임"(xiv)을 암시한다고 그녀는 주장한다. 나아가, 문제적인 비교를 한 것은 PETA가 처음이 아니라는 사실을 강조해야 한다; 클레어 진 킴 Claire Jean Kim 이 지적하듯이: "미국의 동물 해방 운동은 비인간동물이 받는 처우의 특징을 드러내는 수단으로 홀로코스트와 노예 제도라는 비유를 여러 세대에 걸쳐 일깨웠다"(2011: 312).

위치성을 인식하고, 섬세하며, 역사적인 맥락을 고려하는 방식으로 인간 억압과 동물 억압의 관계를 이해하고자 시도했던 학계와는 달리, 특정 동물 해방 운동이 사용한 단순화를 유발하는 비교는 이들의 목표를 약화시킬 뿐만 아니라 이런 단체들과 인종차별 반대 운동 사이의 긴장감을 악화시킨다는 점이 문제라고 하퍼는 지적한다. 하퍼의 표현대로라면, "인종차별적인 식민주의 맥락에서 미국의 흑인들이 경멸적인 의미에서 동물**이라고** 분류되었던, 폭력적인 인종차별로 점철된 미국의 추악한 역사가 남긴 상처와 흉터는… 국가적인 차원에서 다루고 해소되어야 한다". 그렇게 하지 않는다면, 인종화된 인간과 동물을 비교하는 것은 계속해서 이런 억압적인 역학의 일부로 자리 잡을 것이기 때문이다 (하퍼, 2010b: xiv-xv).

그렇지만 하퍼가 인간 억압과 동물 억압의 관계를 고찰하는 **모든** 시도를 일축하는 것은 아니라는 사실을 다시금 강조해야겠다; 다양한 형태의 고통을 거칠게 비교하는 것을 비평하는 일은 억압들 사이의 복잡한 교차점이 존재한다는 사실을 부인하는 것과는 다르다. 실 코가 강조했듯이, "너무 뒤늦게, 또 알고도 모른 체 하는 이유 때문에"(2017: 84) 비교하는 경우가 많다는 점이 문제인 것이다. 이를테면, 고통받는 인간이 너무나 많은 와중에 다른 종에게 초점을 돌린다며 동물권 활동주의를 겨냥하는 비판을 피하려는 목적으로라든지, 또는 특정한 캠페인에 미디어가 관심을 갖게끔 만들기 위해서 하는 식으로 말이다. 나아가, 아프 코는 공장식 농업과 인간의 고통을 비교하는 것은 각자 역사적으로 고유한 억압들 사이의 차이점을 평면적으로 만드는 데다, 이런 억압들이 공유하는 근원을 다루지 못한다고 주장한다:

> 동물 억압을 탐구할 때면, 공장식 농업이라든가 종차별주의처럼 그저 명백하거나 표면에 드러나는 징후와는 다른 요인들을 살펴봐야 한다. 공장식 농업은 원인이 아니라, 지금 일어나고 있는 끔찍한 일의 결과다… 동물학적 인종차별(인간/동물 이분법에 기반을 둔 인종차별)을 겪는 흑인의 경험이 동물권 이론에 폐를 끼친다고 여겨서는 안 된다; "동물"이란 어떤 의미이며 **호모 사피엔스**라는 범주가 어째서 반드시 동물학적인 테러리즘을 피할 수 있는 도피처가 되어주지는 못하는가에 관한 이해를 증진하는 데에 활용해야 한다. (2019: 29)

그러므로 다시 얘기하자면, 코는 동물이 겪는 어려움에 관심을 불러일으키려는 목적으로 인간 억압을 무비판적으로 끌어오는 비건 윤리를 반복하는 것은 문제적이며 효과가 없다는 점을 강조한다. 그런 한편으로, 이와 같은 전략에 관한 **비판이** 넘쳐난다는 사실은 희망을 드러내기도 하며, 비건 학계 안에서 단일 쟁점 정치에 대한 비판이 이미 중요한 역할을 한다는 점을 보여준다. 비건학이 지금까지 변화해 오면서 생겨난 중요한 특징은 다른 억압을 고착시키는 비건 정치를 비판한다는 것이다. 그렇지만 일부 비건 기획들은 PETA 캠페인에 드러난 것보다는 명시적이지 않을 수도 있는 긴장을 품고 있다. 이 챕터의 나머지 뿐에서는 동물의 주체성을 향한 다소 어지러우며 한층 더 양가적인 호소의 역동을 살펴보겠다. 가장 먼저 "아이애니멀 iAnimal"의 사례를 다룰 것이다.

고통을 체화하다

애니멀 이퀄리티의 "아이애니멀" 시리즈 영화들은 종과 종을 단순화하여 비교하는 것을 넘어서서 동물의 주체성을 전면에 드러낸 시도로 널리 알려져 있다. 널리 알려졌다는 사실에 덧붙여, 아이애니멀이 특히나 탐구하기에 유용한 캠페인인 이유는 이중적이다: 첫 번째로, 애니멀 이퀄리티의 영화는 동물권 활동주의가 다른 종과의 감정적 동일시를 부추기고자 사용하는 일반적인 접근법의 잠재력과 한계를 보여준다. 동물의 주체성과 공감을 보다 복합적으로 이해하는, 이런 텍스트에 관한 이론적 작업을 활용해서 나는 이와 같은 사안을 부각시킬 것이다. 그렇지만 내 목적은 아이애니멀을 비판적으로 분석하는 것이 아니라, 체화된 윤리가 다른 동물권이나 동물을 지지하는 틀보다 급진적이라고 바라보았던 이론적 주장을 복잡하게 만드는 데에 있다.

현재 아이애니멀 영화 세 편이 나와 있으며, 각각은 고기를 얻으려 기르는 돼지, 젖소, 영계에 초점을 맞추며 과밀하게 사육되는 동물의 삶에 관한 통찰을 보여준다. 영화를 온라인으로 제공하는 것과 더불어, 애니멀 이퀄리티는 이 단편영화의 가상현실 버전도 순회하며 상영한다. 이를 두고 애니멀 이퀄리티는 "360도 몰입하는 경험"을 안겨주며, 관객들이 "사육되는 동물의 고유한 관점을 얻게" 해준다고 말한다(애니멀 이퀄리티, 연도 미상). 따라서 적어도 표면적인 차원에서 이 영화들은 여성을 동물에 비유하며 동물 제품 소비를 탈자연화하려 했던 PETA의 시도와 대조를 이룬다고 여겨진다. 앞서 설명했듯이, 앤더슨의 캠페인이 모순적이었던 이유는 한편으로는 인간중심적이며 (동물이 어떤 면에서는 인간과 비슷하므로 인간이 동물에게 가치를 부여해야 한다고 주장했기에), 반면 또 다른 한편으로는 (수형신관^{zoomorphism}을 통해) 여성의 대상화에 기여하기 때문이다. 다시 말해, 이 캠페인은 "동물"이라는 범주의 기능을 뒤흔드는 데 실패했다. 반면, "아이애니멀" 영화는 동물의 신체를 인간 위에 그리는 것이 아니라, 겉으로 보기에는 **동물들의** 체화된 경험을 공유함으로써 관객들에게 공감을 형성하려 한다.

예를 들면, 마이크 굿맨의 연구는 <아이애니멀: 360°로 보는 돼지농장^{iAnimal: Pig Farms in 360°}>에 초점을 맞추고 있다(지로, 2019: 142-70도 함께 참고할 것). 이 영화는 우리에 달린 철창살에 일부 가려진 널찍한 방을 보여주며 시작한다. 그런 다음, 배우 피터 에건^{Peter Egan}의 목소리가 상황을 설명해준다: "무슨 이유로 이곳에 있는지는 모르지만, 철창에 갇혀 있다. 주위를 둘러보면 당신을 닮은 자들이 수없이 많다. 왼편에 있는 이웃은 당신을 위로하려는 동시에, 당신한테서 위안을 얻으려고 한다"(애니멀 이퀄리티, 2016).[31] 4분이 흐르자, 이미지가 더욱 생생해진다—도살 과정을 따라 영화가 진행되면서 말이다. "당신"은 좁은 터널을 떠밀려 통과하고, 무언가를 두려워하며 꽤액 소리를 지르는 다른 돼지들의 소리로 주변이 시끄럽다. 압도적인 소음 속에서 갈팡질팡하는 이 장면은 갑자기 끝나며, 카메라가 제3자의 시점으로 바뀌어서는 목을 베이기 전 기절한 채 줄줄이 한 다리로 매달려 있는 돼지들을 포착한다. 시점은 바뀌었지만, 에건의 더빙은 특정한 돼지와 계속해서 동일시를 하도록 만들며—다른 돼지들이 매달린 뒤에— "이제 당신 차례다"라고 말한다.

---

31 이 영상의 미국 버전은 노 다우트(No Doubt)의 베이시스트인 토니 캐널(Tony Kanal)이 더빙을 했다.

마지막 장면에서는 관점을 바꾸어 관객들이 "자신의" 것이라 여기게 된, 몸부림치는 몸에 관해 곱씹도록 만든다. 이 몸에 달린 앞다리는 자전거를 타듯이 맴돌다가 천천히 멈추며, 살육 현장에는 호스로 물을 뿌려 피를 씻어낸다.

<아이애니멀 돼지편 iAnimal Pigs>이 유독 생생하게 표현되어 있기는 하나, 다른 아이애니멀 영화도 모두 특정한 동물과의 동일시를 유도하는 유사한 미학과 감정적 특징을 공유한다. 이를테면 각 영화는 해당 동물이 갇혀서 삭막하게 살아가는 환경을 깨닫게 만드는 데에 상당한 시간을 할애하며, 혼란과 두려움을 재현하고자 노력한다(소음이라든가 카메라의 시야를 흐릿하게 만듦으로써). 애니멀 이퀄리티 "농장 동물의 삶에 몰입하는 경험"(애니멀 이퀄리티, 연도미상)으로 스스로를 자리매김하고 있다는 점과 더불어 살펴본다면, 이 영화들이 지닌 폭력적인 속성은 관객에게 공포를 불러일으키기는 하나 궁극적으로는 지속적인 변화를 뒷받침하지 못한다며 비판적 동물 연구와 주류 동물 연구 양쪽에서 비판을 받았던 충격과 폭로의 논리를 반영한다고 보인다(예를 들어, 렌, 2013; 로리머, 2015; 라무센 Ramussen, 2015).

그렇지만—신체적인 것에 초점을 맞춘다는—, 영화의 다른 측면은 관객이 충격적인 이미지에 관여하도록 부추기는 방식을 복합적으로 만든다. 아이애니멀은 단지 동정심을 불러일으키려고 동물의 삶을 가시화하는 것이 아니라, 특정한 동물이 된다는 것은 어떤 **느낌인가**를 전달함으로써 공감 어린 관계를 만들어내고자 한다. 이들이 선택한 시점과 VR 헤드셋을 활용해, 단순히 고통받는 모습을 묘사하는 것이 아니라 동물의 경험 그 자체를 재현해내려 한다. 이와 같이 동정심에서 공감으로의

전환을 통해 신체적인 차원에서 경험을 하며, 이는 동물권에 관한 추상적인 틀보다는 동물과의 체화된 관계가 윤리적 책임감을 더 효과적으로 길러낸다고 보았던 이론적 연구와 공명한다. 나아가, 아이애니멀 영화는 체화된 공감과 관련된 주요한 현실적인 장벽을 고심하고 있다고 보인다: 동물과의 "근접성(손에 닿는 거리 안에 있는 것)"을 강조한다는 점에서 말이다(그리너프 Greenhough 와 로 Roe, 2011: 62).

체화된 윤리에 초점을 맞춘 주요 연구에서는 사람들이 동물의 욕구를 느낄 수 있게끔 발전하는 중요한 방법 가운데 하나로 흔히 가까움을 꼽는다: 그루엔이 침팬지 엠마와 교류했던 것처럼 말이다. 그렇지만 그루엔이 지적하듯이, 대개는 위협을 받는 상태에 처한 동물들과 가깝게 지내기란 불가능하다. 따라서 일반적으로 소비자들과는 거리를 두는 도살과 제조의 공간을 접하도록 만듦으로써(필로, 1995; 파키라, 2011; 앞 챕터를 참고할 것) 아이애니멀 영화는 체화된 공감을 가로막는 장벽을 피해 간다고 보인다. 거리의 문제를 극복하는 것은 정치적으로도 중요하다. 역사적으로 본다면, 비인간동물과의 물리적 거리와 윤리적 이해를 연관 짓는 것은 특정한 종과 직접 일하는 사람들과 동물의 욕구를 그저 추상적으로만 이해하는 사람들 사이에 오랫동안 자리 잡았던 위계질서에 영향을 주었기 때문이다(지로, 2019: 98-117).

예를 들어, 비판적 활동주의의 주장은 으레 생체 해부 관련 논쟁에서 배제되었다. 동물 생리학에 관한 과학적 지식과 비교할 때, 이들은 감상주의에 빠져 있으며 비합리적이라고 보인다는 구실을 들어서 말이다—이 문제는 빅토리아 시기에 일어난 생체 해부 반대 운동부터 시작해 지금까지 이어지고 있다(마이클과 버크 Birke, 1994; 지로, 2019: 98-

117). 이와 유사하게, 사냥 반대 캠페인에 관한 스테레오타입 역시도 사냥을 비판하는 사람들이 시골을 전혀 모르는 도시 지역의 무지한 활동가들이라고 묘사한다(캐시디 Cassidy, 2019를 참고할 것).[32] 그러므로 아이애니멀의 기획은 어떤 면에서는 동물과의 거리를 이용해서 사람들의 윤리적 관심을 정당하지 않은 것으로 취급했던 정치적 풍경에 대해 답을 내놓는다고 할 수 있다.

그렇지만 영화 속에서 동물과의 체화된 관계를 구축하는 방식에서 드러나는 끈질긴 인간중심주의에 더 많이 관심을 기울여야 한다. 이를테면 아이애니멀 웹사이트에 나와 있는 배우 에반나 린치 Evanna Lynch의 인용문은 이러하다: "당신은 당신을 죽이려고 설계한 방 안에 있는 것이 어떤 느낌인지 모른다"(애니멀 이퀄리티, 연도 미상). 경험적 지식 안에서 이와 같은 격차를 영상이 채워준다고 얘기하고자 한 말이다. 그렇지만 영상의 더빙이 이 경험을 의인화라는 틀 안에 집어넣는다: 인간의 가족 구조와 유사한 친족 네트워크 안에 비인간동물을 집어넣는 언어를 사용해서 말이다(어머니와 아이들이라고 지칭한다거나, 인간의 관점에서 인식할 수 있는, 예를 들어 "행복하다"든가 "무섭다"와 같은 감정과 연관 지어 행동을 설명하면서). 파킨슨(2019)이 지적하듯이, 동물을 옹호할 때 일정 수준의 의인화는 불가피할지도 모르며, 때로는 생산적인 일을 해낼 수도 있으나, 아이애니멀의 접근법이 지닌 위험성은 체화된 윤리가 지닌 변화의 잠재력을 강조했던 그루엔과 같은 생각을 공유하면

---

32 캐시디가 지적하듯이, 도시 거주자에 관한 비슷한 스테레오타입이 계속 존재하나, 한 집단과 그와 반대되는 집단 사이의 구분은 실제로는 훨씬 더 어지럽다.

서도 현실에서 이런 윤리가 어떻게 펼쳐질 수 있는가에 관해서는 다소 다른 생각을 지닌 이론가들을 살펴보면서 파악할 수 있다.

그루엔과 마찬가지로, 빈시안 데스프레(2016)는 동물의 욕구를 체감하며 이해하는 것은 위치 지어진 조우를 통해 생겨난다고 주장한다. 이런 조우에서는 상호작용하는 자들이 서로의 신체적 신호를 해석하는 법을 익힌다. 이런 공동 학습의 과정이 인간의 의무를 동물에게 강요하는 공간을 만들어낼 수도 있으나(마치 인간이 훈련을 수월하게 만들려고 개의 행동을 배울 때처럼 말이다), 한편으로는 동물의 의무를 인간에게 강요하는 공간을 만들어내기도 한다고 데스프레는 주장한다(마치 개가 자신의 욕구가 인지되지 못했으므로 무언가를 하지 않겠다며 거부할 때처럼 말이다; 해러웨이, 2008을 함께 참고할 것). 데스프레 주장의 핵심은 동물과의 위치 지어진 조우는 인간이 **생각하기에** 동물이 원하는 것이 아니라 동물의 행위성을 따르는 윤리적 책임을 만들어낸다는 것이다.

이런 주장을 설명하면서 역사적 사례연구와 민족지적 연구에서 끌어온 아름다운 사례들이 데스프레의 연구에 생동감을 불어넣는다. 이런 사례들은 다른 종은 인간보다 정서적으로 또는 인지적으로 "열등하다"고 보는 환원론적인 동물의 행위성 관념을 뒤흔든다. 이와 같은 예로는 "영리한 한스 Hans"의 사례가 있다. 한스는 20세기 초반 독일에서 명성을 날린 말로, 발굽을 정확한 횟수만큼 굴러서 숫자를 세고 기본적인 덧셈에 답을 할 수가 있었다(데스프레, 2004). 그렇지만 사실 한스는 기본적인 산수를 알았던 것이 아니라, 조련사의 바디 랭귀지를 해석해서 숫자 세는 행동을 언제 시작하고 멈춰야 하는지를 감지했던 것이었다.

한스의 사례는 동물의 지능을 평가하는 데에 영향을 끼치는 편견을 보여주는 것으로 곧잘 쓰인다. 실험자의 행동이 왜곡을 불러오는 변수가 되어 결과를 호도했기 때문이다. 이를테면 한스에 관한 위키피디아 페이지에서도 "영리한 한스 효과"란 "의도적인 신호를 받지 않았음에도 어떤 동물이나 사람이 누군가가 원하는 것을 감지하는 것을 설명하고자 심리학에서 쓰는 표현"이라고 설명하며, "동물의 지능을 실험할 때 이 효과를 고려하는 것이 중요하다"고 강조한다. 그렇지만 데스프레는 이와 같이 영리한 한스 효과를 부정적이거나 문제적이라고 바라보는 것은, 지능이란 (숫자를 세는 능력이란) **무엇인가**에 관한 인간중심적인 관념을 강화하며, 한스가 조련사와 맺는 관계 속에 있는 급진적인 잠재력은 간과한다고 주장한다.

> 그렇다. 이 사례는 영향을 보여주는 아름다운 사례였으나, 그보다는 오히려 매혹적인 질문을 탐구할 수 있는 훌륭한 기회다. 물론 그 말은 숫자를 셀 줄은 몰랐지만, 그보다 훨씬 더 흥미로운 행동을 했다: 말이 신체를 읽어낼 수 있었을 뿐만이 아니라, 말은 사람이 신체를 움직이고 영향을 받도록 만들 수가 있었으며, 다른 존재를 움직이고 다른 존재에게 영향을 끼쳤으며, 주인과 같은 지식 없이도 무언가를 수행했다. (2004: 113)

그러므로 데스프레의 관점에서는 동물이 (숫자 세기와 같은) 과업을 성취하는 (무)능력이 곧 지능을 반영한다고 바라보는 시각을 넘어서는 것이 중요하다. 이와 같은 지표는 인간적인 지식을 통해 알 수 있는 행동의 양상을 우선시하는 반면, 특정 종이 고유하게 지니고 있을지도 모르는 다른 능력은 전부 간과하기 때문이다.

　이를테면, 한스는 어떻게 해서 조련사를 알맞게 '읽어'낼 수 있었을까? 또 그보다 더 의미 있는 것은, 한스가 어떻게 자신과 상호작용하는 사람들에게 정확하게 소통하는 법을 가르칠 수 있었을까? 그 사람들이 가르침을 받고 있다는 사실을 인지하지도 못한 채로 말이다. 이런 질문은 데스프레의 연구 전반에 걸쳐 나타나는 광범위한 주장의 일환이다: 여러 사례를 살펴보면, 동물의 능력에 관한 스테레오타입이—이를테면 양이 "멍청하다"든지(데스프레, 2006)— 인간의 능력과 근본적으로 다르며, 때로는 인간의 능력을 넘어서는 동물의 행위성과 능력을 알아차릴 가능성을 나서서 배제해버릴 수가 있다. 인간중심적인 편향을 극복하려면 "관심의 정치 politics of attention"(데스프레와 뫼레, 2016: 26)를 함양하는 것이 필수라고 그녀는 주장한다. 여러 종들이 공동으로 구성하는 생태계와 어떻게 관계를 맺는가에 관심을 기울임으로써 동물에게 영향을 받고, 동물의 욕구를 파악하는 법을 익히고, 특정한 종이란 어떤 존재이며 이들에게 어떤 것이 필요한지에 관한 인간중심적인 인식을 넘어서서 동물들이 자신들만의 고유한 의무를 인간에게 강요할 수 있게 만드는 공간이 만들어진다고 데스프레는 말한다.

　데스프레의 주장을 참고해서 아이애니멀이 육성해낸 체화된 공감을 분석해본다면, 이것이 지니는 한계가 명확해진다; 간단히 얘기하자면, 이 영화는 비인간동물이 어떻게 세계를 경험하는가에 관한 인간중심적인 해석을 넘어서지 못했다. 데스프레가 바라보기에 다른 종과의 공감은 "타자의 경험을 자신의 몸으로 경험하는 것이 아니라", 다른 종이 인간과는 다른 방식으로 자신들의 환경을 경험하는 방법을 익히는 느린 과정이다(2013: 85).

아이애니멀 영화가 간과한 것은 바로 인간의 감각 중추와 동물의 감각 중추가 지닌 차이점이다. 이런 차이는 도살장이라는 맥락에서는 특히나 중요하다. 인간에게는 무해하다고 느껴지는 사소한 부분들이 다른 동물에게는 고통스러울 수도 있기 때문이다: "아무런 피해를 끼치지 않고 나뒹구는 작은 플라스틱 물병, 빛나는 반영, 울타리에 걸쳐둔 노란색 외투, 이런 모든 것들이 그들의 세상에서는 문제가 있는 요소들로 돌변한다; 천천히 돌아가는 선풍기 날개는 불빛을 깜빡거리게 만들고, 땅에 드리운 그림자는 깊은 절벽으로 변하며, 어두운 점은 바닥을 헤아릴 수 없는 구덩이로 변한다"(데스프레, 2013: 58). 그러므로 데스프레의 주장을 고려한다면, 아이애니멀은 인간중심주의를 넘어선 윤리를 **거의 다** 발전시켰으나, 마지막 허들을 넘지 못했다고 해석해볼 수 있다.

그렇지만 아이애니멀에 관한 다소 다른 해석 역시도 가능하다; 그루엔과 데스프레가 제시한 통찰이 이 텍스트가 지닌 한계를 설명하는 데 도움을 주기는 했으나, 영상의 특정 양상이—결국에는— 신체적인 뒤얽힘과 공감에 초점을 맞추는 윤리적 접근법의 한계를 부각시킬 수도 있다. 이 대목을 마무리하면서, 이런 한계들 가운데 두 가지를 간략히 고찰해보겠다. 첫 번째로, 신체적인 조우를 통해 얻은 공감이 지닌 변화의 잠재력을 과장해서는 안 된다—특히 구조적인 변화를 이끌어내는 능력을 말이다.

이를테면, (해러웨이와 같이 데스프레에게 영향을 받은 사상가를 비롯해) 그루엔과 데스프레의 연구는 돌봄과 지속적인 윤리적 책임을 길러내는 데서 동물과의 체화된 관계가 맡는 역할을 강조한다는 점이 유사하다. 그렇지만 이 사상가들은 체화된 뒤얽힘을 통해 어떤 종류의 윤리적 책임이 생겨나는가에 관해서는 전혀 다른 결론에 이른다. 체화를 다룬 핵심 사상가들 사이에 이런 차이가 존재한다는 사실 자체만으로, 체화된 윤리가 기존의 인간과 비인간동물의 관계를 급진적으로 변화시키는 힘에 관해 깔끔한 결론을 내리지 못하도록 말썽을 일으킨다.

『우리가 먹는 것을 바꾸도록 만드는 것은 무엇인가?What Motivates Us to Change What We Eat』라는 에세이에서 그루엔은 얽혀 있고 신체적인 공감은 "우리가 더 양심적인 윤리적 성찰과 참여를 하도록" 만들 것이며, "지금 우리가 다른 동물들과 맺는 대부분의 관계가 지닌 특징이라고 할 수 있는 착취 관계라든가 완전한 도구화의 관계야말로 바뀌어야 하는 관계"(2020: 42)라고 주장한다.

반면─그루엔과 마찬가지로─, 데스프레와 해러웨이도 체화된 뒤얽힌 관계가 동물의 욕구에 관한 새로운 인식을 불러일으켰으며, 이런 욕구에 부응해야 한다는 윤리적 의무를 열어젖혔다고 주장하기는 하나, 이들은 실험실, 도살장, 사육 관행을 아우르는 맥락에 이런 주장을 적용한다. 데스프레와 해러웨이의 연구 모두 비인간동물과의 신체적인 뒤얽힘이 어떻게 해서 실험실과 도살장 설계자들이 동물들의 스트레스를 줄이도록 공간을 재구성하도록 유도했는가를 설득력 있게 보여주기는 하나, 이런 변화가 제도 그 자체에 관한 근본적인 질문으로 이어지지는 않았다.

체화된 공감에 관해 아이애니멀이 부각시키는 두 번째 난관은 이 접근법으로 얻은 통찰이 **이용당할 수도** 있다는 가능성과 관련이 있다. 챕터 2에서 간략히 설명했듯이, 지식을 만들고 돌봄을 실천하는 동물들의 행위성을 강조하는 것은 포스트휴머니즘적 동물 연구의 중요한 주제였다. 이런 견해는 동물이 도구로 취급되는 상황에서조차도 동물들이 행위성을 드러낸다는 주장을 뒷받침했으며, 따라서 인간이 다른 종을 지배한다는 서사에 균열을 일으켰다. 도살장에서 소들이 욕구를 드러낸다거나 실험실에서 쥐들이 저항을 한다면, 이는 동물이란 그저 수동적인 도구라는 관념을 약화시킨다. 동물이 도구로 쓰일 수도 있는 공간에서 동물의 욕구를 체감하며 책임감을 얻는 과정은 (모순적일지도 모르지만) 동물권과 같은 추상적 틀에 비해 덜 인간중심적인 것이 특징이었다. 동물에게 필요한 것을 의인화하여 투사하는 것과는 달리, 동물의 행동을 유발하는 계기와 행동학적 필요에 적극적으로 반응하기 때문이다(해러웨이, 2008; 데스프레, 2013를 참고할 것).

그렇지만 미시사회학적인 차원에서 체화된 공감이 지닌 윤리적 잠재력을 강조했던 이론은 이런 조우가 일어나는 광범위한 맥락을 간과하는 경향이 있다(존슨, 2015을 참고할 것). 현재 비건 윤리 안에 자리 잡고 있는, 동물이 자원으로 취급되는 것에 관한 근본적인 비판을 회피하면서 말이다. 그러므로 동물의 행위성을 인지한다고 해도 동물과의 특정한 조우가 펼쳐지는 도구적인 환경에서 관심을 거두지 않는 것이, 그리고 더욱 균열을 일으키는 형태의 행위성이 인간의 필요에 맞게끔 삭제되거나, 영향을 받거나, 제약당하는 (대개 폭력적인) 과정에서 관심을 거두지 않는 것이 중요하다.

앞선 챕터에서 논의했듯이, 디네쉬 와디웰은 『동물에 대한 전쟁』(2015)에서 동물의 행동과 욕구를 파악하는 법을 익히는 것이 어째서 늘 자비로운 기능을 하지는 않는지를 자세하게 설명한다: 동물의 행위성을 표현하는 것은 유축농업의 생명정치적 관리에서 중요한 역할을 하는 경우가 많기 때문이다. 행위성을 저항적으로 표현하는 것은 고려와 학습의 대상이 되어, 동물의 행동을 더 효과적으로 관리하고 규율하며, 이후에 균열이 생길 가능성을 최소화하는 기술을 다시 설계하는 원천이 되는 일이 빈번하다고 그는 설명한다(2015: 12-13). 실험실 비글의 역사적 표준화 과정이라는 맥락에서 그레고리 홀린 Gregory Hollin 과 함께 진행한 나의 연구에서는, 연구원들이 개별 동물의 저항과 행위성으로 학습을 하는 비슷한 패턴을 보여주었다. 이를 통해 개들을 더 순응적인 실험 대상으로 변화시키려고 말이다.

방사선이 상주인구에 끼치는 효과를 실험하고자 맨해튼 프로젝트 Manhattan Project 가 후원했던 최초의 대규모 실험용 비글 집단을 살펴보자면, 이 집단의 생애 전반에 걸쳐 개들의 행동학적 욕구에 면밀한 관심을 기울였다는 게 드러났다. 이런 욕구에 따라 우리 디자인에서부터 사육장 바닥, 또 경비원이 동물들과 보내는 시간의 길이에 이르기까지 모든 것을 전면적으로 수정하는 결과를 낳았다(지로와 홀린, 2016).

그렇지만 와디웰이 설명했던 도살장 설계 변경과 마찬가지로, 여기서도 동물의 행위성을 면밀히 고려한 결과 결국은 혼란을 불러오는 하는 비글의 행동을 막고 실험자들의 욕구에 부응하는 자질을 향상시키는 데에 도움이 되었다. 어떤 측면에서는 체화된 이해와 공감이 동물의 생활공간과 동물이 취급되는 방식을 바꾸었으나, 이런 변화가 궁극적으로 제도 그 자체에 의문을 제기하지는 않았으며, 결국은 비글을 도구화하는 인간의 능력을 강화함으로써 현 상태를 유지하는 데 기여했다(이런 실험을 통해 얻은 통찰이 이후 실험 설계에도 영향을 끼칠 것이기 때문이다).

이런 과정은 비글이 당장에 받던 스트레스를 경감했을지는 모르나,

단기적 차원과 장기적 차원 모두에서 실험 대상으로서 비글이 지닌 순응성을 높여주기도 했다. 그러므로 도살장 설계와 실험실 설계 사례 모두 직접 느낀 이해와 공감이 동물의 복지를 증진할 수 있으며, 심지어는 동물에 더욱 초점을 맞춘 환경을 구축하도록 이끌기도 하지만, 보다 근본적인 방식으로 동물의 도구화에 의문을 제기하는 윤리에 반드시 도움을 주지는 않는다는 사실을 보여준다.

전반적으로 보자면, 체화되고 뒤얽힌 공감에 관한 이론들이 아이애니멀과 같은 텍스트가 지닌 중요한 한계를 지적하는 한편으로, 반대로 이와 같은 윤리가 광범위한 변화를 일으키는 동력이라며 지나치게 희망을 부여하는 일의 위험을 강조하고자 이 영화를 활용할 수도 있다. 어떤 맥락에서는 동물과의 신체적인 뒤얽힘이 동물의 욕구를 향한 윤리적 책임감을 만들어낼 수도 있지만, 이런 뒤얽힘이 정반대의 효과를 내며 대안적이고 덜 도구적인 관계가 생겨나지 못하도록 막는 상황에도 주의를 기울여야 한다. 이 챕터에서 살펴볼 마지막 사례는 비인간동물의 행위성을 제약하는 구조적 요인을 다뤄야 하는 이유를 훨씬 더 날카롭게, 또 어쩌면 의외의 방식으로 강조해줄 것이다: 대단한 돼지 에스더와 다른 농장 동물 보호 구역의 사례다.

다종적 공동체를 만들다

지금까지 논의한 사례들은 모두 죽음에 초점을 맞춰 인식을 고쳐시키는 것을 목표로 삼았다. 그렇지만 이 챕터에서 논의하는 마지막 사례에서는 아주 다른 사례를 살펴볼 것이다. 기존의 인간-동물 관계를 비판하고자 하지 않고, 이 관계를 개선하려는 사례를 말이다: 바로 대단한 돼지 에스더의 이야기다. 에스더는 무모한 장난을 벌이는 모습이 다양한 소셜 미디어 플랫폼과(전용 페이스북, 인스타그램, 트위터, 유튜브 계정과 함께) 개인 웹사이트에 오르며 유명인사가 된 돼지다. 반려인간인 스티브 젠킨스 Steve Jenkins 와 그녀의 파트너 데렉 월터 Derek Walter 가 에스더의 이야기와 일상적인 활동을 온라인에 올리면서 명성을 얻었다. 에스더 현상을 탐구하다 보면 또 하나의 양가적인 모습이 드러난다. 이는 (비판적인) 의인화가 이룰 수 있는 업적을 강조하면서도, 이런 전략이 지닌 한계에 또다시 부딪힌다.

에스더는 인플루언서와 캠페인 단체들이 소셜 미디어를 활용해서 동물 복지를 홍보하는 동시에 수입원을 만들어내며 급성장하고 있는 비건 문화 산업의 일부로 자리 잡고 있다고 할 수 있다(드멜로, 2018). <베이브 Babe >(누넌 Noonan 감독, 1995)와 같은—이 영화에서 주연을 맡은 배우 제임스 크롬웰 James Cromwell 이 영화에 참여하고 나서 비건 환경운동가가 되었다는 점이 잘 알려져 있다— 가상의 문화적 선도자들과 같은 맥락에서, 여러 미디어를 종횡무진하는 에스더의 이야기에서는 조이가 『우리는 왜 개는 사랑하고, 돼지는 먹고, 소는 신을까』(모멘토, 2011)에서 지적한 분류에 혼란을 일으키는 다종적 공동체가 등장한다.

어린이용 풀장에서 물장구를 치고, 컵케이크를 먹고, 어느 날 아침 식사가 조금 늦어지자 "성질을 내는" 에스더의 영상은 젠킨스와 월터에 게는 수입원을 열어주었을 테지만, 동시에—그렇게 함으로써— 이들은 왜 어떤 동물은 반려동물 취급을 받고 다른 동물들은 소비되는가에 관한 질문을 연다. 이 맥락에서, 에스더로 수익을 창출해야 한다는 필요는, 육식주의를 뒷받침하는 분류 자체를 뒤흔든다는 기획과 따로 떼어놓을 수 없다. 그러므로 에스더의 이야기는 그저 유독 카리스마가 있는 동물을 활용해 인간이 이윤을 얻는 단순한 사례가 아니다. 에스더를 아무렇지 않다는 듯이 농경지로 떠밀고는 "고기"라고 규정했을 장벽을 넘어서기 위해서는 이런 자금이 필요했다.

"돼지고기" 생산은 고유한 환경적 함의와 복지 관련 함의를 지닌 산업으로 여겨졌다(로크우드, 2016b에서 극적으로 드러난다; 블란체트 Blanchette, 2020; 뇌베르 Neubert, 2020도 함께 참고할 것). 이런 배경 속에서 사소하거나 심지어는 어리석어 보이는 소셜 미디어 콘텐츠가 보기보다 훨씬 전복적인 역할을 수행할 수 있다는 것을 보여주며 에스더가 관심을 받았다(제베세제바스 Jevesejevas, 2018): 돼지들과 관계를 맺는 방법에 관한 대안적인 비전을 제시하면서 말이다. 메리 트라셀 Mary Trachsel 이주장하듯이, 일반적으로 미디어에서는 "산업용 돼지 이야기"라는 틀로 돼지를 바라본다; 브렛 미첼 Brett Mizelle (2011)이 강조하듯이, 이런 이야기는 베이컨과 같은 음식을 대중문화에서 숭배하는 것을 통해 다시금 아로새겨진다.

그렇지만 최근에는 "농장 동물 보호구역이 급증하면서, 대단한 돼지 에스더라든가 프리실라 Priscilla 처럼 '유명 돼지' 소셜 미디어가 생겨나면서, 그리고 바하마 Bahama 제도 여행자들이 '천국의 돼지'들과 수영한 이야기를 들려주면서, 대안적인 돼지 이야기들이 생겨났다"(트라셀, 2019). "대안적인 돼지 이야기"가 특정한 인간중심적 분류에 균열을 낼수는 있으나, 이런 이야기들이 제기하는 인간중심주의에 대한 폭넓은 비판은 훨씬 제한적으로 이뤄진다.

이를테면 에스더의 "탄생 이야기"는 에스더의 웹사이트와 유튜브영상 시리즈로 올라와 있으며, 책으로는 『대단한 돼지 에스더』(책공장더불어. 2018)와 『에스더는 오래오래 행복하게 살았습니다 Happily Ever Esther』(2018), 또 어린이 그림책인 『대단한 돼지 에스더의 모험 The Adventures of Esther the Wonder Pig』(2018)로도 나와 있다. 에스더는 젠킨스가 (이제는 과거의 친구가 된) 친구에게서 무게는 70파운드 정도, 크기는 대략 집고양이 정도까지 자라는 "미니 돼지"를 키울 생각이 있는지 묻는 메시지를 받은 뒤, 젠킨스 커플과 함께 살게 되었다(대단한 돼지 에스더, 2019: "대략 About"). 서사의 초기부터 에스더의 이야기는 종 위계질서에 혼란을 일으킨다: 예를 들어, 에스더의 생활에 관해 <더 가디언> 지에 실린기사는 에스더가 가족으로 깔끔하게 자리 잡았다고 설명하는 젠킨스의말을 실으며, 개는 사랑하는 대상이 되고 돼지는 먹을 수 있는 것으로 취급한다며 조이가 전면에 내세웠던 범주에 확실하게 반기를 든한다: "개들이 뭔가를 하려고 일어나면 에스더도 따라갔어요. 그리고 얼마 안 가서 개 무리의 일부가 되었습니다"(젠킨스, 2017).

그렇지만 에스더를 수의사에게 데려가자 이런 다종적 관계가 위협을 받는다. 에스더의 짧은 꼬리를 본 수의사가 에스더는 미니 돼지가 아니라 상업용 암퇘지라고 알려주었기 때문이다. 이 점을 놓고 에스더의 원래 주인이었던 "친구"는 잽싸게 발뺌했지만, 젠킨스와 월터는 이미 에스더에게 정을 붙였기에 에스더를 포기하고 싶지 않았다. 결국 이들은 집을 오래오래 행복한 에스더 농장동물보호구역 Happily Ever Esther Farm Sanctuary 으로 만들었다.

에스더의 서사는 비건 윤리가 일상생활을 뒷받침하는 규범적인 전제와 범주에 혼란을 불러일으킴으로써 인간-동물 경계를 "퀴어하게 만든다"고 주장하는, 점차 늘어나고 있는 연구와 연관이 있다(스테픈스 그리핀, 2017: 21). 특히 에스더에 관한 설명은 에밀리아 퀸(2020)이 설명한 "비건 캠프 vegan camp"와 조응한다. 비건 캠프는 퀸이 시각적·물질적 문화를 포착하고자 발전시킨 개념이다. 이 문화 속에서는 비건 캠페인의 특징으로 많이 나타나는 가시성과 폭로의 강조(앞 챕터를 참고할 것) 대신, 육식주의에 관한 유머러스한 문제 제기가 그 자리를 차지한다. 퀸이 주장하듯, 비록 명시적인 비판의 형식을 제공하는 것은 아니지만, "비건 캠프는 언뜻 보기에 인간중심적인 문화가 비인간동물에 대해 승리를 거둔 것 같아 보여도, 어떻게 해서 유머와 패러디가 이를 흐트러뜨릴 수 있는가를 인식하는 생산적인 수단을 안겨준다"(퀸, 2020: 915).

예를 들어, 에스더의 사례에서는 에스더가 요란 맞은 케이크를 먹고, 화려한 드레스를 입고, 젠킨스와 월터의 삶을 유머러스하게 어지럽히는 모습을 담은 키치한 이미지들이 제대로 기능을 하고 있다. 이런 이미지는 클릭, 공유, 좋아요를 받기도 하지만, 다종적인 공동체가 으레 부정당하던 산업적 농업이라는 배경 속에서 염원하던 공동체가 어떤 것인지를 잘 표현하기도 한다(이 점은 에스더의 웹사이트 중 "어두운 면"이라는 코너에서 강조하고 있다. 이 코너에는 학대받는 돼지들의 이미지가 담겨 있고, 여기에는 "불행하게도 모든 돼지들이 에스더처럼 잘, 또는 운 좋게 대접받는 것은 아니다. 에스더의 형제자매들은 전혀 다른 삶을 살고 있다"는 캡션이 달려 있다).

비건 캠프의 시각적 수사법을 적용해 육식주의 규범을 뒤흔듦으로써 에스더는 (생물학적으로 결정되거나 이성애 중심적인 가족 관념을 넘어서는) 보다 폭넓은 친족 개념을 주창했던 이론적 작업과 연관을 맺는다. 예를 들어, 친족에 대한 이해를 개선하는 것은 해러웨이의 책 『트러블과 함께하기』(마농지. 2021)의 핵심이었다. 이 책의 슬로건은 "아이가 아니라 친족을 만들어라"로서, 대멸종과 환경 위기를 마주한 시기에 인간에게는 신경을 덜 쓰고 다른 종과의 돌봄 관계에 더 집중하라고 요청한다.

아마 해러웨이가 딱히 염두에 두었던 것은 아니겠으나, 에스더의 페이스북에 올라온 유독 감명 깊은 영상 하나는 이와 같은 다종적 친족 만들기에 관한 호소와 관련이 있다. 이 영상에서 에스더는 매트리스 위에서 잠을 자고, 젠킨스는 에스더 곁에 누워 에스더의 옆구리에 고개를 받치고 노트북으로 영상을 본다.[33] 젠킨스에게 몸을 기대고 있는 것은 쉘비 Shelby 인데, 우리에겐 보다 익숙한 반려견이다(쉘비는 만족스럽게 졸다가 젠킨스의 다리를 핥기를 반복한다). 이보다는 더 불만스러운 기색을 띤 것은 세 번째 가족 구성원인 코넬리우스 Conelius 인데, 영상 오른쪽에서 들어와서는 카메라 앞으로 다가가 (남들이 자는 걸 방해할지언정)

---

33 2017년 11월 19일에 올라온 이 짧은 영상은 다음에서 확인할 수 있다: https://www.face book.com/estherthewonderpig/videos/1515717948535424/?v=15151794854324.

온갖 방법을 동원해 매트리스 위로 올라가려 하자 젠킨스와 월터가 키득거린다. 코넬리우스가 적극적으로 젠킨스를 넘어뜨리려 하자, 젠킨스는 어쩔 수 없이 노트북을 내려놓고 칠면조를 끌어안으며 달래준다.

에스더의 이야기에는 무언가 전복적인 면이 작동한다. 단순히 인간으로 이뤄진 가족 단위를 확장해서 비인간동물을 포함하는 것 이상의 무언가다. 에스더를 가족으로 받아들이는 것이 어려웠던 탓에, 에스더가 속해 있는 다종적 공동체는 정서적 애착을 공유하고 있을 뿐만 아니라 친족 만들기에 투입하는 노동도 공유한다. 친족의 범위를 인간 너머로 확장하자는 해러웨이의 요청을 향한 비판을 고려한다면, 이런 노동을 전면에 내세우는 것이 특히나 중요하다. 해러웨이가 "아이가 아니라 친족을 만들어라"고 말했던 의도는, 온갖 수단을 동원해 인간 종을 재생산하는 데에 집중하기보다는 다른 종과 함께 지구에서 공존하는 서로에게 이로운 방식을 재발견하는 것이 중요하다는 뜻이었다(2016; 클라크 Clarke와 해러웨이, 2018도 함께 참고할 것).

그렇지만 이런 슬로건을 만들어낸 것, 특히 **"아이가 아니라"**라는 구절은 인구 과잉에 관한 맬서스 학파의 인종적인 문제를 지닌 서사를 연상케 한다는 비난을 받았으며(루이스, 2017), 환경론이 '피와 땅' 민족주의에 힘을 싣는 데 일상적으로 동원되는 맥락에서는 이런 서사를 호소하는 것이 위험하다고 비판을 받았다: 제아무리 조심스럽게 표현한다고 해도 말이다(챕터 6을 참고할 것).

이런 주제에 관한 소피 루이스 Sophie Lewis의 탐구는(2018, 2019) 대안적인 접근법을 내놓고 있는데, 친족 만들기를 노동의 일종으로 이해하는 것이 중요하다고 강조한다. 이 주장은 에스더의 삶이 지닌 양상과 다시금 연결된다. 가사노동이 바로 노동이라는 것을 인식하라는 페미니즘의 유구한 요청에 에스더가 딱 들어맞을 정도다. 직설적으로 얘기해보자면, 완전히 자란 돼지의 크기와 형태는—목욕시키기나 밥 주기 같은—곧 일상적인 돌봄을 과할 정도로 해야 한다는 뜻이다. 어느 영상에서 짚어주듯이 말이다: 여름이 되면 매일 에스더를 씻겨야 하며, 씻기는 건 고사하고라도 욕조 안에 에스더를 집어넣는 것은 늘 결코 쉽지가 않다. 다시 말해, 에스더를 친족으로 만드는 데 들어가는 노동을 보여줌으로써, 이 영상들은 대개 평가절하되거나 감춰져 있는 돌봄 노동과 지지 노동의 일상적인 모습을 강조한다(동물 옹호 뒤에 자리 잡은 노동에 관한 더 많은 내용은 존스, 2014; 쿨터 Coulter, 2016: 97-138를 참고할 것).

그렇지만 에스더는 "친족"의 의미를 확장하는 것이 지닌 어려움을 조금 다른 방식으로 부각시키기도 한다. 루이스가 바라보기에, 친족의 의미를 변화시키려면 생각의 패턴을 바꾸어서 되는 일이 아니라, "(비-)재생산적인 정의를 정치적으로 성취하기 위한 전제조건과 이를 성취할 가능성이 높은 전략을 통해 노력하는 일이"(루이스, 2017: 발행지 미상) 필요하기 때문이다. 여기서 루이스의 주장을 심도 있게 살펴보기는 어렵지만, 루이스의 주장에서 특히나 중요한 것은, 기존의 젠더화되고 인종화된 사회적 관계가 "친족 만들기"의 가능성을 제약하는 경우가 많다는 것을 강조한다는 점이다. 친족이란 무엇이며 누가 친족이 될 수 있는가를 변화시키려면 특정한 제약과 불평등에 도전해야 한다. 대단한 돼지 에스더의 삶은 이런 점에서 삭막한 위안을 안겨준다; 에스더의 가족이 "친족"에 관한 일반적인 관념에 균열을 낼지는 모르나, 그와 동시에 구조적 제약이라는 것은 특권을 누리는 위치에 있는 자들만이 대안적인 방식으로 친족을 만들도록 제한한다는 것을 에스더의 이야기가 보여준다.

　이를테면 에스더를 "가축"에서 "애완동물"로 새로이 분류하는 것은 단지 젠킨스와 월터가 뒤얽힌 공감을 통해 돼지에 관한 생각을 바꾼다고 해서 일어난 것이 아니었다. 650파운드짜리 돼지를 일반 가정에서 돌본다는 실질적인 어려움은 차치하고라도, 이는 법적으로도 금지된 일이었다: 이는 기술적 기반이나 법적 규범과 같은 물리적인 배치와 분류 체계가 언제나 밀접한 관련을 맺는다는 것을 보여준다(스타 Star, 1991; 보우커 Bowker 와 스타, 2000).

　젠킨스와 월터의 경우, 에스더의 지위를 바꾸는 유일한 방법은 인간과 동물이 함께 살 수 있는 동물 보호구역을 만들어 기존의 환경에 개입하는 것이었다: 이 일을 해내는 데에는 이들이 인플루언서라는 에스더의 지위를 확보함으로써 얻을 수 있었던 자금과 자원이 필요했다. 심지어 지금까지도 에스더가 "가축"으로 분류되는 것을 막으려면, 끊임없이 에스더를 다시금 "음식"으로 분류하려 하는 다양한 사회-기술적 배치를 막아내는 일이 필요하다. 이를테면 에스더가 종양을 제거하는 수술을 받았을 때, 젠킨스와 월터는 만약 암이 퍼졌다면 에스더는 다른 종의 반려동물과 동일하게—예를 들어 화학요법처럼— 추가적인 치료를 받을 수 없을 거라는 이야기를 들었다. "식용" 동물에게 특정한 의학적 개입을 행하는 것을 금지하는 캐나다 식품검역청 Canadian Food Inspection Agency 의 판결 때문이라고 이 커플은 주장했다(아피아 Appia, 2018).

　"식용 동물"과 "애완동물"이라는 구분은 임의적이거나 적어도 문화적으로 특수한 것이기는 하나, 특정한 종이 어떤 범주에 들어가는가를 고착화하는 기반이 함께 변화하지 않는 한, 생각을 바꾸는 것만으로는 충분치 않다. 그렇지만 필수적인 자원이나 미디어 지식이 없다면 변화를 이룩하는 데 꼭 필요한 자원이 부족해 현실에서 변화를 이뤄내기 어려울 수도 있다. 실제로 조나단 턴불, 애덤 설, 윌리엄 애덤스(2020)가 보여주듯이 동물 보호구역은 생존에 필요한 수입을 만들어낼 수 있도록 소셜 미디어를 요령 있게 활용한다는 점에 상당히 의존하고 있다. 이와 같은 수입원이 필요하다는 사실은 역설적인 상황으로 이어질 수가 있는데, 바로—동물을 자원으로 취급하는 시스템을 벗어나— 대안적인 다종적 공동체를 만드는 일이 의인화를 통한 인플루언서 업무를 통해 얻은 수입에 의존한다는 것이다.

이는 다른 지점으로, 어쩌면 더 근본적일지도 모르는 에스더의 소셜 미디어 전반에서 찾아볼 수 있는 구체적인 주체성 구축과 관련된 긴장으로 이어진다. 에스더의 웹사이트가 다른 돼지들이 처한 어려움에 관심을 기울이고는 있지만, 인플루언서라는 지위가 에스더가 얼마나 특별한 개체인가를 강조하는 데에 의존하고 있다는 것을 부인하기란 어렵다. 에스더가 먹는 음식, 입는 옷, 에스더의 생활환경을 비롯해—이와 같은 특별함의 기표는 다 큰 돼지의 욕구를 잘못 표현한다는 비판을 받을 수가 있으며, 에스더의 집에 사는 다른 동물에게도 같은 주장을 적용해볼 수 있다.

이를테면 앞서 언급했던 페이스북 영상에서 칠면조인 코넬리우스가 가족들이 한가하게 보내는 와중에 훼방을 놓자, 코넬리우스는 가축에서 샘이 많은 자식으로 역할이 바뀐다(또는 비디오 캡션에 나와 있는 것처럼 "샘이 많은 녀석"으로 말이다). 이런 틀은 코넬리우스를 "가축"으로 분류하는 것을 뒤흔들지도 모르나, 그와 동시에 코넬리우스의 행동과 (그런 행동을 하도록 만드는) 칠면조라는 종의 특유한 특성 사이의 관계를 불분명하게 만든다. 그러므로 에스더 가족은 광범위하게 보자면 의인화가 지닌 정치적 양가성과 연관이 있다. 의인화 이미지를 비판적으로 활용하는 것은 동물을 자원으로 바라보는 분류를 뒤흔드는 데에 쓰일 수도 있지만, 이런 전략은 인간중심적이지 않은 방식으로 동물과 관계를 맺는 것을 더 밀고 나아가면 어떤 모습일까를 표현하는 데 고전을 겪고 있다. 그렇지만 보다 광범위한 보호구역 운동은 이 복잡한 질문에 답할 수 있는 길을 열어주었다.

　북아메리카는 팜 생추어리 Farm Sanctuary 와 같이 널리 알려진 농장 동물 보호구역의 고향이라고도 할 수 있을 것이다. 그렇지만 이런 맥락 안에서조차도 서로 다른 공동체 구축 모델을 지닌 보호구역들 사이에 상당한 이질성이 자리 잡고 있다(도널드슨과 킴리카 Kymlicka, 2015). 미국의 운동이 지닌 복잡성은 다른 국가적 맥락에서 보호구역을 검토하는 것과는 다른 문제이며, "가축용 동물"과 "목축용 동물"을 함께 섞어서 보호하는 구조 활동이라든가, 은퇴한 노동 동물 보호 구역이라든가, 양계장 출신 닭들과 실험실 동물을 위한 광범위한 재보호 네트워크와 같은 관련 계획들과도 별개의 문제다. 보호구역은 농장 동물에게 새로운 보금자리를 찾아줌으로써 일반적으로라면 극단적으로 짧은 수명을 누렸을 생명체를 위한 공동체를 만들어낸다.

　또, 보호구역은 비건 지원 활동을 비롯해 비건을 지지하는 기금을 마련하는 경우가 많다. 모든 보호구역은 인간 노동자와 동물 사이에 어쩔 수 없는 권력의 불균형이 있다는 양가성을 지니고 있지만, 보호구역에 사는 생명체들이 지닌 종마다의 특수한 욕구를 중시하는 급진적인 방법을 탐구하는 곳들이 많다(존스, 2014를 참고할 것).

보호구역마다의 접근법은 다양할 수 있으나, 농장 출신 동물과 함께 살아가는 새로운 방법을 찾아내려는 노력은 비거니즘을 향해 흔히 던지는 질문을 실천적으로 탐구하는 것이기도 하다(늘 그런 것은 아니지만, 대개는 "뽑기 순간"으로 나타난다!): "가축"이라는 범주가 사라진다면, 과거의 가축들에게는 어떤 일이 벌어질 것인가? 보호구역은 바로 이런 질문에 답할 수 있는 희망적인 잠재력을 지니고 있다고 여겨진다. 캐서린 질스파이가 주장하듯, "사회적 분리, 농장에 기반을 둔 돌봄, 인간 돌봄 제공자와 거주 동물 사이의 대단히 불균형한 권력관계라는 농장 모델을 재생산하지 않고, 농장 출신 동물이 살 수 있는 공간을 만들어내는 다른 비규범적인 방법을 탐색하는 가능성"(2018: 127)을 제시함으로써 말이다.

실제로 대규모 제도를 넘어서서 다종적 공동체, 돌봄, 연대라는 보호 구역의 원칙을 확장하는 실현 가능한 수단의 일환으로서—아주 적은 수의 농장 출신 동물이나 실험실 동물만을 돌보는— "소규모 보호구역 microsanctuaries"과 같은 계획을 탐구하는 연구들이 등장하고 있다(나라야난과 질스파이, 2020).

실질적인 중요성 외에도, 보호 구역과 같은 계획들은 특히 포스트휴머니즘에서 제기했던 비거니즘에 관한 이론적 비판을 복합적으로 만든다. 이런 비판은 비거니즘이 복잡성을 부정하며, 인간과 동물의 삶이 너무나 얽혀 있어서 이를 완전히 분리해서 인간이 개입하기 이전의 "순수한" 상태로 돌아가기가 불가능하다는 사실을 인식하지 못한다고 본다(챕터 3을 참고할 것).

보호구역은 현실에서 이런 문제를 어떻게 오랫동안 인식하고 또 여기에 대응해왔는가를 풍성하고 다면적으로 보여주는 전통을 지니고 있다. 나아가, 보호 구역에 관한 이론적 연구는—인식을 못 한 것과는 전혀 거리가 먼— 종 사이의 상호의존성이 어떻게 비건 학계의 주요 관심사가 되어왔는가를 보여주는 그저 하나의 사례일 뿐이다.

수 도널드슨Sue Donaldson과 윌 킴리카Will Kymlicka가 『주폴리스Zoopolis』(2011)에서 얘기하듯이, "야생동물"이라는 개념과 불간섭이라는 개념은 "의도적으로 길들여져 우리에게 의존하게 된 동물"(6)과 함께 살아가는 새롭고 착취적이지 않은 방식을 발전시키는 데에 전혀 도움이 되지 않는다. 이런 주장은 인간과는 전혀 다른 관계를 맺는 동물들과의 사회적 관계를 어떻게 재구성할 것인가를 도널드슨과 킴리카가 광범위하게 탐구할 수 있도록 길을 열어주며, 다양한 윤리적 의무를 제시한다.

이와 유사하게, 켄드라 쿨터Kendra Coulter(2016)의 연구는 동물을 노동자로 인식하는 것이 (때로 포스트휴머니즘적 문헌에서 언급하듯이) 어떻게 하면 단순히 동물도 행위성이 있다는 것을 인지할 수 있는가를 넘어서서, 이런 노동 환경을 **개선하려면** 이와 같은 행위성이 인간에게 부여하는 의무란 무엇인가를 물을 수 있도록 나아가야 한다는 것을 강조한다. 그러므로 저자들은 동물에 관한 특정한 문화적 분류가, 또는 구체적인 제도적 상황 안에서 이런 분류가 강화되는 방식이 강제하는 제약을 단순히 강조하기보다는, "인간"이라는 배타적인 관념으로 만들어 낸 존재의 대사슬을 풀어내면서 생겨날 수 있는 대안적 형태의 사회적 조직을 향한 야심 찬 비전을 내세운다.

결론

집합적으로 살펴보자면, 이 챕터에서 설명한 사례들은 종종 비건 캠페인에서 중심이 되는 동물의 주체성에 대한 강조가 어떻게 해서 특정한 문화적 맥락 안에서 동물이 분류되는 방식에 관해 더욱 복잡한 대화를 만들어내는가를 보여준다. 이런 대화는 결국 인간과 상호의존적인 관계를 맺는 동물들과 살아가는 새로운 방식을 찾아내려면 바꾸어야 하는 기반시설과 사회적 관계를 향한 광범위한 질문을 불러일으킨다. 그런 동물들이 더 이상 자원이라든가 도구로 취급되지 않게 된다면 말이다.

그렇지만 특히나 PETA의 사례가 보여주듯이, 개별 소비자의 행동을 촉구하는 데 초점을 맞추는 충격적인 이미지나 무비판적인 의인화처럼 좁은 곳에만 캠페인이 집중한다면 복잡성도 차단해버릴 수가 있다. 더군다나 (인간의 고통과 비인간동물의 고통을 단순화하며 비교한다든가, 알고도 모르는 체하며 임의로 비교하는 전략처럼) 억압이 얽매여 있다는 사실을 간과하는 캠페인은 인간 너머로 윤리적 공동체를 확장시키지 못할 뿐만이 아니라, 기존의 사회적 불평등을 강화할 수도 있다(하퍼, 2010b; 킴, 2011; 코, S. 2017; 라이트, 2018, 2019; 코, A. 2019).

이 주장들은 이어지는 챕터에서 더 자세하게 설명할 것이다. 그에 앞서, 이 챕터에서 논의한 다양한 캠페인과 이를 둘러싼 학술적 논의를 고려할 때 등장하는 관심사를 마지막으로 살펴보는 것이 도움이 될 것이다.

앞선 챕터들에서 설명했듯이, 초기에 비건학을 구상하면서 라이트는 다양한 분과의 통찰을 한데 모을 필요가 있다고 지적했다. 이 챕터에서는 이 주장을 다시금 내세우면서—대체로 어지럽고도 모순적인—, 문화적 텍스트를 조심스럽게 분석해야 한다는 점을 강조한다. 문학 연구, 미디어 연구, 문화 연구를 비롯해 경험에 초점을 맞춘 사회학에서 취한 도구를 활용해서 말이다. 그렇지만 청자 스스로가 동물의 주체성을 향한 요청에 어떻게 관여하고 또 이를 이해하는가에 관심을 더 기울여야 한다. 미디어 연구의 핵심 교리 한 가지를 인지하면서 말이다: 바로 특정한 의미를 전달하도록 설계한 텍스트라는 이유만으로 청자들 스스로 그와 같이 해석하지는 않는다는 것이다.[34]

비건 캠페인과 비건 기획을 접하는 사람들에게 동물의 주체성이 어떻게 이해되는가와 관련해서 학제적 접근이 더 많이 필요하다는 점을 짚고 넘어가는 동시에, 챕터 1에서 학제 간 연구에 접근할 때 주의해야 할 점을 강조했던 것을 다시 한번 언급하고자 한다. 동물 연구와 광범위한 환경인문학에서는 동물 행동학, 동물학, 심리학, 생명 과학과 같은 분야가 점점 더 많이 활용되며 동물을 주체로 묘사하고 이론가들의 윤리적 신념을 지지한다.

이를테면 해러웨이는 "최고의 생물학best biologies"이 종 사이의 경계를 허물기 시작한다고 『트러블과 함께하기』(2016: 30)에서 주장하고 있다. 이보다 비판적인 서사에서도 비슷한 주장을 한다: 예를 들어 싱어가 쾌고감수능력을 강조한 것은, 이런 쾌고감수능력을 입증하는 방법을 찾아내는 것이 윤리적 틀을 인간 너머로 확장하고자 오랫동안 노력했던 연구의 핵심이었다는 것을 의미한다(예를 들어, 노스케Noske, 1997). 마

---

34 2018년 12월 7일 줄리 도일(Julie Doyle), 마이크 굿맨, 나탄 패럴 (Nathan Farrel)이 개최한 비건 서사와 스토리텔링 워크숍의 토론 시간에 이런 점을 짚어준 나오미 그리핀(Naomi Griffin)에게 감사를 보내고 싶다.

찬가지로 문헌 연구, 문화 연구, 철학적 연구는 마크 베코프 Marc Bekoff 와 같은 동물행동학자들을 으레 끌고 오며 이들의 윤리적 주장을 지지했다 (데스프레의 부분적 친연성 partial affinities 이라든가 뒤얽힌 공감에 관한 그루엔의 비판적인 설명과 마찬가지로 말이다). 이와 같은 접근법이 생산적일 수는 있으나, 다양한 학제의 지식을 어떻게 하나로 엮을 것인가는 주의를 기울여야 한다.

이 챕터에서 보여주었듯이—학술적 맥락과 활동주의적 맥락 모두에서—, 비건 윤리와 비건 정치의 핵심 전략은 동물 전반을 "더 낮은 존재"로 구분하는 데 일상적으로 쓰인다. 동시에 다른 종과 (이를테면 "애완동물"과) 비교했을 때 눈에 띄게 다른 윤리적 의무를 지니는 문제적 범주 안에 (이를테면 "가축"이라는 범주 안에) 특정한 종을 몰아넣는 분류를 강조하며, 이런 분류에 도전했다.

그렇지만 분류가 지닌 역사적인 우발성을 인식하는 동시에, 인간의 감정적 반응을 역사화하는 것도 중요하다. 앞선 챕터에서 언급하고 이번 챕터에서 상술했듯이, 비건 실천방식은 행동의 변화를 일궈내려면 무엇이 필요한가에 관한 가정을 지닐 수 있기 때문이다: 동물의 고통을 가시화하는 것이건, 여러 종을 아우르며 공유되는 인지적 능력과 감정적 반응을 확인하는 것이건 간에 말이다. 이와 같은 가정은 학술적 연구가 뒷받침해주는 경우가 많다. 이를테면 조이가 동물에 대한 심리적인 반응을 변화시키는 방법에 초점을 맞췄던 것이라든지, 체화된 공감에 관한 논의를 뒷받침하고자 그루엔이 신경과학에 호소했던 것처럼 말이다. 그렇지만 이런 자료를 취할 때는 조심스럽게 발을 내디뎌야 한다.

가장 적절한 사례로 심리학과 신경과학을 살펴보자면 다음과 같다:

광범위한 사회·문화 연구에서는 지난 10년 동안 수많은 사상가들이 인간의 정신에 관한 이해를 높이고자 대중적 신경과학 popular neuroscience 에서 "이상한 차용어 strange borrowing"(파폴리아스 Papoulias 와 캘러드, 2010)를 끌고 온 윤리 이론의 위험성을 강조했다(특히 애정 이론을 향해 비판이 제기되었다, 레이스 Leys, 2017를 참고할 것).

이런 분석들은 한 분과의 주장을 뒷받침하고자 다른 분과의 연구를 끌고 오는 것이 여러 측면에서 문제를 일으킬 수 있다는 것을 보여준다. 인문학과 사회과학에다 대중 과학 popular science 을 호소하는 것은 과학적 연구를 잘못 대표할 위험이 있다(실제로는 그렇지 않음에도, 이런 연구들이 마치 해당 분야 전체를 대표하는 것처럼 취급할 가능성이 있다). 특정한 결론에 부합하는 연구만 취사선택해서 인용하는 함정에 빠진다거나(이와 대조되는 연구는 저버리고), 특정한 연구의 문제적인 사회적·문화적 맥락을 등한시하는 식으로 말이다. 예를 들어, 동물 연구라는 맥락에서 다루는 것 가운데 가장 널리 알려진 공감에 관한 설명은 자폐증 신경과학에서 등장한 것인데, 이는 특정 집단이 특정한 감정적·사회적 관계를 맺는 능력이 없다고 묘사했다며 신경다양성 활동가들에게 혹독한 비판을 받았다(이 문제에 관한 분석은 홀린, 2017을 참고할 것).

사회과학·역사·철학 연구는 특정 학문의 맥락에서 시간의 흐름에 따라 행동 능력과 인지 능력을 해석하는 다양한 방법을 기록하기도 했다. 인간의 감정은 고유한 역사를 지니고 있으며, 이를테면 "행복하다"든가 슬프다는 의미는 특정한 문화적 규범과 가치와 대단히 정치적인 방식으로 관계를 맺는다(아메드, 2014). 마찬가지로, 과학철학과 감정의 역사는 동물행동학적 연구가 처한 문화적 맥락이 동물의 행동을 잘못 해석하도록 유도했던 수많은 순간을 기록했다. 역사적으로 봤을 때, 생명과학이라는 맥락 속에서는 동물에 관한 주장을 제시하며 모든 것을 지배적 위계질서와 연결하거나(해러웨이, 1988), 스트레스와 연결하거나(램스든 Ramsden, 2011), 자살충동과 연결하거나(램스든과 윌슨, 2014), 특정한 종이 진화를 거치며 발달한 것과 연결했다(칸드커, 2020: 169-89). 이런 주장들 가운데 다수는 동물의 삶과 감정 그 자체보다는 연구의 문화적 맥락을 더 많이 다뤘다.

그러므로 다시금 이야기하지만, 인간과 동물의 주체성에 관한, 또는 비거니즘을 향한 변화를 일으킬 수 있는 인지적 과정에 관한 보편적인 서사를 만들어내기보다는, 동물을 다루는 태도를 특정한 역사적·지리적·제도적 맥락 속에 놓는 일이 필요하다. 이와 유사하게, 사회적 변화의 가능성을 성찰할 때는 일반화를 피해야 하며, 그보다는 특정한 맥락 속에서 사회기술적 관계가 어떻게 변화할 수 있었으며, 이를 통해 그 지점에서 드러났던 인간중심주의에 어떻게 균열을 낼 수 있었는가를 질문해야 한다.

다음 챕터의 논의로 넘어가며 짚어보자면, 이와 같은 위치성은 사회 속 동물의 주체성에 관한 복합적인 이해를 삭제해버리는 물질적 조건에 맞서는 데만 중요한 것이 아니다—역사적으로 봤을 때—. 온전한 정치적 주체로서의 지위를 부정당한 것은 비단 비인간동물이 아니라 특정한 인간 집단도 있었다. 이와 같은 사실을 고려하지 못한 채 비건 담론 속에서 인간 예외주의를 일반화하는 서사를 피하기 위해서도 위치성은 중요하다.

Chapter 6

교차성 비거니즘(들)

단일한 쟁점과 연관된 것이 아니라 "얽매여 있는"(라이트, 2018, 2019) 억압에 맞서기란 어려운 일이다. 이 챕터와 다음 챕터에서 강조하듯이, 다양한 형태의 불평등이 맺는 관계를 풀어낸다는 과제는 비거니즘의 대중화의 여파로 강화된 것이 고작이다. 비건 캠페인에서는 단순하고도 관심을 끄는 메시지와 단일 쟁점 정치로 빠지기가 너무나 쉽다. 이런 단일 쟁점 정치는 비건이 되는 것을 복잡하게 만드는 인종, 계급, 젠더, 장애, 또 그 밖의 다른 요인들에는 주의를 기울이지 않은 채, "비건이 되는 것"만을 강조한다. 비거니즘에 관한 대중적인 묘사와 스테레오타입은 비건 실천을 개인주의적인 순수성 정치로 그려냄으로써(실제로 그렇건 그렇지 않건 간에 말이다, 챕터 3을 참고할 것) 이와 같은 문제를 악화시킨다.

챕터 6과 7은 비거니즘이 주변부에서 주류로 이동한 맥락 속에서 얽매인 억압을 조율하는 어려움에 맞선다. 다음 챕터에서는 대중적인 비거니즘(들)이 지닌 중요한 특성 일부를 설명하며, 최근의 변화는 개인주의적인 양식의 식물 기반 자본주의 때문에 비거니즘이 지닌 사회운동으로서의 지위가 빛을 잃는 "포스트-비건" 감수성이 특징이라는 점을 밝힌다.

이 챕터는 다소 다른 각도에서 접근해본다. 여기서는 최근 두각을 나타냈던 대중적인 비거니즘과 연관해서 가장 눈에 띄는—또 가장 시급한— 긴장을 면밀히 살펴본다. 그리고 비거니즘의 단일 쟁점을 다루는 윤리 양식으로 남아있기보다는 서로 겹쳐지는 불평등에 직접 맞서야 한다고 요청하는 활동가와 학자들의 (물론 학자 겸 활동가들도 함께) 작업과 관련을 지어본다(예를 들어, 하퍼, 2010a, 2010b; 브루엑, 2017, 2019; 코와 코, 2017; 렌, 2017a, 2019). 이 사상가들은 동물 착취가 연관된 억압과 교차하는 방식에 더 주의를 기울여야 한다고만 주장한 것이 아니라, 다른 사회정의 운동과 연결점을 구축함으로써 비거니즘 자체가 단일 쟁점 정치를 넘어서야 한다고 요구했다.

이번 챕터에서 다양한 맥락과 논쟁을 다루기는 하지만, 이 챕터의 주된 목표는 비건 학계에서 논의되었으며 대중문화 안에서 눈에 띄는 사례로 등장했던 두 가지 형태의 삭제를 강조하는 것이다. 삭제의 첫 번째 유형은 비거니즘 자체, 또는 더 구체적으로 얘기하자면 "백인 비거니즘"이라 알려진 문화적 현상과 관련이 있다. 비건 실천방식에 관한 이 관념은 비거니즘이란 시간, 자원, 노하우, 또 어쩌면 심지어는 문화 자본을 지닐 수 있는 사람들만이 접근할 수 있는, 특권적인 중산층의 라이프스타일 정치라는 코드를 부여했다(폴리쉬, 2016; 해밀턴, 2019: 168-78). 더 심각한 것은, 특정한 윤리적 라이프스타일에 접근하는 것을 어렵게 만들 수 있는 사회경제적 불평등을 인식하지 못하거나 사소한 것으로 치부하는 풍경 속에서 비거니즘에 관한 이런 낙인이 작동한다는 것이다(하퍼, 2012).

삭제의 두 번째 유형은 조금 더 어지러우며, 이는 백인 비거니즘을 곧 모든 비거니즘과 동일시하는 것과 연관된 배제와 관련이 있다(그리네바움, 2017, 2018을 참고). 최근에는 특정 환경에서 비거니즘의 백인성에 관한 비판이 수행적일 수 있다는 우려가 등장했다: 다른, 즉 "서구적이지 않은" 전통을 따르는 식물 기반 음식을 배제하는 비건 실천을 중요하게 취급하면서 말이다. 그렇지만 또 다른 관점에서 보자면, 때로 비판은 비판의 대상으로 삼는 바로 그 문제를 악화시킬 수가 있다. 비건 실천 자체와 비건 실천에 대한 비판 속에서 이런 삭제가 어떻게 등장했는가를 이해하려면, 먼저 교차성 비거니즘을 둘러싼 논쟁에 관해 다시 논의해봐야 한다.

교차성 비거니즘

챕터 1과 2에서 논의했듯이, 비건 연구에서 가장 중요한 초기의 연구물은 비판적 동물 연구^{CAS}에 비판적인 인종이라는 렌즈를 적용해야 한다는 요청이 제기된 이후에 생겨난 것이었다. 가장 눈에 띄는 것을 꼽아보자면, A. 브리즈 하퍼(2010a)는 비건 실천을 사례 연구로 활용해 먹는 것—즉, 동물 제품 소비—이 지닌 한 가지 문제적인 양상에 맞선다고 해서 그것이 곧 "크루얼티 프리"가 되지는 않는다는 것을 보여주었다. 하퍼와 발을 맞추어, 그 뒤로 다른 비판적인 목소리들도 인종과 인종차별주의라는 문제를 다루며 동물 연구에 접근하는 방법을 발전시킬 필요가 있다고 주장했다(킴, 2015; 부아스롱 Boisseron, 2018; 잭슨, 2020). 이런 주장의 흐름을 보다 구체적으로 비거니즘까지 확장되었다(브루엑, 2017; 코와 코, 2017; 코, 2019).

그렇지만 인종화된 사회적 불평등이라는 문제를 다루는 비건 정치는 다양한 사상가들이 다양한 방식으로 이해하고 설명했다. 가장 잘 알려진 용어는 "교차성 비거니즘 intersectional veganism"일 텐데, 이는 동물권 활동가와 학자들이 단일 쟁점 정치를 넘어서서, 다양한 억압이 교차하는 방식을 풀어내는 데 초점을 맞춰야 한다고 요청했던 하퍼와 같은 학자들이 다뤘던 개념이다. 서로 다른 불평등의 축이 맺는 관계를 묻는 데에 전념했던 하퍼와 같은 관심사를 공유하는 한편으로, 비건학의 또 다른 핵심 인물인 아프 코(2019)는 "다차원적 억압 multidimensional oppressions"이라는 용어를 사용해 다양한 억압들이 그저 교차하기만 하는 것이 아니라, 적극적으로 서로를 구성한다는 특징을 짚어낸다. 앞서 언급했던 것처럼, 에코페미니즘의 연구 역시 비거니즘과 "얽매인 억압"(라이트, 2018, 2019)이 맺는 복잡한 관계를 고찰했다.

이런 접근법들 사이의 중요한 차이점은 이 챕터의 뒷부분에서 더 깊이 탐구해보겠다. 지금 단계에서는 이런 이론가들이 서로 다른 개념적 방향성과 틀을 지니고 있기는 했으나—이를테면 동물권 활동주의의 특정 갈래에서 실행했던 전략과 같이 (챕터 5를 참고할 것)—, 인간의 고통과 동물의 고통을 단순화해서 비교하는 것은 공통적으로 거부한다는 점을 분명히 해두는 것이 도움이 될 것이다. 그렇지만 이런 연결점은 동물 연구 학계나 활동주의 실천에서 대체로 취하는 것보다 더욱 섬세하고 맥락 특정적인 방식으로 이해해야 한다.[35]

교차성 비거니즘에 관한 주장은 주로 북아메리카에서 전개되었는데, 이는 북아메리카라는 환경에서는, 특히 미국에서는 음식 풍경 foodscape과 관련한 인종적 불평등이 명백하기 때문이었다: 가장 대표적인 것은 식품 사막이었다(하퍼, 2010b, 2012). 그렇지만 교차성과 관련한 논쟁의 영향과 중요성은 상당해 미국이라는 맥락을 넘어서는 함의를 지니고 있으며, 이런 논쟁은 교차성 비건학과 비판적 동물 연구 모두 널리 퍼지기를 요구했다(예를 들어, 카스트리카노 외, 2016; 노첼라 Nocella 와 조지, 2019).

이런 발전은 수많은 학자들이 교차성이라는 틀을 확장시켜 광범위한 전 세계적인 맥락에서 인간의 억압과 동물의 억압이 함께 엉켜 있는

---

35 동물 연구에서 섬세하지 못한 방식으로 연결점을 만들어내는 일이 지닌 몇몇
 위험성을 더 자세히 풀어내는 데에는 베네딕트 부아스롱(Bénédicte Boisseron)
 (2019)이 『가장자리 효과(Edge Effects)』에서 실시한 인터뷰가 도움이 될 것이다.

다양한 방식을 고찰하도록 끌었다. 따라서 특정한 국가에서 얻은 통찰을 보편화시켜 결론을 이끌어내지는 않아야겠지만, 교차성 비거니즘이 제기한 사안들은 이것이 탄생한 북아메리카를 넘어서서 받아들여졌다. 하퍼(2012)의 주장을 요약해보자면, **모든 음식 공간은 계급화되고 인종화**되며, 구체적인 맥락에서 실현될 수 있는 정치적·윤리적 가능성과 관련하여 이런 과정이 지니는 함의를 고찰해야 한다.

패트리샤 힐 콜린스(2015, 2019)가 교차성을 광범위한 "정의의 딜레마definitional dilemmas"라고 표현한 것을 받아서 이야기하자면, 이를 어렵게 만드는 것은 바로 교차성이란 무엇이며 어떤 의미인가에 관해 때로는 서로 다르게 이해한다는 것이다: 이는 비건 실천방식과 관련해서 특히나 극심한 문제다. 킴벌리 크렌쇼Kimberlé Crenshaw(1989)가 맨 처음 "교차성"이라는 용어를 만들어냈던 건, 흑인 페미니즘이(특히 벨 훅스Bell hooks와 오드리 로드Audre Lorde가) 남긴 유산을 바탕으로 삼아 단일 쟁점을 다루는 틀만으로는 수용할 수 없는 형태의 억압을 파악하고자—또 여기에 맞서고자— 참여적이며 이론적인 틀을 발전시키려던 의도였다.

널리 영향을 끼친 1989년의 논문에서 크렌쇼는 일련의 법적 판결에 초점을 맞추며 단일 쟁점에 집중하는 접근법이 지닌 한계를 설명한다; 예를 들어, 데그레펜라이드DeGraffenreid 대 제너럴모터스General Motors 사건[36]에서는 다섯 명의 흑인 여성이 소송을 걸었을 때, 이 자동차 회사가

---

36 역주: 데그레펜라이드 대 제너럴모터스 사건은 1976년 흑인 여성 5명이 고용 기회를 박탈당했다며 제너럴모터스를 고소한 사건이다. 그러나 법원에서는 이 사건을 기각했다. 당시 제너럴모터스에서는 사무직 노동자로 백인 여성을 고용했기에 성차별이 아니며, 또 공장 노동자로 흑인 남성을 고용했기에 인종차별도 아니라는 주장이었다. 이 판결을 바탕으로 미국의 법학자 킴벌리 크렌쇼는 흑인 여성을

이미 여성과 아프리카계 미국인 남성을 채용하고 있다는 변론을 펼치며 자신들의 차별적인 채용 관행을 어떻게 변호했는가를 설명한다. 여러 억압을 별개로 분리해서 취급함으로써 법적인 영향을 피할 수 있었다. 그러므로 크렌쇼의 말에 따르면, 단일 쟁점에 초점을 맞추는 접근법은 곧 "흑인 여성들은 오로지 이들의 경험이 두 집단 가운데 어느 한 쪽의 경험과 일치하는 선까지만 보호받을 수가 있다. 이들의 경험이 별개로 떨어져 있는 경우에는, 데그레펜라이드 사건에서 그랬던 것처럼 교차성이라는 문제를 온전히 파악하기 어렵게 만드는 접근법이 만연한 이상, 흑인 여성들은 거의 보호를 받을 수 없다"(1989: 143)는 것을 가리킨다.

인종과 젠더가 교차할 때 생겨나면서 서로를 복합적으로 만드는 특정한 유형의 억압에 크렌쇼가 초점을 맞춘 것은, 다른 학자들이 여성과 동물의 억압이 서로 겹쳐지거나 얽매이는 것을 에코페미니즘에서 탐구했던 것과 비슷한 방식으로 교차성을 이해하도록 이끌었다. 이를테면 수많은 사상가들은 교차성과 완전한 해방 total liberation 이라는 비판적 동물 연구의 개념 사이에, 또는 교차성과 "끊임없는 반-억압 consistent anti-oppression"이라는 개념 사이에서 친연성을 이끌어냈다(브루엑과 맥닐, 2020 참고).

나아가 상당수의 연구들은 종이 부가적인 억압의 축 역할을 맡는다는 점을 고찰함으로써, 그리고 (울프와 같은 포스트휴머니스트 사상가들이나 애덤스와 같은 에코페미니스트를 바탕으로 삼아) 다른 배제를 지속시키는 근본적인 배제의 양식을 고찰함으로써 교차적인 접근법

단순히 흑인으로만, 또는 여성으로만 취급하면 흑인 여성이라는 집단이 겪는 특수한 난관을 간과할 수밖에 없다는 내용으로 논문을 발표한다. 이에 따라 흑인인 동시에 여성이기에 겪는 특수성을 포착하고 설명할 수 있는 개념으로 교차성 개념을 주창했다.

을 확장할 수 있다고—또는 "포스트휴먼화"(트와인, 2010: 13)할 수 있다고— 주장했다. 이와 같은 연구 관점에서 보면, 동물을 더 낮은 존재로 취급하며 종을 구분하는 것은 그다음으로는 특정한 인간 집단에 투영되는 라벨을 만들어내면서 다른 형태의 억압에 기여한다: 특정한 사람들을 더 "동물 같다"고 하며, 이들을 법적, 정치적, 윤리적으로 인식할 가치가 적다고 설명하는 식으로 말이다. 종의 논리에 맞서는 것은 곧 다른 얽매인 억압들을 뒤흔드는 폭넓은 기획에 도움이 될 수 있다고 주장할 수 있다(이 주장을 상세하게 풀어둔 내용은 챕터 2를 참고할 것).

하퍼와 같은 다른 연구자들은 교차성을 본래의 계보 안에 더 직접 자리 잡도록 만들었다. 이 사상가들은 인종차별과 종차별 사이의 연결점을 인지하는 동시에, 비거니즘이 서로 겹쳐진 억압을 해소하는 간단한 해결책으로 바라보지 않고, 구체적인 불평등이 비건 활동주의와 소비자 정치를 실현하는 방식을 어떻게 더 복합적으로 만들 수 있는가를 더 자세히 파악해야 한다고 요구했다. 이를테면 비거니즘은 그 자체로 다른 불평등과 겹쳐 있다는 문제점을 다루지 못했다는 비난을 받기도 했다. 줄리아 펠리즈 브루엑Julia Feliz Brueck은 이렇게 주장한다:

> 유색인종 공동체 안에서는 비거니즘이 주변화된 사람들에게 영향을 끼치는 현실은 건드리지 않으며, 오로지 특권을 누리는 백인 공동체를 위한 운동이라는 이미지를 얻었다… 그런 와중에 비거니즘이 "쉽다"며 소리 높여 주장하고 있다; 비인간생명체는 억압받는 인간보다 더 중요하며("비인간이 먼저다!"); 비건 라이프스타일을 받아들이지 않는 사람은 그저 "무관심한" 거라고 말이다. (2017: 11)

그렇다면 브루엑의 연구에서 교차성 비거니즘이란, 곧 비거니즘이 다른 사회정의 사안들과 당연히 연결되어 있다는 생각을 거부하는 비거니즘을 가리킨다. 그보다는 비거니즘이 다양한 형식의 주변화를 맞닥뜨린 사람들의 목소리를 명시적으로 다뤄야 한다는 것이다. 다양한 양식의 억압에 맞서는 집합적인 대응을 발전시키기 위해서는 말이다.

이 챕터에서 간략히 설명한 것처럼, 비거니즘과 관련지어 교차성을 다루는 것이 서로에게서 완전히 삭제된 것은 아니지만—그리고 때로는 사상가들이 이 개념에 관해 서로 다른 해석을 동시에 사용하기도 한다—교차성을 사용하는 핵심적인 경우에 차이를 강조하는 것은 중요하다. 이런 차이는 때로 혼란을 낳는다거나 사람들이 서로를 무시하고 이야기하도록 만들 수가 있기 때문이다.

한편에는 비거니즘이 교차하는 억압에 대한 반응이며 심지어는 해결책이라고 바라보는 비건 에코페미니즘과 비판적 동물 연구의 접근법과 공명하는 주장이 있다. 동물 농업은 수많은 다른 문제들이 결합한 지점에 놓여 있기 때문이다. 이런 관점에서 본다면, 비건이 된다는 것은 음식의 분배와 생산에서 벌어지는 불평등을 다루고, 기후 정의를 향해 나아가며, 동물 착취에 맞서 싸우는 데에 보탬을 줄 수 있다. 이런 주장을 고수하는 사상가들이 보기에 지금의 난관은 바로 인간 착취와 동물 착취 사이의 연결점을 사람들이 이해하지 못하거나 인식하지 못하는 경우가 많다는 것이다; 그러므로 활동가와 학자들의 과업은 비거니즘이 다른 사회적 쟁점들과 본질적으로 연결되어 있다는 사실을 부각시키는 것이다. 광범위한 변화를 촉구하는 데 필요한 비거니즘이 더 널리 받아들여지도록 하기 위해서 말이다.

다른 연구자들은 비거니즘과 다른 사회 정의 사안들이 **연결될 수는** 있으나(이를테면 챕터 4에서 간략히 설명했던, 이 관계를 만들어내고자 노력했던 몇몇 사회 운동과 같이), 이런 연결이 필연적인 것은 아니라고 주장했다. 브루엑은 이렇게 주장한다: "비건들은 비거니즘이 기본적으로 인권을 옹호한다는 생각을 떨쳐내야 한다—즉, 비건이 되는 것만으로 곧 인간 억압이나 인간 착취에 가담하는 것을 즉각 멈추는 일이라는 생각을 말이다"(2017: 4).

실제로 브루엑이 편집한 선집에 실린 다른 에세이들이 보여주듯이, 때로는 비거니즘을 표현하는 몇몇 방식이 다른 형태의 억압에 힘을 실어줄 수도 있다. 마치 동물 해방을 위해 노력한 것이 토착민 공동체에 관한 자민족중심적인 스테레오타입이라는 결과를 낳는 경우라든가(로빈슨, 2017), 문화적 전유로 이어지는 경우처럼 말이다(개너선 Ganesan, 2017).

브루엑이 옹호하는 형태의 교차성 비거니즘은 비거니즘이 널리 활용되는 것 자체가 변화의 동력이라고 바라보기보다는, 널리 퍼져 있는 비건 실천의 근저에 자리 잡은 것은 바로 (음식) 시스템의 변화라는 사실을 인지한다는 점이 특징이다. 다르게 표현해보자면, 이런 연구가 가치를 지니는 까닭은, 비건 실천방식을 온전하게 주류로 변화시키려면 시스템 차원에서 맞서야 하는 대상이 무엇인가를 정확히 짚어내기 때문이다. 다양한 사회 운동 사이의 소통이 중요하다는 점을 전면에 내세우면서 말이다.

이 챕터의 나머지 부분에서는 교차성 비거니즘과 관련된 사안들을 상세하게 설명하는 것이 목표다. 여러 사안 사이의 연결점이 빈번하게 간과되거나 심지어는 삭제되는 문화적인 풍경 속에서, 비건 활동주의와 동물권 활동주의가 다른 사회 정의 사안들과 더욱 적극적으로 연결점을 만들어 나가야 한다고 요청했던 연구의 가치와 중요성을 다시금 내세우면서 말이다(코, 2019: 19-38를 참고할 것).

이런 주장을 더욱 발전시키는 대중문화 속 사례들을 살펴보기에 앞서, 내 인터뷰 자료에 관해 잠시 설명할 것이다. 이 책을 처음 쓰기 시작했을 무렵, 가장 숙고해야 했던 중요한 사안 한 가지는 바로 소수만이 윤리적 소비주의를 실천할 수 있는 맥락 속에서 비거니즘의 대중화가 지닌 엘리트주의적인 함의에 관한 지속적인 우려라고 생각했다(쇼트웰, 2016과 같은 맥락에서 말이다). 그렇지만 비거니즘에 관한 기록을 수집하고 인터뷰 대상자들과 이야기를 나누면서 나의 전제 일부를 수정해야 한다는 것을 깨달았다. 비거니즘과 불평등이 맺는 관계에 관한 나의 생각이 상당히 부족한 점이 많다고 느꼈기 때문이다.

교차성에 주의를 기울이다

다양한 형태의 억압 사이에 연결점이 있다는 사실을 강조하는 것만으로는 충분치 않으며, 구체적인 사회적·문화적 조건 속에서 이런 억압들이 어떻게―자키야 이만 잭슨의 표현대로라면(2020:10)― "함께 꼬여 있는지 braid together"를 이해해야 한다는 인식이 점점 늘어나고 있다. 억압들이 서로를 형성한다는 일반화된 전제를 넘어서서, 이렇게 억압들이 서로를 형성하는 방식을 주의 깊게 상황적으로 이해해야 한다는 생각은 비거니즘에 관한 논쟁에서 중심으로 자리 잡았다.

실 코(2017)가 설명하듯이, 인간의 고통을 동물의 고통에 비유하는 무심한 활동주의의 논리를 고착시키지 않는, 다양한 유형의 억압들 사이의 "알맞은" 연결점을 어떻게 만들지에 대한 문제는 간단히 다룰 만한 것이 아니다(동물 농업을 노예 제도에 비유했던 캠페인과 마찬가지로 말이다, 하퍼, 2010b를 다시 참고할 것). "교차성 비거니즘"이라는 용어에 관한 서로 다른 이해와 용법이 만들어내는 쟁점들은 이 과제를 더 어렵게 만든다. 이 문제가 지닌 관련성은 내가 인터뷰한 사람들의 생각을 살펴보면 더욱 분명해진다.

가장 눈에 띄는 주장들은 백인, 또는 백인으로 패싱 passing 되는 비건들이 과연 자신들이 "교차성 비거니즘"이라는 표현을 써야 하는가에 관해 했던 말에서 찾아볼 수 있었다. 이를테면 학계에 소속된 어느 인터뷰 대상자는 교차성이라는 말 대신, 에코페미니즘적인 용어를 중심으로 인간 억압과 동물 억압의 관계를 설명하겠다고 선택한 것에 관해 이렇게 설명한다: "교차성이란 정말 유용한 용어라고 생각하며, 억압들이 서로 겹쳐지고, 관여하며, 서로를 강화하는 방식을 사유하는 데에 정말 유용하다고 생각합니다… 그렇지만 이미 얘기했듯이, 나는 단순한 존경심의 표시 삼아서 그 용어를 전유해서 내 연구에 쓰지는 않으려 노력하는 편입니다"(웬디 Wendy, 비건 19년 차).

다른 인터뷰 대상자들도 이와 같은 우려를 공유하며, 교차성의 중요성을 강조하는 한편으로, 이 용어가 비거니즘의 맥락에서 "그들이" 사용할 만한 용어인지에 관해서 숙고했다. 예를 들어 또 다른 인터뷰 대상자는 "이론이자 활동주의로서의 교차성은 대단히 중요하며, 이게 비단 비건만이 아니라 모두에게 각성을 촉구합니다"라고 말하며, 사회 운동과 학계 모두에서 백인 중산층 남성의 목소리에 초점을 맞추는 일은 피해야 한다고 지적했다. 그런 한편으로, 이런 목소리 가운데 하나가 **되는 것을** 염려하는지라, 그는 그 용어를 사용하는 것과 또 비건 윤리를 사유하고자 "흑인 페미니즘의 언어를 전유하는 것"이 "불편한 기분"이 든다고 설명했다(크리스 Chris, 비건 14년 차).

이런 생각은 교차성이 이질적으로 쓰이는 경우가 점점 증가하는 것을 우려하며, 이런 용법 모두가 사회적 변화를 향한 진보적인 의제에 적합한 것은 아니라는 배경 속에서 탄생했다(콜린스, 2019). 구체적으로 비거니즘과 관련지어 살펴보자면, 어떤 사상가들은 비건 우호적인 연구가 교차성을 잘못 차용하며 탈정치화한다고 비난했다; 예를 들어, (코리리 렌이 창립한)**비건 페미니스트 네트워크**를 위한 에세이에서 미셸 마틴딜 Michele Martindill (2015)은 교차성이 흑인 페미니즘에 뿌리를 내리고 있다는 사실을 폐지론 비거니즘이 인식하지 못한 채로 교차성의 언어를 전유했다고 비판한 블로그 게시물이 널리 알려진 결과 논쟁이 벌어진 일을 거슬러 올라가 본다. 이 블로그는 동물해방론자 단체들이 "모든 억압은 연결되어 있다"는 것을 압축적으로 표현하고자 교차성을 사용하는 경우가 증가하고 있으며, 이는 마틴딜의 표현에 따르자면 "모든 생명이 중요하다는 백인 중심적인 주장과 위험하리만치 닮아 있는" 방식이라고 주장했다.

마틴딜은 이렇게 얘기를 이어간다: "동물권 운동에 참여하는 누군가가 자신들은 교차성 비거니즘을 실천한다고 주장하면서, 교차성 비거니즘을 그저 모두를 위한 정의를 추구하고 또 모든 착취와 억압에 맞서는 것이라 규정한다면, 이는 곧 잘못 이해한 문화적 전유에 따라 행동하는 것이에요." 이와 같이 의도치 않은 차용에 문제가 생겨나는 걸 피해야 한다는 사실을 인지하면서 인터뷰 대상자들은—의도적으로 동물과 관련해서 발달한— 에코페미니즘이나 비판적 동물 연구의 대안적인 용어가 이런 사안에 관한 감수성을 드러내는 방식일지도 모른다고 주장했던 것이다.

또 다른 인터뷰 대상자는 이런 긴장을 사려 깊은 방식으로 분석했다. 교차성이란 "나와 같은 백인 시스젠더 동료라면 내뱉어서는 안 되는 용어"라고 얘기한 뒤, 그는 과거 자신의 행동을 비판적으로 성찰하며 이것이 **왜** 중요했는가를 파고들었다: "내가 그 용어를 사용하는 걸 그만둔 까닭은… 최근에는 이 말이 흑인 페미니즘에서 나온 것이라 인정하는 것 이상으로 지나치게 나아간다고 생각했기 때문이에요. 또 이 점이 내겐 아주 죄책감을 안겨주었는데, 그런 맥락을 삭제하고 이 용어를 기회주의적으로 사용했기 때문이죠"(그래햄 Graham, 비건 12년 차).

그래햄과의 인터뷰에서 등장하기는 하나, 내 인터뷰 대상자들 대다수가 생각하는 공통적인 주제가 있다. 이를 그래햄의 표현대로 설명해보자면 이렇다. 바로 교차성이란 "오래된 와인을 새 병에 따르는 것"
이 아니라는 점이다. 다시 말해, 교차성은 단순히 "뒤얽힌" 억압이나 "얽
매인" 억압을 설명하는 또 다른 방식이 아니며(니버트, 2002; 라이트,
2018, 2019), 따라서 교차성이 지닌 구체성과 기원을 무시한 채 "완전한
해방" 등의 개념과 호환 가능한 것처럼 쓰여서는 안 된다. 그런 한편으
로, 그래햄은—"본분을 지켜야 한다"는 염려 때문에— 자신이 "교차성"
이라는 용어를 사용해야 하는지 우려하는 것 자체가 문제가 될 수 있을
지를 궁금해했다. 만약 그 결과 교차성 페미니즘 사상이 제기한 사안을
다루지 못하게 된다면 말이다.

다르게 표현해보자면, 교차성의 기원이 담고 있는 의미는 이렇다.
교차성이라는 용어는 억압이 연결되어 있다는 걸 설명하는 다른 용어들
과 호환해서 쓸 수 있는 것이 아니다. 그렇지만 교차성이라는 말을 잘못
쓰는 일에 저항하는 것이 곧 이 말을 아예 피하는 것과 동일하지는 않다.
이 주장이 지닌 중요성을 또 다른 인터뷰 대상자가 명확하게 표현했다:

> 나는 흑인 여성이 만든 용어를 사용하는 흑인이며, 내가 하는 작업이 경계
> 를 넘어서는 교차적인 것이라는 사실을 알고 있으니 나 스스로를 교차성 비
> 건이라고 부를 수는 있습니다. 하지만 백인 비건들이 교차적이라는 용어를
> 차용하듯이, 거의 운동을 빼앗아서 이용해 먹듯이 하는 것은 문제예요. 그
> 렇게 함으로써 흑인과 황인의 목소리를 삭제하고 무시하니까… 그들에게
> 이런 식의 신뢰성을 줄 수 있는 용어를 쓸 수 있도록 말이에요. 그렇지만 그
> 들은 이 운동을 포용적이고 교차적으로 만들기 위해 뒤에서 해야 하는 일을
> 전혀 하지 않고 있어요. (알리[Ali], 비건 12년 차)

알리의 대답은 찬찬히 살펴볼 만하다. 교차성이 다양하게 사용되면서 생겨난 과제를 다루고 있기 때문이다; 이 인터뷰에서 알리는 모든 억압이 뒤얽혀 있다는 생각과 동일한 의미로 교차성이라는 용어를 사용하는 것이 **아니라고** 단호하게 밝히며, 억압을 그저 인식하기 위해서만 노력하는 게 아니라, 이를 뒤흔들고자 노력하는 비건 정치를 발전시키는 것과 관련해서 사용한다: 비거니즘 자체도 연루되어 있을 수 있는 불평등을 뒤흔드는 것을 포함해서 말이다.

비건이 됨으로써 인간 억압과 동물 억압에 일조하지 않는다는 느낌을 주려는 의도로 "교차성 비건"이라는 용어를 개인적인 정체성의 표지나 '뱃지'처럼 사용하면 문제가 된다고 알리는 주장한다. 그 이유는: "자기가 빌어먹을 인종차별주의자나 또는 그 어떤 것도 아니라고 생각하는 백인에게 그 말을 쓰면, 갑자기 그 뱃지가 점점 커지고 커지고 커지면서 '나는 교차성 비건입니다' 같은 걸 입으려고 들기 때문이에요. 사실 본인들이 교차성 비건이 되는 게 아니라, 교차성 비거니즘을 홍보해야 하는 것인데도 말이죠." 다시 이야기하지만, 이런 주장은 적극적으로 풀어내야 하는 교차하는 억압들의 관계를 설명하는 도구로 교차성을 사용하는 것이 아니라, 교차성을 정체성의 표지로 쓰거나 연대감을 표현하기 위해 개인화하는 라벨로 쓰는 것이 점점 더 인기를 끌고 있는 것에 관해 광범위하게 벌어지는 논쟁과 관련이 있다(크렌쇼, 2017; 이 용어의 확장된 사용에 대한 호의적인 비판적 평가는 내쉬 Nash [2018]를 참고할 것).

이런 논쟁에 관해 대답하는 블로그 게시물을 통해 하퍼(2018)는 비거니즘이라는 맥락 속에서는 교차성을 거부해야 하는가에 관해 유용한 답을 내놓으며, 이렇게 질문을 던진다: "단지 이 용어를 '트렌디'한 방식으로 쓰고는 있지만, 자본주의라든가 은밀하고도 체계적인 백인 우월주의를 진정으로 무너뜨릴 생각은 없는 현 상태에 점점 더 '동원된다는' 이유만으로 이제 나는 '교차성'을 버려야 하는 걸까?" 그녀는 "아니"라는 말과 함께 글을 맺으며 이렇게 이야기한다:

> 어떻게 **"모든 것이 연결되어 있는가"**라는 데서 전세를 뒤집으려고 맴돌면서 "처박혀 있는" 것이 목표는 아니다… 세상을 분석하는 무슨 재미난 활동을 한다거나 퍼즐 놀이처럼 재밌는 연결점을 만들어내듯이 교차성에 관해 배울 수는 없다. 모든 것이 신자유주의적 자본주의/신식민주의라는 바퀴에 연결되었다는 것을 알게 된 이상, 여러분은 [바로 그] 다음 단계로 나아가야 한다… 바로 **신자유주의적 자본주의스러운 해결책 바깥**으로 말이다. (하퍼, 2018)

그러므로 "교차성"의 용법에 관한 이런 모든 비판적인 서사들은 교차성 비거니즘이 특정한 정치적 신념이라는 라벨이나 지표로 축소될 수도 있다는 위험을 지적하는 데에 도움이 된다. 나아가, 본질적으로 비거니즘이 모든 맥락 속에서 교차하는 억압에 대한 답을 내놓는다고 간주하기보다는, 목표를 실행하기 위해서 수많은 구조적 장벽을 조정해야 하는 지속적인 실천이라고 비거니즘을 이해해야 한다.

그렇지만 모든 인터뷰 대상자들이 이런 주자에 직접 공명한 것은 아니며, 논의를 진행하기에 앞서 다소 다른 관점을 드러낸 인터뷰 참가자들의 말을 살펴보는 것이 유용할 것이다. 초기의 한 인터뷰에서—당시에— 내가 생각하기로는, 자신이 구조적 불평등에 공모하고 있다는 사실을 뚜렷하게 인지하면서 비거니즘과 백인성의 관계를 논의하고자 시도했다. 그렇지만 이런 맥락의 질문을 인터뷰 대상자인 베니 Benny에게 던졌을 때, 그는 내가 나 스스로를 삭제한다고 생각했다: 이 경우에는 **그가** 흑인 영국인 비건으로서 경험한 것을 열외로 취급하면서 말이다.

예를 들어, 비거니즘의 백인 중산층의 실천이라는 스테레오타입에 관한 생각을 묻는 질문에 대한 답으로 그는 이렇게 주의를 주었다: "조심해야 합니다, 그 말은 꽤나 절대적인 표현이니까요. 그 주장을 고착시킨 게 누구인지, 그 주장이 누구에게 이득이 될지를 물어봐야 해요"(베니, 비건 24년 차). 그런 다음, 그는 이런 추론이 지닌 위험성을 오랫동안 논의했다. 이 대답은 불평등을 직면한 인터뷰 대상자들이 비거니즘이 백인 중산층과 관련되었다거나(그리네바움, 2018) 접근할 수 없는 것이라는(스테픈스 그리핀, 2017: 87-8) 인식 때문에 불편함과 분노를 드러내거나, 심지어는 자신을 가르치려 드는 것 같다는 기분이 든다고 얘기했던 다른 비건 연구와 흐름을 같이 한다.[37]

물론 이런 답변의 맥락을 조심스럽게 파악하는 일이 중요하다. 이를테면 베니는 영국에 살고 있으며, 이곳 환경은 인종적 불평등과 특히나 문제적인 관계를 맺고 있다. 으레 영국은 미국과 동일한 문제를 공유

---

37 스테픈스 그리핀의 인터뷰 대상자는 다양한 사람들이 마주한 불평등을, 그리고 이것이 비건 실천에 어떻게 영향을 끼칠 수 있는가를 인식하고자 노력하는 비건 활동주의가 직면한 딜레마를 특히나 탁월하게 설명했다. 인터뷰 대상자인 클레어(Claire)는 신경 질환 때문에 일상생활이 조금 더 쉽도록 만들어주는 약을 복용하고 있으나, 동물 실험을 거친 약품을 복용하는 걸 상당히 불편하게 느꼈다. 주목할 만한 것은, 그녀가 활동 단체에 다시 들어가는 것을 경계하고 있었다는 사실이다. 자신이 이와 같이 타협한 것을 평가할까 봐서 두려웠기 때문이 아니라, 오히려 그 반대의 이유 때문이었다: 바로 다른 비건들이 "가르치려는 듯이 굴고, 또 장애차별적인 동정심을 드러내면서 그녀가 내린 선택을 지나치게 기꺼이 받아들일까 봐" 우려했던 것이다(2017: 87).

하지는 않는다고 생각하지만, 영국의 인종차별주의는 제국이라는 자리에 있으면서도 북아메리카 국가들과 같이 식민주의적인 유산을 마주할 필요가 없기에 단지 부인하기가 쉬울 뿐이라고 여러 학자들은 지적했다(예를 들어, 보팔^{Bhopal}, 2018). 그렇지만 이와 같은 국가적인 맥락이 상당히 중요한 한편으로, 영국의 구체적인 역동은 곧 **음식** 정치를 둘러싼 긴장이 다소 다르게 표현된다는 사실을 인식하는 것도 중요하다.

비거니즘의 여러 갈래들은 여전히 중산층과 엘리트를 중심으로 이뤄져 있다고 여겨지지만, 영국 식민주의가 낳은 유산은 바로 영국의 가장 큰 디아스포라 공동체가 독특한 식물 기반 식품 전통을 지니고 있다는 것이다. 예를 들어, 레스터 ^{Leicester} 같은 도시에 있는 남아시아인 공동체와 관련된 식당 문화에는 영국 채식주의의 수도라는 라벨이 붙었으며, 아프리카계 카리브해 식품 아울렛에서는 라스타파리 ^{Rastafari} 스타일의 이탈 ^{Ital} 음식이 일반적이고, 초창기 "유명인 비건"등 가운데는—가장 유명한 인물은 벤자민 스바니야^{Benjamin Zephaniah}다— 인종차별에 반대한다는 뜻을 명확히 내보였다.[38] 그러므로 역사적으로 봤을 때 식물 기반 식품과 백인성이 맺는 관계는 다른 국가적 맥락에 비해 영국에서 더욱 어지러웠다. 베니는 이런 환경에서 백인의 개인주의적인 정치라는 코드를

---

[38] 영국 학교에서 가르치는 공식 교육과정에도 글이 실려 있는 시인이자 음악가인 스바니야는 1990년대 영국 미디어에서 가장 유명한 비건이었을 것이다(실제로 — 미디어에서건 "현실"에서건 — 누군가가 자신을 비건이라 얘기하는 걸 내가 처음 들었던 때는 그가 어린이용 텔레비전 프로그램에서 자신의 시 "말하는 칠면조(Talking Turkeys)"를 읽었을 때다). 스바니야는 비거니즘에 초점을 맞춰 여러 편의 시를 썼으며, 그 가운데는 『작은 비건 시집(The Little Book of Vegan Poems)』(2001)도 있다. 또, 그는 영국 비건 협회 홍보대사이기도 하다. 2000년대 초, 그는 식민주의에 반대한다는 신념 때문에 국가 훈장을 — 대영제국 훈장(OBE)을 — 거부한 뒤 특히나 명성을 얻었다.

비건 실천방식에 붙이는 것은 비거니즘의 급진적인 기원과 **단절하는** 것이며 대안적인 서사와 경험을 끊어내는 행동이라고 바라보았다: 베니 자신의 경험도 포함해서 말이다.

다른 인터뷰 대상자들도 이와 유사한 우려를 제기했다. 예를 들어, 카리마 Karima (비건 22년 차)는 인터뷰 내내 동물권 활동주의 안의 인종차별을 광범위하게 이야기했으며, 특히 다양한 억압을 비교한다는 문제를 고찰하면서 "인종 관계의 역사에서 이미지를 가져와서, 이를 동물, 다른 동물들, 다른 종에게 적용하는 것은 위험해요. 그렇게 했을 때에 모욕을 줄 수 있다는 것은… 생각지도 않은 채 말이죠. 설령 당신이 '나는 동물이라고 부르는 게 모욕이 아니라고 생각한다'고 말하더라도, 역사적으로 그 말을 모욕으로 쓴 것은 사실이잖아요!"라는 점도 고찰했다. 나아가, 인터뷰가 끝나갈 무렵, 그 밖에 할 이야기나 드는 생각이 있는지 물어보자, 그녀는 이 주제를 조금 다른 맥락에서 다시 이야기했다: "동물권 운동에서 해소되지 않은 문제 하나는 바로 인종차별을 다루는 것이에요. 저는 인종차별을 봤고, 계속 보고 있고, 여전히 그대로예요." 특히 카리마는 폭력에 대한 책임은 "다른 문화들"(특히 중국)에 있다는 가정을 우려했으며, 활동주의 안에 이렇게 타자화하는 비유가 끈질기게 이어진다는 사실을 염려했다.

카리마의 비판적 성찰은 그 자체로도 중요하지만—베니와 마찬가지로—, 그녀도 전혀 다른 형식의 삭제를 암시하고 있다는 사실이 주목할 만하다. 광범위하게 본다면 동물권 활동주의가 문제적인 이미지를 사용해 온 역사가 기나길 수도 있으나, 이런 사안을 비건 실천과 딱 맞아떨어지는 동일한 것으로 취급하는 일은 피해야 한다고 그녀는 주장한다.

그러면서 그녀는 비거니즘이 백인 중산층의 운동이라는 가정에 대해 다시 한번 불편함을 드러냈다: "제 친구 하나는 중산층 사람들이 비건이 되는 것은 환경 문제를 해결하는 적절한 해결책이 아니라고 얘기했는데요, 저는 그저 '내 얘기를 하는 건가?!'라는 생각만 들었어요. 또 실제로 저는 중산층이 **아니고**, 예전에도 아니었어요… 아주 문화적으로 특수한 일이죠, 안 그런가요?" 카리마에게 이와 같은 문화적 특수성은 대단히 중요한데, 그 이유는 다음과 같다.

> 누군가 특정한 국가 안에서 비거니즘을 분석하려 한다면 그렇게 얘기하는 건 정당해요… 그렇지만 비거니즘이 무엇인지, 또 비거니즘의 역사가 무엇인지에 관해 일반적인 서술을 내놓는 것이라면, 뭐, 네, 저는 이런 생각을 하죠: 내가 채식주의자가 된 동기라든가, 채식 음식을 먹을 수 있는 기회 또는 접근성은 내게는 별다른 문제가 아니라고요. 중동과 아시아 요리에는 정말… 채소가 가득하고, 고기가 꼭 식사의 중심이 되지 않기 때문에, 채식주의자가 되는 일이 서양과 똑같지가 않아요. 꼭 서양과 비교를 해보지 않더라도 애초에 어려운 일이 아니거나, 또는 아무리 그래도 서양만큼 어려운 일은 아니에요… 저는 그저 이렇게 생각할 뿐이에요: 당신들은 특정한 인구에 관해서만 얘기를 하는 거라고 말이죠. 원래는 훨씬 더 큰 이야기니까요!

특정한 개인의 경험과 다르다는 이유로 계급화되고 인종화된 불평등의 문제를 완전히 없애서는 안 된다는 점이 중요하다(특히나 동물권 운동 안에서 일어난 토큰화라는 문제적인 역사를 고려한다면 말이다; 브루엑, 2017: 100). 그런 한편으로, 베니와 카리마의 반응 모두 비거니즘의 특정한 반복을 비판하는 것 자체가 배제를 낳는 것이 아니라는 사실을 확실히 할 필요가 있다는 걸 보여준다. 이 챕터의 나머지 부분에서는—다른 사회정의 사안과의 교차점을 간과하는 비거니즘과, 비거니즘에 대한 비판 모두에서 일어나는— 바로 이런 삭제의 두 가지 유형에 초점을 맞추며, 대중문화 속 다양한 사례들을 살펴볼 것이다.

이와 같은 인터뷰들이 보여주듯이, 접근성, 실현 가능성, 관련 규범이라는 차원에서 국가적 맥락에 따라 상당히 달라지는 실제 비거니즘 경험과, 누가 "전형적인 비건"인가를 보편화하는 서사를 만들어내거나 인종 차별적인 비유를 고착시키는 매개적인 비거니즘 묘사를 구분하는 것이 중요하다. 이제는 이런 매개적인 서사에 초점을 맞추어, 비거니즘이 어째서 문제적인 위치에 이르렀는가를 명확하게 밝혀볼 것이다. 이것이 개인이 비건 실천에 참여하는 것과 꼭 들어맞지 않음에도 말이다.

비거니즘이 왜 계급주의, 백인성, 젠트리피케이션과 연관이 되었는가를 설명하는 최근의 현상을 하나 꼽자면, 바로 악명 높은 블로그이자 레시피 책 시리즈인 T*** Kitchen(이하 TK)을 꼽을 수 있다. 이 기획은 비건 학계와 광범위한 블로그 세계 모두에서 비난을 받았다(하퍼, 2014; 렌, 2014; 라이트, 2015: 150; 프리스틀리, 링고, 로열, 2016).[39] 처음에 TK는 저렴하고 구하기 쉬운 재료를 활용한 레시피를 게시하며, 자유주의적인 신성 모독을 간간이 업로드하는 블로그로 시작했다. 이 사이트의 슬로건은 "섹스를 하듯이 먹어라"였으며, 사이트 탐색 도구에는 "예전 쓰레기"와 같은 라벨이 붙어 있었다(이를테면 "예전 레시피" 등의 표현을 사용하지 않고 말이다). 레시피들은 어조가 비슷해서, 예를 들어 구운 토마토 수프 레시피의 첫머리에는 다음과 같이 요약적인 설명이 나와 있었다:

---

39 프리스틀리 외(2016: 351)는 라우어 M. 잭슨(Laur M. Jackson), 마야 K. 프란시스 (Maya K. Francis), 아케야 딕슨(Akeya Dickson)을 비롯한 블로거들과 브라이언트 테리, A. 브리즈 하퍼의 주요 비판을 한 곳에 모아두었다: 이들의 연구는 본문에서 더 자세히 논의하고 있다.

이번 독감 철이 멋대로 설치고 돌아다니지 않듯이, 당신도 설치고 다녀서는 안 된다. 바로 그러니 여기 나와 있는 구운 토마토수프를 한 대접 가득 먹어야 하는 것이다. 통조림 수프는 나트륨만 몇 숟가락씩 들어 있는 게 전부이기 때문이다.

이 사이트에서 비속어나 모욕적인 말을 쓰는 것이 핵심은 아니었다. 이 사이트와 책에 나오는 구체적인 문장 구조, 용어, 언어적 특성들은 아프리카계 미국인의 토착적인 영어 AAVE의 특징과 부합했으며, 독자들은 글을 쓰는 사람이 누구일지 방향을 잡을 수 있었다(프리스틀리, 링고, 로열, 2016). 책의 시작 부분에서 이런 인상은 더욱 강해졌는데, 앞부분에는 "섹스를 하듯이 먹어라"는 슬로건이 쓰인 천 가방을 메고 스케이트보드를 타는 아프리카계 미국인 남성의 상반신이 나와 있었기 때문이다. 레시피에는 그래피티, 금이 간 인도, 심지어는 전깃줄에 매달린 신발과 같이 도시의 빈곤한 지역과 연관된 포괄적인 이미지가 함께 실려 있었다.

처음에는 이런 TK 현상이 건강한 음식을 접하기 쉽게끔 해주는 부담 없는 수단으로서 긍정적으로 여겨졌다. 예를 들어, 레시피 책 『비건 소울 키친 Vegan Soul Kitchen』(2009)의 저자 브라이언트 테리 Bryant Terry는 처음 이 사이트를 보았을 때—적어도 피상적인 차원에서— TK가 어떻게 보였는가를 자신의 관점에 따라 설명한다:

사람들이 더 건강하게 먹도록 힘을 실어주려 노력하는 (그리고 음식 불평등의 영향을 가장 크게 받는 공동체들이 신선하고 가격이 적당한 음식을 더 접할 수 있게 만들고자 노력하는) 아프리카계 미국인 활동가로서, 나는 사람들의 태도, 습관, 또 음식을 둘러싼 정치를 바꾸는 데에 대중문화와 온라인 미디어가 맡고 있는 중요한 역할을 오랫동안 생각해왔다. (테리, 2014)

그렇지만 테리는 시간이 흐를수록 블로그가 점점 더 불쾌해졌다고 설명한다. 블로그에서 사용하는 유머가—그리고 스테레오타입이— 대단히 문제적이라 생각하면서 말이다. 빈곤한 유색인 노동계층이 아니라 매트 할로웨이 Matt Holloway 와 미셸 데이비스 Michelle Davis 라는 중산층 백인 두 명이 TK를 운영하고 있다는 사실을 음식 블로그 **에피큐리어스** Epicurious 에서 폭로한 뒤, 이런 불편함은 더욱 심각해졌다(프리스틀리, 링고, 로열, 2016). 이 사이트의 제목을 감안한다면 이렇게 폭로된 사실은 특히나 문제적이었다; 하퍼가 설명하듯이,

> "양아치 thug"라는 말은 미국에 사는 수많은 흑인들에게 안 좋은 기억을 불러일으킬 수 있다. 오스카 그랜트 Oscar Grant, 트레이본 마틴 Trayvon Martin, 마이클 브라운 Michael Brown 의 살인사건을 생각한다면 말이다. 부디 이해해달라. "양아치"라는 말이 인종적으로 쓰이며 "흑인으로서 돌아다닌다는 이유만으로도 선제적인 공격을 받아 마땅한 위협적인 흑인 남성"이라는 의미를 지니는 미국이라는 맥락 안에서 이 모든 일이 벌어졌다. "양아치"라는 말의 사회적/인종적 의미가 이렇게 변한 것은 지난 10년 동안의 일이며, 이는 중요한 의미를 지닌다. "양아치"라는 말은 '검둥이'라는 말 대신에 정치적으로 올바르게 흑인 남성을 표현하는 방식이라고 많은 이들이 주장했다. (하퍼, 2018)

그러므로 글쓴이들의 정체성을 고려한다면, TK의 언어 사용은 인종차별적으로 바뀐 스테레오타입을 재전유한 불경한 유머로 해석되었던 데에서 바뀌어, 인종차별적인 비유를 적극적으로 사용하는 것으로 변모한다.

알렉시스 프리스틀리 Alexis Priestly, 사라 K. 링고 Sarah K. Lingo, 피터 로열 Peter Royal (2016)은 『비거니즘에 관한 비판적 시각 Critical Perspectives on Veganism』에 실린 자신들의 챕터에서 TK를 지속적으로 비판하며, 이들의 언어 사용을 더욱 자세히 탐구한다. 이 저자들은 하퍼를 바탕으로 삼아 교차성 비건의 관점으로 이 블로그를 다룰 필요가 있다고 분명하게 밝히는 한편으로, 이 블로그에서 접근성을 중요시한다는 점과 관련된 사안들도 강조한다. 프리스틀리 외가 지적하듯이, 이 책과 블로그는 경제적으로나 기술적으로나 비거니즘을 접하기 쉽게 만드는 수단을 제시한다. "평범한" 재료로 빠르고 쉽게 만들 수 있는 레시피를 홍보하면서 말이다. 그렇지만 이렇게 접근성을 약속했던 것은, TK가 "무첨가 호두 버터"와 같은 재료를 반복적으로 호소하면서 약해지고는 한다. 이런 재료는— 글쓴이들이 설명하듯이— 일반 땅콩버터보다는 "덜 쓰레기"일 수는 있으나, 예산이 한정된 이들은 접하기 어렵기 때문이다(프리스틀리, 링고, 로열, 2016: 356).

이렇게 약속했던 것을 레시피에서 지키지 못한다는 점이 중요하다. 설명에 나온 "건강한" 재료들 가운데 다수가 비싸거나 접근하기 어렵다는 사실은 인정하지 않은 채, TK에서 쓰는 많은 재료들이—또 심지어는 농담들도— 특정한 먹는 방식을 건강하지 못한 것으로 구성하기 때문이다. 바로 이처럼 불평등을 삭제하는 것이야말로 건강한 음식에 접근할 수 있는 것처럼 만든다. 이를 두고 하퍼(2012)는 "포스트-인종"적인 대안적 음식 풍경을 정의하는 특징이라고 설명한다; 즉, 인종, 계급, 그 밖의 불평등은 중시되지 않으며, 식습관의 선택은 그저 개인적인 차원으로 내려온다는 의미이다.

테리는 TK 자체에 확고하게 비판적이지만, TK가 제시하듯이 전유를 활용하는 백인 비거니즘이라는 낙인과 엄격한 비거니즘을 주의 깊게 구별한다는 사실을 분명히 짚고 넘어가야 한다. "여기서 가장 나쁜 공격은 바로 그릇된 재현을 보여준다는 것이다"라고 주장하면서 말이다(프리스틀리 외는 이 표현을 빌려 자신들의 챕터 제목으로 삼았다). 이 말의 의미를 설명하며 테리는 이렇게 말한다: "아프리카계 미국인 음식은 지방이 가득한 돼지고기로 만든 음식이자 버터를 잔뜩 넣어 위안을 얻는 음식이라는 낙인과 스테레오타입에 시달릴지도 모른다.

그렇지만 사실 이와 같이 고기를 잔뜩 넣어 마음껏 타락하는 것은, 음식 시스템이 산업화되기 이전 분리주의라는 억압에 시달리던 수많은 사람들에게는 드문 일이었다." 다시 말해, 테리가 보기에 TK의 문제는 단순히 잘못 전유하면서 인종차별적인 스테레오타입을 만든다는 것이 아니라, 유색인종을 배제하는 대안적 음식 풍경 관념을 바탕으로 삼아 유머를 구사한다는 점이다. 테리가 이야기하듯이, 이와 같은 폭로는 TK의 유머에 깊게 뿌리를 내고 있는 문제점과, 이 유머가 "의식적으로 보여주는 진보적인 음식들과, 상상으로 만들어낸 천박하고 무지한 양아치 사이의 대조"에 의존하고 있다는 사실을 부각시킨다. 그는 이 농담에 관해 이렇게 주장한다.

여기서 말하는 양아치가 디스토피아적인 동네의 온갖 햄버거 가게의 휘황찬란한 불빛이라든가 방탄유리를 갖춘 테이크아웃 전문 식당, 또는 뉴스와 대중매체에서 묘사하기로는 식품 잡화점 간판 아래서 마약을 밀매한다는 더러운 유색인종 같은 사람이어야만 이런 농담이 작동한다. 개그에서 보여주듯이, "그런 부류의 사람들이" 당신더러… 루꼴라[40]나 템페[41]를 준비하라며 겁을 준다고? 얼마나 어리석고, 얼마나 충격적이고, 얼마나 우스운가! (테리, 2014)

따라서 이런 논의들은 백인 비거니즘 자체가 야기한 상징적 폭력을 가리키는 동시에, TK와 같은 텍스트에 관한 비판이 이런 삭제를 의도치 않게 고착시키지 않게끔 하는 것도 중요하다는 사실을 보여준다. 이는 베니와 카리마가 인터뷰에서 제기한 우려와 흐름을 같이 한다.

TK를 둘러싸고 너무나 많은 논란이 벌어졌기에, 이를 문제적인 예외라고 치부하기는 아주 쉬울 것이다. 그렇지만 이렇게 결론을 내리는 것을 거부하면서, 폭넓은 비건 담론과 비건 실천 속에서 배제가 표현될 수 있는 복합적인 방식을 인식하는 것이 필수다. 앞선 챕터에서 설명했듯이, 유독 지독한 백인 비거니즘의 사례로 TK를 들기는 했지만, 다른 대중적인 비거니즘 사례들은 억압들 사이의 관계를 간과해서가 아니라 알면서도 모른 척하며 잘못된 연결점을 만듦으로써 문제를 일으킨다. 이

---

40 역주: 루꼴라는 짙은 초록색 잎채소로, 주로 샐러드용으로 사용한다. 현재는 이탈리아 요리에서 많이 활용하며, 전 세계적으로 재배하고 소비하고 있다.

41 역주: 템페는 인도네시아에서 유래되고 주로 활용하는 식재료로, 발효한 대두를 주재료로 삼아 사각형으로 형태를 잡은 것이다.

런 식의 비교가 만들어내는 문제를 더욱 깊이 이해하는 데에는, 비교적 최근의 PETA 캠페인을 다시 살펴보는 것이 도움이 될 것이다.

2020년 2월, PETA는 슈퍼볼 Super Bowl 생방송에서 "금지당했"다는 캠페인 광고를 발표한다. 이 광고에는 애니메이션으로 표현한 숲에 사는 동물들이 미국의 국가를 흥얼거리면서 엄숙하게 무릎을 꿇는 모습을 보여준 다음, 이 장면이 페이드아웃 되며 "존중은 모든 생명체의 권리입니다"와 "#종차별주의를끝내자 #endspeciesism"라는 슬로건이 등장한다. 여기 등장한 야생동물들은 생각보다 훨씬 광범위했다; 곰과 벌을 비롯해서 뱀, 물고기, 또―미국의 상징이니만큼 당연한 얘기지만― 흰머리독수리도 들어 있었다. 실제로는 무릎이 없는 동물들까지도 집어넣은 것은 조이(2011; 앞 챕터를 참고할 것)가 지적한 종차별적인 구별을 뒤흔들려는 의도였겠지만; 이 거침없는 이미지들은 저항한다는 의미로 한쪽 무릎을 꿇는 행동의 본래 의미를 패러디한 것으로 보이는 기호학적 과잉 semiotic excess 을 만들어냈다.

슈퍼볼 방송 중에 한쪽 무릎을 꿇는 행동을 할 때 광고를 동시에 내보내자며 광고 시점을 제안했던 것은 흑인의 생명도 소중하다 Black Lives Matter [42] 운동을 지지하는 의미로 2016년 미국 내셔널 풋볼 리그에 퍼져

---

42   역주: 흑인의 생명도 소중하다(Black Lives Matter) 운동은 2013년 흑인 여성 세 명이 주축이 되어 생겨났다. 흑인 트레이본 마틴(Trayvon Martin)을 2012년에 총살했던 조지 짐머만(George Zimmerman)이 무죄 선고를 받고 풀려난 데 대항하며 소셜 미디어에서 '#흑인의_생명도_소중하다(#BlackLivesMatter)' 해시태그를 활용해 운동을 시작했다. 이후 2014년에 마이클 브라운(Michael Brown)과 에릭 가너(Eric Garner)가 마찬가지로 흑인이라는 이유로 살해당한 뒤 전국적으로 운동이 확산되었으며, 특히 2020년 흑인 조지 플로이드(George Floyd)가 경찰에게 살해당한 뒤에는 전 세계적인 운동으로 자리 잡았다.

나갔던 상징적인 저항 행동을 직접적으로 지칭하는 것이었다. PETA는 자신들의 광고가 시위를 처음 시작했던 콜린 케이퍼닉 Colin Kaepernick 과 같은 인물에 대한 "존경"의 표시이며, 그런 한편 "식용 목적으로 죽임을 당하고 길러지는 동물이 겪는 학대라는 아주 심각한 주제에 대한 부담 없는 접근법"(PETA, 2020)을 내놓는다고 주장했다. 그렇지만 앞선 챕터에서 강조했듯이, 이런 이미지는 문제점을 알면서도 모르는 척하는 데다, 실패할 수밖에 없다고 지적한 사람들이 많다. 이미 일부 사람들은 다른 사람들보다 권리를 적게 지닌다고 취급하는 문화적 담론의 한계 안에서 작동하기 때문이다(킴, 2011).

이런 맥락에서 살펴보자면, 위와 같은 전략은 인간/동물 구분을 뒤흔들기보다는 그저 기존의 불평등을 고착시킬 뿐이다. 더군다나 이 캠페인이 "부담 없다"고 바라보는 PETA의 틀과 결합해서 살펴보자면, 예상치 못한 종들이 무릎을 꿇는 이미지는 포스트모던한 역설 속에 자리를 잡는다. 이를 비판적으로 바라보기가 어려울 지경으로 말이다(이는 특정한 텍스트 때문에 상처받는 사람들을 마치 농담을 이해하지 못하는 사람들로 취급하는 방법을 통해, 의도적으로 공격성을 부여한 텍스트에 대한 비판을 피하고자 할 때 으레 쓰이는 전략이다, 챕터 7을 참고할 것).

챕터 5에서 간략히 설명했듯이, PETA가 인간과 동물 사이에 해로운 연결점을 만들어내는 것은 새로운 일이 아니다(하퍼, 2010b). 그렇지만 지난 10년 동안 이런 전략이 끼치는 파급효과는 한층 심각해졌다. 제도적인 인종차별이 만들어낸 특수한 폭력에 관한 질문을 탈정치화하고자 백인 우월주의 단체에서 이와 유사한 방식으로 차용을 하며 #모든생명은소중하다 #alllivesmatter 와 같은 슬로건을 사용했기 때문이다. 동물권 지지 단체에서 이와 비슷한 슬로건을 쓴 것이 인종차별적인 수사를 강조하려는 의도는 아니었을지 몰라도, 모든 생명의 내재적 가치를 가리키는 것이라는 액면가만 따져보더라도, 이런 정서는 사회가 "포스트-인종" 시대에 접어들었다는 관념을 고착시킨다.

포스트-인종이라는 개념은 사회의 지배적인 담론을 가리킨다. "인종적 차별과 약점이 남긴 유산은 시간이 흐르면서 약해졌으며, 오늘날에는 설령 그런 차별이 존재한다 한들, 이례적이며 개별적으로 드러나는 정도에 그친다. 구조적인 차별이라거나 사회적으로 부과되는 차별이 아니"라고 주장하는 담론이다(골드버그 Goldberg, 2015: 2). 포스트페미니즘과 같은 유사한 문화적 현상과 마찬가지로(질, 2007, 2017; 다음 챕터를 참고할 것), 포스트-인종 담론은 인종차별 반대를 위한 노력이 더이상 필요하지 않다고 설명한다. 적어도 기계적인 차원에서는 사회가 이미 평등을 이룩했기 때문이라면서 말이다.

이런 관점은 인종차별이 (또는 여성혐오, 계급주의, 호모포비아가) 존재한다는 것을 꼭 부정하지는 않으나, 인종차별은 근본적인 사회적 변화가 필요한 구조적 또는 제도적 문제가 아니라 개별적인 "암적인 존재"에 불과하다고 본다. "인종을 간과한 채로 인종적 특권과 낙인을 부인하는 사람들과 인종차별 반대 담론을 한데 묶어 두었던" 정책적 계획은 1940년대까지 거슬러 올라가는 긴 역사를 지니고 있으나(머커지 Murkherjee, 2016: 49, 크렌쇼, 1997을 함께 참고할 것), 현대 포스트-인종 담론은 일반적으로 오바마 시대와 연관된다. 루팔리 머커지 Roopali Murkherjee가 주장하듯이, 흔히 흑인 대통령이라는 존재를 들먹이며 인종은 더 이상 중요하지 않다고 설명한다. "이런 포스트 인종 담론은 인종이라는 요소를 열외로 치부함으로써 인종차별을 부정하겠다는 공고한 경전을 다시금 구상한다. 스스로를 적절한 신자유주의적인 주체로 만들어낼 수 있는 사람이라면 그 누구도—또는 그 어떤 인종도— 인종적 차이에 영향을 받지 않는다는 주장을 내세우는 데 활용할 수 있는 아주 특정한 인종적 차이만을 인정하는 방법"(머커지, 2016: 50)을 이용해서 말이다.

다시 말해, 포스트-인종이라는 이 개념은 다양한 형태의 불평등을 사회적 문제가 아니라 개인적이라는 틀로 새로이 바라보는 광범위한 변화의 배치와 연관이 있다. 인종의 신자유주의화를 설명하면서 데이비드 테오 골드버그 David Theo Goldberg가 언급하는 것이 바로 이런 변화다(골드버그, 2009).

포스트-인종은 미국 안팎으로 현재 비거니즘을 둘러싼 긴장을 이해하는 데에 상당히 중요한 개념이다. 영국에서 나타나는 유사한 주장만이 아니라(예를 들어, 보팔, 2018), 이런 현상이 유통하면서 부여되는 초국가적인 가시성이 이를 뒷받침한다. 이를테면 하퍼는 그녀의 **비건 자매 프로젝트** 사이트는 "'포스트-인종적' 음식 풍경과 그 너머를 향한 비판적 인종 페미니스트의 여정"이라고 명시적으로 설명한다. 여기서 하퍼의 비판은 비건 옹호라는 맥락 속에서 인종, 계급, 젠더, 그 밖의 불평등이 무관하다는 개념이 때로 동물을 옹호한다는 임무를 완수하고자 이런 관심사를 옆으로 제쳐두는 것을 합리화하는 데 쓰이는 방식과 관련이 된다(예를 들어, 하퍼, 2010a, 2012).

아프 코(2017a)는 이런 담론이 실제로 어떻게 작동하는지를 유용하게 설명한다. 주류 미디어에서 비건을 설명할 때 백인이 지배적인 데에 맞서고자 그녀가 엄선한 영향력 있는 흑인 비건 목록에—#흑인비건들은끝내준다#BlackVegansRock— 대한 반응을 자세하게 담아낸 에세이를 통해서 말이다.

비건 협회의 소셜 미디어 계정에 이 리스트를 업로드하자 수많은 비판적인 댓글이 달렸는데, 이는 포스트-인종 담론과 비거니즘이 어떻게 합쳐질 수 있는가라는 측면에서 흥미로운 점을 드러내었다. 이런 반응들은 코가 역으로 인종차별을 한다고 비난하는 것에서부터 시작해, 인종에 연연해서는 안 되며, 다른 차별을 들먹임으로써 비건들의 지지활동을 복잡하게 만들어서는 안 되고, 진정으로 목소리 없는 존재인 동물들에게 초점을 맞추는 것이 더 중요하며, 해시태그를 #모든비건들은 끝내준다#AllVegansRock로 바꿔야 한다고 탄식하는 데까지 이르렀다(코, 2017a: 13-19를 참고할 것).

그렇지만 코의 에세이는 비거니즘을 향한 일반적인 비판에서 등장할 수 있는 위험들도 지적한다. 코가 이 목록을 발표했던 까닭은, 비거니즘에 관한 지배적인 담론이 백인성을 중심으로 삼고는 있지만, 이는 모든 비건이 백인이라고 이야기하는 것과는 다르기 때문이다. 코가 이야기하듯이, "유색인종 비건들은 [이미] 자신의 몫을 하고 있었지만, 전 지구적인 지지 운동에는 이들이 응당 누려야 마땅한 가시성을 확보하도록 만들어주는 제대로 된 기반과 지원이 없었다"(코, 2017a: 14). 다시 말해, 코의 계획은 비거니즘에 관한 주류적인 설명에서 유색인종 비건들이 주변화되는 데에 맞서고자 설계한 것이었다. 현대적인 맥락에서 주류적인 묘사는 주로 올바른 제품 구입을 지향하는 라이프스타일의 일종으로 비건 윤리를 홍보하는 백인 이성애자 유명인 비건들의 문화를 담고 있다(하퍼, 2012; 도일, 2016).

물론 이런 인식은 TK와 같은 현상이라든가 PETA 캠페인 안에서 문제점을 알면서도 모른 척 비교를 한 행동 등이 전파시킨 배타적인 서사라는 배경 속에서 탄생한 것이다. 그렇지만 이와 같은 배제는 대중적인 비건 담론에 그저 존재하기만 하는 것이 아니며, 전형적인 비건의 모습에 관한 스테레오타입을 고착시키는 비거니즘 비판을 통해서도 강화될 수가 있다. 이렇게 아주 다른 형태의 삭제가 지닌 중요성을 파악하려면, 2020년 초에 벌어진 또 하나의 유명한 사건에 대한 반응을 고찰해 보는 것이 도움이 된다: 바로 호아킨 피닉스^{Joaquin Phoenix}의 아카데미 남우주연상 수상 소감이다.

피닉스의 연설은 다양한 사회 정의 사안들을 연결 지으며 논란을 불러일으켰다. 피닉스는 "우리가 젠더 불평등을 이야기하건, 인종차별을 이야기하건, 퀴어 인권을 이야기하건, 토착민의 인권을 이야기하건, 동물권을 이야기하건 간에, 우리 모두는 불의에 맞서는 싸움을 얘기하는 것입니다. 우리는 하나의 국가, 하나의 인간, 하나의 인종, 하나의 젠더, 하나의 종이 아무런 처벌도 받지 않은 채 다른 이들을 지배하고, 사용하고, 통제할 권리를 지닌다는 생각에 맞서는 싸움을 얘기하는 것입니다" 라고 발언했다. 이 연설은 다양한 형태의 고통이 지닌 차이를 없는 것처럼 치부한다며 널리 비판을 받았다

예를 들어, 영국의 일간지 <인디펜던트>에 실린 저널리스트 해리어트 홀^{Harriet Hall}의 유명 기사에서는 피닉스가 다양한 사회 정의 사안을 연결 지으려 시도했던 것을 두고 "피닉스가 이미 놀라울 만큼 뚜렷한 남성적 특권을 지니고 있다는 사실을 부각"시키는 "짜증 나는 나열"이라고 설명했다(홀, 2020).

그렇지만 작가이자 연구자인 크리스토퍼 세바스티안Christopher Sebastian 은 홀의 비판을 질타하며, 연결점을 만들어내려는 모든 시도를 곧 (PETA 의 경우와 같이) "나쁜" 연결 짓기와 한데 묶어서 동일시하는 것이 우려 스럽다는 뜻을 밝혔다. 그리고 이렇게 한데 묶어 동일시하는 것은 잘 알 려진 인종차별 반대 활동가, 퀴어 활동가, 페미니스트 활동가들이 더 오랜 역사 속에서 섬세하고도 복합적으로 연결점을 만들어왔던 기존의 작업을 부수적인 것으로 취급한다고 주장했다(코, S. 2017도 함께 참고할 것).

홀의 주장은 홀 본인이 피닉스의 특징이라 얘기하는 것과 동일한, 수사적인 "백인 구세주"의 행동이라고 세바스티안은 주장한다: 바로 특 정한 형태의 차별을 활용해 다른 것들을 일축하면서, "기껏해야 부정직 함을 드러내는 것이 최선이며, 최악의 경우 억압을 고의적으로 무기 삼 는 것"(세바스티안, 2020)이다.

이런 주장들은 세바스티안이 자신의 웹사이트에 게재한 일련의 에 세이를 통해 오랫동안 드러냈던 우려 가운데 일부다. 이를테면 또 다른 기사에서는—"비거니즘이 인종차별적이고 계급차별적이라 한다면, 논 비거니즘에게는 나쁜 소식이 될 것이다If Veganism is Racist and Classist, Bad News for Nonveganism"(2018) — 비거니즘이 식품 사막과 같은 문제를 해결하고 자 노력하지 않는다는 주요 비판에 초점을 맞춘다. 이런 비판이 중요하 기는 하나, "본인들이 식품 사막에 살지도" 않고, "인간 착취와 동물 착 취에 가담하는 것을 제한하는 경제적인 어려움을 겪지도 않는" 사람들 이 이런 비판을 할 때면 위험해진다고 세바스티안은 주장한다. 불평등 때문에 타격을 입지 않는 사람들이 이를 활용해서 환경 윤리와 동물 윤 리를 일축해서는 안 된다고 그는 주장한다.

세바스티안은 "억압의 무기화"를 비판하기는 하지만, 비거니즘 자체를 저버리지는 않는다. 또, 그의 작업에서도 비거니즘을 실천하기 어렵게 만드는 조건에 처한 특정 공동체에 수치심을 부여하는 "단일 쟁점 비건들"을 예리하게 비판하기도 한다.[43] 더군다나 배타적인 형태의 비거니즘과 이런 배제를 고착시키는 비판 **모두를** 향해 비판적인 입장을 취하는 것은 세바스티안 혼자만이 아니다. 세바스티안의 작업은 두 가지 형식의 삭제 모두를 겨냥하는 광범위한 대항 담론의 일부다. 예를 들어, 미크맥 Mi'kmaq 학자인 마가렛 로빈슨 Margaret Robinson (2017)은 그녀가 동물권 활동주의에서 마주쳤던 토착민을 향한 문제적인 태도를 전면에 내세우는 한편, "백인 제국주의를 비건들에게 투사하는" 사람들이 "육식을 구실로 삼아 오스트레일리아 원주민들과 유대를 형성하"(2013: 190)기 위해서 가르치려 들면서 본질화하는 가정을 상정해둔 것 역시도 비판했다. 마찬가지로, 브루엑은 다른 형태의 억압에 도움을 주거나 이를 간과하는 비건 실천방식을 비판하는 것은 중요하지만, 백인 비거니즘을 **모든** 비거니즘과 동일시하는 것 역시 그 나름의 삭제를 만들어낸다는 얘기를 되풀이한다:

> 종차별주의에 반대하고자 노력하는 동시에 교차성을 지지하고 억압에 반대하는 것은 분명히 가능하다. 주변화된 사람들과의 연대를 활용해 비거니즘을 거부하지 마라. 설령 그와 같은 주변화된 사람들이 접근성, 정신건강, 또는 다른 사안 때문에 지금 당장 완전히 비건이

---

43 이런 긴장은 예를 들어 세바스티안의 웹사이트에 올라온 자주 묻는 질문들에 나와 있다.

될 수 없다 하더라도 말이다. 어떤 종류건 간에 사회정의를 향한 당신의 신념이 다른 이들의 개인적 또는 사회적 환경에 따라 달라져서는 안 된다. (2017: 22)

브루엑의 주장은 코의 #흑인비건들은끝내준다 기획과 하퍼의 『비건 자매』(2010b)가 개입했던 행동과도 맥락을 같이한다: 이는 포스트-인종 음식 문화를 비판하는 동시에, 비거니즘을 백인과 중산층의 것이라 표현하는 주류적인 묘사에서 주변화된 유색인종들이 비거니즘에 참여하는 장을 제공한다.[44] 이후 하퍼의 연구는(예를 들어, 2012) 비건 실천과 비건 재현이 지닌 복잡성을 계속해서 강조한다: 음식 시스템이 계급적이고 인종적인 불평등과 겹쳐져 있는 것을 인정해야 한다는 요청이 지닌 복잡성과, 이것이 윤리적 실천방식의 한계를 어떻게 설정할 것인가라는 복잡성, 또 한편으로는 동물성 제품을 쓰지 않는 것이 일반적인, 서구적이지 않은 윤리적, 문화적, 종교적 전통을 간과할 때 드러나는 삭제를 인식하면서 말이다. 전 지구적인 비거니즘을 둘러싸고 서로 갈등하는 서사들을 살펴볼 때, 비거니즘의 배제와 이렇게 배제할 때 맞닥뜨리는 난관을 동시에 다뤄야 한다는 요청이 표면에 드러날 수 있다.

---

44 하퍼의 『비건 자매』(2010b: XIV)의 도입부는 PETA가 노예 제도와 공장식 농업을 섬세하지 못한 방식으로 비교한 것을 비판할 뿐만 아니라, 이런 캠페인에 대한 반발 속에서 삭제가 일어났다는 것도 지적한다. 유색인종 동물권 활동가들의 노력이 "[모든] 동물권 활동가들은 백인 인종차별주의자라고 색칠해버리는" 과정 속에서 주변화되고 일축되는 경우가 많다며 활동가 알카 찬드나(Alka Chandna)가 우려했던 것에서 드러났던 것처럼 말이다.

전 지구적인 비거니즘(들)

지금의 비거니즘과 관련해서 긴장을 만들어내는 가장 큰 원천 한 가지는 북반구와 남반구의 산업화된 도시 지역과 같은 환경에서 대중화된 비건 정치의 양식과, 제3세계에서 등장한 비건 정치의 양식이 맺는 관계와 상관이 있다. 다양한 주장이 등장했으며, 이런 주장들은 이 챕터에서 설명한 삭제의 형식과 공명한다. 이를테면 비거니즘은 동물성 제품을 없애고자 추구했던 첫 번째 유형의 문화적 운동으로 스스로를 자리매김한다는 혐의를 받았다. 이런 서사는 오랫동안 동물성 제품을 삼가라며 권고해 왔던 다른 음식 전통을 삭제하는 데에 일조한다는 비판을 받았다. 수많은 대중적인 논평은 이를테면 도널드 왓슨^{Donald Watson}을 비거니즘의 "창시자"로 자리매김하는 것은 종교적·문화적 이유로 동물성 제품을 제거했던 다른 맥락을 삭제해버릴 위험이 있다는 주장을 내놓는다: 예를 들어 라스타파리안주의, 힌두교, 자이나교, 불교와 같은 것들을 말이다(예를 들면, 샤^{Shah}, 2018).[45]

그렇지만 배제라는 문제를 바로잡는 데에는 주의가 필요하다. 특히나 라이프스타일 윤리에 관한 포스트-인종 담론이 문제를 더 복잡하게 만들고 있기 때문이다. 일부 논평은 비거니즘에 관한 앵글로-유럽 서사를 탈중심화하려면 그저 이보다 앞서서 생겨났으며 또 지금도 계속해서 현대적이고 "서구적인" 반복과 발맞춰 나아가는 비건 실천의 전통을 그

---

45 캐서린 올리버(Catherine Oliver)(2020b)가 지적하듯이, 젠더와 연관
   해서도 이와 비슷한 삭제가 벌어졌다: 영국 동물 해방 운동(들)을 창시했던
   여성들은 희생시킨 채, 남성 활동가들의 경험이 우선시되었던 것이다.

저 인식하기만 하면 된다는 주장을 내놓는다. 그렇지만 중요한 것은 이런 이야기를 **어떻게** 풀어내는가다. 구체적으로는 두 가지 위험성이 있다; 첫 번째로는, 포괄적이면서도 서구적이고 백인 중심의 식물 기반 라이프스타일 관념을 탈중심화하고자 설계했으나, 의도치 않게 정반대의 효과를 내는 서사를 만들어낼 위험이 있다. 이런 서사는 광범위한 식습관 실천과 문화적 실천을, 후에 비건 협회가 "비거니즘"이라 이해한 것의 원형적 반복이라며 동질적으로 취급해버릴 수 있기 때문이다.

두 번째로는, 식문화에 관한 포스트-인종 담론이 지배하는 대중문화 풍경 안에 전 지구적 비거니즘에 관한 논쟁을 위치 짓는 것이 중요하다. 그 안에서는 다양한 전 지구적 맥락 속에 식물 기반 식품이 존재한다고 강조하는 것이 때로는 백인성과 문화적 둔감함에 관한 비판에 맞서 비거니즘을 **옹호하는** 데에 사용되었다. 그러므로 비거니즘에 관해 더욱 다원론적이고 광범위한 관념들을 발전시키는 것도 대단히 중요하지만—일반적으로 중심에 놓이는 이야기며 재현과 관련해 전혀 다른 기원을 지닌 비건 역사와 문화적 맥락을 쳐내지 않는 관념들을 말이다—, 이런 서사를 조심스럽게 위치 짓는 것도 중요하다.

이 책을 쓰고자 조사를 하며 기사, 블로그, 대중적인 논평을 읽는 과정에서, 비판적 서사 속에 반복적으로 등장하는 주제가 드러났다. 수많은 텍스트가 영국 비건 협회를 중심으로 삼는 문화적으로 특수한 "비거니즘" 이해를 넘어서고자 시도했다. "비건"이라는 용어가 만들어지기에 앞서서, 유럽 바깥이라는 맥락에서 비건 음식이 오랫동안 존재해왔다는 사실을 지적함으로써 말이다. 힌두교와 불교에 관한 광범위한 참고 자료가 일반적이었고, 기본적이고 주요한 비건 식료품의—후무스와 팔라펠부터 템페, 두부, 가짜 오리 요리에 이르기까지— 기원이 "비서구"라는 것도 짚었다. 실제로 콜(2014: 205)이 언급하는 것처럼, 비건 협회의 설립 문서에서도 식물 기반 식습관 실천이 자신들에게서 유래된 것이 아니고, 또 심지어는 19세기에 채식주의가 형식을 갖추며 등장하면서 유래된 것도 아니라는 점을 인정했다.

한편으로 본다면 이렇게 더 오랜 역사를 추적하는 것은, 동물을 자원으로 취급하기를 거부하는 에토스가 북아메리카와 서유럽의 실천과 함께 시작하고 또 끝나는 것이 아니라는 사실을 인지하는 데에 중요하다(하퍼, 2012와 마찬가지로 말이다). 다시 말해, 특수한 종교적·문화적 맥락에서 동물성 제품을 삼가는 것이 현대적인 "비거니즘"에 깔끔하게 들어맞지 않는다는 사실을 인지하는 것이 중요하다(예를 들어, 아비엘리 Avieli 와 마르코비츠 Markowitz, 2018; 바스토우 Barstow, 2017; 발페이 Valpey, 2020).

다른 한편으로는, 비거니즘에 관한 광범위한 서사는 "서구적인" 비건 실천의 역사를 복합적으로 만드는 것은 물론이고, 비건 실천 **비판** 역시도 복합적으로 만든다. 앞서 설명했던 것처럼, 비거니즘 비판은 대개 보편화하는 윤리 양식에 관한 경계심에 바탕을 두고 있다. 이런 윤리 양식은 스스로가 특수하고 대개는 경제적인 특권을 누리는 맥락에 놓여 있다는 것을 인정하지 않는다. 이런 비판은 특권적이고 "서구적인" 현상이라는 의미로서의 비거니즘을 중심에 놓을 수도 있다는 위험이 있다. 이는 비거니즘이란 무엇이며 어떤 의미인가에 관한 획일적인 이해를 고착시킨다.

실제로 현재 드러나는 "식물 기반 자본주의"(챕터 7을 참고할 것)가

북아메리카와 서유럽이라는 맥락에만 한정된 현상이라고 주장하는 것조차 위험하다. 이를테면 한국에는 불교 사원의 요리를 상업화하는 산업이 급증하고 있다. 서울에 있는 식당인 '발우공양'은 미슐랭 스타를 받았으며, '산촌'의 식사를 설명한 문헌은 (과거 불교 스님이었던) 식당의 주인이 사찰 음식의 상업화 방법을 탐구한 연구로 경영학 박사 학위를 받았다고 설명한다.

그러므로 인간의 이익을 위해 동물을 사용하는 것을 삼갔던 다양한 맥락들 사이의 연속성과 친연성을 추적해야 한다. 비건 실천을 지지하고 또 이를 비판하는 데에 쓰였던 규범적인 비거니즘 서사를 복합적으로 만들고 탈중심화하기 위해서 말이다. 그와 동시에, 비거니즘을 일종의 전 지구적인 현상으로 바라보는 동질적이고 지배적인 서사를 상정하지 않도록 비건을 지지하는 관점에서 저항하는 것도 중요하다. 다양한 전 지구적 맥락에서 일어나는 식습관 실천, 라이프스타일 실천, 또는 영적 실적은 표면적으로는 서로 유사할지도 모르나, 반드시 동일한 의미나 함의를 지니지는 않는다. 근본적으로 다른 종교적 또는 윤리적 신념을 바탕으로, 또 때로는 사회경제적 필요 때문에 형성된 것이기 때문이다. 예를 들어 불교와 식물 기반 음식에 관한 연구는 이런 이상들이 종종 이론과 실천 사이에 차이를 만들어내는 문화적 현실과 갈등을 일으켰다고 지적했다(바스토우, 2017); 이런 분석은 비거니즘의 "서구성"이나 특권에 관한 비판적 서사에 즉각적으로 대적하고자 불교를 들먹이는 방식에 반기를 든다.

처음에 내가 전 지구적 비거니즘을 주장하는 서사를 읽으면서 상충하는 반응을 보였던 것은 개인적인 경험의 영향이었다. 나의 아버지는 레바논 사람이며 중동에서 자랐다. 내가 좋아하는 추억 하나는, 아버지가 자신의 고향 음식이 "우연히도" 비건이라는 것을 알고는 즐거워하며, 바바 가누쉬[46] 같은 메뉴를 만들려고 가지 껍질을 까맣게 그을리느라 우리가 부엌을 엉망으로 만들었던 일이다(특히 아버지가 가지에 구멍을 내는 것을 깜박해서 요리 중에 터졌던 때가 기억에 남는다).

이런 경험은 식물 기반 요리가 최근에 벌어진 현상이 아니라는 걸 강조하고 있지만, 아버지와 내가 이런 음식과 맺는 관계는 서로 조금은 다르다. 이를테면 아버지 입장에서는 바바 가누쉬가 별다른 민족적 함의가 없는 일상적인 음식이지만, 내 입장에서는 특정한 음식 정치에 뿌리를 내리고 있는 특별한 채식 메뉴로 느껴지는 경우가 많았다. 다시 말해, 특정한 음식을 전 지구적 비건 서사의 일부로 위치 짓는 것은 간단치가 않다. 실제로 그저 우연히 식물을 기반으로 만들어진 메뉴를 모두 다 비거니즘과 동일시하는 것은 비단 그릇되게 대표하는 일일 뿐만이 아니라, 음식에 관한 포스트-인종적 이해에 의도치 않게 일조할 수가 있다. 이런 서사는 다양한 전 지구적 맥락에서 우연히 비건이 된 음식을 언급하며 비건 실천의 보편성을 강조할 수도 있다. 이와 같은 음식들 뒤에 놓인 상이한 맥락과 의미는 간과한 채 말이다.[47]

특정한 민족 또는 종교와 비거니즘 사이에 본질적인 연결점이 있다고 추론하는 서사 속에서는 보다 미묘하게 문제적인 긴장을 찾아볼 수

46　역주: 바바 가누쉬(baba ghanoush)는 중동 지역의 요리다. 구운 가지, 타히니, 올리브유, 레몬즙, 마늘, 소금을 으깨고 한데 섞어 일종의 소스처럼 먹는다.

47　이런 우려는 결론에서 다시 살펴보며, 가난의 결과로 생겨난 식물 기반 식습관을 비거니즘과 동일하게 취급하는 서사와 연관 지어 설명할 것이다.

가 있다: 설령 이런 움직임이 비거니즘의 기원에 관한 서구적인 서사를 탈중심화하려는 의도를 품고 있다 한들 말이다. 예를 들어, 라마 가네산Rama Ganesan의 에세이인 『억압적인 세상 속의 비거니즘Veganism in an Oppressive World』에서는 힌두교와 비거니즘은 무언가 본질적으로 연결되어 있다고 추론하는 요가를 사랑하는 비건들과 이야기를 나누며 느꼈던 당혹감이 드러나 있다. 그녀는 이것이 힌두교에서 인간-동물의 관계를 해석하는 방식을 잘못 이해한 것일 뿐만이 아니라, "인도에서 소고기를 금지하는 것은 민족주의적인 정부의 억압의 형식이며, 채식주의는 상류계급이 순수성을 표현하는 양식—즉, 사실은 교차성 비건을 옹호하는 것과 정반대"(2017: 66)라는 점을 지적한다.

실제로 다른 연구는 힌두교 민족주의와 이에 따른 이슬람 혐오를 뒷받침하는 순수성 서사에서 채식주의가 맡은 역할을 지적했을 뿐만이 아니라, 채식주의가 인도 카스트 제도를 구성하는 필수적인 역할도 했다고 주장한다(암베드카르Ambedkar, 2020에 따르면 그러하다).[48] 그러므로 인도라는 맥락 속에서 다양한 억압이 서로 얽매이는 방식이 지닌 복잡성을 인지해야 한다. 예를 들어, 야미니 나라야난Yamini Narayanan은 소 보호주의를 비판적으로 평가하며 "유의미한 방식으로 동물을 지지하려면, 인도의 동물 지지 운동은 소 보호주의에 내재하는 파벌주의, 카스트 제

---

48 곧 출판 예정인 채터지(Chatterjee)와 수브라마니암(Subramaniam)의 편저 『고기!(Meat!)』(2021) 역시 특정한 문화적 맥락 안에서 동물성 제품의 의미와 해석이 변화하는 것을 다룬 에세이를 싣고 있다. 그 가운데는 벵갈 지역에서 식민주의와 동물학대 개념이 맺는 관계를 탐구하는 닐 아후자(Neel Ahuja)(2021)의 에세이도 있다.

도, 종차별주의를 확실하게 성찰해야 한다. 그렇지 않으면 억압적인 담론을 지속시키는 데에 의식적으로 그리고/또는 아무런 성찰 없이 동조하게 될 것"(2018: 349)이라고 주장한다.

이 주장은 동물권 활동가들이 소 보호주의를 전략적으로 사용해 자신들의 목표를 대중화하는 수단으로 삼아서는 안 된다고 경고한다. 그런 한편으로, 모든 동물을 대상으로 삼는 더 위험한 접근법을 취하는 동물 지지가 보다 생산적인 역할을 할 수 있다고 나라야난은 주장한다. 소 예외론과 이 이데올로기가 얽혀 있는 위계질서 모두를 해결하는 데 말이다.

다시 얘기하지만, 이런 논쟁들은 여기서 다루기에는 너무 복잡하다. 그렇지만 나라야난이 제기한 논쟁은 다양한 형식의 삭제를 생산적인 방식으로 강조하고 또 뒤흔든다. 그녀의 연구에서 강조하듯이, 동물성 제품을 멀리하는 것이 "서구적인" 현상은 아니나, 그렇다고 해서 특수한 맥락에서 발달한 뒤얽힌 억압에 관한 서사를 직접 이식해서 다른 환경에 적용할 수 있다는 의미는 아니다(나라야난, 2017을 함께 참고할 것). 다시 말해, 비거니즘에 관한 서사를 위치 지으려면 맥락과 역사에 면밀히 주의를 기울여야 한다. 그렇지만 인간과 동물이 공유하는 억압들이 어떻게 표현되는가를 분석할 때도—그리고 이에 관한 주장을 펼칠 때도— 이와 같은 위치성은 똑같이 중요하다.

라이트의 『비건학 프로젝트』는 얽매인 억압에 관한 서사를 위치 짓는 일의 중요성과 복잡성을 전면에 내세우는 데 도움을 준다. 책의 도입부에서 그녀는 미국에서 비거니즘에 낙인이 찍힌 것은 단지 비규범적인 지위 때문만이 아니라, "비-미국적"이라 여겨지는 식습관에 낙인을 찍은 테러와의 전쟁에서 나타난 특수한 담론의 결과라고 주장한다. 라이트의

표현대로라면 이렇다: "미국에서 비규범적인 식습관 선택으로 여겨지며, 상당히 권위주의적인 체제와 불화하는 이데올로기라고 재현되는 비거니즘은… 저항, 반대, 이슬람교의 식습관 규율, 테러리즘과 연관이 되었다. 그리고 암암리에 감시의 대상이 되어야 했다"(2015: 41). 앞서 논의했듯이, 라이트의 연구는 미국 문화에서 구성되는 비건 정체성이 위치 지어진 방식을 분석하는 데 중요한 구실을 한다. 그렇지만 이 내용을 처음 읽었을 때, 얽매인 억압이라는 틀에서 나온 특정한 계보의 무언가가 내게는 불편하게 다가왔다.

처음에 내 반응은 본능적인 수준이었다. 우리 가족은 이슬람교도이며 가까운 가족 가운데 영국 출신이 아니어서 특정한 방식으로 인종화되는 사람들이 있기는 했지만, 나는 이슬람교의 의례를 챙기지 않으며 백인으로 패싱된다. 어린 시절의 기억을 되짚어보면 보안 검문을 거치는 공간에서—가장 특징적으로는 공항에서— 다른 가족들보다 내가 훨씬 쉽게 통과하고는 하면서 나의 특권을 깨달았던 경우가 많다(그리고 분명 다른 수많은 상황에서는 이런 특권을 인식조차 못했을 것이다).

이런 개인적인 경험들은 내 가족과 친구들이 감내했던 일상적인 인종차별이며 이슬람 혐오와 첨예하게 대비된다. 따라서 내가 비건으로 지내며 경험한 배제가 이와 같은 구조적인 형식의 차별과 어떤 식으로든 비슷한 점이 있을 거라는 추론에 대해 나는 자동으로 경계를 품게 되었다. 더군다나 샤지아 주나 Shazia Juna 가 지적하듯이, 이슬람교와 비거니즘은 전혀 깔끔하게 연결되지가 않는다: 이슬람교의 식습관 실천과는 거리가 먼 주나는 이슬람교라는 바탕과 비거니즘 사이에서 스스로 조율을 할 때—가족 구성원들의 저항을 비롯해서— "개인적인 윤리적 선택과 사회문화적 규범"(2017: 59) 사이의 긴장을 다뤄야 했던 것을 상세하게 설명한다.

그렇지만 나의 즉각적이고 반사적인 반응을 넘어서서 이런 마찰을 이해하고자 시도하는 것이 중요하다. 첫 번째로, 내 경험은 영국에 바탕을 두고 있으며, 라이트가 설명한 담론은—특히나 해안 지역과 몇몇 대도시를 넘어선— 비규범적이라고 여겨지는 라이프스타일을 향한 적대감이 더 두드러지게 표현되는 미국에서 나타난 것이다. 나아가 라이트는 "동물"이라는 라벨을 이용해 동물을 향한 폭력을 정당화하면서도, 특정 인간 집단을 윤리적 고려 대상에서 배제하고자 이러한 인간 집단에도 "동물"이라는 라벨을 적용하는 특수한 담론을 추적한다(라이트, 2018).

그렇지만 이런 논쟁은 복잡하다. 비건 반대 담론과 민족주의 담론이 연결되는 것은 흔한 일이지만—마치 백인 우월주의 단체들이 우유라는 상징을 활용하거나 "콩 소년"과 같이 경멸적인 별칭을 쓰는 것처럼 말이다(갬버트와 린네, 2018b; 챕터 3을 참고할 것)—, 다른 극우 담론들은 전혀 다른 연결점을 만들어내며, 이것이 때로는 동물 우호적인 입장으로 변해간다. 예를 들어 할랄 (그리고 코셔) 고기를 향한 비판도 영국의 극우 정치 단체에서 종교적·민족적 소수자를 폄하하려는 목적으로 종종 사용한다(클라크 외, 2008); 실제로 특정 집단에서 동물권을 논하는 것이 단지 아는 사람들끼리만 알아들을 수 있는 인종차별이며 반유대주의 인지를 판별하는 간단한 방법은, 바로 특정한 도살법에 관한 비판이 그와 같은 논의의 시작이자 끝인가를 보는 것이다.

동물을 도살하는 특정한 방식을 인종차별적인 의도로 비판하는 것을 비거니즘과 동일하게 취급하지 않아야 한다. 이런 일이 가끔 벌어지고는 하는데, 이와 같은 극우 담론은 주로 아주 특정한 식습관 실천에

(즉, 특정한 국가적 맥락 속의 종교적 또는 민족적 소수자와 관련이 있는 식습관 실천에) 초점을 맞춰 동물권의 언어를 차용해서 사용하기 때문이다. 반면, 억압적일 수 있으나 특정한 민족주의적 규범에 부합하는 인간-동물 관계는 가치를 높게 친다(인도라는 맥락 속 힌두교 민족주의에 관한 나라야난의 연구와 유사하게 말이다). 그렇지만 **분명히** 계속 성찰해야 하는 것은, 우파가 동물 우호적인 담론을 차용하는 것이 비거니즘이란 항상 얽매인 억압에 대한 대응이라는—그리고 그런 억압에서 벗어나는 방법이라는— 가정을 어떻게 복합적으로 만드는가.

여러 사례를 살펴보면, 민족주의적인 국가 건설 기획에서는 동물 억압과 특수한 인간 집단의 억압이 **확실히** 나란히 등장한다: 예를 들어 브라질에서 자이르 보우소나루Jair Bolsonaro 대통령이 토착민 보호와 환경 보호를 철폐한 것처럼 말이다(질스파이와 나라야난, 2020). 또 다른 사례에서는, 동물 우호적인 수사가 다양한 사회정의 사안들을 서로 불화하게끔 만들 위험이 있다. 예를 들어, 에스더 알룬Esther Alloun은 "문명화된" 사람들과 "문명화되지 않은" 사람들을 구분 지어 설명함으로써 정착민 식민주의 프로젝트를 지원하는 데 때로 동물을 향한 관심을 이용하는 "비건워싱veganwashing"의 사례를 지적한다. 그리고 팔레스타인 활동가들과 이스라엘 활동가들 모두가 이런 긴장을 조정하고 극복하고자 노력하는 복잡한 방식을 기록한다(알룬, 2020; 알룬, 2018도 함께 참고할 것). 다시 말해, 여러 억압이 배치되는 방식은 국가적 맥락에 따라 아주 극단적으로 다양하게 나타날 수가 있다. 이에 따라 얽매인 억압을 풀어내는 수단도 근본적으로 달라질 수가 있으며, 이는 특수한 역사, 사회적 맥락, 제도적 배치에 관한 관심을 요구한다(커드워스, 2014와 같은 맥락에서).

결론

"백인 비거니즘"이라는 문제를 전형화하는 다양한 텍스트를 한데 모아 봄으로써, 또 오랜 역사를 지닌 식물 기반 음식 문화를 잘못 전유하거나 내치지 않으면서 비건 실천에 관한 전 지구적 서사를 만들어내는 것이 얼마나 복잡한가를 명확하게 드러냄으로써, 이 챕터에서는 다양한 형식의 삭제를 강조했다. 인터뷰 대상자들이 이야기한 사안들과 대중문화 속 사례들에 나와 있듯이 백인 비거니즘과 관련하여 잘 기록되어 있는 문제들을 전면에 내세우는 동시에, 인간 억압과 비인간동물 억압이 맺는 관계를 다루는 비거니즘을 추구하는 대항 담론을 중심에 놓고자 시도했다.

비건 라이프스타일 정치, 활동주의, 미디어 문화의 특정한 반복에 대해서는 엄격한 비판을 가하는 한편으로, 이 사상가들은 비건 실천에 관한 지나치게 일반적인 비판은 스스로가 삭제되도록 부추김으로써 억압에 반대한다는 목표를 약화시킬 수도 있다는 것을 보여주었다: 다른 경험들은 희생시킨 채, 비거니즘에 관한 백인 중산층의 관념만 중심에 놓으면서 말이다. 또한, 내가 이 챕터에서 초점을 맞췄던 학술적이고도 활동주의적인 개입이 강조했던 것은, 비건을 옹호하거나 비건에 반대하는 주장을 정당화하고자 "전 지구적인 것"이나 "문화적 차이"를—그리고 이런 일반화된 라벨에 붙어 있는 모든 자민족중심적인 가정을— 수사적인 풋볼처럼 삼는 일을 피해야 한다는 것이다. 실제로 다양한 유럽적 맥락에 걸쳐서 (아비크, 2019a, 2019b), 또는 동일한 북아메리카의 맥락 안에서도(하퍼, 2010b, 2012; 로빈슨, 2013), 비건 실천과 비건 경험은 전혀 동질적이지 않았다: 이런 점은 인터뷰 대상자들이 다시금 강조했다.

이런 논쟁이 불러일으켰던 특히나 어려운 질문은, 동물을 타자로 취급하는 상대주의로 추락하지 않으면서 비거니즘에 관한 위치 지어진 이해를 표현하는 것이 가능한가라는 것이다. 이 챕터에서 주장했듯이, 이런 문제를 다루는 데 필요한 자원은 다양한 형태의 불평등이 결합하는 데에 **이미** 몰두하고 있는 사상가들의 작업에서 찾아볼 수 있다. 이들은 단지 추적하려 시도하는 데서 그치지 않고, 억압을 다차원적인 것으로 바라봄으로써 이런 관계를—하퍼(2018)의 용어에 따르면— 뒤흔들고자 한다(코, 2019). 이 챕터에서 언급했던 사상가들이 서로 교차하면서 다차원적인 억압들을 중심에 놓기는 했지만, 그렇게 하는 과정에서 인간중심적인 위계질서를 강화하거나 동물을 고려하지 않고 배제하지는 않았다.

억압들 사이의 관계를 동질화하지 않고 이런 억압들이 맺는 관계를 탐구하는 어려운 줄타기를 벌였던 작업들 가운데 가장 장래가 촉망되는 것은, 최신 문화 이론과 그보다 접근하기 수월한 이론적 작업 사이의 대화에서 찾아볼 수 있다: 예를 들면 아프 코가 자키야 이만 잭슨과 클레어 진 킴 Claire Jean Kim의 연구를 다룬 것처럼 말이다. 잭슨은 인종차별주의와 종차별주의가 맺는 관계를 이해하는 일반적인 방법은 바로 "동물"이 배타적인 라벨이라는 것이며, 이는 역사적으로 유색인종의 인권을 부인하고자 이들에게 투사되었다고 주장한다(이런 관점은 때로 비건학과 동물 연구의 갈래들, 특히 포스트휴머니즘적 접근을 취하는 핵심 텍스트들도 공유하는 것이다; 챕터 2를 참고할 것).

이 분석은 동물성과 인종이라는 개념이 처음부터 서로를 형성해 온 방식을 놓치고 있다고 잭슨은 주장한다: "종"과 "인종"에 관한 현대적인 이해 모두 유럽 계몽주의 시기에 세력을 모았던 식민주의적인 확장에 기원을 두고 있으니 말이다(잭슨, 2020: 3; 잭슨, 2015, 2016과 킴, 2015도 함께 참고할 것).

코가 바라보기에, 이와 같이 인간 억압과 동물 억압의 관계를 이론적으로 재사유하며 얻는 통찰은 활동주의에 상당히 중요한 영향을 끼친다. 현재 교차성 비거니즘 서사를 (특히 흑인 페미니즘이라는 본래의 맥락을 넘어서서) 폭넓게 활용하는 것은 "종차별주의"를 사람들이 성찰해야 하는 또 하나의 억압의 축으로 추가할 위험이 있다고 그녀는 주장한다: 즉, 이미 사회정의를 이룩하고자 애쓰고 있는 사람들에게 부담을 더할 수 있다는 것이다(코, 2019: 26).

이와 같은 이유로, 코는 단순히 유색인종인 사람들이 비건이 되도록 부추기는 비건 활동주의를 경계한다. 그보다는 억압을 바라보는 "다차원적인" 시각이 필요하다고 강조한다. 이런 시각은 동물성에 대한 비판이—인종차별 반대 활동주의를 방해한다기보다는— 인종차별 반대 활동주의의 일부라고 위치 짓는 동시에, 인종과 인종주의가 제기하는 질문에 동물권 활동주의와 비건 활동주의가 더 유의미하게 관여해야 한다는 것을 보여준다.

최근 학술적·활동주의적 개입이 열어젖힌 과제에 대응하는 것은 복잡한 과업이 될 것으로 보인다. 그리고 이 챕터에서 앞서 고찰했던 것처럼, 여러 억압들이 맺는 관계를 인식하는 정치를 실행하려는 열망조차도 의도치 않게 반대의 효과를 낼 수가 있다. 특히나 이것이 특권적인 장소에서 생겨난 것이라면 말이다. 나는 결코 이런 문제를 내 시야에서 거두지 않는다. 내가 영국에 기반을 두고 있으며 백인으로 패싱되는 여성이라는 점에 영향을 받아서 말이다. 폴리쉬(2016)와 같은 맥락에서, 이 챕터에서는 억압들 사이의 관계를 중심에 놓는 비건 실천방식에 이미 참여하는 사람들, 그리고 현재의 비거니즘에 대한 중요한 비판을 제기하는 동시에 앞으로 나아갈 길을 보여주는 사람들의 목소리를 중시하고자 노력했다.

이와 같이 비거니즘에 대한 우호적인 비판을 다루는 방법에 관해서는 페미니즘의 제2물결과, 교차성 페미니즘을 탄생시켰던 1970~1980년대 유색인종 여성들의 개입이 지닌 유사한 역동을 탐구해보며 몇 가지 유용한 교훈을 배워볼 수 있다. 이론적 연구는 페미니즘 서사의 복잡성을 다루는 것이 페미니즘 제2물결에 관한 이야기를 여는 데 중요하다는 주장을 내놓았다. 페미니즘의 제2물결은 대개 백인 페미니즘의 특정한 반복을 비판하는 것은 페미니즘 그 자체를 거부하는 것으로 이어져야 한다고 주장한다는 오해를 받기 때문이다(헤밍스^{Hemmings}, 2005; 와이그만^{Wiegman}, 2012). 이 사상가들은 페미니즘 제2물결을 전면적으로 옹호하는 것은 **아니지만**, 이를 곧 백인 페미니즘과 동일하게 취급하는 것은 흑인 페미니즘 사상을 등한시한다고 주장한다: 흑인 페미니즘 사상이 페미니즘을 적극적으로 복합적으로 만들며 기여한 것이 아니라, 단순히 페미니즘을 비판한 것으로 만듦으로써 말이다.

마찬가지로, 비거니즘에 관한 이야기를 할 때면 얘기될 수 있고 또 얘기되어야 하는 이야기들의 다원성을 인식하는 것이 필수적이다. 비건 실천을 한데 뭉쳐 일축하는 것은 많은 경우—시스템 차원의 불평등, 특정한 형식의 활동주의와 관련된 문제, 또는 심지어는 학술적 영역으로서의 동물 연구 안에서 생겨나는 긴장에 관심을 불러일으킨— 우호적인 비판을 단순히 비거니즘이 인간-동물 관계를 재사유하는 것을 비판하는 것이라 바라본다. 이런 서사는 위험하다. 활동주의와 비판적 사회 이론을—비판적 인종 이론, 흑인 페미니즘, 장애의 사회적 모델, 퀴어 연구를 비롯해서— 다루는 일의 저력은 바로 이런 접근법이 특정한 사회적 배치가 인종차별적이고, 계급차별적이고, 장애차별적인 불평등에 겹쳐 있다는 사실을 인식하지 못하는 비건 실천방식의 갈래를 탈식민화하는 방법에 관한 물질적인 질문에 맞설 수 있는 중요한 공간을 만들어낸다는 것이다. 비건 실천에 관한 우호적인 비판을 활용해서 비거니즘을 완전히 일축하는 일의 위험성은, 이렇게 일축함으로써 이런 작업이 열어젖힌 긴급하고, 구체적이고, 복잡한 질문들을 의도치 않게 열외로 취급해버릴 수 있다는 것이다: 이와 같은 중요한 개입에 어떻게 대응할 것인가라는 과업을 고심하지 않고 회피하면서 말이다.

Chapter 7

포스트-비건?
식물 기반 자본주의의 부상

이 책은 급성장하는 중요한 비거니즘에 관한 연구 영역이, 계속 이어지는 비거니즘의 인기 이후에 생겨난 긴장과 관련을 맺는다는 주장을 제시하며 시작했다. 앞서 논했듯이, 많은 이들은 비거니즘의 대중화가 축하할 만한 일이라고 바라보지만, 이런 인기가 난관을 만들어내기도 한다. 어떤 발전은 비건 실천을 유지하기가 더욱 쉽도록 만들어주었다. 비거니즘이 무엇인지 문화적으로 더 광범위하게 인지하게 되었고, (적어도 특정한 맥락에서는) 비거니즘의 유행성과, 비건 음식에 대한 접근성이 증가한다는 것, 또 비건 공동체와 지지 네트워크에 관련된 인터넷 문화가 융성하고 있다는 점을 비롯해서 말이다. 그렇지만 이런 발전에는 비거니즘의 상업화가 만들어낸 마찰이 따라왔으며, 이는 비거니즘이 식습관 그 이상이 될 수 있는 잠재력을 위협한다.

예를 들면—음식을 넘어서서 인간-동물 관계를 재사유하며 억압에 반대하는 다른 운동과 관계를 맺고자 하는—, 활동주의적 비건 윤리가

"여러 종 사이의 평등에 걸맞은 행동과는 분리되어 있으며 거리를 두"는 "라이프스타일 비거니즘"(화이트, 2018)으로 대체되고 있는가라는 의문이 제기되고 있다. 다시 말해, 비건 실천의 (다른 양상들이 아닌) 특정한 양상이 대중화된 것은, 특정한 인간들이 다른 존재와 관계를 맺는 방식을 근본적으로 재사유하게 만들기보다는 음식이 다시 정치적인 주안점이 되게끔 만들었다.

이 챕터는 비거니즘이 (부분적으로) 주류로 옮겨간 이후에 등장한 주요한 긴장들을 확인해본다. 대중적인 비거니즘과, 보다 급진적인 전통에 뿌리를 내리고 있는 풀뿌리 비건 실천 사이에서 생겨나기 시작했던 어지러운 구분에 초점을 맞춰서 말이다. 다르게 표현해본다면, 다양한 맥락 속 인간-동물의 관계에 의문을 던지는 데에 관심을 두며, "얽매여" 있으며 "다차원적인" 억압에 관한 폭넓은 분석의 일부인(라이트, 2018, 2019; 코, 2019) 비거니즘과, 여기서 내가 쓰는 표현에 따르면 먹는 것에 중심을 둔 "식물 기반 자본주의plant-based capitalism" 사이의 차이에 초점을 맞춘다. "식물 기반 자본주의"라는 라벨은 최근 비거니즘의 대중화에 관해 (최소 10년 이상 비건 실천을 해 온) "장기적" 비건들이 어떻게 생각하고 느끼는가를 탐구한 나의 광범위한 연구에서 접했던 인터뷰 대상자들의 생각에서 영감을 얻은 것이다.

인터뷰 전반에서 반복되는 주제는 "식물 기반"이라는 라벨에 대한 비판이었다. 사람들은 이를 두고 오로지 음식만을 지칭하는 탈정치적인 용어이며, 그렇기에 비거니즘의 인기를 둘러싼 광범위한 난관을 상징한다고 보았다. "식물 기반"이라는 말이 용어 자체만 놓고 본다면 문제적이라 여겨지지 않기는 하지만, 인터뷰 대상자들은 식당 메뉴나 식품 마케팅과 같은 맥락은 물론이고 광범위한 대중문화 안에서도 이런 라벨을 비거니즘 대신, 또는 때로는 비거니즘과 동일시하면서 일상적으로 사용하는 방식을 경계했다. 특히나 사람들은 음식에 식물 기반이라는 라벨을 붙이는 것이 특정한 음식을 기나긴 비거니즘의 역사와 분리하려는 시도라는 점을 우려했다; 이렇게 추측하는 것조차도 비거니즘의 윤리적 함의와는 무관하게 성장하고 있는 시장을 이용하고자 음식 제조업자들이 거리를 두는 의도적인 행동이었다.

2020년 초에 일어난 사건들은 이런 변화가 지닌 이해관계를 깨닫게 했다. 영국의 유명한 고용 관련 재판에서, 어느 직원 한 명이 동물 실험을 하는 기업에 후생 연금을 투자하는 것에 우려를 표명하자, 고용주가 (유혈 스포츠 반대 자선 단체인 폭력적 스포츠 반대 리그The League Against Cruel Sports 였다) 그를 "윤리적 비건"이라며 해고함으로써 차별했다는 판결을 내렸던 사건에서 말이다(케이 Kay, 2020).

재판부는 윤리적 비거니즘이 2010년 제정하나 평등법에 따라 보호받는 특성이라고 보았다. 이는 어떤 측면에서는 비건들에게 중요한 법적 변화라 여겨졌다. 그렇지만 케이트 스튜어트와 매튜 콜(2020)이 지적하듯이, "윤리적"이라는 부가적 요소 때문에 역사적으로 비거니즘의 필수적인 요소였던 가치들을 오로지 특정 비건 실천 유형에만 적합한 부차적인 관심사로 취급할 수도 있다는 점이 위험하다. 이들은 식물 기반 음식이 폭발적으로 증가하는 것이 다국적 식품 기업에는 새로운 "녹색 러쉬"라 설명하면서 이렇게 경고한다: "주로 '비건'이라 설명하는, 동물성 원료를 쓰지 않는 제품의 수가 (그리고 인기가) 엄청나게 증가하는 것이 반드시 이런 말을 만들어낸 운동의 윤리를 반영하는 것은 아니다"(스튜어트와 콜, 2020).

이와 같은 사회적·법적 발전을 고려하다 보니, "식물 기반"과 같은 용어들은 더 심오한 의미를 띠게 되었다. 한편에는 비거니즘이 더 널리 퍼지기를 바라는 열망이, 또 다른 한편에는 비건 실천의 근본적인 윤리적 중요성을 탈각시키면서 주류화되는 방식이 동물성 제품을 없애는 의미와 함의를 해롭게 축소시킨다는 우려가 깃들며 둘 사이에 생겨나는 긴장을 전형적으로 보여주면서 말이다. 이런 주장이 빠르게 발달하고 있으며, 어떤 사상가들은 "비건"의 의미가 식습관 실천이라는 단순한 정의로 축소되어야 한다고 주장했다. 포용성과 명확성을 극대화하려는 목적으로 말이다(두트키예비치 Dutkiewicz 와 딕스타인 Dickstein, 2020). 이와 같은 개입이 가치가 있으며 생각을 불러일으키기는 하지만, 현재 비거니즘이 지닌 사회적·문화적 행동 유도성은 "윤리적인 것"과 분리될 위험이 보인다.

이 챕터는 식물 기반 자본주의의 새로운 "녹색 러쉬"(스튜어트와 콜, 2020)를 둘러싼 몇 가지 긴장들을 풀어내며, 나의 인터뷰 대상자들과 대중적인 비건 문화의 배경이 되는 다양한 사례를 통해 통찰을 이끌어낸다(소셜 미디어, 블로그, 레시피 서적, 마케팅 자료, 농업 보고서, 비건 지지 캠페인을 비롯해서 말이다). 포스트-인종적인 대안적 음식 풍경의 위험에 관해 질문을 던졌던 비판적 인종 연구 관점을 취하는 학계를 중심에 놓고 배우고자 했던 앞선 챕터의 접근법을 바탕으로 삼아, 이 챕터에서는 **포스트페미니즘적** 미디어 담론을 비판했던 상호 보완적인 연구를 다룬다.

이와 같은 페미니즘 연구에 대항하며 대중적 비거니즘에서 일어났던 변화를 살펴보면서, 대중적 비건 문화 속의 "포스트-비건" 감수성이라고 바라볼 수 있는 것을 구성하는 몇 가지 시급한 주제를 탐구할 것이다; 이는 구조적 변화와 반대로 개인적인 (소비자 지향적인) 행동을 중시하는 감수성이다. 그렇지만 포스트 비거니즘의 특징이라 할 수 있는 변화는 어쩌면 포스트페미니즘보다 더 양가적일 수 있다(이후에 더 심도 있게 설명하겠지만, 이 포스트페미니즘 자체도 대단히 복잡한 문화적 현상이다). 또, 이런 변화는 포스트-비거니즘이 완전히 몰정치적이라고 보는 단순한 해석을 복합적으로 만들 만한 희망적인 잠재력을 품고 있다.

포스트페미니즘적 비판에서 배우다

앞서 다뤘던 것처럼, 비거니즘이 대중화와 관련된 문제들을 조율해야 했던 유일한 사회적 또는 정치적 운동은 아니다. 지금의 정치적 풍경 속에는 다른 수많은 사회 운동들의—가장 대표적으로는 환경론적 활동주의의 갈래들이— 인기가 다소 증가하는 동시에, 이런 인기가 낳을 수 있는 잠재력과 위험에 관심을 가지게 되었다(도허티, 드무어, 헤이스, 2018). 그렇지만 주류화와 관련된 긴장을 조율해야 했던 가장 대표적인 운동은 페미니즘일 것이다. 이렇게 유사한 점이 있다는 것은, 페미니즘적 미디어·문화 연구 속에 있는 기존의 도구와 논의를 살펴보는 것이 도움이 될 것이라는 의미다. 이는 분열을 일으키는 정치 양식이 대중화되었을 때 부상할 수 있는 긴장과 관련이 있다.

사라 바넷-바이저 Sarah Banet-Weiser 는 대중적 페미니즘의 특징은 세 가지 차원을 지닌 것이라고 설명한다. 첫 번째로, "페미니즘은 방송 미디어는 물론이고 블로그, 인스타그램, 트위터 등의 디지털 공간과 같이 대중적이고 상업적인 미디어에서 유통되는 담론과 실천 속에 표현된다"(2018: 1)라고 그녀는 주장한다. 나아가, 대중적 페미니즘은 보다 포괄적인 의미를 지니며, 이는 "비슷한 사고방식을 지닌 사람들과 집단이 좋아해주거나 존경해주는 상황을 **인기라고**"(1) 표현한다고 바넷-바이저는 이야기한다. 접근성과 인기가 특징인 것을 비롯해서, "'대중적인 것'이란, 문화이론가 스튜어트 홀이 주장했듯이, 투쟁의 장이며, 권력을 놓고 서로 경합하는 요구들이 결론이 날 때까지 싸우는 공간이다.

이는 곧 현재 대중문화 안에서 여러 다양한 페미니즘들이 유통되며,

이런 페미니즘 가운데 어떤 것들은 다른 것들보다 더 가시적이라는 의미다"(바넷-와이저, 2018: 1). 대중문화 안에서 유통되는 일부 페미니즘들은 진보적인 잠재력을 지니고 있을 수도 있다; 이를테면 트위터나 인스타그램 같은 디지털 미디어 플랫폼은 흑인 페미니즘, 교차성 페미니즘, 트랜스를 포용하는 페미니즘이 더 많은 청중에게 퍼지는 데에 중요한 역할을 했다(잭슨, 베일리 Bailey, 푸코 웰스 Foucault Welles, 2018, 2020). 대중적 페미니즘의 다른 반복들은 이보다는 위험한데, 백인 중산층 시스젠더 여성을 중심에 두면서 다른 이들은 삭제한다는 점에서 그러하다(핍스 Phipps, 2020).

예를 들면, 학술적인 맥락에서 비판을 받는, 가장 널리 알려져 있으면서 개별화된 페미니즘의 표현은 바로 "포스트페미니즘"이라는 라벨로 묶이는 것들이다(질, 2007, 2017을 참고할 것). 이 용어는 집합적인 행동과 구조적 변화에서 초점을 옮겨, 개별 여성의 선택의 자유가 곧 역량 강화라고 미디어에서 묘사하는 것을 지칭하는 데에 쓰인다. 이런 맥락에서는 역량 강화가 곧 소비로 표현되며(버틀러, 2013: 46), 기존에는 가부장적인 사회관계나 젠더 스테레오타입을 고착화한다고 여겨졌던 실천들이—하이힐, 누드 모델, 폴댄스, 성형수술— 개인적 차원의 재전유를 통해 역량을 강화하는 행동으로 재구성된다.

이런 변화의 정치는 복잡하며, 사회적 규범과는 짐작하는 것보다 더 복잡한 관계를 맺을 수가 있다(홀리데이 Holliday 와 산체스 테일러 Sanchez Taylor, 2006). 그렇지만 이와 같이 개별적인 역량 강화의 표현에 참여하기로 선택할 수 있는 것은 **누구이며**, 개인의 선택의 자유에 가치를 부여하는 것이 구조적 억압을 비판하는 일을 더 어렵게 만드는 것인가라는 중요한 질문을 던졌다.

최근에는 널리 알려진 동물권 캠페인과 비건 캠페인이 포스트페미니즘적인 텍스트라고 해석되었다(페기츠 Fegitz와 피라니 Pirani, 2018). 어쩌면 그리 놀랄 만한 일은 아닐 테지만, 앞선 챕터들에서 논의했던 사안들을 떠올린다면 포스트페미니즘적 미디어의 전형적인 사례는 PETA의 몇몇 활동주의에서 찾아볼 수 있다. 예를 들어 PETA의 유명한 "양상추 아가씨 lettuce ladies" 캠페인은 자원봉사자들이 샐러드 채소로 만든 비키니를 입고 공공장소에서 비거니즘을 홍보하도록 했다. 이런 자원봉사자들을 위한 웹사이트에는 이들이 어떻게 "역량을 강화하는 행동을 체화했는가"를 설명하는데, 그 이유는: "양상추 아가씨들은 동물들을 보호하고, 사람들의 건강을 증진시키고, 기후 변화에 맞서 싸우는 것을 돕는 데에 고개를 돌리기로 **선택했기**" 때문이다. 덧붙여서 이들은 "자동차에서 치즈 버거에 이르기까지 모든 것을 팔고자 헐벗다시피 한 모델을 사용하는 사회에서, 정의와 동정심을 호소하고자—양상추 아가씨들이 하듯이— 자신들의 몸을 정치적 또는 감정적 선언문으로 사용하는 사람들은 신선한 바람을 불어넣는다"(PETA, 2020b)고 주장한다.

이와 같은 서사를 놓고 코리 리 렌은 포스트페미니즘과 "선택 페미니즘 choice feminism"이 우세해지면서 동물권 활동주의 안의 지속적인 감정적·정서적 여성 노동 착취 문제를 다루기 어렵게 만든다고 주장한다(렌, 2015; 렌, 2016: 94-5). 이를테면 PETA가 내놓은 양상추 아가씨에 관한 설명은 개인적인 선택을 통해 역량을 강화한다는 서사를 떠올리게끔 만든다. 이를 통해 PETA는 이런 실천을 노동으로 삼는 다른 여성들에게 가해지는 낙인은 감당하지 않으면서, 특정한 선택을 (여기서의 선택이란 이성애 규범적으로 구성된 섹슈얼리티를 활용해 비거니즘을 홍보한다는 선택이다) 할 수 있는 것은 **누구인가**라는 복잡한 정치를 피해간다.[49] 또는 "양상추 아가씨"와 같은 기획들이 어떻게 사회적 규범을 고착시키는가를 성찰하지 않은 채로 특정한 선택을 할 수 있는 것에 관해서 말이다. 이런 규범이란, 애초에 "알맞은" 유형의 신체를 지닌 사람들만이 양상추 아가씨가 되고 싶다는 생각을 할 수가 있다는 것이다(라이트, 2015: 137를 참고).

"양상추 아가씨" 캠페인이 분명하게 보여주었듯이, 포스트페미니즘이 중시하는 개인주의적인 의미의 역량 강화란 두 가지 이유로 위험하다. 첫 번째로, 역량 강화란 개인적인 차원에서 실행할 수 있는 것이라는 관념은 억압들 사이의 연결점을 간과한다. 예를 들어, 포스트페미니즘에 관한 수많은 비판적 연구에서는 "성공"의 전형적인 사회적 지표를 성취할 만한 사회적 또는 경제적 자원을 모두가 지닌 것은 아니며, 이와 같이 기회가 결여된 것은 언제나 인종, 계급, 성별, 젠더 불평등과 얽혀 있다는 사실을 지적했다(리틀러, 2017을 참고할 것). 그러므로 포스트페미니즘의 역동은 이와 유사하게 개인을 강조하는 포스트-인종 음식 풍경에 대한 A. 브리즈 하퍼(2012)의 비판과 관련이 있다(앞 챕터를 참고할 것); 어떤 선택에 접근하기 위해 극복해야 하는 구조적 제약은 간과한 채, 비거니즘을 윤리적으로 역량을 강화하는 개인적인 선택이라고 바라본다는 점에서 말이다.

---

49 성노동을 노동으로 바라보는 것을 지지하는 것에 관한 심도 있는 주장은 스미스(Smith)와 맥(Mac)(2018)을 참고할 것.

포스트페미니즘을 향한 두 번째 비판은 이런 형식의 미디어 문화에 보다 특유한 것이며, 개인주의적인 역량을 강화하는 서사가 매개되는 방식과 관련이 있을 수 있다. 안젤라 맥로비 Angela McRobbie (2004, 2009)는 포스트페미니즘의 역동이란 페미니즘과 반페미니즘이 "이중으로 뒤얽힌 것"이라 바라본다. 후자가 끊임없이 전자를 약화시키는 식으로 말이다. 포스트페미니즘적 미디어 문화에서는―평등, 해방, 역량 강화라는― 페미니즘적 가치들이 반복적으로 등장하지만, 반페미니즘적인 주제 때문에 약화되는 것이 고작이다(질, 2007, 2017을 함께 참고할 것).

때로 이렇게 약화시키는 행동은 공공연하게 반페미니즘적인 형식을 취하기도 한다. 이를테면 "독립적인 여성" 서사에 젠더 스테레오타입, 대상화, 또는 역설적인 성차별주의가 스며드는 것처럼 말이다. 예를 들면, 이런 경향은 <섹스 앤 더 시티 Sex and the City>(1998-2004), <앨리 맥빌 Ally McBeal>(1997-2002)과 같은 부류의 미디어 문화라든가 <브리짓 존스의 일기 Bridget Jones's Diary>(2001, 2004, 2016)과 같은 영화 시리즈를 다룬 초기 학계가 초점을 맞췄던 몇몇 "고전적인" 포스트페미니즘 텍스트에서 명백하게 나타난다(킴, 2001; 맥로비, 2004, 2009; 태스커 Tasker와 네그라 Negra, 2005를 참고할 것).

그렇지만 비건을 지지하는 서사나 비건에 반대하는 서사를 뒷받침하고자 이런 캠페인들을 (또는 PETA 전반을) 허수아비 논증의 오류에 빠진 채로 이용하지는 말아야 한다. PETA의 캠페인은 포스트페미니즘적 미디어 문화를 직접적으로 보여주는 사례였지만, 다른 대중적인 비건 텍스트는 그 자체로는 포스트페미니즘적이지 않다. 그렇지만 질(2007)이 이야기하는 "포스트페미니즘적 감수성"과 미묘한 구조적 유사성을 띠고 있다. 포스트페미니즘적 미디어 문화에 관한 주요 주장 가운데 한 가지는, 이것이 미디어에서 페미니즘을 묘사하는 광범위한 변화를 반영한다는 것이다. 이런 묘사에서는 집합적 변화 대신에 개인적 역량 강화에 관한 서사가 자리를 차지했다(멘데스, 2012).

이런 배치가 위험한 까닭은, 구조적 변화를 촉발하는 데에 필요한 집합적인 행동을 주변화하는 데서 그치지 않고 여기에 낙인을 찍기 때문이다; 젠더 평등에 관한 일반화된 관념은 부각될 수 있으나, 이런 평등을 실제로 이룩하는 데 필요한 도구들은—그리고 "페미니즘"이라는 라벨 그 자체도— "두려움, 혐오, 맹렬한 거부의 대상이 된다"(질, 2007: 161). 이런 긴장이 생겨난 까닭은 포스트페미니즘이 집합적인 수단보다 개인을 강조하면서, 때로는 구조적 변화에 초점을 맞추는 페미니즘이 개인적인 자유를 제한한다며 억압적인 것으로 설명하기도 하기 때문이다.

그렇지만 조 리틀러(2017)가 주장하듯이, 구조적 변화는 희생시킨 채 개인적인 자기 결정권과 행위성을 강조하는 것이 특정한 문화적 또는 재정적 자원을 **이미** 소유한 사람들에게는 이득이 될 수는 있으나, 이런 정치는 자원이 결여된 사람들을 주변화하는 것을 성스럽게 취급한다. 사회적 구조에 맞설 가능성을 배제함으로써 말이다. 이런 관점에서 본다면, 포스트페미니즘은 많은 이들이 누리지 못하는 평등을 이룩하기 위한 조건을 만들어내는 바로 그 사회적 관계를 규범화하는 동시에, 역량 강화라는 허식을 두른 미디어 문화다.

이 챕터의 나머지 부분에서는 포스트페미니즘의 이중적인 뒤얽힘과 비거니즘 대중화의 핵심적인 변화 사이에서 유사성을 찾아볼 수 있다는 주장을 소개할 것이다. 비거니즘과 관련된 일부 텍스트가 그 자체로 포스트페미니즘적일 수도 있지만 (이를테면 "양상추 아가씨"라든가 이후에 더 자세하게 설명할 예정인 비건 다이어트 서적, 『스키니 비치Skinny Bitch』처럼), 여기서는 포스트페미니즘과 대중적 비거니즘의 한 갈래가 지니는 구조적 유사성에 더 관심을 두고 있다. 물론 포스트-비거니즘이 포스트페미니즘과 동일한 방식으로 문화적으로 지배적인 것은 아니지만(질, 2017), 그렇다 하더라도 개인적인 선택을 강조하는 점과 서로 경합하는 정치적 경향들이 얽혀 있는 것은 마찬가지다. 긴장이 생겨나는 가장 대표적인 원천은 비건 음식과 관련이 있다. 그러므로 음식 정치에 관한 최근의 논쟁을 살펴보는 것이, 이 챕터에서 내가 포스트-비거니즘이라 지칭하는 대상의 윤곽을 잡아보는 시작점으로 삼기에 유용할 것이다.

단순한 식습관일까?

현재 비거니즘과 관련해서 양가성을 만들어내는 가장 큰 원천 한 가지는, 비건으로 사는 것이 어려웠던 데서 바뀌어 비건 음식을 손쉽게 접할 수 있게 변했다는 점이다. 실제로도 지난 3년 동안 비거니즘과 관련해서 겪은 가장 큰 변화가 무엇인지를 묻자, 인터뷰 대상자들의 대다수는 "음식", 또는 더 구체적으로 이야기하자면 음식을 폭넓게 접할 수 있게 된 것이라고 답했다. 인터뷰 대상자들은 이제 감자칩과 땅콩에 의지하지 않고도 기차 여행을 할 수 있게 되었다든가(크리스 Chris, 비건 14년 차) 자신이 먹을 두유 한 병과 비건 마가린을 직접 챙기지 않고도 친구들과 함께 식사를 하러 갈 수 있다며(알리 Ali, 비건 12년 차) 농담조로 얘기하기도 했다. 이런 식의 고찰을 가장 명확하게 설명하는 것은 지니 Ginny (비건 14년 차)일 것이다:

> 몇 년 전과 비교해보면 차이가 확연하죠… 비건 식품이, 또 식품 아울렛에서 비거니즘을 이해하는 것이 너무나 널리 퍼지고 인기가 있어서, 이러다가는 현실에 안주할 지경이라니까요! 어느 정도냐면… "대체 왜 내가 당장 먹을 수 있는 비건 초콜릿 에클레어가 없다는 거죠?!"라고 따질 수 있을 정도거든요. [웃음]

이런 변화는 단지 음식의 접근성이라는 차원뿐만 아니라 마케팅 측면에서도 드러난다: 예를 들어, 사스키아 Saskia (비건 25년 차)는 자신에게는 적절하지 않았던 마케팅을 처음에 어떻게 "차단"할 수 있었는지를 설명하면서, 이제는 "도시 환경" 속에서 홍보되는 비건 브랜드들이 "고함을 치"는 것 같은 느낌을 더 많이 받는다고 얘기한다.

이런 성찰이 보여주듯, 제품의 접근성은 주로 긍정적인 측면에서 논의가 되기는 하나, 양가적인 감정도 차츰 불러일으키고 있다. 접근성이 높아진다는 점의 이면에서는, 비건이 된다는 것이 어떤 의미인가를 탈정치화할 수도 있다고 우려하는 개인들이 생겨나고 있다. 몇몇 인터뷰 대상자들이 바라보기에 비거니즘이 상업화되는 것은 비거니즘을 다른 사회적 사안들과 분리할 뿐만 아니라 동물 윤리 자체와도 분리해버릴 위험이 있다. 먹는 방식 그 이상으로서의 비거니즘과 반대로, 비건 음식에만 좁게 초점을 맞추면서 생겨나는 여파가 논의를 거치며 전반에 대두되었다. 인터뷰 대상자들은 비건 음식의 접근성을 높이는 일이 중요하다고 오랫동안 강조해왔던 것이—이는 한때 비거니즘을 지속하기 위해 중요했다(챕터 3을 참고할 것)— 이제는 역설적으로 비건 윤리를 더욱 광범위하게 이해하는 것을 가로막는 장벽이 되었다며 우려의 목소리를 높였다.

몇몇 인터뷰 대상자들은 비건 페어나 비건 축제처럼 비건 정치를 홍보하는 중요한 장소들이 바뀌어 버렸다면서 우려를 드러냈다. 한때는 다양한 형태의 동물 착취에 관한 관심을 불러일으키고 급진적인 공동체를 만들던 공간들이, 음식을 개인주의적으로 강조하는 쪽으로 변화했다며 말이다:

> 그러니까 한편으로는 이런 비건 페어가 열리고, 정말 큰 곳들에 수많은 사람들이 몰리는 것을 보니 기뻐요. 그죠, 다 좋지만, 전부 다 음식 얘기만 하잖아

요! 활동주의 단체가 여기에나 아주 조금 있고, 윤리가 저기에나 조금 있고, 전부 다 자신에 관한 얘기뿐이에요 — 자신이 먹을 수 있는 것에 관한 얘기뿐이죠! (솔 Sol, 비건 43년 차)

다른 사람들은 "늘 가던 비건 카페… 그러니까 지역 환경 단체라든가 이런저런 포스터가 붙어 있고… 동물 해방 전선 ALF 스티커, 사냥 반대 스티커, 단지 '나는 여기에 돈을 쓴다'는 의미를 훌쩍 넘어서는 문화적인 기표가 있는 카페"(그래햄, 비건 12년 차)와 반대로, 새로운 비건 메뉴가 추가된 프랜차이즈 식당에 가는 것이 지닌 한계에 관해 폭넓은 우려를 표했다. 알리는 이런 우려에 공감하며, 최근에는 구조적인 변화를 촉구하는 것보다는 소비자의 선택을 확대하고자 자유주의적이며 개인주의적인 압박을 강조한다는 점을 다시금 염려했다: "지금은 실제로 비건다운 구조를 세우는 것보다는, 비거니즘의 접근성과… 유행을 더 중시하고, 최대한 많은 사람을 비건으로 끌어들이려고 해요"라고 하며, 그보다는 "개인에서 초점을 돌려서 여전히 같은 방식으로 농업을 계속하는 기업과 물건에, 또 설령 당장 내일부터 모든 사람이 비건이 된다고 하더라도 나머지는 그대로인 채 그저 만드는 대상만 비건 음식으로 바꿀 법한 사람들에게 초점을 맞춰야 해요"라고 주장했다.

이런 고찰과 관련하여 특히 곱씹어볼 만한 점은 두 가지다. 첫 번째로, 사람들이 비건 음식의 광범위한 접근 가능성과 비건 실천의 탈정치화 사이에 적극적으로 연결점을 만들어내는 방식이다. 이런 과정은 시스템을 근본적으로 변화시키는 대신 기존 시스템의 제약 안에서 개인적인 선택만을 극대화하기 때문이다(이 점은 인터뷰 대상자들 거의 모두가 공통적으로 지적했다). 따라서 개인이 바라는 것은 무엇이든 먹겠다는 선택은 특정한 음식을 생산하는 시스템이 다른 형식의 동물 억압과—인간의 억압은 말할 것도 없고— 얽혀 있는가를 성찰하지 않은 결과로 나타나는 것이라 여겨진다.

식물 기반 자본주의가 부상한 주요한 이유는 새로운 비건 시장이 지닌 가능성을 파악한 기업들의 행동 때문이라고 주장을 하기는 쉬울 것이다. 그렇지만 음식 정치를 중심에 놓았던 비건 지지 운동의 특정 갈래 역시도 이런 변화 가운데 일부를 돕고 선동한 것은 아닌가에 관해서도 질문을 던져야 한다(코, 2019: 8-9가 주장했듯이). 비거니즘의 접근 불가능성과 비용에 관한 인식은 핵심적인 진입 장벽 가운데 하나로 여겨지고는 한다. 그렇지만 기업의 전략과 얽히면서 의식 고취 캠페인에서 음식이—구체적으로는 식습관 선택이— 중심이 된다면, 긴장이 생겨날 수 있다.

기업 비거니즘(들)

인터뷰 대상자들이 주장했던 것처럼, "포스트-비거니즘"의 중요한 측면한 가지는 비건 제품의 가능성을 새로이 발견하면서 생겨난 정치적 변화와 관련이 있다. 과거에 시위의 표적이 되었던 패스트푸드 기업들은(챕터 4를 참고할 것) 이제 비건 제품을 갖춰두고 있다: 영국에서 퀀 ^{Quorn} "치킨"을 파는 KFC부터 시작해서, 버거킹의 임파서블 와퍼 ^{Impossible Whopper}, 또 마칼루 티키 ^{McAloo Tikki} 버거에 이르기까지 말이다(힌두 시장에 맞게끔 인도에서는 오랫동안 판매했으나, 다른 지역에서는 2018년이 되어서야 판매가 되었다). 비건 라이프스타일 웹사이트 리브 카인들리 ^{Live Kindly} 에는 전 세계 맥도날드에서 구할 수 있는 비건 제품 열두 가지의 목록을 소개하고 있기도 하다.[50]

이런 변화는, 특히나 이런 목록들은 비거니즘의 높아지는 인기를 둘러싼 긴장을 명료하게 보여준다. "크루얼티 프리"라는 라벨에 관한 하퍼의 비판과 같은 맥락에서 얘기해보자면(2010a), 이런 제품을 "더 친절한" 선택이라는 틀로 바라보는 것은 맥도날드와 같은 기업과 관련된 다른 사회적·정치적 긴장을 삭제한다(노동과 환경 정치를 비롯해, 계속해서 동물 제품을 사용하는 것과 관련해서 말이다). 이런 제품들은 동물성 재료가 들어 있지 않을지언정, 보다 광범위한 의미에서 본다면 비건 제품이 아니다.

---

50   예를 들어, 이와 같은 리스트 한 가지는 다음에서 찾아볼 수 있다: https://livekindly.co/vegan-mcdonalds/.

다국적 패스트푸드 식당이 비건 제품을 내놓는 흐름은 비거니즘이 "단순한 식습관"이라든가 개인적인 음식 선택이 되는 것과 관련된 긴장을 분명하게 드러낸다. 조지 리처 George Ritzer (2013)가 널리 영향을 끼친 맥도날드화 이론에서 주장하듯이, 맥도날드는 이윤을 극대화하고자 효율성, 예측 가능성, 합리성, 통제를 중시한다. 제품에서부터 시작해 노동자의 움직임과 소비자의 행동에 이르기까지, 자원을 가능한 한 효율적으로 사용할 수 있도록, 가능한 한 적은 비용이 들어가도록, 또 그렇게 함으로써 이윤을 극대화하도록 모든 것을 신중하게 감시하고 통제해야 한다. 수전 라이 스타 Susan Leigh Star (1991)가 지적하듯이, 이런 형식의 효율성은 가혹한 결과를 낳는다.

첫 번째로, 맥도날드의 규모와 크기는 곧 맥도날드가 다른 다양한 산업의 규범과 표준에 영향을 끼칠 힘을 지니고 있다는 것을 의미한다: 농업에서부터 (가격을 결정하고 농부들이 비용을 절감하도록 유도함으로써 동물 복지의 표준을 설정하는 데에 대개 상당한 영향을 끼친다) 외식 산업(작업 흐름을 합리화하고자 의도적으로 주방을 구성한 것이 비숙련 노동자를 최저임금으로 고용하는 것을 정당화하는 데에 쓰인다)에 이르기까지 말이다.

실제로 맥리벨 재판 중(챕터 4를 참고할 것) 맥도날드가 외식 산업 전반의 임금을 하락시켰으며, 세계 최대의 소고기 구매 업체로서 농업에 과도하게 영향을 끼침으로써 동물 학대를 불러일으킨 책임이 있다는 판결이 내려졌다(지로, 2019: 21-45를 함께 참고할 것). 두 번째로, 스타 (1991: 40-1)는 이런 규범과 표준을 뒤집기가 어려울 뿐만 아니라(광범위한 규모와 양이 관련되어 있으므로), 원래 그런 것인 양 자연화되기도

한다고 지적한다: "다른 대안이 없다"는 신자유주의적 자본주의의 진부한 논리와 같은 맥락에서 말이다(피셔, 2009를 참고).

따라서 맥도날드화에 관한 이전의 비판들은 살펴볼 만한 가치가 있다. 대중적 비거니즘(들)에서 현재 벌어지는 변화에 관해 시사점을 지니고 있기 때문이다. 패스트푸드 기업들이 체화한 기본적인 규범을 드러낼 수 있는 요인들을 설명하면서, 스타는 규범에 "맞지" 않는 사람들의 요구와 충돌할 때만 배제적인 규범이 드러나는 경우가 많다고 설명한다; 그녀의 표현은 다음과 같다:

> 맥도날드는 일반적이고, 보편적이고, 어디에나 있는 체인점처럼 느껴진다. 당신이 다음에 해당하지만 않는다면 말이다: 채식주의자거나, 소금을 먹지 않는 다이어트 중이거나, 유대교 율법을 지키거나, 유기농 식품을 먹거나, 게실증을 앓고 있거나(이 경우 햄버거 빵 위에 있는 참깨가 소화에 해를 끼칠 수 있다), 나이가 많거나 건강이 좋지 않아 외출을 못 하거나, 외식을 전혀 할 수 없을 정도로 빈곤하다거나―또는 양파에 알레르기가 있지만 않다면 말이다. (1991: 36)

앞선 연구에서(지로, 2018, 2019) 나는 풀뿌리 비건 캠페인이라는 맥락에서 생겨난 맥도날드 반대 운동이 맥도날드와 관련된 규범을 뒤흔드는 데에 중요한 역할을 했다고 주장했다. 지금의 사건들이 보여주는 것은, 이와 같은 잠재력이 보장되어 있지 않다는 것이다. 스타의 연구가 선견지명을 지닌 (수많은) 이유 가운데 하나는, 기존의 규범과 표준에 저항하는 실천은 비판 대상이 되는 시스템 안으로 다시 끌어들여질 수 있다고 주장하기 때문이다. 이와 같이 저항적인 실천이 노력을 들일 만한 새로운 마케팅 틈새시장으로 부상할 경우 말이다.

다시 이야기하지만, 인터뷰 대상자들 몇몇은 이런 변화에 관해 고찰했다. 예를 들어 대니 Dani (비건 13년 차)는 이렇게 얘기했다: "동네 슈퍼마켓에 두유가 처음 들어왔던 때가 기억이 납니다. 어땠냐면, 우와, 두유가 여기 있다니! 싶었어요. 특별히 두유를 파는 가게를 찾아 돌아다닐 필요가 없는 거죠!" 그러고는 이렇게 말을 이어갔다. "그 뒤로는 비건이라는 라벨을 달고, 비건 대상으로 마케팅을 하고, 치즈부터 우유까지 수많은 논비건 제품을 흉내 내는 특별한 제품들이 터져 나왔어요. 이제는 슈퍼마켓에 가면 비건 우유라고 마케팅을 하는 우유 20종류를 볼 수가 있죠." 이런 전환에 따른 변화 가운데 가장 눈에 띄는 것 하나는 "우연한 비건 제품accidentally vegan"이라는 용어의 뜻이 바뀐 것이라고 그는 주장했다.

처음에는 캠페인 단체들이 우연히 비건이 된 접하기 쉬운 제품들을 목록으로 만들면서 비거니즘으로 이행하는 것을 돕고자 이런 라벨을 사용했다. 이 라벨이 이제는 "비건 제품들이 비건 라벨을 달고 나오는 경우가 정말 많아져서, 만약에 우연히 비건 제품이 되었는데 비건이라는 라벨이 달려 있지 않다면 이제는 그게 예외적인 경우가 되었다"는 의미에 가까워졌다고 그는 지적한다.

이런 고찰은 상당히 중요하다. 비거니즘이 주변적인 것에서 셀링 포인트로 변화한 지난 15년 동안의 극적인 변화를 보여주고 있기 때문이다. 이를테면 2007년 영국의 대규모 슈퍼마켓 체인점인 세인즈버리스 Sainsbury's는 비건 라벨 사용을 중단하기 시작했다. 이는 온라인 비건 커뮤니티에 수많은 비판을 불러일으켰고, 결국은 이를 원상복귀했다.[51] 이 때 비건들이 **새로운** 제품을 요청했던 것이 아니라, 기존에 "우연히" 비건이었던 제품 포장에 비건 라벨을 유지해달라고 요구했다는 데에 주목해야 한다. 비거니즘 시장은 충분치가 않아서 이런 식으로 라벨을 붙일 만한 가치가 없다는 관념은 비교적 최근에 슈퍼마켓들이 벌이는 활동과 첨예한 대비를 이룬다. 예를 들어 세인즈버리스 슈퍼마켓에서 2019년에 발간한 『음식의 미래 Future of Food』라는 보고서에 나오듯이 말이다. 이 자료는 다음과 같은 시나리오로 시작한다:

> 런던에 있는 대학교에서 생태건강을 전공하는 줄리아Julia는 이제 막 부모님 댁으로 돌아왔다. 내일은 줄리아 어머니의 60번째 생신이다. 줄리아는 온 가족이 함께 먹을 식사를 만들 계획이다. 식사 플래너 앱을 열고, 레시피 양을 7인분으로 업데이트한 뒤, 여동생이 글루텐을 소화하지 못한다는 점과, 남동생이 이탈리아 음식을 좋아한다는 점과, 할머니 할아버지께서 — 나이가 들 때 치매와 뇌 기능이 저하되는 것을 방지하고자 설계된 — MIND 식단을 하고 계시다는 점도 고려해달라고 요청한다. 줄리아는 완전한 비건 식사로도 영양소 일일

---

51 2000년대 초에 활동했던 수많은 온라인 비건 커뮤니티들이 지금은 사라지기는 했으나, 이런 논의에 관한 좋은 사례는 V 불레틴(V Bulletin) 게시판에서 찾아볼 수 있다 (http:// www.veganforum.com/forums/showthread.php?13288-Sainsbury -s-is -droppig-vegan-labelling를 참고할 것). 그리고 이를테면 비건 피플(Vegan People) (2004년부터 2007년까지 내가 관리팀을 맡았던 커뮤니티다!), 비거니즘(Veganism), 영국 비건들(UK Vegans) (https://ukvegans.livejournal.com/131483.html 를 참고할 것) 과 같은 라이브저널(Livejournal) 비건 커뮤니티에서도 활발한 논의가 벌어졌다.

권장량을 훌쩍 넘긴다는 걸 아버지에게 보여드릴 생각을 하면서 환하게 미소를 짓는다. 사실 아버지는 스테이크를 더 좋아하시겠지만, 줄리아는 가족들이 플렉시테리언 식단을 따르도록 만들겠다고 마음을 먹었다. (2019: 5)

이 시나리오가 도약대 구실을 하며 슈퍼마켓의 헤드라인인 "건강에 관심을 갖고 환경을 고려해 결정을 내리며 생태와 관련된 인식이 높아진 새로운 세대가 부상했다. 2025년에는 (비건을 비롯해) 채식주의자들이 영국 인구의 4분의 1을 차지할 것으로 보이며, 플렉시테리언은 영국 소비자의 절반 가까이에 이를 것이다"(2019: 6)라는 문구로 이어진다. 이런 발전에 앞서 슈퍼마켓에서는 비거뉴어리에 맞추어 다양한 식물 기반 식품을 새로이 내놓았으며, 하반기에는 영국 최초의 "식물 기반 정육점"도 선보였다(매너링 Mannering, 2019).

세인즈버리의 선언 가운데는 포스트페미니즘 관련 서사와의 유사점이 있어 분석할 부분이 많다: 융통성을 강조하는 것, 환경론과 건강에 초점을 맞추는 것, 동물 윤리를 언급하지 않는 것이 『음식의 미래』를 여는 시나리오에서 눈에 띄는 몇 가지 요소들이다. 잠시 뒤에 이런 담론을 더 심도 있게 탐구해보겠지만(이런 점들을 포스트-비건 음식 문화의 핵심적인 특징으로 이해해야 한다고 주장하면서 말이다), 그에 앞서 이 보고서에서 밝혔던 것처럼 비거니즘이 자립적인 시장으로 부상했다는 사실이 지닌 복합적인 행동 유도성을 조금 더 살펴보고자 한다.

스타(1991)의 주장을 끌고 오자면, 『음식의 미래』와 같은 자료들이 보여주는 것은—직설적으로 이야기하자면— 이제는 비거니즘과 애써 결부를 시킬 정도로 비거니즘 시장이 큰 시장이 되었다는 의미다. 비건의 관점에서 바라보자면 실천이 급증하는 것은 긍정적으로 볼 수 있으나, 이렇게 결부되는 것은 그다지 긍정적이라 할 수 없을 것이다. 그렇지만 비거니즘의 성장과 비거니즘의 상업화를 유의미하게 구분해낼 수 있는 가를 확인하기란 어렵다.

대중화 과정과 결부 과정을 둘러싼 사안들을 해석하기는 어려우며, 이는 어쩌면 포스트페미니즘의 특징적인 논리에서 벗어나는 것을—또는 적어도 이 논리를 복합적으로 만드는 것을— 의미할지도 모른다. 지금의 음식 문화와 브랜딩을 점점 더 포스트페미니즘적인 관점에서 이해하고 있기는 하다. 특히 소비를 통한 개인의 행위성을 강조하면서 음식을 통해 역량을 강화한다는 서사를 놓고 본다면 말이다(오닐 O'Neill, 2020).

그렇지만 비건 음식의 상업적인 접근성이란 개인화된 소비자 지향적 실천을 향해 곧바로 전진하는 것보다 훨씬 더 복잡한 문제다. 한편으로 본다면, 비거니즘의 기업화는 과거에 특정한 사회적 규범 바깥에 있던—따라서 스타와 같은 맥락에서 이야기하자면, 이런 규범을 탈자연화할 수가 있었던— 식사 방식이 기존의 음식 기반 안으로 부드럽게 통합되는 이행 과정을 보여준다. 또 다른 한편으로, 비거니즘을 민주화하는 잠재력을 고려해본다면 이런 변화를 완전히 비판적으로만 해석할 수도 없다.

예를 들어, 특정 패스트푸드 기업과 슈퍼마켓의 윤리적 실천에 반대하며 장기적인 캠페인을 벌였던 활동가들마저도 다음과 같은 발언을 했다:

'아아, 테스코 Tesco 가 썩 윤리적이지는 않지, 안 그래?'라고 얘기하는 것은 아주 좋은 일이죠. 윤리적이지는 않을지 모르지만, 테스코에서는 음식을 반 값에 팔아요… 그레그스에서 소시지빵을 살 수도 있고, 아니면 [장소명 생략] 비건 시장에 가서 2파운드를 주고 소시지빵을 살 수도 있어요; 그러니까, 넉넉하지 않은 예산에 맞춰 생활하는 가족이라면 그레그스에 가서 1파운드를 내고 소시지빵을 사는 편이 나을 거예요. 값을 두 배로 내야 하는 윤리적인 비건 식품점에 가려고 애쓰기보다는 말이죠. 당신이 윤리적인 소비자의 관점에서 이런 문제를 어떻게 처리할지는 잘 모르겠네요. 윤리적인 소규모 거래자 역할을 하려면 값을 많이 치러야 하니까요. (스코티 Scotty, 비건 34년 차)

스코티의 성찰과 같은 맥락에서 이런 사안들은 모든 인터뷰 대상자들에게 크나큰 딜레마를 안겼다. 앞서 언급했듯이, 내가 이야기를 나눴던 많은 사람들은 특히 패스트푸드 기업들이 비거니즘을 결부시키는 것을 우려했다. 그렇지만 스코티와 마찬가지로, 사람들은 음식을 광범위하게 접할 수 있다는 것은 비거니즘을 민주화하는 잠재력이 있다는 점도 동시에 인정했다. 특히 계급 관점에서 바라본다면 말이다.

앞서 인용했던 것처럼 솔은 현재 비거니즘이 음식에 초점을 두는 것을 상당히 비판했으나, 그는 남는 재료로 비건 음식을 요리할 수 있다는 자신이 있다는 것은, 신제품이며 패스트푸드가 그에게 별로 중요하지 않다는 의미라고 보기도 했다. 또 그는 다른 사람들이 비건 실천을 뒷받침하는 데에 필요한 것들에 비판적으로 구는 것을 우려했다. 이와 유사하게, 다른 사람들은 이것이 단순히 접근성의 문제가 아니라 시간과 자원의 문제이기도 하다고 강조했다. 이런 문제는—적어도 일부분은— 비건 음식을 광범위하게 접할 수 있게끔 만듦으로써 해결할 수 있는 것이다.

이런 모든 성찰에서 분명히 드러나는 것은, 단순히 비건 제품을 판매하는 패스트푸드 기업을 찬양하거나 질타하는 것보다 조금 더 미묘한 문제다; 식물 기반 소비주의는 불평등이 군데군데 자리 잡은 기존 음식 시스템의 한계 안에서 사람들이 특정한 유형의 음식 윤리를 실천할 수 있는 길을 열어준다고 인정받고 있다. 그런 한편으로, 인터뷰 대상자들은 새로이 생겨난 비건 음식의 접근성을 무비판적으로 칭송하는 것은 위험하다는 생각도 여전히 품고 있었다. 이런 행동이 어떻게 해서 식품 생산과 관련된 불평등을 고착시킬 수 있는가를 다루지 못한다면 말이다.

이런 서사는 다른 형태의 불평등을 인식하는 데 쓰이는 활동주의-비건 정치의 핵심 딜레마 한 가지를 반영하고 있다(화이트, 2018). 장기간 활동해 온 활동가들이 지금의 비거니즘을 비판적으로 바라볼 경우, 이는 엘리트주의적이고 배제적이라고 취급되며 순수주의 활동가 정체성 정치라고 해석될 수가 있다. 반대로 기업 비거니즘을 무비판적으로 찬양할 경우, 이는 음식 시스템 안의 다른 구조적 문제들을 삭제할 수가 있다. 이런 긴장이 가장 분명하게 드러나는 주요한 맥락은 바로 녹색 소비주의와 그린워싱을 둘러싸고 오랫동안 생겨났던 긴장이 비건 정치와 교차할 때다.

그린워싱과 그린 프리미엄

이 챕터에서는 대중적인 비거니즘에 접근하는 유용한 틀로서 포스트페미니즘에 초점을 맞췄지만, 소비사회학과 같은 분야에서도 유용한 개념을 취해볼 수 있다. 특히 그린워싱 현상에 관한 연구에서 말이다. 그린워싱이라는 용어는 "사람들이 한 조직의 환경친화적인 성과, 실천, 또는 제품에 관해 과도하게 긍정적인 신념을 품도록 호도하는 다양한 의사소통을 아울러 지칭한다."(리온Lyon과 몽고메리Montgomery, 2015: 225). 식물 기반 자본주의는 여러 가지 측면에서 그린워싱의 사례다; 수많은 제품에서는 음식이 무언가 자연스럽고 지구에 이롭다는 식으로 홍보하고자 "식물"과 관련이 있는 함의를 직접적으로 사용한다(이를 소비하는 사람들에게 건강한 제품이라고 홍보하는 것은 물론이고 말이다).

지금의 음식 풍경에서 이런 사안을 분석하기 어렵도록 만드는 요인은 바로 이런 형태의 "비건워싱"(알룬Alloun, 2020)이 환경친화적임을 일반적으로 호소하며 세력을 얻는 데서 그치는 것이 아니라, **활동주의적** 실천으로서의 비거니즘을 더 급진적으로 표현하는 제스처를 취하며 세력을 얻는 경우가 많다는 점이다; 식물성 우유가 규범을 극적으로 깨뜨렸다고 설명하는 데에서 명시적으로 드러나듯이 말이다(챕터 1에서 논의했던 클레이 외, 2020를 참고할 것).[52]

나탄 클레이 외의 연구자들은 이런 변화가 비거니즘을 연루시키는

---

52 여기서 알룬이 "비건워싱"이라는 용어를 사용하기는 하나, 그녀가 이 개념을 단순하게 사용하기보다는 비판적으로 탐구하며, 비거니즘이 다른 윤리적 사안을 감추는 데에 쓰이는 것에는 비건 활동가들도 저항한다는 것을 보여준다는 사실에 주목해야 한다.

사례라고 바라본다. 이때 정치화된 식품 선택의 미학은 노동 정치나 환경·동물 윤리의 관점에서 봤을 때 급진적인 것과는 한참 거리가 먼 식품 브랜딩의 일부가 되고 만다. 이런 맥락에서 보자면, "식물 기반"이라는 용어는 무언가 급진적이라는 함의를 유지하고 있다. 실제로는 비건 윤리 뒤에 자리 잡은 정치를 내쫓았음에도 말이다. 다시 한번 이야기하지만, 제아무리 비건 기표를 유지하고 비건 윤리를 내쫓는 것이 식물 기반 시장의 성장이 지닌 한 가지 요소라 할지라도, 이 과정은 표면적으로 드러나는 것보다 훨씬 어지럽고 양가적이다.

내가 이야기를 나누었던 인터뷰 대상자들 대다수는 환경 정치가 비거니즘의 대중화를 이끌어낸 핵심 요인이라고 보았다. 사스키아(비건 25년 차)는 "신新기후운동"이 동물 윤리와 환경론 사이에 보다 지속적으로 연결점이 만들어질 것임을 예고한다고 보는 반면, 렌Len(비건 10년 차)은 "기후변화와 기후위기의 핵심은, 사태가 너무 빠르게 변하며 너무 중요한 시기에 이른다는 점이에요… 사실상 기후 변화라는 메시지가 가장 강력한 메시지로 받아들여지죠"라고 주장했다. 다른 인터뷰 대상자들은 비거니즘과 환경론 사이의 연결점이 초기 비건 협회가 발행한 자료에 이미 나타나 있던 우려에 관심을 불러일으켰으나, 오늘날 비거니즘이 어떤 의미인가에 관한 대중적인 관념에는 부재하는 경우가 많다고 생각했다: "물론 당시에는 기후 변화라는 말은 존재하지 않았어요—그렇지만 우리가 지금도 이야기하는 다른 것들은 그때도 많이 있었지요… 토양 침식, 식수 낭비, 가축을 먹이느라 식물을 허비하는 것, 이런 모든 것들이… 이 모든 것이 바로 그 당시에는 비건 운동이었어요"(크리스, 비건 14년 차).

그렇지만 지금이 비건 활동주의와 환경 활동주의를 더 정치화된 방식으로 합쳐서 표현하는 시점일지언정, 급진적인 정치를 상품화하려는 시도에 두 운동 모두가 동원되고 있으며, 이런 변화가 지닌 중요성과 함의는 계속해서 드러나고 있다. 이와 같은 (대개는 상반되는) 사회경제적이고 정치적인 발전이 합쳐지면서 수많은 갈래로 나뉘고 논쟁이 벌어지는 결과를 낳았다. 이를테면 그린워싱 또는 비건워싱이 복잡해지는 까닭은, 비단 환경을 의식하는 새로운 소비자들을 (다시) 사로잡고자 생산라인에 부가적인 제품을 추가하는 패스트푸드 기업들과만 연관이 있는 것이 아니라, 높은 가격을 합리화하고자 저렴한 재료를 건강하고 환경친화적인 대안으로 브랜딩할 수 있는 제품으로 둔갑시키는 다소 다른 유행과도 관련이 있기 때문이다(대개는 "그린 프리미엄"이라고 설명한다).

어쩌면 콜리플라워 스테이크 현상이 이 점을 가장 잘 설명해주는지도 모른다. 주류 미디어 담론에서 비건 식품이 상대적으로 돈이 더 많이든다며 벌이는 논쟁에 관한 비판을 한데 도맡아 받으면서 말이다. 예를 들어, 프리미엄 슈퍼마켓인 막스 앤 스펜서 Marks and Spencer 는 콜리플라워 한 통에는 1파운드라는 값을 매기면서, 자른 콜리플라워를 플라스틱 통에 담은 것은 2.5파운드에 팔고 있다며 소셜 미디어에서 조롱을 받았다(이후 인쇄 매체에서 이 소식을 접하고 소개하자, 결국 제품을 철수했다; 클로크 Cloake, 2018). 영국의 펍 체인점 영스 Young's도 이와 유사한 비판을 받았는데, 콜리플라워 스테이크 한 접시를 14파운드에 팔았기 때문이었다. 이 사실이 밝혀지자 다음과 같은 논평도 등장했다. "어떤 식으로 자르건 간에, 주재료가 1파운드도 안 되는데 한 접시에 14파운드를 받는다는 건 욕심이 과하다는 기분이 든다"(네일러 Naylor, 2019).

이에 따라, 이런 접근법이 순전히 브랜딩 관행이라고 생각하면서 그린워싱에 관한 광범위한 의혹을 품은 소비자들과 같은 맥락에서 본다면, 폭넓은 미디어 문화에서는 비건 제품에 프리미엄을 매기려고 시도하는 데에 대한 반대가 없지 않았다. 인터뷰 대상자들 역시도 이런 흐름을 비판적으로 고찰했다: "비건 제품에는 대부분 프리미엄이 붙어 있어서, 촉매 작용을 한다는 관점에서 보자면 사업에 매력적인 요소라고 볼 수 있어요. '값을 더 높게 매길 수 있는 제품이 있군'이라고 생각을 할 테니까요"(토마스, 비건 14년 차); "녹색 소비주의는 새로운 현상이 아니며, 기업들은 사람들에게 물건을 팔고자 아주 모호한 녹색 정치를 오랫동안 이용했어요. 그리고 이런 영역에 [비건 소비주의가] 딱 들어맞지요"(그래햄, 비건 12년 차). 나아가, 인터뷰 대상자들은 비건 소비주의를 만들어내는 시스템 차원의 문제를 이야기했다:

> 환경친화적이고 윤리적인 동기를 지닌 사람들은 이를 위해 더 많은 값을 지불할 의사가 있어요. 그리고 그런 식의 브랜딩에도 더욱 충성하죠… 그러니까, 비건 식품은—곡물이며 시리얼이며 그런 것들은요— 육류나 유제품에 비해서 구입하기가 부담이 없어야 해요. 과도할 정도로 말이죠. 그리고 아시다시피, 만약 구입하기가 부담스러운 가격대라면, 그건 단지 엄청난 수준의 장려금을 내는 일일 뿐이죠! (윌 Will, 비건 10년 차)

월이 주장하듯이, 음식이라는 맥락에서 "그린 프리미엄"이란 윤리적 소비주의라는 새로운 시장에서 이득을 취하려는 단순한 시도 그 이상으로 훨씬 복잡하다. 이와 더불어, "그린 프리미엄"은 동물성 제품이

상대적으로 저렴해지는 결과를 불러일으킨 산업적인 식품 생산의 특정 양상들이 역사적으로 단단히 자리 잡은 것과 관련이 있으며, 이 때문에 생겨나기도 한다.

나아가, "비건 프리미엄"에 관한 논의는 맥락에 따라 상당히 달라진다; "육류" 제품과 "비건" 제품의 가격을 책정하는 방식은 보편적인 것이 아니라, 특수한 문화적 가치며 연상작용과 깊은 관련이 있다. 실제로 스펙트럼상의 또 다른 극단을 살펴보자면, 인터뷰 대상자들 가운데 많은 이들은 남는 재료로 요리하는 법을 익히고 나자 비건 식품이 다른 식사보다 훨씬 저렴하다는 걸 발견했다고 이야기했다. 특히나 즉석식품이며 브랜딩된 제품이라든지, 고기가 일종의 핵심이기에 값비싼 대체물로 대신해야 한다는 앵글로 중심적 관념을 넘어서고 나니 말이다(카리마, 비건 22년 차; 챕터 6을 참고할 것).

이런 관점에서 본다면, 최근의 변화가—그리고 특히나 전문적인 대체 육류에 초점을 맞추는 것이— 과거에 비해서 비거니즘을 더 비싼 것으로 만들며, 많은 사람들이 접근할 수 없도록 만든다는 점이 걱정거리였다. 비거니즘에 관한 인식은 가처분소득 수준이 높은 사람들이 비거니즘을 실현 가능한 선택지로 여기도록 만들기는 했지만, 널리 알려진 식물 기반 제품들이 비싸다는 점 때문에 비거니즘의 광범위한 대중화는 약화되었다.

그러므로 다시 이야기하지만, 지금 비거니즘에 달라붙어 있는 의미에 관한 일반화를 피하고, 그보다는 구체적인 소비 담론이 특정한 제도적 맥락 안에 어떻게 배태되었으며 또 그 안에서 실행되었는가를 탐구해야 한다(커드워스, 2014의 논의를 반복하자면 말이다). 예를 들어, 대중적 비거니즘의 담론과 관련해서 이런 질문들에 접근하는 방식은 "식물 기반"과 같은 용어가 여러 맥락을 오가며 어떤 의미가 달라붙었으며, 이런 용어들이 서로 거리를 두는 동시에 특정한 의미를 품게 되었는가를 묻는 것이다.

윤리적인 제거?

비건 실천의 미학은 유지하면서도 급진적인 비건 정치의 양식을 간단히 저버리는 식물성 "대체 우유"라든가 다른 그린워싱 또는 비건워싱 제품과 관련해서 등장한 제거 형식을 보기란 쉬울 것이다. 이런 과정이 특히나 두드러지는 영역은 바로 펑크 미학이라는 맥락이다. 역사적으로 비거니즘은 (특히 북아메리카의) 스트레이트엣지[53] 하위문화와 영국의 아나코 펑크라는 맥락 안에서 중요한 역할을 했다. 그 결과, 특정한 형태의 비거니즘을 둘러싼 물질문화는 반소비주의적인 DIY 에토스와 미학에 엮이게 되었다(클라크, 2004; 핸플러, 2004; 지로, 2013a).

1990년대 후반과 2000년대 초반에 비거니즘이 독자적인 소비자 시장으로 부상하던 때에도 이런 연결 고리는 유지되었다. 전문적인 레시피 서적에도 여전히 하위문화와의 연결고리가 남아 있어, 타냐 버나드 Tanya Barnard 와 사라 크레머 Sarah Kramer 가 쓴 『이 모든 게 비건이라니 How It All Vegan 』(1999)와 『비건의 정원 Garden of Vegan 』(2002), 이사 찬드라 모스코비치 Isa Chandra Moskowitz 의 『맹렬한 비건 Vegan with a Vengeance 』(2005), 그리고 그녀가 테리 호프 로메로 Terry Hope Romero 와 함께 쓴 후속작인 『비거노미콘 Veganomicon 』(2007)의 저자들은 타투를 잔뜩 하거나, 레트로 또는 펑크스타일 옷을 입고 있었다(위의 텍스트에 관해 보다 심도 있는 분석을 확인하려면 이네스 Inness , 2006와 캐리, 2016을 참고할 것).

---

53 역주: 스트레이트엣지란 하드코어 펑크 하위문화다. 권위를 거부하며, 술과 마약을 자제하는 것이 특징이다. 반란을 일으킬 때 자기파괴적인 행동이 함께 일어나서는 안 된다는 것이 기본적인 신조다.

더욱 중요한 것은, 이런 책들이 비건 공동체 만들기와 얽혀 있었다는 것이다. 예를 들어 모스코비치의 책은 초기 비건 소셜 미디어에 영향을 끼쳤다: 사람들이 레시피를 실험하던 라이브저널의 커뮤니티 "비건테스트키친 vegantestkitchn"과, 이후 생겨난 규모가 더 크고 활발한 웹사이트 겸 게시판인 포스트 펑크 키친(Post Punk Kitchen)을 비롯해서 말이다. 특히 이 게시판에서는 음식을 넘어서는 주제를 다뤘다(정치와 사회 문제에 초점을 맞춘 코너가 있었으며, 주로 T*** Kitchen과 같이 앞선 챕터에서 논의했던 현상들이 등장하는 것을 비판하고는 했다). 모스코비치의 레시피 서적에서는 비거니즘이 다른 사회 정의 운동과 연결점을 지닐 수 있다는 가능성도 탐구했다.

　　예를 들어, 『맹렬한 비건』에서는 아나키즘적 페미니스트 포틀럭의 가치를 상세하게 설명하는 페이지를 집어넣어, 사람들이 음식 활동주의 단체인 푸드 낫 밤스(챕터 4를 참고할 것)에 동참하도록 권했으며, 값싼 재료를 얻거나 중고 매장에서 저렴한 주방용품을 구하는 비법을 소개했다.

　　그렇지만 이와 같은 정치적인 연결점 만들기는 최근에는 시들해진 것으로 보인다. 이런 갈래의 비거니즘이 지닌 펑크 미학은 유지되고 있기는 하지만 말이다. 예를 들면, 인터뷰 중 지니 Ginny(비건 14년 차)는 때로는 비건 반문화와 관련된 미학을 특정한 환경에서 취하면서 비거니즘 자체는 제거된다고 주장했다. 그녀는 최근에 일어난 일들을 다음과 같이 설명했다.

제가 비건이라고 생각하는 미학 주위에는 힙함이 감돌았어요! 어떻게 꼬집어 말해야 할지는 모르겠지만, 딱 보기에도 비건 카페 같은 [웃음] 곳에 들어가면 당혹스러웠어요. 그러니까, 빌어먹을 비건 카페가 아닌데도 말이에요! 그런 곳에는 귀리 우유가 있죠. 그렇게 쿨한 카페에서는 귀리 우유는 먹을 수 있지만 두유는 먹을 수가 없어요, 두유는 쿨하지 않으니까요! … 그런데 숱하게 많은 운동도, 숱하게 많은 하위문화 운동도 마찬가지예요. 쿨한 미학이 있다고 하면 가지고 가서 그걸 희석하고 또 희석해서 다른 곳에서 재생산하죠.

그렇지만 지니가 이야기하듯이, 또 여러 인터뷰 대상자들이 거듭 이야기했듯이, 이런 변화가 비건 윤리를 그저 제거한다고 바라보는 것은 지나친 단순화다. 대중적 페미니즘을 구성하는 다층적인 페미니즘의 반복처럼(바넷-바이저, 2018), 대중적 비거니즘도 다양한 갈래들이 있다. 나아가, 반문화적 공간과 동물권 활동주의는 여전히 존재하며, 또 어떤 경우에는 점점 더 가시화된다는 사실을 인식해야 한다(챕터 4를 참고할 것).

에르네스토 라클라우 Ernesto Laclau (2005)의 용어를 따오자면, 윤리적 제거나 탈정치화 과정을 드러내는 것보다는 "떠다니는 기표"인 "식물 기반"과 같은 용어들을 살펴보는 것이 더 생산적일지도 모른다. 이런 용어들은 서로 다른 정치적 프로젝트에 전념하는 사람들이 부여한, 서로 경합하는—그리고 근본적으로 상반되는— 의미를 지니고 있다. 즉, 의미를 놓고 논쟁을 벌이는 사람들이 이런 투쟁에 동원할 수 있는 자원의 수준이 불평등하다는 사실을 인정하는 것도 필요하다. 기존에 미디어에 접근할 수 있고 재정적 자원을 지닌 사람들은 자신들의 의미를 지배적으로 만들 기회를 더 많이 가진다. 이런 점은 비거니즘과 관련해서 대중적으로 인기를 얻고 있는 또 다른 용어를 살펴볼 때 분명하게 드러난다: 바로 플렉시테리어니즘^{간헐적채식주의}이다.

융통성 있는 비거니즘

"플렉시테리언"이라는 용어는 21세기 초의 20년 동안 인기가 증가했다. 이 용어는 미국 방언 협회 American Dialect Society 가 올해 "가장 유용한" 단어로 선정하며 찬사를 받았으나(플레일 Flail, 2011), 『옥스퍼드 영어사전 Oxford English Dictionary』에는 2014년에야 등재되었다(BBC, 2020). 그때부터 "플렉시테리언"이라는 말을 사용하는 일이 급증했으며, 지난 2년 동안은 식품 산업의 주요 기업과 마케터들이 중요한 트렌드라며 계속해서 언급했다. 앞서 이야기했던 세인즈버리스의 『음식의 미래』 보고서가 이야기했듯이, 이런 변화는 계속해서 비거니즘과 관련이 된다(다시 말하지만, 이는 식물 기반이라는 표현과 호환 가능한 말로 쓰이는 경우가 많다).

새롭게 발견한 비건 제품의 접근 가능성과, 여기에 수반되는 잠재력과 긴장을 염두에 두고 이야기하자면 플렉시테리언이 부상하는 것은 비거니즘의 민주화라는 측면에서 긍정적으로 해석하기도 한다. 개인들이 1월 한 달 동안 비거니즘을 실천하도록 응원하는 비거뉴어리와 같이 비건을 지지하는 기획들은 최근 기록적인 이용자 수를 보여주었다. 2020년 영국에서만 400,000명이 이 기획에 동참했다(피트 Peat, 2020). 고기 없는 월요일 Meat Free Mondays 과 같이 생태주의적인 사고방식을 지니고 성공을 거둔 기획들은 비거니즘에 명시적으로 초점을 맞추기보다는, 환경을 위해 동물성 제품을 줄이자는 논리에 집중했다. 이와 같은 변화는 공통적으로 (소위) "활동주의적 비거니즘"의 순수주의를 넘어서서(화이트, 2018), 오히려 축소를 강조하는 것으로 보인다. 식물 기반 제품을 시도해 보고 또 개인의 필요와 상황을 바탕으로 소비자가 선택을 내리는 식으로 말이다.

그렇지만 다시 이야기하자면, 이런 서사에서 비거니즘과 플렉시테리어니즘이 연관을 맺는 **방식을** 가까이 들여다보면 양가적인 모습이 드러난다. 이 두 가지 음식 윤리는 서로 **대치하는** 경우가 많기 때문이다. 예를 들어, "비건 대 플렉시테리언"이라는 BBC 기사에서는 이렇게 밝히고 있다: "비건 식단은 너무 제약이 많다고 느껴질 수 있기 때문에, 동물성 제품을 조금만 포함하는 다양한 식단을 먹는 것이 보다 현실적이며, 더 많은 사람들이 해낼 수가 있다—그리고 식습관의 변화가 영향을 끼칠 수 있는 유일한 방법은 집단적으로 변화를 실천하는 것뿐이다." 이 기사에서는 "느껴질 수 있"다는 표현을 써서 경고를 하긴 했지만, 여기서 취하는 관점은 사회과학 연구와 주류 미디어 서사에서 유통되던, 비거니즘을 금욕적이고 제한적인 삶의 방식으로 바라보는 낡은 비유에 해당한다(콜, 2008; 콜과 모건, 2011).

동물성 제품을 완전히 없애는 것보다 플렉시테리어니즘이 더 분별력 있고 온건한 대안이라고 바라보는 것은 BBC만이 아니다. 고기 없는 월요일MFM을 미디어에서 어떻게 묘사하는가를 다룬 캐롤 모리스의 연구는 이런 묘사가—포스트페미니즘적 미디어 문화의 경향과 같은 맥락에서— 제도적이고 구조적인 변화에서 초점을 돌려, 선택이라는 서사에 초점을 맞추는 광범위한 미디어 담론의 일부라는 것을 보여준다. 모리스는 영국 인쇄 매체에 드러난 MFM의 재현을 조사하며, 부정적인 보도보다는 긍정적인 보도가 더 많기는 했으나, 이런 기사들이 취하는 정치적·윤리적 관점은 무언가 묵인하는 것이 있었으며, 세 가지 핵심적인 메시지에 중점을 둔다는 사실을 발견했다: "MFM은 건강에 좋다; 이 캠페인이 담고 있는 메시지는 온건하고, 분별력 있으며, 실현 가능하다; MFM 은 환경에 좋다"(모리스, 2018: 439-40).

고기 없는 월요일에 관한 논의 가운데 눈에 띄는 것은, 바로 여기에 **빠져 있는** 무언가다; 모리스가 조사한 기사 125편 가운데 고작 1편만 동물을 언급하고 있었으며, 이런 운동과 구조적 또는 제도적 변화가 맺는 연결점이 자주 드러나지는 않았다. 케이틀린 멘데스 Kaitlyn Mendes (2012) 의 미디어 속 페미니즘 활동주의 묘사에 관한 분석과 같은 맥락에서 보자면, 여기서도 광범위한 제도적 배치에는 의문을 제기하지 않고, 개인적인 차원에서 역량을 강화하는 선택을 바탕으로 삼는 서사가 나타났다.

미디어에서는 동물성 제품을 줄이는 것이 이를 아예 삼가는 것보다 낫다고 바라보기는 하지만, 또 어떨 때는 이런 실천들이 **하나로 합쳐지기도** 한다. 다시 이야기하지만, 『음식의 미래』와 같은 보고서는 (비거니즘, 선택, 동물성 제품 줄이기, 건강, 융통성을 한데 묶어) 혼용하는 것을 보여주는 사례다. 한데 이런 혼용 관계는 식품 마케팅을 넘어서서 다른 서사에도 사용된다. 예를 들면, 음식과 지구의 건강을 다룬 획기적인 2019년 잇-란셋 EAT-Lancet 보고서도 "주로 식물을 바탕으로 하나 온건한 분량의 생선, 육류, 유제품을 선택적으로 포함할 수 있는 플렉시테리언 식단"을 확실하게 요구한다. 인간과 지구의 건강을 확보하는 동시에 인구 100억 명을 먹일 수 있도록 하기 위해서 말이다(잇-란셋 위원회, 2019: 11).

이와 같이 플렉시테리어니즘 서사는 동물성 제품을 줄이는 것과 완전히 없애는 것 사이의 경계를 흐리는 동시에 거리를 확보함으로써 융통성 있는 음식 실천이 비건 실천의 윤리적·환경론적 계보의 일부로 자리 잡도록 만든다. 비건 생활방식의 (명백한) 제약을 고수하지 않으면서도 말이다.

　비거니즘과 플렉시테리어니즘을 연결시키는 신생 담론에 관한 우려는 순수성 정치나 경계선에서 일어나는 감시 활동의 한 형식이라고 해석하는 경우가 많다. 챕터 3과 4에서 논의했듯이 말이다. 예를 들어, 순수성 정치라고 혐의를 제기하는 것은 대개 비거니즘의 의미에 관한 명확한 정의를 지닌 비건 개인들과 활동주의 단체 모두를 향하는 경우가 많다. 이런 비판이 근거가 없지는 않다는 점은 인정해야 한다. 특정한 형태의 라이프스타일 정치가 때로 특정 활동주의 공동체의 내부자와 외부자를 가르는 정체성의 지표로 작용하기 때문이다(챕터 4에서 간략히 설명했듯이). 그렇지만 한편으로는 중요한 윤리적 우려를 일축하려는 수사적인 전략으로 "화난 비건", "비건 경찰", "설교를 늘어놓는 비건"과 같은 비유를 쓰는 경우가 많다(스테픈스 그리핀, 2017을 참고할 것). 그러므로 다시 이야기하지만, 이와 마찬가지로 "화난 페미니스트"라는 이미지를 빈번하게 사용해서 사회적 변화를 향한 요구를 약화시켰던 포스트페미니즘적 미디어 문화에 관한 비판과 유사하다고 얘기할 수 있다 (맥로비, 2009).

　포스트페미니즘적 미디어 문화와 맺는 다른 비판적인 관계들은 융통성 담론이 구조적 변화는 희생시킨 채 개인적으로 힘을 부여하는 것만을 어떻게 강조하는가를 보여준다. 앞서 언급했듯이, 신자유주의는 포스트페미니즘과 긴밀하게 연관되어 있다. 포스트페미니즘적 미디어 문화는 페미니즘을 신자유주의적으로 표현한 특수한 사례로 보는 경우가 많다. 소비자의 선택으로 표현하는 개인주의와 역량 강화를 강조하기 때문이다. 포스트페미니즘이 페미니즘의 신자유주의적 반복이라고 바라보도록 만드는 또 다른 특성은, 융통성을 강조한다는 것이다(그레그, 2008). 지금의 여성들은 여러 욕구와 관련하여 서로 경합하는 요구사항들을 효율적으로 다룰 수 있을 만큼 융통성을 충분히 발휘하기만 한다면―일도, 가정도, 역량을 강화하는 것도― "모두 다 가질" 수 있는 것처럼 그려진다(리틀러, 2017: 179-211를 참고할 것).

스스로를 융통성 있고 회복탄력성을 지닌 주체의 모범으로 만드는 것을 강조하는 것은, 긱 이코노미를 광범위하게 분석할 때 핵심이 된다 (불 Bull 과 앨런 Allen, 2018; 질과 오가드 Orgad, 2018). 페미니즘 학계에서는 돌봄노동부터 시작해 육아와 병행할 수 있는 가내 사업을 시작하는 것에 이르기까지, 대개 간과되는 맥락 속에서 이런 현상이 어떻게 드러나는가를 연구했다(리틀러는 이를 놓고 "엄마기업가정신 Mumpreneurism" 이라 표현한다).

비건 정치와 비건 윤리와 관련해서 융통성이 지닌 중요성은 식물 기반 자본주의의 위치 지어진 사례를 살펴볼 때 더 명확하게 드러난다: 2020년 비거뉴어리에 맞춰 버거킹에서 식물 기반 버거인 레벨 와퍼 Rebel Whopper 를 출시한 일이다. 광고에는 "채식 정육점"이라는 로고가 나와 있었으며, 이어서 "와퍼 100%, 소고기 0%"라는 문구가 쓰여 있었다. 그리고 배경에는 "반란 rebel"이라는 단어가 커다란 초록색 글씨로 반복해서 등장한다. 광고에서 "식물 기반"이라는 용어를 사용한 것은, 비거니즘이 지닌 다른 함의들은 거부하면서도―상업화하기에 적절한― 몇몇 함의만은 전달하고자 의도한 것으로 보인다.

예를 들어, 제품명과 제품 브랜딩은 비거니즘의 대안적인 펑크 미학과 신新기후운동과 관련한 젊은 층의 반란 모두를 연상시킨다. 과거의 비거니즘 이해의 일부였으며, 환경론적 활동주의를 촉구했던 구조적인 비판은 없는 채로 말이다. 실제로 그 해 말 버거킹은 잘못된 정보를 담은 광고를 내보내었다며 유죄 판결을 받았다(BBC, 2020).

결국 레벨 와퍼는 비건들에게만 적절치 않았던 것이 아니라(달걀을 바탕으로 한 마요네즈가 들어갔기 때문이었다), 수많은 채식주의자들에게도 알맞지 않았다. 고기와 같은 불판에서 조리가 되었기 때문이다. 특히나 주목할 만한 건, 자신들의 브랜딩에 관해 버거킹이 내세운 변론이다. 이들은 식물 기반, 플렉시테리어니즘, 비거니즘이 문화적으로 혼용되는 것을 의도적으로 이용해서, 이 제품이 **윤리적** 비건들에게는 적절치 않으나, 잘못된 정보를 담은 브랜딩은 아니었다고 주장했다. 제품 자체에는 "소고기가 함유되어 있지 않았"으며, "플렉시테리언" 소비자를 대상으로 만들었기 때문이라면서 말이다.

레벨 와퍼는 극단적인 사례일지도 모르나, 이 사례는 식물 기반 자본주의의 역동이 지닌 중요한 점을 분명하게 보여준다. 식물 기반 음식을 연루시켜서 잡식 식단 가운데 융통성 있게 선택할 수 있는 것으로 내놓는 일은 간단할지도 모르나, 앞서 비거니즘이 지니고 있던 윤리적인 신념과 통합하는 것은 쉽지 않다는 것이다.

스타(1991)가 강조했듯이, 실질적인 차원에서 보자면 모든 것이 표준화되어야만 주방 기술이 매끄럽고 효율적으로 작동할 수 있다. 근본적으로 다른 형식의 재료라든가 (예를 들어, 대체 마요네즈) 다른 준비 방법을 위해 필요한 것(채식 음식을 조리하도록 분리된 조리 구역)이 갖춰지지 않으면, 이런 변화를 요구하는 "융통성이 덜한" 비거니즘의 정의를 따르는 윤리적 신념도 갖출 수 없다.

모든 기호를 만족시키겠다는 대규모 패스트푸드 기반 시설이 "융통성이라는 미끼 lure of flexibility"(스타, 1991: 37)를 약속하기는 하지만, 더 융통성을 발휘하도록 부추겨지는 쪽은 시스템이 아니라 **개인**인 경우가 많다. 기업의 요구를 거역하기보다는 이에 순응하면서 말이다. 그렇게 될 때 융통성이라는 포스트-비건 관념은 비거니즘이 녹색 자본주의에 연루되는 것을 적극적으로 가능하게 만든다. 특정한 사회기술적 배치와 관련된 규범, 표준, 윤리적 질문에 관한 비판적 성찰을 배제함으로써 말이다.

그렇지만 이 챕터에서 다뤘던 모든 사례들과 마찬가지로, 심지어 플렉시테리어니즘도 희망적인, 또는 적어도 양가적인 정치의 씨앗을 지니고 있다. 예를 들어, 인터뷰 대상자 한 사람은 잇-란셋의 보고서에 대한 대응으로서 나온 영국 식품 농업 농촌 위원회의 『땅의 미래 The Future of the Land』(RSA, 2019)와 같은 다른 제도적인 맥락에서 플렉시테리언 서사가 취한 방식을 고찰했다:

> 그들이 쓴 표현은 정말로 흥미로웠어요. 이런 식으로 얘기하더군요: 우리는 전 세계적인 플렉시테리언 식물 기반 식단을 향해 나아가야 한다, 등등. 그 사람들은 우리가 식물 기반 식습관으로 나아가야 한다는 것은 알고 있지만, 사람들이 이를 마음에 들어 하지 않으리라는 걸 알고 있는 거죠… 그래서 사람들의 선택에 달린 문제가 되는 거고요—그래서 플렉시테리언이라는 말을 앞에 붙인 거예요. (렌 Len, 비건 10년 차)

렌이 보기에, 이런 변화는 동물권 활동주의의 의제와 완전히 하나가 된 것은 아니지만 그래도 희망을 품고 있다: "오늘날 우리가 할 수 있는 수준을 넘어서면서까지 하고는 있지만, 그렇게 해서라도 동물의 고통을 80, 90%로 줄일 수 있다면, 지금보다는 나을 거예요!" 더 중요한 것은, 설령 동물 윤리가 주류 플렉시테리언 담론 속에서 길을 잃더라도, 더 급진적인 단체들이 이런 변화에 영향을 끼치는 대화를 시작하는 데에 중요한 역할을 한다는 사실일지도 모른다고 그는 주장했다. 그러므로 급진적인 정치를 단순히 제거하는 것이 아니라 포스트 비거니즘에 관한 더 복합적인 그림을 구성할 수가 있다. 그 모든 문제를 지니고 있기는 하나, 플렉시테리언 서사가 가능케 한 접근성에 대해 희망적인 태도를 유지하는 것이 중요할지도 모른다. 때로는 이런 희망이 한계까지 확장될 수 있다는 점을 인식하면서 말이다. 이 챕터에서 초점을 맞추고 있는 마지막 사례가 바로 이런 점을 강조한다: 비거니즘과 "건강함"이 맺는 관계의 사례다.

건강식 비거니즘과 "건강 비거니즘"

포스트 비거니즘의 온갖 측면들 가운데, 비거니즘과 신체가, 또는 더 구체적으로 표현하자면 "건강한" 신체가 맺는 관계에 관한 서사는 비판적인 포스트페미니즘 분석이 드러낸 우려와 가장 강력하게 공명한다. 질이 지적하듯이, 포스트페미니즘적 미디어 문화 안에서 신체는 불편한 역할을 담당한다. 그 문화 속에서 신체는 "여성의 힘의 원천으로 표상되는 동시에, 늘 그랬던 것처럼 다루기 힘들고, 끊임없이 감독하고, 감시하고, 규율하고, 리모델링해야 하는 (그리고 소비자로서의 지출이 필요한) 것으로 표상된다. 계속해서 좁아져만 가는 여성의 매력이라는 기준에 부응하기 위해서 말이다" (2007: 149). 앞선 페미니스트 활동주의 형식들은 여성의 신체를 감시하는 것을 비판했던 반면, 포스트페미니즘은 이런 감시를 포용할 뿐만 아니라 이런 감시가 역량을 강화한다고 바라본다.

라이트가 지적하듯이, 비건 신체도 이와 유사하게 철저한 검토가 이뤄지는 장소가 되었다. 대중문화 안에서 병리적으로 취급되거나 낙인이 찍히는 경우가 많으며, 때로는 거식증이나 건강식품 탐욕증과 같은 식이 장애를 감추는 전략으로 비치기도 한다(라이트, 2015: 96-102). 라이트와 다른 연구자들은 비거니즘을 거식증으로 취급하는 것에 대응하며, 광범위한 식습관 연구를 끌고 와서 비거니즘을 식이장애와 연관 짓는 것에 맞섰다. 나는 여기서 조금 다른 접근법을 취하고자 한다. 이런 연결이 잘못되었음을 드러내기보다는, 이런 연결점이 대중문화에 어떻게 다시 흡수되었는가를 탐구할 것이다.

포스트페미니즘 담론과 포스트페미니즘 실천은 신체를 둘러싼 규범과 비거니즘 사이의 연결점이 분명하게 드러나는 주요한 장소다. 건강을 바탕에 둔 비거니즘 담론은 신체적인 자기 감시에 관한 광범위한 포스트페미니즘 서사와 걱정스럽게 발맞춰 가고 있기 때문이다. 이와 같은 포스트페미니즘 서사에서는 비건 식습관이 몸을 통제함으로써 스스로의 역량을 강화하는 수단이라고 여겨진다. 그렇지만 다시 한번 이야기하자면, 이 맥락에서 힘을 부여한다는 것은 주로 몸무게를 감량하는 것과 연관을 맺으며, 신체에 관한 협소한 문화적 규범들에 집착하는 것으로 해석된다. 비거니즘이 건강을 좋게 만들고 심지어는 특정한 질병을 치료해주기도 한다며 전반적으로 호소하는 것 역시 계속 등장하는 주제이기는 하지만 말이다.

비거니즘의 극단적인 거식증화에 맞서 자선 단체와 지지 단체가 중요한 일을 했다. 예를 들어, 영국 비건 협회는 연령을 막론하고 사람들이 건강을 유지할 수 있는 자세한 가이드를 만들었다(비건 협회, 2020: "영양과 건강 Nutrition and Health"). 그렇지만 동물성 제품을 소비하는 것보다 비거니즘이 **본질적으로** 더 건강하다고 묘사한다면 문제가 생겨날 수 있다. 비건 공동체 **안에서** 유통되었던 특정한 담론에서는, 건강을 기반으로 하는 역량 강화 서사가 지닌 위험성이 분명하게 드러난다. 예를 들면 매력적인 신체를 만들고자 비건, 유기농, 비가공식품으로 이뤄진 식단을 홍보하며 2000년대 초에 유명세를 탔던 악명 높은 『스키니 비치』 시리즈처럼 말이다(프리드먼 Freedman 과 바누인 Barnouin, 2005, 2007). PETA의 양상추 아가씨와 마찬가지로, 『스키니 비치』도 곧바로 포스트페미니즘적 텍스트라고 해석할 수 있다.

예를 들어, 미디어 학자 앨리슨 윈치 Alison Winch는 이 책을 전형적인 포스트페미니즘적 "지시 도서"로 분류한다. 이런 서적들은 "성적 매력을 자본주의에 대항하는 힘의 원천으로 내세우는 소비자 지향적 자아"(윈치, 2011: 361)라는 관념을 홍보한다. 이런 관념은 초판인 2005년도 책에서 분명하게 드러나는데, 이 책에는 디자이너 드레스를 입은 매력적이고 허리가 잘록한 여성의 그림이 실려 있고, "상식에 어긋나는 것이라고는 전혀 없는, 엄격한 사랑을 담은 가이드! 쓰레기 같은 음식은 그만 먹고, 근사하게 보이고 싶은 센스 있는 여자들을 위한 책"이라는 슬로건이 달려 있다. 윈치가 설명하듯이, 이 책은 포스트페미니즘의 미적이고 담론적인 특징을 보여주는 체크리스트 구실을 효과적으로 해낸다; 역량을 강화하는 장소로서의 신체에 주목하는 한편으로, 마른 상태를 유지시키는 음식을 먹어서 이렇게 역량 강화를 이룩하는 것은 개인의 책임이라고 강조하면서 말이다.

이런 정서는 후속편으로 나온 레시피 서적인 『스키니 비치, 부엌에 들어가다 Skinny Bitch in the Kitch』(2007)에서 훨씬 더 강력하게 드러난다. 이 책의 부제는 "쓰레기 같은 음식은 그만 만들고 이제는 섹시해 보이고 싶은 배고픈 여자들을 위한 기막힌 레시피들"이라고 되어 있었다. 『스키니 비치』 시리즈와 같은 텍스트는 비건 캠페인에서 뚱뚱함을 조롱하는 전략을 활용하는 것의 한 사례다. 이런 캠페인에서는 체형차별이 여러 가지 전략적인 역할을 수행했다(렌, 2017b). 이런 캠페인들의 일반적인 특징은, 비거니즘을 극단적인 것에서 도덕적으로 수용 가능한 것으로 바라보도록 만든다는 것이다(동물 윤리보다는 "건강"과 연결을 지으면서 말이다). 이는 유명 레시피 서적들이 비거니즘을 하나의 유행으로 뒤바꾸면서 수익성이 좋은 다이어트 산업 안으로 비건 실천을 끌어들이려는 목적이다.

『스키니 비치』 시리즈가 지닌 고전적인 포스트페미니즘적 특성을 구체적으로 살펴보자면, 바로 신체 감시가 단순히 신체나 라이프스타일을 리모델링하는 것이 아니라, 윤리적인 자기계발과도 연관이 된다는 것이다. 예를 들어, "탄수화물-진리"라든가 "설탕은 악마다"와 같은 제목이 달린 코너 뒤에는, 곧바로 "죽어서 썩고 분해되어 가는 살점을 먹는 식단"이라는 챕터가 따라온다. 그러므로 이 다이어트 방법을 따르는 것은 그저 몸과 마음을 개선하기만 하는 것이 아니라, 영혼까지도 새롭게 단장하는 것이다(질, 2007을 참고).

그렇지만 (마른 몸과 백인성이라는 코드가 붙은)"섹시함"이라는 협소한 모델을 홍보하면서 반어적이고 유머러스한 어조를 사용했기에, 비판을 받기 어렵도록 만든다(이는 앞선 챕터에서 언급했던, PETA가 #무릎을꿇어라 #TakeAKnee 를 전유한 것에 대해 내놓은 변론과 상당히 닮아 있다). 안젤라 맥로비가 주장하듯이, 이런 전략은 포스트페미니즘의 잘 알려진 특징이다; 앞선 형태의 페미니즘들이 비판하는 대상이었던 대상화하는 담론과 이미지를 내세우고는, 그런 비판과 우려는 그저 "금욕주의적인" 과거의 일이라고 주장하는 것이다; 맥로비가 이야기하듯이, 그런 이미지에 반대하는 것은 "이제는 조롱을 받을 수도 있는 일이 되었다. 반어법은 대상화를 미연에 방지한다"(2009: 17).

그렇지만 『스키니 비치』와 같은 텍스트가 전형적인 포스트페미니즘을 드러내는 한편으로, 이런 책들이 최근 비거니즘과 다양한 학술적 텍스트가 대중화되기 전에 출판되었다는 사실에 주목해야 한다. 또, 인터뷰 대상자들은 비거니즘과 건강함을 둘러싼 담론이 변화하고 있다고 주장한다. 비교적 어린 나이에 비건이 되었던 사스키아(비건 25년 차)가 이런 변화를 자세하게 설명했다.

그녀는 채식주의자 만남 행사에 참석했던 "생생한" 기억을 떠올리며, 그곳에서 사스키아가 그녀의 식습관 때문에 "분명 거식증이 되었을 것"이라고 이야기하는 중년 남성을 만났다고 이야기했다(심지어 그때 사스키아는 아이스크림을 먹는 중이었음에도 말이다): "결정적으로 엄마와 이런 대화를 나눴죠: '거식증이 뭔데?!'" 이런 만남은 오랫동안 영향을 끼치며, 사스키아는 젊고 또 타고나기를 체구가 작은 여성인 자신이 비거니즘에 관한 스테레오타입에 기여할 수도 있겠다는 생각을 했다.

이는 그 뒤로 몇 년 동안 사스키아가 비건으로서 공적으로 발화하는 것을 경계하게 만들었다. 그 결과, 최근 대중적 비거니즘이 확산하면서 그녀는 안도감을 느꼈다고 설명했다: "저는 거식증화보다는 대중화가 나아요!" 사스키아의 관점이 보여주는 것은, 건강과 식물 기반 생활을 연관 짓는 포스트페미니즘적 비건 서사가 더 이상 존재하지 않는다는 뜻이 아니다. 실제로 건강식 비거니즘에 관한 담론은 급증했다(페기츠 Fegitz 와 피라니 Pirani, 2018; 브라운과 카루더스, 2020; 스캇, 2020; 오닐, 2020). 그렇지만 사스키아가 지적하는 것은, 이제는 건강 서사가 비거니즘에 관한 다양한 서사 가운데 하나가 되었다는 것이다. 심지어 건강 기반 담론 자체도 더욱 다원적으로 변해가고 있다. 비거니즘과 남성성의 관계를 묘사하는 방식이 달라짐에 따라서 말이다.

비거니즘에 관한 스테레오타입이 젠더화된 규범과 딱 들어맞는, 비건 여성을 둘러싼 담론과는 달리, 비거니즘은 통상적으로 남성성과 관련된 기대와는 충돌을 빚는다고 여겨졌다. 예를 들어, 메건 딘^{Megan Dean}의 2014년도 논문은 비건 여성에 관한 서사를 살펴보며, 비거니즘이 어떻게 음식을 둘러싼 가부장적 규범에 대항하도록 만드는가를 설명한다. 한편, 다수가 인용하는 애니 파츠^{Annie Potts}와 조비안 패리^{Jovian Parry} (2010)의 연구는 비거니즘이 패권적 남성성에 어떻게 도전하는가에 관해 설득력 있는 분석을 제시한다. 최근 학계에서 비거니즘이 가부장적 규범과 맺는 관계가 점점 복잡해진다는 주장을 내놓으면서 이 연구는 더욱 복합적인 성격을 띠게 되었다. 예를 들어, 남성 비건과의 인터뷰를 통해 제시카 그리네바움^{Jessica Greenebaum}과 브랜든 덱스터^{Brandon Dextor} (2018)는 관습적으로는 실천으로서의 비거니즘이 패권적 남성성에 딱 들어맞지는 않으나, 실천하는 사람들이 자신들의 비거니즘을 정당화하면서 이를 남성적 스테레오타입에 더욱 잘 부응하도록 만드는 어지러운 모습을 밝혀냈다:

> 남성으로서의 힘, 통제, 개인적으로 힘을 부여하는 것을 강조하면서, 남성은 금욕적이고 무심하게 굴게끔 사회화하는 사회에서 동정심은 곧 용기 있고 반역적인 행동이라고 바라보면서, 그리고 비건 운동에 정당성을 부여하는 데에 남성들이 중요한 역할을 한다고 강조하면서 말이다. (2018: 640)

한발 더 나아가, 라이트는 미국 미디어 문화 속에 새로운 인물상이―"건강 비건 ^{hegan}"이 나타났다는 것을 발견한다. "이는 단순한 비건과는 다르다; 이들은 극도로 남성적인 사람들이라, 비건이 되어도 괜

찾고 또 그렇게 선택한 식습관을 남자다운 것으로 만들 수 있을 정도다"(2015: 126). 이런 문화적인 인물상은 주로 "엘리트 운동선수"와 관련이 되며, 오랫동안 "[비거니즘을] 여성성, 이상주의, 문제적인 소비와 연관 지으려 했던" 비건에 대한 반발과는 대조를 일며, 식물 기반 식품을 "남성적인 물리적 힘과 기량을 얻는 수단"(라이트, 2015: 144)으로 그려낸다. 『비건학 프로젝트』가 처음 발표되고 5년 뒤, "건강 비건"이라는 말은 대서양을 건너 미디어에서 널리 알려진 인물상이 되었다.

아마 가장 눈에 띄는 것은 다큐멘터리 <더 게임 체인저스 The Game Changers>(2018)와 같은 텍스트다. 이 다큐멘터리는 비거니즘이 패권적인 남성성과 단순히 양립 가능한 것일 뿐만 아니라, 엘리트 운동선수가 되는 데 필요한 신체적인 자질을 적극적으로 증진시킨다는 생각을 중심에 두고 있다; 특히 비거니즘은 "혈액순환을 개선하고, 근육의 효율을 증대시키고, 염증을 감소시키고, 더 빨리 회복하도록 만들었으며, 면역 기능을 강화했다"(<더 게임 체인저스>, 2019: 자주 묻는 질문).

라이트가 바라보기에 이 텍스트는 전형적인 "건강 비건"의 모습을 보여준다. 테니스 선수 노바크 조코비치 Novak Djokovic 라든가 카레이싱 선수 루이스 해밀턴 Lewis Hamilton 과 같은 인물에 초점을 맞추며—비거니즘이 운동 정신 athleticism 과 양립할 수 있다는 사실들 뿐만 아니라, 비거니즘이 남성적이지 않다는 다른 전형적인 묘사에 **맞서** 건강을 지향하는 비건 실천을 내세우면서 주장을 발전시킨다는 점에서 말이다.

다른 "포스트 비건" 텍스트와 마찬가지로, <더 게임 체인저스>는 "윤리적 비거니즘"과는 거리를 두고, 그 대신 식물 기반 생활, 건강, 힘의 연결점을 강조하면서 이 다큐멘터리에 관한 주류 미디어 리뷰 가운데 홍보가 될 만한 말들을 주의 깊게 선별한다. 그런 리뷰들은 이 다큐멘터리가 "오만하지도 않고, 설교를 늘어놓지도 않는다"고 거듭 얘기한다.

남성들이 접근 가능하고 "설교를 늘어놓지 않는" 비거니즘이라는 담론은 BBC의 TV 시리즈이자 레시피 서적인 『더러운 비건 Dirty Vegan』과 같은 다른 텍스트를 통해 더욱 진척된다. 이 시리즈와 서적 양쪽 모두에는 매튜 프리처드 Mathew Pritchard가 나오는데, 홍보 자료에서는 "엘리트 운동선수"라고 소개하고 있으나, 아마도 극한 리얼리티 시리즈 <잭애스 Jackass>의 영국판인 <더티 산체스 Dirty Sanchez>에 출연한 인물로 가장 잘 알려져 있을 것이다.

이런 장르의 프로그램은 전형적으로 "'남자애들이 남자애들답게 군다'는 서사와 연결되며, 극도로 남성적인 정체성을 의례적으로 과장되게 연출"(린드그렌 Lindgren과 렐리에브르 Lélièvre, 2009: 394)하며, 이런 함의는 『더러운 비건』에도 들어 있다. T*** Kitchen의 브랜딩과 같은 맥락에서 (챕터 6을 참고할 것) 이 책과 TV 시리즈 역시 비속어를 사용하며, 싸구려 감성과 접근성을 강조하고, 동물 윤리와는 반대로 건강과 영양에 중점을 둔다. 나아가, 이 책의 펑크 미학은 본래 비건 실천의 하위문화적 표현과 관련을 맺고 있던 특정한 스타일을 전유했으며, 지니의 표현을 따오자면, 이 맥락에서 저 맥락으로 이동함에 따라 "희석되었을" 수도 있다는 우려를 공유하고 있다.

그러므로 『더러운 비건』과 같은 텍스트는 패권적 남성성의 특정한 구성을 반대하기보다는 이를 지지하는 쪽으로 비거니즘의 의미를 그저 바꾼다고 보인다. 그렇지만 이런 유형의 "건강 비건" 텍스트일지라도, 이전의 비건 윤리를 완전히 약화시키는 것으로 해석해서는 안 된다. 린드그렌과 렐리에브르(2009)가 주장하듯이, 극한 리얼리티 프로그램은 패권적 남성성과 관련된 비유를 고수하기는 하나, 이런 장르의 프로그램에서는 이러한 비유를 명시적으로 드러냄으로써 이와 같은 스테레오타입을 향한 비판과 의문을 의도적으로 끌어들인다.

『더러운 비건』에 관해서도 유사한 주장을 할 수가 있다. 여러 측면에서 봤을 때 탈정치화된 포스트-비건적 해석을 고수하기는 하나, 이 텍스트 역시도 "건강 비거니즘"이라는 문제를 인식하고 또 이를 개선하고자 노력하는 것으로 보인다. 시청자들이 다양한 인구학적 집단의 영양학적 필요를 고찰할 것이라는 예상을 의도적으로 넘어섬으로써 말이다. 예를 들어, 레시피 서적 마케팅은 프리처드가 체화하고 있는 엘리트 남성 운동선수를 비롯해, 연금 생활자와 여성 스포츠팀에게 필요한 영양소를 비거니즘이 어떻게 만족시킬 수 있는가를 조사했다고 강조했다.

그러므로 이 텍스트는 건강 비건을 어딘가 우려스럽게 이용해서, 비거니즘이 전형적으로는 누구를 위한 (즉, 건강에 관심이 있는 여성, 윤리적인 극단주의자, 히피들을 위한) 것이라는 협소한 관념을 탈피하고, 비거니즘이 "모두"를 위한 것이라고 설명하려 한다. 극도로 남성적인 엘리트 선수라는 인물상은 전형적인 비건의 스테레오타입과는 한참 멀리 떨어져 있기 때문이다. 그렇지만 이 담론의 **성공** 여부는 설교를 늘어놓는 윤리적인 비건에 관한 관념을 고착하는 데에 여전히 의존하고 있다. 이와 같이 비유되는 비거니즘은 대립의 대상이자, 넘어서야 할 대상으로 규정함으로써 말이다.

건강 비거니즘이 보여주듯이, 지난 10년 동안 비거니즘과 신체가 맺는 관계는 상당히 바뀌었다. 그렇지만 최근 건강식 비거니즘에 관한 묘사가 강화한 것은, 바로 구조적인 비판 양식으로서의 비거니즘을 떠나서, 비거니즘을 개인적인 자아실현과 역량 강화 수단으로서 묘사하는 것이다. 포스트페미니즘 비판과 같은 맥락에서, 건강주의 담론은 다시금 개인주의적이고 신자유주의적인 양식의 정치 형태를 취한다. 이는 동물 윤리를 향한 신념이 이끄는 구조적 변화에서 관심을 틀어, 식습관 변화를 통해 개인적으로 역량을 강화하는 것에 관심을 둔다.[54]

비거니즘을 이와 같이 구성하는 방식은 너무나 빠르게 변화하기에, 과연 이런 담론 속에서도 여전히 일종의 정치적 가능성을—그 모든 문제들을 감안하면서— 찾아볼 수 있는가라는 질문을 여전히 던져야 한다; 다시 말해, 접근성과 윤리가 서로 맞서는 것이 아니라 조화를 이룰 수 있는 가능성이 있는가?

---

54 비거니즘과 건강의 관계에 관한 논의가 반드시 몰정치적이지는 않다는 사실에 주목해야 한다: 예를 들어, 하퍼의 『비건 자매』(2010b)에 실린 에세이들은 이 주제를 식품 접근성과 관련된 건강 불평등이라는 폭넓은 문제를 다루는 통로로 활용하는 다양한 사례를 보여준다.

결론: 풀려난 억압 속에서 희망을 찾다?

이 챕터는 집합적으로 보았을 때 포스트페미니즘의 몇몇 핵심적인 특징을 반영하는 "포스트 비거니즘"의 형태라 해석할 수 있는 비거니즘에 관한 대중적 묘사가 지닌 몇몇 경향과 반복적인 주제를 탐구해보았다. 구체적으로 이야기하자면, 이런 변화는 개인적인 소비자로서의 선택을 통해 역량을 강화하는 것에 초점을 맞춘다는 것, 이런 선택에 맞춘 새로운 상품의 등장, 그리고 앞선 비건 실천방식의 양식들이 지닌 명백한 엄격성을 벗어나서 융통성 있는 접근법을 (이 맥락에서는 먹는 것과 관련된) 취하려는 강력한 요청을 반영한다.

이런 변화는 민주화를 불러올 잠재력을 분명히 지니고 있기는 하나, 또 한편으로는 정치적인 실천이 주류로 옮겨갈 때 생겨날 수 있는 위험에 관해 중요한 질문을 제기한다. 동물 윤리, 페미니즘 이론, 비판적 인종 연구를 한데 묶기 어렵도록 만드는 것은 바로 자본주의가 이끄는 비건 정치라는 배경 속에서 이런 교류가 일어나기 때문이라는 아프 코의 관찰은 이런 위험들을 강조하고 있다.

자본주의가 이끄는 비건 정치는 "인종, 권력, 동물성, 사상에 비판적으로 개입하지 않고, 비거니즘을 케일이라든가 가공된 음식 제품과 동일시했다"(2019: 8). 그러므로 앞선 페미니즘 형식들이 해 온 작업을 "무효로 만드는 것"이 포스트페미니즘의 특징이라는 맥로비(2009)의 주장과 같은 맥락에서 보자면—개인주의적이고 소비주의적인 음식 정치로서의—, 포스트 비거니즘이 등장함으로써 광범위한 비건 이론과 비건 활동주의와 관계를 맺고 있던, 얽매인 억압에 대한 강조를 무효로 만들어

버리는가에 관해 질문을 던져야 한다.

대중적 페미니즘이 그러하듯이(바넷-바이저, 2018), 이런 변화는 동시대 비거니즘의 그저 **한 가지** 갈래일 뿐이라는 점을 명심해야 한다. 포스트비거니즘이 "활동주의 비거니즘"의 정치적 표현을 단순히 내쫓는다거나 약화시킨다고 이해하기보다는, 다양한 형태의 비거니즘이 공존하며, 이들이 서로 교류할 수 있다는 잠재력을 인지하는 것이 의미가 있다. 실제로 이런 교류 기회는 많은 인터뷰 대상자들이 희망을 품는 대상이기도 하다. 온갖 문제가 있기는 하지만, 기존에 비거니즘이 극단적이고, 주변적이고, 또는 접근할 수 없는 것이라 바라보았던 사람들 입장에서 새롭게 발견한 비거니즘의 가시성은 광범위한 차원에서 긍정적인 면을 지니고 있다고 주장하면서 말이다. 판단기준 구실을 하는 것은, 또 지금도 계속해서 부상하는 쟁점은, 바로 이런 관계가 복잡한 형태의 비건 윤리를 향해 한 걸음 다가갈 수 있을 것인가다. 이런 비건 윤리는 식습관 정치에서 시작되겠지만, 궁극적으로는 이를 넘어설 것이다.

내가 문화 연구 영역에서 이끌어낸 핵심적인 통찰 한 가지는(챕터 1을 참고할 것), 이와 같이 복잡하고, 정치적이고, 윤리적인 연결점을 실현하는 기회는 곧 투쟁의 장이라는 것이다. 스튜어트 휠이 주장하듯이, 대중문화란 필연적으로 의미를 두고 논쟁을 벌이는 장소다. 이는 특정한 이해와 정의를 지배적으로 만들고, 다른 것들은 지배당하도록 만들 수 있다.

이런 점에서 본다면, 포스트페미니즘이라는 맥락 속에서 상황은 우려스럽게 변했다. 질과 같은 핵심 사상가들은 구조적 변화를 요구하는 다른 페미니즘적인 호소를 밀어내면서 대중적 페미니즘의 한 가지 (몰정치적인) 갈래로 시작했던 것이, 이제는 페미니즘을 대표하는 문화적으로 지배적인 방식이 되었다고 주장한다. 포스트페미니즘은 개인적으로 역량을 강화하는 것을 중시하는 데다, 집합적인 변화란 선택의 자유에 적극적으로 악영향을 끼치며 시대에 역행하는 것이라고 보는지라, 이런 변화는 보다 의미 있는 평등에 이를 수 있는 도구에 접근하지 못하도록 만든다는 점에서 위험하다.

대중적 페미니즘의 맥락에서 투쟁이 어떻게 변화했는지를 고려한다면, 지금의 비건 실천이 지닌 공통점에 익숙해지는 것이 특히나 중요하다; 비거니즘을 둘러싸고 변화하는 의미를 파악하고, 어쩌면 탈정치화를 피할 수 있도록 특정한 흐름에 맞서는 지점을 인식하면서 말이다. 이 챕터에서 식물 기반 음식, 녹색 자본주의, 비거니즘이 맺는 물질적이고 담론적인 관계를 간략히 설명한 것은 포스트 비건 감수성의 등장과 관련된 주제라는 관점에서 본다면 완전한 수준에 이르지 못했다. 또, 이런 변화를 더 명확히 이해할 수 있도록 더욱 진전한 경험적·개념적 연구가 필요하다.

그렇지만 이런 사안들을 조심스레 탐구하는 것만으로도 부각되는 것은, 바로 대중문화의 사례와 마찬가지로 여러 가지 비거니즘이 동시에 존재할 수는 있지만, 어떤 방식의 비거니즘 이해가 지배권을 쟁취해서 일반적인 비거니즘의 의미로 받아들여질 것인가를 놓고 투쟁이 벌어질 가능성이 높다는 것이다. 비거니즘이라는 맥락에서는 투쟁이 벌어질 만한 가능성이 크다. 비건 실천은 과연—음식을 넘어서서 광범위한 인간-동물 관계에 관심을 갖는— 식습관 그 이상으로, 또 다양한 형태의 인간 억압과 비인간동물 억압에 대응하는 것으로 받아들여지게 될까, 아니면 "윤리적 비거니즘"은 주변적인 관심사로 떨어져 나가게 될까?

Chapter 8

결론 :

"그 이상"을 유지하다

몇 년 전, 친구 한 명이 20년 동안 모은 가장 좋은 비건 레시피를 쇼핑백에 담아 내게 주었다. 대부분은 잡지에서 조심스럽게 오려낸 것이었다. 몇몇은 제품 포장 상자에서 오려냈다거나, 심지어 마가린통 뚜껑에서 얻은 것도 하나 있기는 했지만 말이다. 그림을 그려 표지를 만들고 타자기로 본문 내용을 입력해 직접 만든 레시피 서적도 몇 권 담겨 있었다. 복사해서 비건 축제에서 배포했던 레시피 서적이었다. 이 자료들은 내가 수집한 텍스트에 추가해두었는데, 그중에는 2002년도 『동물 없는 쇼핑 Animal Free Shopper』도 함께 있었다. 이는 영국 비건 협회에서 만든 안내문이었으며, (비건 라벨이 확산되기 이전) 어떤 식품이 비건인지를 알려주었으며, (당시) 내가 사는 동네의 비건 카페에서 만든 짧은 레시피 팸플릿도 함께 있었다.[55]

---

55 안타깝게도 이제는 사라진, 영국 노리치(Norwich)의 트리하우스(Treehouse) 협동조합 카페였다.

이후에 내가 비건 식품 활동주의에 참여하면서—패스트푸드 반대 운동과 결합된 무료 음식 나눔 행사 등— 상자 안에는 팸플릿이 더 쌓여 갔다. 이번에는 내가 직접 만든 것들이었는데, 여기에는 간단한 재료를 이용해 콩 버거를 만드는 저렴하고 쉬운 조리법도 들어 있었다. 이와 유사하게 그때그때 수집한 리플렛, 풀뿌리 레시피 서적, 활동주의 자료가 대부분의 "장기적" 비건들의 집에 있을 것이다.

이렇게 수집한 레시피의 존재는 내가 이 책에서 추적했던 몇몇 경향과도 관계가 있다. 특히, 이 짤막한 결론 챕터에서 조금 더 심도 있게 다루려는 질문과 관련이 있다: 비거니즘과 같은 실천이 주변에서 주류로 이동할 때 어떤 일이 벌어지는가? 또는, 내가 기증한 레시피 모음이 보여주듯—노동력, 시간, 노력이 많이 들어가는—, 비주류적인 DIY 운동이라는 함의를 지닌 것이 기존의 사회기술적 기반과 소비자 시장에 영합하게 된다면 어떤 일이 일어나는가?

인터뷰를 진행하는 동안, 많은 사람들은 이런 질문과 관련해서 비거니즘을 둘러싼 변화에 관해 고찰했다; 간단히 설명하자면, 비건 식습관 실천을 뒷받침하는 자원이 아주 빠르게 증가했는지라, 예전에는 너무나 중요했던 레시피 큐레이션이나 제품 목록이 이제는 더 이상 필요치 않다고 느껴질 정도다. 알리(비건 12년 차)는 이렇게 얘기한다:

버거를 먹고 싶으면… 마른 콩고기를 사야 했고요, 거기에다… 고체 육수를 추가했죠. 그렇게만 하면 맛이 별로니까, 끓인 물을 붓고요! 스스로 만들어내야 했어요! 소스믹스 Sosmix는 상자째로 사두고요! 그냥 아무 데나 가서 아무거나 살 수가 없었어요! 그리고 집을 나설 때마다 준비를 해야 했죠 ㅡ

두유도 가방에, 버터도 가방에, 간식도 가방에 챙겼어요. 가는 곳에 비건 옵션이 없을지도 모르니 말이에요!!

2015년 이전에는 이런 어려움이 자동으로 비건이 되는 일을 남다르고도 어렵게 보이게끔 만드는 지표였다; 가족과 친구 네트워크에 잠재적인 갈등을 키우면서 말이다. 가족 식사나 외식처럼 공동으로 하는 활동과 비건 음식 실천은 조화를 이루기 어려웠기 때문이다. 기존의 사회학적 연구가 보여주듯이(챕터 3을 참고할 것), 역사적으로 봤을 때 비건들은 가까운 친구며 가족과 어울리고 경험을 공유하려는 열망이 (때로는 의도치 않게) 만들어낸 "규범화 압력"에 맞서 투쟁했다. 이런 압력은 대개 기차 여행을 할 때 배고픔을 견디는 데서부터 회식 자리에 관해 조율하는 데에 이르기까지 일상적인 불편함으로 악화되었다.

적어도 영국에서는 최근까지도 특정한 방식으로 먹는 것이 더 쉽도록 만드는 사회기술적 시스템과 일상적인 규범화 압력이 나란하게 작동했다: 비건 옵션이 없는 외식 주문 시스템부터, 가족들과 함께 식사를 할 때 손쉽게 비건 메뉴로 바꿀 수 있는 슈퍼마켓 제품이 없다는 것에 이르기까지 말이다. 물론 이와 같이 일상적인 사안들은 특정한 윤리적 선택에 접근하기 어렵도록 만들 수 있는 인종적이고 계급적인 불평등과 관련된 구조적 제약과는 제법 동떨어져 있다(하퍼, 2012; 챕터 6과 7도 함께 참고할 것).

그러므로 사회적 압력과 시스템 차원의 제약 모두가 비건 식습관을 기존의 문화적 규범 바깥에 있는 것으로, 나아가 이런 규범과 조화를 이루기 어려운 것으로 만들었다. 이런 어려움이 음식과 관련해서 (또는 다른 형태의 소비와 관련해서) 가장 극단적인 문제인 것은 아니지만, 그렇다 할지라도—관행적으로 보자면— 비거니즘이 실천적인 또는 사회적인 관점에서 결코 쉬운 길은 아니었다는 사실과 관련이 있다. 그렇지만 최근에는 상황이 극적으로 변화했다고 보인다.

비거니즘 실천 경험을 더 쉽고, 접근하기 용이하며, 갈등을 줄일 수가 있다는 관점에서 본다면, 최근 비건 음식이 대중화된 것을 결코 나쁘게 해석할 수는 없다. 접근 가능성의 측면에서 보면 몇몇 장벽들이 사라지고 있다: 비거니즘이 무엇이며 어떤 의미인가에 관해 폭넓게 인지하는 데서 시작해서, 3~4년 전만 해도 상상할 수 없었던 직장이라든가 마트 체인점과 같은 맥락에서 식물 기반 제품을 받아들이는 것까지 말이다.

다시 말해, 비거니즘의 규범화를 지원함으로써, 앞선 연구들이 비건 실천과 관련해서 논의했던 규범화 압력에(예를 들어, 콜, 2008; 스테픈스 그리핀, 2017) 저항하는 단계를 확실히 밟아 나가고 있다. 그렇지만 이 책 전반에서 설명했던 것처럼, 이런 발전은 양가성을 띠고 있기도 하다. 비건 **음식** 실천에 접근하기가 쉬워지기는 했으나, 비건 윤리가 제기하는 인간-동물 관계에 관한 근본적인 의문은 그렇지가 않다.

비건 서사를 복합적으로 만들다

사회적으로 비건 식습관을 더 잘 수용하도록 만들고, 대립을 덜 불러일으키도록 만드는 것은 확실하게 긍정적인 것처럼 보일 수도 있으나—원점으로 돌아가 리처드 화이트(2018)가 "활동주의" 비거니즘과 "라이프스타일" 비거니즘을 구분했던 것을 고려한다면—, 현재 이런 과정과 더불어 비건 공동체가 상당한 수준의 행위성을 넘겨주고, 시장이 이런 요구를 만족시키는 일이 수반되고 있다. 화이트가 주장하듯이, 또 이 책 전반에서 주장하듯이, 라이프스타일 비거니즘이 중요한 잠재력을 지니고 있기는 하나, 이런 형식의 비건 실천을 무비판적으로 받아들인다면 인간-동물 관계에 관한 광범위한 비판과 다른 사회 정의 캠페인과의 연결점을 만들어내려는 시도 모두가 약화될 수 있다.

다시금 A. 브리즈 하퍼(2010a)의 이야기를 끌어오자면, "크루얼티 프리"라는 라벨이라는 특정한 선택에 접근할 수 있는 것은 누구이며, 자원을 생산하는 과정에서 누가 착취되는가를 비롯해 음식 시스템과 연관된 불평등을 감추는 역할을 한다면, 이 라벨이 붙은 제품은 그 명칭에 부합하지 못한다. 다시 말해(도미니크, 2010[1997]의 주장을 다른 말로 풀어보자면), 비건 음식 정치가 특권을 누리는 특정 인간이 다른 존재들과 어떤 관계를 맺는가에 관해 근본적으로 질문을 던지는 길을 **내어줄 수는** 있으나, 식습관 비거니즘 자체를 목표로 삼는다면 광범위한 대화를 가로막을 수가 있다. 최근 식물 기반 자본주의의 "녹색 러쉬"(스튜어트와 콜, 2020)는 도미니크와 하퍼가 경고했던 바로 그 단일 쟁점 정치 양식을 실행에 옮기는 것으로 보인다: 특정 식물성 대체 우유 브랜드(클레이 외, 2020)나 레벨 와퍼(챕터 7을 참고할 것)를 둘러싼 긴장이 보여주듯이 말이다. 그러므로 비거니즘이 여러 억압들이 맺는 "다차원적인" 관계를 이해할 수 있는 의미 있는 길을 열어주려면 범위가 협소하며 음식에 집중하는 소비주의적인 관점에서 비거니즘을 바라보는 기획들을 경계해야 한다(코, 2019).

그렇지만 "좋은" 활동주의 비거니즘 대 "나쁘고" 상업적인 라이프스타일 또는 음식 정치를 비교하는 것도 간단치는 않다. 특히나 상황을 어렵게 만드는 것은, 한편으로는 대중적 비거니즘의 등장이 시장을 바탕으로 삼는 신자유주의적인 해결책을 계속 중심에 놓을 수도 있기는 하나, 이런 변화가 비거니즘을 민주화하는 잠재력을 분명히 가지고 있다는 점이다. 문제를 지니고 있기는 하지만, 걱정스러운 소비자 활동주의 정치와 대개 "라이프스타일 활동주의"라고 평가절하하는 실천들이 지닌 복잡성을 인식하는 것이 중요하다는 것은 확실하다(핸플러, 2004; 리틀러, 2009; 핸들러 외, 2012).

예를 들어, 최근의 연구는 라이프스타일 활동주의가 개인적인 행동으로 시작할 수는 있으나, 광범위한 변화를 향한 희망을 품은 복잡하고 집합적인 정치 양식으로 합쳐질 수 있다는 점을 보여준다(에반스 Evans, 웰치 Welch, 스와필드 Swaffield, 2017): 나의 인터뷰 대상자들 가운데 몇몇이 짐작하기로는, 식물 기반 음식이라는 맥락에서 이런 일이 벌어지고 있었다.

포스트페미니즘과의 비교(챕터 7) 역시 비거니즘의 대중화와 관련된 잠재력을 짚어낸다. 비거니즘이 주류화하는 과정에서 양가성도 함께 드러나고 있기는 하지만 말이다. 이 책에서 보여주었듯이, 활동주의 비거니즘이 라이프스타일 비거니즘에서 단순히 제거된 것은 아니다. 개인적인 소비자로서 역량을 강화하는 것을 강조하는—또 급진적인 변화의 기회를 약화시키는— 포스트 비건 감수성은 분명히 존재하나, 다른 급진적인 비거니즘 역시도 존재한다. 이를테면 아직은 미약한 잠재력을 지닌 신新기후운동과 관련해서 환경론과 비거니즘 사이에 새로운 연결점이 드러나고 있으며(챕터 4를 참고할 것), 대안적 미디어에서 볼 수 있는 다종적 관계에 관한 묘사는, 이데올로기적 차원과 구조적인 차원에서 육식주의에 의문을 던지는 동물의 주체성을 표현하는 장을 마련해준다(파킨슨, 2019; 챕터 5를 참고할 것).

윤리적 음식 정치가 지닌 복잡성을 인식하는 동시에, 개인적이고 소비자지향적인 해결책을 이상화하지 않는 것, 또는 이런 해결책이 본질적으로 사회적 변화를 불러일으킬 것이라고 가정하지 않는 것이 대단히 중요하다. 이를 경계하는 것이 중요한 까닭은 그저 신자유주의적인 경제정책을 요구하는 것으로 이어지는 라이프스타일 활동주의 때문만이 아니다. 비거니즘이라는 사례에서 이런 과정이 일어나는 특수한 메커니즘 때문이다.

챕터 7에서 자세히 설명했듯이, 개인주의적인 해결책의 주된 위험은 바로 이것이 다른 가능성을 희생시킬 수 있다는 것이다. 식습관 비거니즘이라는 탈정치화된 관념이 지닌 패권적인 지위가 점점 강해지는 것은 구체적으로는 "포스트 비건" 담론과 함께 벌어지고 있다. 이런 포스트 비건 담론은 (포스트페미니즘이 다른 형식의 페미니즘 활동주의와 맺는 관계와 마찬가지로) 비건 윤리의 다른 표현 방식들은 주변적이라고 여기며, 이를 극복해야 할 대상으로 바라본다.

바로 이런 "포스트 비거니즘"이나 "식물 기반 자본주의"가 우세해지면서 학문적 측면에서는 상황이 특히나 복잡해졌다. 상이한 정치적 환경에서 생겨나기는 하나, 포스트 비건 담론은 때로 특정한 문화 이론의 갈래 안에서 비거니즘 비판과 예상치 못한 방식으로 얽히기도 한다(챕터 3을 참고할 것). 구체적으로는 소위 포스트휴머니즘적 동물 연구가 활동주의 비거니즘에 비판적인 태도를 취했다. 이것이 순수성 정치의 위계질서에 영향을 끼치는 엘리트주의적인 경계 감시 양식이라고 바라봤기 때문이다.

이런 비판이 벌어진 결과, 비건 학계 안에서는 비거니즘이 세상의 복잡성을 부정하며 제약을 가한다는 특징을 복합적으로 만들고자 상당한 양의 이론적 연구(챕터 2를 참고할 것)와 사회과학적 연구(챕터 3을 참고할 것)가 이뤄졌다(타일러, 2018; 해밀턴, 2019을 함께 참고할 것). 그렇지만 이런 연구는 인간-동물 억압이 특정한 문화적 맥락에서 표현되는 위치 지어지고 복잡한 방식을 이해하는 길로써 자리매김했던, 오랜 역사를 지닌 비거니즘을 다시금 강조했다. 비건 실천을—윤리적 복잡성을 거부하기보다— 윤리적 복잡성으로 다가가는 길로 바라보면서 말이다.

순수주의/융통성이라는 이분법을 넘어서

(마지막) 사례를 간단히 살펴보면, 비거니즘을 음식을 넘어서는—그리고 다른 사회 정의 운동과의 연결점을 만들어내려 시도하는— 윤리적 실천이 아니라, 세계의 복잡성을 간과하는 것으로 여길 때 생겨나는 긴장을 설명하는 데에 유용할 것이다. 그리고 바라건대 이를 더 복합적으로 만드는 데에도 도움이 될 것이다.

2019년, 레시피 책 작가이자 활동가인 잭 먼로Jack Monroe는 예산에 맞춰 절약하는 누구나 접근하기 좋은 『비건(스럽게) Vegan(ish) 』라는 비건 레시피 선집을 출판했다. 이 책은 그동안 먼로가 영국의 금욕적인 경제 정책 아래서 고통받던 사람들을 위해 만들어낸 쉽고 접근하기 좋은 레시피를 바탕으로 펴낸 것이었다. 먼로의 인기 레시피 가운데 몇몇은—이를테면 "9페니로 만드는 당근, 커민, 강낭콩 버거"— 우연히도 이미 비건이었으며, 이는 비건 정치가 가처분소득을 보유한 전형적인 중산층 소비자를 넘어서서 다른 사람들에게도 접근할 수 있는 기회를 열어주었다.[56] 『비건(스럽게)』는 이를 바탕에 두고 만들어졌으며, 예산을 절약하며 생활하는 사람들을 위해 창작한 레시피를 담고 있었다.

그렇지만 이런 가능성이 있었음에도 비건 공동체의 일부 구성원들은 이 책에 실망했다. 예를 들어, "스럽다(ish)"라는 말은 비거니즘이 필요에 따라 취하거나 저버릴 수 있는 융통성 있는 것이라는 의미를 품고

---

56 먼로의 9페니로 만드는 강낭콩 버거는 다음을 참고할 것:
　　https://cookingonabootstrap.com/2019/11/01/carrot-kidney-bean-burger-recipe/.

있다. 먼로의 경우에는 이런 비판이 근거 없는 것이었지만(책에 실린 레시피는 모두 엄격한 의미에서 비건이었다), 이 책을 둘러싼 논쟁은 비거니즘의 대중화와 함께 부상했던 "융통성 있는" 방식의 비거니즘 이해가 지닌 위험과 가능성에 관한 질문을 다시금 주목하게 만든다.

『비건(스럽게)』에 이어서, 먼로는 책에서 암시했던 융통성 있는 방식으로 비거니즘에 접근하는 것과 (주로 소셜 미디어를 통해) 자신이 받았던 다양한 비판을 놓고 자신의 블로그 <스스로 요리하기 Cooking on a Bootstrap>에서 이렇게 고찰한다:

> 자신이 특권을 지니고 있다는 얘기를 듣는 건 아무도 달가워하지 않을 것이다. 그게 아무리 적은 수준이더라도 말이다. "그렇지만 세상에서 제일 가난하다고 손꼽히는 식단이 바로 비건 식단인걸요." 여러분들 몇몇이 분개하며 이렇게들 대답하는 소리가 들리는 것 같다. 친애하는 독자들이여, 여기에도 엄연히 구분은 있다. 빈곤한 사람들의 식단은 선택이 아니다. 재정, 자원, 접근 가능성 때문에 육류와 유제품이 빠진 식단은, 이런 제품에 접근할 수 있지만 이를 사용하지 않기로 선택하는 것과는 똑같지 않다. 달라도 한참 다르다. (먼로, 2019)

앞선 챕터들에서 논의했듯이(특히 챕터 6을 참고할 것), 특정한 맥락에서 비거니즘을 실현하기 어렵도록 만드는 계급적인 불평등은 다른 인종적인 억압 구조와도 교차할 수 있다(하퍼, 2010b, 2012). 그리고 미디어 담론은, 또 심지어는 백인 중산층 비건을 중심에 두는 비건 캠페인

마저도 이런 긴장을 어김없이 악화시킨다(도일, 2016).

그렇지만 비건 식단을 가로막는 구조적인 장벽에 관한 분석이 비거니즘이란 무엇이며 어떤 의미인가에 관한 환원주의적인 스테레오타입에 영향을 끼치지 않도록 해야 한다. 코가 강조하듯이, 비건 실천이 인간의 평등과 갈등을 빚는다는 비판은 대개 비거니즘을 식습관과 관련된 현상으로 가정하기에 생겨나는 것이다. 비거니즘을 순전히 먹는 방식으로만 바라보는 것은 곧 기존의 음식 시스템이라는 제약 안에서 동물성 제품을 없앤 식단이 접근 가능한가(또는 가능하지 않은가)라는 문제로 논의가 축소된다는 것을 의미한다. 코가 보기에, 비건 실천방식을 이런 방식으로 바라보는 것은 기회를 놓치는 것이며, 이는 비건 실천이 제기하는 광범위한 질문들을 파악하기 어렵게 만든다:

> 비거니즘이 너무나 기업화되고 또 음식과 얽히게 된 바람에, 대부분의 사람들이 비거니즘을 일축하는 것이 흔한 일이 되었다. 비건 식단은 경제적으로 부담할 수 없는 식단이라고 여기기 때문이다. 누군가 이런 말을 했다고 상상해보라. "돈이 너무 많이 들어가서 저는 '흑인의 생명도 소중하다 Black Lives Matter' 활동가가 될 수 없어요!"라거나 "페미니스트로 지내려니 돈이 너무 많이 들어요!"라고 말이다. 이런 운동이 물건이나 소비와 관련된 것이 아니라, 변화를 향한 강력한 대화와 관련되었다는 사실을 이해하는 사람들은, 딱 보기에도 이런 얘기가 말이 안 된다는 것을 알 것이다. (2019: 8)

코와 같은 주장을 내세우기가 어렵게 만드는 이유 한 가지는, 그가 다른 지면에서도 주장했듯이 미디어에서 비거니즘을 구성하는 것은 곧 비거니즘을 다른 사회 운동에 비유하는 것이 적대적인 반응을 불러올 수 있다는 걸 의미하기 때문이다(코, 2017b: 11). 비거니즘을 홍보하는 NGO들이 여성, 유색인종, 동물을 무비판적으로 비교한 역사 때문에 (챕터 5를 참고할 것) 비거니즘에 관한 선입견이 만들어졌다. 그 결과, 얽매인 억압에 관한 복잡하고 위치 지어진 분석이 오해를 받기에 이르렀다.

예를 들어, 위의 인용문을 살펴보자면, 코가 서로 다른 사회 운동 속에서 투쟁을 벌이는 사람들의 고통을 직접 비교하는 것이 아니라, 구체적인 사회적 배치에 (그리고 이런 배치가 고착시키는 억압에) 대항하는 "강력한 대화powerful conversations"를 촉구해야 한다는 사회 운동들의 공통적인 관심사를 지적한다는 데에 주목해야 한다. 소비주의적이고 먹는 데에 초점을 맞춘 운동 대신, 변화를 위한 대화로서 비거니즘을 이해하는 것은, 식단의 순수성과 관련을 맺으며 몇 안 되는 사람들에게만 가능한 것이라 여겨지던 비거니즘을 세상에 관해 생각하고 여기에 참여하는 방식으로 변화시킨다(라이트의 『비건학 프로젝트』와 퀸Quinn과 웨스트우드Westwood의 『비거니즘을 생각하다Thinking Veganism』, 2018과 같은 텍스트에서 내놓은 주장과 같은 맥락에서 말이다).

나아가, 이 책 전반에서 주장했듯이, 비인간동물과 관련된 광범위한 담론이며 분류를 바꾸는 것만으로는 충분치 않다. 이런 과정은 "대항품행counter conduct"(와디웰, 2015)의 양식을 발달시키는 것은 물론이고, 비인간동물과 함께 사는 새로운 방식을 뒷받침하는 제도를 세우고 기반을 마련하는 데에 면밀히 주의를 기울이는 일과 결합되어야 한다. 변화를 실천하기란 어렵지만, 푸드 낫 밤스와 같은 기획들, 저항 캠프에서 벌이는 급진적인 공동 음식 제공 사업, 동물 보호구역 운동의 특정 갈래들, 그리고 비건 농업의 발전은 다른 세상을 구축하는 다차원적인 시도들을 선보인다.

비거니즘의 대중화와 관련된 주된 위험은, 과연 이렇게 급진적인 형태의 제도를 설립하는 것이 비건 실천을 뒷받침하는 데에 더 이상 필요 없다고 여겨지는가의 여부다. 식물 기반 음식 제품의 급증은 잠재력을 품고 있기는 하나, 사이먼 암스텔이 <대학살의 신>(챕터 4를 참고할 것)에서 내세웠던 비전을 향해 나아가리라는 기미는 보이지 않는다. 여기서 사이먼 암스텔은—비거니즘이 아니라— "육식주의"가(조이, 2011) 비규범적인 이데올로기로 여겨지게 될 것이라 전망했다. 그렇지만 오히려 시장이 가져다준 해결책이 우세해지면서 플렉시테리어니즘이 중심에 자리 잡게 되었다: 모든 사람들의 개인적인 선택에 더욱더 부응할 수 있는 음식 시스템 안에서 비거니즘은 여러 선택지 가운데 하나로 여겨지면서 말이다.

앞선 챕터에서 언급했듯이, 이런 태도는 단지 개인적인 선호에 의존하는 것만으로 인간과 비인간동물 모두에게 해를 끼치는 시스템에서 벗어날 수 있는 것처럼 취급한다는 점 때문에 위험한 것이 아니라, 이런 시스템이 재생산되도록 적극적으로 돕는다는 점 때문에 위험하다. 유제품 제조업체가 식물성 대체 우유로 제품을 다각화하고, 패스트푸드 기업에서 "반란rebel을 일으킨다"는 이름을 지닌 소고기 버거를 제조한다는 것은, 스타(1991)의 표현대로라면, 과거에는 저항적이었던 실천들이 이제는 음식 기반을 표준화하는 과정 안으로 다시 매끄럽게 수용될 수 있다는 의미다.

그러므로 내가 이 책에서 극복하고자 했던 대상은, 엄격하고 윤리적으로 순수주의적인 비건 정치와 비거니즘을 가로막는 구조적인 장벽을 인정하는 융통성 있는 접근법을 단순하게 구분하는 것이다. 한편으로 본다면, 코(2019)의 주장처럼 융통성 있으며 시장에 기반을 둔 음식 윤리는 준거가 되는 틀을 좁힐 수가 있다. 폭넓은 "변화를 위한 대화"를 배제할 정도로 말이다. 반면, 라이프스타일 활동주의를 순전히 비난하기만 한다면 이런 활동주의가 지속적이고 조직적인 정치 양식으로 이어지는 시작점 구실을 하는 복합적인 방식을 놓칠 수가 있다. 그러므로 구조적 불평등을—그리고 이런 불평등이 비건 실천을 어떻게 실현하도록 만드는가를— 성찰하는 동시에, 비거니즘을 특정한 인간-동물 관계를 개선하는 신념이라 확고히 규정함으로써 이룩할 수 있는 중요한 과업을 인식해야 한다. 마찬가지로, 음식에 초점을 둔 소비자 비거니즘의 위험을 비판적으로 바라보는 것도 중요하다. 이를 완전히 일축하지는 않으면서 말이다.

스펙트럼의 한쪽 끝에서는 비거니즘을 윤리적 양식으로 바라보는 급진적인 관념이 순수주의적이라며 일축하는 반면, 다른 한쪽 끝에서는 식습관 라이프스타일 비거니즘을 완전히 몰정치적이라고 바라보는 양극화된 논쟁을 넘어서려면, 이런 양쪽 맥락 모두에서 융통성이라는 개념을 **어떻게** 이해하는가를 질문하는 것이 도움이 된다. 예를 들면, 비거니즘을 가로막는 장벽을 **맞서 싸워야** 하는 구조적 억압이라는 관점에서 바라보는, 수나우라 테일러(2017: 13)가 주장한 "비거니즘의 사회적 모델"과, 구조적 변화를 **피하고자** 소비자의 입장에서 윤리적 융통성에 호소하는 자유시장적인 플렉시테리어니즘 개념은 다르다.

여기서는 구조를 강조하는 것이 대단히 중요하다; 콜(2014)이 지적하듯이, 초기 비건 협회의 규정에서는 동물성 제품을 제거하는 것과 관련해서 "가능하면서도 실행할 수 있는"이라는 표현을 사용했다. 중요한 점은, 이런 표현이 개인화된 선택을 (즉, 개인이 특정한 제품을 먹고 싶다거나 특정한 실천에 참여한다면 동물, 인간, 환경에 끼치는 피해는 잠시 차치할 수도 있다는 의미다) 가리키는 것이 아니라, 특정한 맥락에서 이런 선택을 내릴 여지를 약화시키는 구조적 어려움과 관련이 있다는 것이다.

"가능하면서도 실행할 수 있는"이라는 관념과 같은 맥락에서 살펴보자면, 비거니즘이 어려워지는 까닭은 동물과 관계를 맺는 특정한 방식을 체화한 농업 시스템과 산업 시스템의 제약 안에서 작동하기 때문이다. 이런 사회에서는 그 어떤 삶의 방식도 이 관계와 무관하지 않으니 말이다. 비거니즘에 관한 배제적인 서사에 저항해야 할 필요가 있다는 점을 부각하려면—특정한 윤리적 선택을 내리기 어렵도록 만드는 구조적 장벽을 인정하면서—, 사회기술적 시스템을 다시금 강조하는 것이 중요하다. 비거니즘이 더 이상 세계를 다루는 유용한 방식으로 기능하지 않으며 또 윤리적 의미를 잃어버리는 것을 의미하는 선택 담론으로 추락하지 않으면서 말이다.

조금 다르게 이야기해보자면, 비건 식단을 소비하기 어렵게 만드는 장벽을 인지하는 것은 중요하나, "가능하면서도 실행할 수 있는"이라는 말의 의미를 확장시켜서 개인적인 선택까지 지칭하게끔 만들지 않는 것도 중요하다. 여기서 말하는 개인적인 선택이란, 윤리적 열망을 복잡하게 만들 수도 있는 구조적 장벽을 인식하는 바로 그런 열망과는 상반된다. 세상은 **분명히** 복잡하며, 윤리적 실천은 섬세하고 맥락 특정적인 방식으로 이뤄져야 한다.

그렇지만 비거니즘은 여전히 유용한 발견술이다. 도나 해러웨이가 얘기하듯이, "큰 소리로 '안 돼!'라고 말하는 것은 물론이고 확언적인 정치"(2017: 56)까지 알려주는 발견술 말이다. 기존에 인간과 비인간동물이 관계를 맺는 방식 때문에 생겨난 엄청난 피해들에 관해 비거니즘이 던지는 질문들을 다루지 않고, 비건 윤리를 부수적인 선택으로 취급한다면 이런 기능은 망가질 것이다. 다시 말해, 지금의 위험은 개인적인 소비자의 선택과 융통성을 억제한다는 이유로 초기의 비거니즘이 과도하게 공격적이고 도덕주의적이라 바라보았던 포스트페미니즘의 메커니즘과 유사하다(챕터 7을 참고할 것): 이런 관점은 지속적인 형태의 집합적 변화를 표현하는 데 중요한 개념적 도구와 정치적 실천의 양식을 평가절하한다.

이런 위험이 있기는 하지만, 나는 희망을 강조하며 마무리를 하고자 한다. 내가 인터뷰했던 사람들은 비거니즘의 인기가 높아지면서 생겨나는 문제, 양가성, 모호성을 끊임없이 언급하기는 했으나, 끈질긴 희망 역시도 품고 있었다. 베니(비건 24년 차)는 이렇게 이야기한다: "지금이야말로 우리가 정말 오랫동안 싸워왔고 또 희망해 왔던 세계가 곧 찾아오려는 여명에 이르렀어요. 단지 지금껏 예상했던 모습과 똑같지 않다고 해서, 지나치게 제 것인 양 주장해서는 안 되죠." 비건 학계가, 또 구체적으로는 비건학(라이트, 2015, 2018, 2019)과 공유하고 있는 억압에 관한 "다차원적" 이해를(코, 2019) 향한 요청이 품고 있듯이, 비거니즘이 과

연 식습관 그 이상으로 기능하는 희망적인 개념적·정치적 잠재력을 유지할 수 있는가라는 질문은 계속해서 추구할 만한 가치가 있다: 이는 비거니즘의 대중화와 함께, 또 비거니즘의 대중화에도 불구하고 힘을 키워가는 잠재력이다.

조개를 줍는 오늘

한때 나는 연구하는 사람이 되고 싶었다. 가장 마지막에 관심을 품었던 연구 집단은 비건·퀴어·페미니스트였다. 비거니즘과 퀴어 이론과 페미니즘은 저마다 넓고 깊은 세상을 만들어두고 있지만, 이 세 가지 세상이 더러는 뜻을 맞출 수도 있다는 게 재미있었다. 새로운 사람이 인간 사회에 태어나면 대개는 이런 말을 듣고 익힌다. "원래 다들 이렇게" 비인간 동물을 잡아먹고 지내며, 이성애가 "당연한 것"이므로 그 밖의 것들은 낯설고 이상한 것이고, 어떤 성별을 다른 성별보다 열등하다고 취급하는 일은 "자연스럽다"고. 그런 말을 듣고 자라오던 사람들이 어느 날 그 "원래 당연하고 자연스럽다는 것"을 의아하게 여기고, 질문을 던지고,

다른 길을 만들어 가는 과정이 알고 싶었다.

비건도, 퀴어도, 페미니스트도, 이제껏 무대 중심에 올라가 본 적이 없는 사람들이다. 그러니 이 세 가지를 한 몸에 품고 있는 사람들은 얼마나 더 한 줌이었을까. 하지만 내가 그런 사람들을 연구하고 싶다고 말하면 어김없이 은근한 핀잔을 받았다. "그런 건 아무도 안 궁금해한다"고 말하던 선배도 있었다. 그 선배는 말만 들어도 으리으리한 분위기를 뽐내는 초국가주의라는 걸 연구하던 사람이었다. "뭐, 어딘가에는 그런 사람들도 있기야 하겠지"라며 내 얘기는 듣지도 않고 자기 연구 주제로 말을 돌리던 동료도 있었다. 그 동료는 한국의 정당정치로 논문을 쓸 거라고 했다.

그 뒤로 아주 오랫동안, 나는 힘없는 것들을 좋아한다고 말하는 게 무서웠다. 소수자와 약자의 편에 들어선다는 건 여러 위험을 짊어지는 일이었으니까. 남들의 손가락질을 받을 수도 있고, 밥줄이 끊길 수도 있고, 예측할 수도 막을 수도 없는 폭력에 시달릴 수도 있으니까.

한때는 주류적인 척을 하려고도 해보았지만, 이제는 연기를 관두기로 했다. 생각을 바꾼 까닭은 기후위기 때문이었다. 지금 버전의 인간 사회가 언제까지 굴러갈지도 모르는 마당에, 계속 거짓말을 하며 지낼 수는 없겠다고 생각했다. 어차피 물바다나 불바다가 되어 금방 죽을지도 모르는 판이니 하고 싶은 것이나 원껏 해보자는 마음이랄까. 내일은 없을지도 모르니 오늘 하고 싶은 걸 하자고 말이다.

그러고 나니 기후위기가 망쳐놓은 '내일'이란 과연 누가 만든 내일이었을까 궁금해졌다. 산업혁명을 일으키고, '신대륙'을 '정복'하고, 달로 화성으로 우주선을 쏘아 보내고, 메타버스를 만들어 새로운 시장과 가치를 창출하면 올 거라던 내일 말이다. 그런 내일을 만들겠다며 노동력을 갈아 넣고, 잘만 자라던 숲을 없애고, 비인간동물을 사육장으로 몰아넣고, 온실가스를 내뿜고, 이미 배부른 자들의 배를 더욱 불리느라 기후위기가 찾아온 게 아니었던가? 돈이 많거나, 지위가 높거나, 힘을 틀어쥔 나라에서 태어난 사람들이 장난질을 치느라 정작 자신들이 떵떵거리며 장담하던 내일까지 망치고 만 셈이다.

부유한 제1세계 백인 남성의 입맛에 맞춘 내일이 오고 나면 그다음에야 대단한 선심이라도 쓰듯이 다른 것들을 챙겨보겠다고, 그렇지만 "아직은 때가 이르다"고, "더 중요한 일들이 먼저"라고, "파도가 몰려오는데 조개를 줍고 있을 수는 없다"면서 여태껏 작고 적고 힘없는 것들은 주변으로, 더 주변으로 밀어 보냈다. 한데 그런 내일조차 불확실해졌다. 이제 핑계와 거짓말은 통하지 않는다.

나는 더 이상 내일을 기다리지 않을 것이다. 힘 있는 자들이 약속하던 내일은 사실은 빛나지 않고, 애초에 우리의 것이 아니었으며, 오히려 모두를 망쳤으니까. 그리고 더 이상 내일의 눈치를 보지 않을 작정이다. 그 잘난 내일이 집어삼키려던 것들을 바로 오늘 챙길 것이다. 기약 없는 내일 너머로 영영 밀려나 있던 힘없는 존재들의 안부를 챙길 것이다. 당장 오늘 생각하고 행동하는 만큼이 세상이 되니까. 내일은 몰락했으니까.

내일 지구는 망할지도 모른다. 설령 멀쩡하다 한들, 현대적인 인간 문명은 존속하지 못할지도 모른다. 그러니 내일이야 어떻게 되건 간에, 오늘 누군가는 사과나무를 심도록 하자. 누군가는 나무에서 자연스레 떨어진 사과를 주워 먹는 프루테리언fruitarian으로 지내기로 하자. 누군가는 사과를 먹고 동물성 재료가 들어가지 않은 옷을 입는 비건으로 생활

해보자. 누군가는 두 끼는 육식을 하더라도 한 끼는 사과로 채워보는 플렉시테리언이 되어보자. 또 누군가는 사회생활 때문에 완전한 채식은 못할지언정 가능한 한 사과를 먹고 지내려 노력하는 비건 지향으로 살아보자.

그리고 나는 오늘 조개를 주우러 갈 작정이다. 바로 그런 '오늘'을 퍼뜨리는 마음으로 『비거니즘』을 옮겼다.

참고문헌

* Aavik, K. (2019a), "Institutional Resistance to Veganism: Constructing Vegan Bodies as Deviant in Medical Encounters in Estonia." *Health*: 1363plec459319860571.

* Aavik, K. (2019b), "The Rise of Veganism in Post-socialist Europe: Making Sense of Emergent Vegan Practices and Identities in Estonia." In L. Wright (ed.), *Through a Vegan Studies Lens: Textual Ethics and Lived Activism*, 146–64. Reno: University of Nevada Press.

* Activist History Review eds. (2020), "Anti-Carceral Veganism Webinar." *Activist History Review*. Available online: https://activisthistory.com/2020/06/29/anti-carceral-veganism-webinar/ .

* Adams, C. J. (2018), *Protest Kitchen*. Newburyport: Conari Press.

* Adams, C. J. (2006), "An Animal Manifesto Gender, Identity, and Vegan-feminism in the Twenty-first Century," interview by T. Tyler. *Parallax*, 12(1): 120–8.

* Adams, C. J. (2000), *The Sexual Politics of Meat: A Feminist Vegetarian Critical Theory*. New York: Continuum.

* Adams, C. J. and Calarco, M. (2016), "Derrida and the Sexual Politics of Meat." In A. Potts (ed.), *Meat Culture*, 31–53. Boston: Brill.

* Adams, C. J. and Gruen, L., eds. (2014), "Introduction." *Ecofeminism: Feminist Intersections with Other Animals and the Earth*, 1–36. New York: Bloomsbury Publishing USA.

* Ahmed, S. (2017), *Living a Feminist Life*. Durham, NC: Duke University Press.

* Ahmed, S. (2014), *Cultural Politics of Emotion*, 2nd edn. Edinburgh: Edinburgh University Press.

* Ahuja, N. (2021), "Oh Phooka: Beef, Milk, and the Framing of Animal Cruelty in Late Colonial Bengal." In S. Chatterjee and B. Subramaniam (eds.), *Meat! A Transnational Analysis*, 213–40. Durham, NC: Duke University Press.

* Alaimo, S. (2016), *Exposed: Environmental Politics and Pleasures in Posthuman Times*. Minneapolis: University of Minnesota Press.

* Alloun, E. (2020), "Veganwashing Israel's Dirty Laundry? Animal Politics and Nationalism in Palestine-Israel." *Journal of Intercultural Studies*, 41(1): 24–41.

* Alloun, E. (2018), "'That's the Beauty of It, It's Very Simple!' Animal Rights and Settler Colonialism in Palestine–Israel." *Settler Colonial Studies*, 8(4): 559–74.

* Almiron, N., Cole, M. and Freeman, C. P. (2018), "Critical Animal and Media Studies: Expanding the Understanding of Oppression in Communication Research." *European Journal of Communication*, 33(4): 367–80.

* Almiron, N., Cole, M. and Freeman, C. P. (2016), *Critical Animal and Media Studies: Communication for Nonhuman Animal Advocacy*. Abingdon, Oxon: Routledge.

* Ambedkar, B. R. (2020), *Beef, Brahmins, and Broken Men: An Annotated Critical Selection from The Untouchables*. New York: Columbia University Press.

* Anarchist Teapot (ND), *Feeding the Masses*. London: Active Distribution.

* Animal Equality (ND), "iAnimal," *Animal Equality*. Available online: https://ianimal .uk/.

* Animal Equality (2016), [YouTube Video] iAnimal: Pig Farms in 160 Degrees. Available: https :/ /ww w .you tube. com /w atch? v =X11 LIG7P 3ME.

* Anon (2004), *Beasts of Burden*. London: Active Distribution.

* Appia, V. (2018), "Esther the Wonder Pig is Officially Cancer Free—Which is Good Because it Would've Been Illegal to Give Her Chemo." *Toronto Star*, September 12. Available: https://www.thestar.com/news/gta/2018/09/12/esther-the-wonder-pig-is-officially-cancer-free-which-is-good-because-it-wouldve-beenillegal-to-give-her-chemo.html.

* Arcari, P. (2020), *Making Sense of Food Animals*. Singapore: Palgrave Macmillan.

* Avieli, N. and Markowitz, F. (2018), "Slavery Food, Soul Food, Salvation Food: Veganism and Identity in the African Hebrew Israelite Community." *African and Black Diaspora: An International Journal*, 11(2): 205–20.

* *Babe* (1995), [Film] Dir. C. Noonan. Los Angeles: Universal Pictures.

* Ball, T. (2019), "Animal Rebellion: Traders Welcome Vegan Activists Occupying Smithfield Meat Market," *The Times*, October 8. Available online: https://www. thetimes.co.uk/article/vegan-activists-occupy-london-meat-market-wxnjkbzls.

* Banet-Weiser, S. (2018), *Empowered: Popular Feminism and Popular Misogyny*. Durham, NC: Duke University Press.

* Bao, H. (2020), *Queer China: Lesbian and Gay Literature and Visual Culture under Postsocialism*. London: Routledge.

* Batt, E. (1964), "Why Veganism," *Candid Hominid*. Available online: http://www. candidhominid.com/p/why-veganism.html.

* Barad, K. (2007), *Meeting the Universe Halfway*. Durham, NC: Duke University Press.

* Barnard, T. and Kramer, S. (2002), *Garden of Vegan*. Vancouver: Arsenal Pump Press.

* Barnard, T. and Kramer, S. (1999), *How It All Vegan*. Vancouver: Arsenal Pump Press.

* Barstow, G. (2017), *Food of Sinful Demons: Meat, Vegetarianism, and the Limits of Buddhism in Tibet*. New York: Columbia University Press.

* BBC Food (2020), "Vegan v. Flexitarian—Which Will Save the Planet?" *BBC Food*. Available online: https://www.bbc.co.uk/food/articles/vegan_vs_ flexitarian#:~:text=The%20rise%20of%20flexitarianism,occasionally%20eats%20 meat%20or%20fish%\22.&text=This%20is%20twice%20the%20number,vegan%2C%2- 0vegetarian%20or%20pescetarian%20diet.

* BBC News (2006), "Turkey Cruelty Workers Sentenced." *BBC News Online*, September 7. Available online: http://news.bbc.co.uk/1/hi/england/norfolk/5323190. stm.

* Becerril, M. W. (2018), "Invisibilise This: Ocular Bias and Ablist Metaphors in Anti-Oppressive Discourse." *Feminist Review*, 120(1): 130–4.

* Bekhechi, M. (2013), "Eating Quinoa May Harm Bolivian Farmers, But Eating Meat Harms Us All," *The Guardian*, January 22. Available online: https://www.theguardian. com/commentisfree/2013/jan/22/quinoa-bolivian-farmers-meat-eaters-hunger.

* Belcourt, B. R. (2015), "Animal Bodies, Colonial Subjects: (Re)Locating Animality in Decolonial Thought." *Societies*, 5(1): 1–11.

* Berry, M., Garcia-Blanco, I. and Moore, K. (2016), *Press Coverage of the Refugee and Migrant Crisis in the EU: A Content Analysis of Five European Countries*. Project Report. Geneva: United Nations High Commissioner for Refugees. Available online: http://www.unhcr.org/56bb369c9.html.

* Best, S. (2009), "The Rise of Critical Animal Studies: Putting Theory into Action and Animal Liberation into Higher Education." *Journal for Critical Animal Studies*, 7(1): 9–52.

* Best, S., Nocella, A. J., Kahn, R., Gigliotti, C. and Kemmerer, L. (2007), "Introducing Critical Animal Studies." *Journal for Critical Animal Studies*, 5(1): 4–5.

* Bhopal, K. (2018), *White Privilege: The Myth of a Post-racial Society*. Bristol: Policy Press.

* *Black Fish* (2013), [Film] Dir. G. Cowperthwaite. New York: Magnolia Pictures.

* Blanchette, A. (2020), *Porkopolis: American Animality, Standardized Life, and the Factory Farm*. Durham, NC: Duke University Press.

* Blythman, J. (2013), "Can Vegans Stomach the Unpalatable Truth About Quinoa?" *The Guardian*, January 16. Available online: https://www.theguardian.com/commentisfree/2013/jan/16/vegans-stomach-unpalatable-truth-quinoa.

* Boisseron, B. (2019), "Why Animal Studies Must Be Antiracist." Interview by B. Fielder, *Edge Effects*, March 26. Available online: https://edgeeffects.net/afro-dog-benedicte-boisseron/.

* Boisseron, B. (2018), *Afro-Dog: Blackness and the Animal Question*. New York: Columbia University Press.

* Bourdieu, P. (2008), *Outline of a Theory of Practice*. Cambridge: Cambridge University Press.

* Bowker, G. C. and Star, S. L. (2000), *Sorting Things Out: Classification and Its*

Consequences. Cambridge, MA: MIT Press.

* Braidotti, R. (2016), "Posthuman Critical Theory." In D. Banerji and M. Paranjape (eds.), *Critical Posthumanism and Planetary Futures*, 13–32. New Delhi: Springer.

* Braidotti, R. (2013), *The Posthuman*. London: Polity.

Braun, V. and Carruthers, S. (2020), "Working at Wellness: A Critical Analysis of Vegan Vlogs." In D. Lupton and Z. Feldman (eds.), *Digital Food Cultures*, 82–96. London: Routledge.

* Brown, G., Feigenbaum, A., Frenzel, F. and McCurdy, P., eds. (2017), *Protest Camps in International Context: Spaces, Infrastructures and Media of Resistance*. Bristol: Policy Press.

* Brown, G. and Pickerill, J. (2009), "Space for Emotion in the Spaces of Activism." *Emotion, Space and Society*, 2(1): 24–35.

* Brueck, J. F. (2019), *Veganism of Color: Decentring Whiteness in Human and Nonhuman Liberation*. Milton Keynes: Sanctuary Books.

* Brueck, J. F. (2017), *Veganism in an Oppressive World*. Milton Keynes: Sanctuary Books.

* Brueck, J. F. and McNeill, Z. Z. (2020), *Queer and Trans Voices: Achieving Liberation through Consistent Anti-Oppression*. Minton Keynes: Sanctuary Books.

* Bull, A. and Allen, K. (2018), "Introduction: Sociological Interrogations of the Turn to Character." *Sociological Research Online*, 23(2): 392–8.

* Butler, J. (2013), "For White Girls Only? Postfeminism and the Politics of Inclusion." *Feminist Formations*, 25(1): 35–58.

* Calarco, M. (2014), "Being Toward Meat: Anthropocentrism, Indistinction, and Veganism." *Dialectical Anthropology*, 38(4): 415–29.

* Calarco, M. (2008), *Zoographies: The Question of the Animal from Heidegger to Derrida*. New York: Columbia University Press.

* Callon, M. (1984), "Some Elements of a Sociology of Translation: Domestication of

the Scallops and the Fishermen of St Brieuc Bay." In J. Law (ed.), *Power, Action and Belief? A New Sociology of Knowledge?*, 196–223. London: Routledge.

* Carey, J. (2016), "Veganism and the Politics of Nostalgia." In J. Castricano and R. R. Simonsen (eds.), *Critical Perspectives on Veganism*, 245–60. Basingstoke: Palgrave Macmillan.

* *Carnage* (2017), [TV programme] Dir. S. Amstell, BBC iPlayer, March 19. Available online: https :/ /ww w .bbc .co .u k /pro gramm es /p0 4sh6z g.

* Carolan, M. (2011), *Embodied Food Politics*. London: Routledge.

Carrigan, M. (2017), "Revisiting 'The Myth of the Ethical Consumer': Why Are We Still Not Ethical Shoppers?" *Journal of Consumer Ethics*, 1(1): 11–21.

* Carter, B. and Charles, N. (2018), "The Animal Challenge to Sociology." *European Journal of Social Theory*, 21(1): 79–97.

* Cassidy, A. (2019), *Vermin, Victims and Disease: British Debates over Bovine Tuberculosis and Badgers*. London: Palgrave Macmillan.

* Castricano, J., ed. (2008), *Animal Subjects: An Ethical Reader in a Posthuman World*. Waterloo: Wilfrid Laurier University Press.

* Castricano, J. and Simonsen, R. R., eds. (2016), *Critical Perspectives on Veganism*. Basingstoke: Palgrave Macmillan.

* Chatterjee, S. and Subramaniam, B. (2021), *Meat! A Transnational Analysis*. Durham, NC: Duke University Press.

* Chatterton, P. and Pickerill, J. (2010), "Everyday Activism and the Transitions Towards Post-Capitalist Worlds." *Transactions of the Institute of British Geographers*, 35(4): 475–90.

* Cherry, E. (2015), "I Was a Teenage Vegan: Motivation and Maintenance of Lifestyle Movements." *Sociological Inquiry*, 85(1): 55–74.

* Cherry, E. (2010), "Shifting Symbolic Boundaries: Cultural Strategies of the Animal Rights Movement." *Sociological Forum*, 25(3): 450–75.

* Cherry, E. (2006), "Veganism as a Cultural Movement: A Relational Approach." *Social Movement Studies*, 5(2): 155–70.

* Chilvers, D. (2016), "Cowspiracy: Stampeding in the Wrong Direction?" *New Internationalist*, February 10. Available online: https://newint.org/blog/2016/02/10/cowspiracy-stampeding-in-the-wrong-direction.

* Clark, A., Bottom, K. and Copus, C. (2008), "More Similar Than They'd Like to Admit? Ideology, Policy and Populism in the Trajectories of the British National Party and Respect." *British Politics*, 3(4): 511–34.

* Clark, D. (2004), "The Raw and the Rotten: Punk Cuisine." *Ethnology*, 43(1): 19–31.

Clarke, A. and Haraway, D., eds. (2018), *Making Kin Not Population: Reconceiving Generations*. Chicago: Prickly Paradigm Press.

* Clay, N., Sexton, A. E., Garnett, T. and Lorimer, J. (2020), "Palatable Disruption: the Politics of Plant Milk." *Agriculture and Human Values*, 37: 945–962.

* Cloake, F. (2018), "Forget M&S's £2.50 'Cauliflower Steak': Here's How to Make Your Own." *The Guardian*, January 10. Available online: https://www.theguardian.com/lifeandstyle/shortcuts/2018/jan/10/forget-mss-250-cauliflower-steak-heres-how-to-make-your-own.

* Cole, M. (2014), "'The Greatest Cause on Earth': The Historical Formation of Veganism as an Ethical Practice." In N. Taylor and R. Twine (eds.), *The Rise of Critical Animal Studies, from the Margins to the Center*, 203–24. London and New York: Routledge.

* Cole, M. (2008), "Asceticism and Hedonism in Research Discourses of Veg* anism." *British Food Journal*, 110(7): 706–16.

* Cole, M. and Morgan, K. (2011), "Vegaphobia: Derogatory Discourses of Veganism and the Reproduction of Speciesism in UK National Newspapers." *The British Journal of Sociology*, 62(1): 134–53.

* Cole, M. and Stewart, K. (2016), *Our Children and Other Animals: The Cultural*

Construction of Human-Animal Relations in Childhood. London: Routledge.

* Collard, R.-C. (2014), "Putting Animals Back Together, Taking Commodities Apart." Annals of the Association of American Geographers, 104(1): 151–65.

* Collins, P. H. (2019), Intersectionality as Critical Social Theory. Durham, NC: Duke University Press.

* Collins, P. H. (2015), "Intersectionality's Definitional Dilemmas." Annual Review of Sociology, 41: 1–20.

* Compassion in World Farming (2015), "Ask this Factory Farmer Anything." Compassion in World Farming UK, February 12. Available online: https://www.ciwf.org.uk/news/2015/02/ask-this-factory-farmer-anything-f1.

* Coulter, K. (2016), Animals, Work, and the Promise of Interspecies Solidarity. New York: Palgrave Macmillan.

* Cowspiracy: The Sustainability Secret (2014), [Film] Dir. K. Anderson and K. Kuhn. Los Angeles: AUM Films/First Spark Media.

* Crane, C., Walter, D. and Jenkins, S. (2018), Happily Ever Esther: Two Men, a Wonder Pig, and Their Life-Changing Mission to Give Animals a Home. New York: Grand Central Publishing.

* Crenshaw, K. (2017), "Kimberlé Crenshaw on Intersectionality, More than Two Decades Later." Columbia Law School (blog), June 8. Available online: https://www.law.columbia.edu/news/archive/kimberle-crenshaw-intersectionality-more-two-decades-later.

* Crenshaw, K. (1997), "Color-blind Dreams and Racial Nightmares: Reconfiguring Racism in the Post-civil Rights Era." In T. Morrison and C. Brodsky LaCour (eds.), Birth of a Nation 'Hood: Gaze, Script and Spectacle in the O.J. Simpson Trial, 97–168. Pantheon: New York.

* Crenshaw, K. (1989), "Demarginalizing the Intersection of Race and Sex: Black Feminist Critique of Antidiscrimination Doctrine, Feminist Theory and Antiracist

Politics." *University of Chicago Legal Forum*, 1989: 139–68.

* Cudworth, D. E. and Hobden, D. S. (2013), *Posthuman International Relations: Complexity, Ecologism and Global Politics*. London: Zed Books.

* Cudworth, E. (2014), "Beyond Speciesism: Intersectionality, Critical Sociology and the Human Domination of Other Animals." In N. Taylor and R. Twine (eds.), *The Rise of Critical Animal Studies, from the Margins to the Center*, 19–35. London and New York: Routledge.

* Cudworth, E. (2011), *Social Lives with Other Animals: Tales of Sex, Death and Love*. Basingstoke: Palgrave Macmillan.

* Dean, M. (2014), "You Are How You Eat? Femininity, Normalization, and Veganism as an Ethical Practice of Freedom." *Societies*, 4(2): 127–47.

* Deckha, M. (2012), "Toward a Postcolonial, Posthumanist Feminist Theory: Centralizing Race and Culture in Feminist Work on Nonhuman Animals." *Hypatia*, 27(3): 527–45.

* Deckha, M. (2010), "The Subhuman as a Cultural Agent of Violence." *Journal for Critical Animal Studies*, 8(3): 28–51.

* Deckha, M. (2008a), "Intersectionality and Posthumanist Visions of Equality." *Wisconsin Journal of Law Gender & Society*, 23: 249–68.

* Deckha, M. (2008b), "Disturbing Images: PETA and the Feminist Ethics of Animal Advocacy." *Ethics and the Environment*, 13(2): 35–76.

* Dell'Aversano, C. (2010), "The Love Whose Name Cannot be Spoken: Queering the Human-Animal Bond." *Journal for Critical Animal Studies* VIII(1/2): 73–125.

DeLuca, K. (1999), *Image Politics: The New Rhetoric of Environmental Activism*. London: Routledge.

* DeMello, M. (2018), "Online Animal (Auto-)Biographies: What Does it Mean When We 'Give Animals a Voice?'" In A. Krebber and M. Roscher (eds.), *Animal Biography*, 243–60. Basingstoke: Palgrave Macmillan.

* DeMello, M. (2012), *Animals and Society: An Introduction to Human-Animal Studies*. New York: Columbia University Press.

* Derrida, J. (2008), *The Animal That Therefore I Am*, trans. D. Wills. New York: Fordham.

* Despret, V. (2016), *What Would Animals Say If We Asked the Right Questions?* Minneapolis: University of Minnesota Press.

* Despret, V. (2013), "Responding Bodies and Partial Affinities in Human–Animal Worlds." *Theory, Culture & Society*, 30(7–8): 51–76.

* Despret, V. (2006), "Sheep Do Have Opinions." In B. Latour and P. Weibel (eds.), *Making Things Public: Atmospheres of Democracy*, 360–70. Cambridge, MA: MIT Press.

* Despret, V. (2004), "The Body We Care For: Figures of Anthropo-Zoo-Genesis." *Body & Society*, 10(2–3): 111–34.

* Despret, V. and Meuret, M. (2016), "Cosmoecological Sheep and the Arts of Living on a Damaged Planet." *Environmental Humanities*, 8(1): 24–36.

* Dickstein, J., Dutkiewicz, J., Guha-Majumdar, J. and Winter, D. R. (2020), "Veganism as Left Praxis." *Capitalism Nature Socialism*, https://doi.org/10.1080/10455752.2020.1837895.

* Doherty, B., de Moor, J. and Hayes, G. (2018), "The 'New' Climate Politics of Extinction Rebellion," *Open Democracy*, November 27. Available online: https://www.opendemocracy.net/en/new-climate-politics-of-extinction-rebellion/.

* Dominick, B. (2010 [1997]), *Veganism and Social Revolution*. Republished *Anarchist Library*. Available online: https://theanarchistlibrary.org/library/brian-a-dominick-animal-liberation-and-social-revolution.

* Donaldson, S. and Kymlicka, W. (2015), "Farmed Animal Sanctuaries: The Heart of the Movement." *Politics and Animals*, 1(1): 50–74.

* Donaldson, S. and Kymlicka, W. (2011), *Zoopolis: A Political Theory of Animal*

Rights. Oxford: Oxford University Press.

* Donovan, J. and Adams, C. J., eds. (2007), *The Feminist Care Tradition in Animal Ethics: A Reader.* New York: Columbia University Press.

* Downey, J. and Fenton, N. (2003), "New Media, Counter Publicity and the Public Sphere." *New Media & Society,* 5(2): 185–202.

* Doyle, J. (2016), "Celebrity Vegans and the Lifestyling of Ethical Consumption." *Environmental Communication,* 10(6): 777–90.

* Dutkiewicz, J. and Dickstein, J. (2021) "The Ism in Veganism: The Case for a Minimal, Practice-based Definition." *Food Ethics,* 6(2): 1–19.

* *Earthlings* (1995), [Film] Dir. S. Monson. Burbank: Nation Earth Films.

* EAT-Lancet Commission (2019), *Summary Report of the Eat-Lancet Commission.* Available online: https://eatforum.org/content/uploads/2019/07/EAT-Lancet_ Commission_Summary_Report.pdf.

* *Eating Animals* (2017), [Film] dir. C.D. Quinn. Los Angeles: Big Star Pictures.

* Eisenman, S. F. (2016), "The Real 'Swinish Multitude'." *Critical Inquiry,* 42(2): 339–73.

* Elston, M. A. (1987), "Women and Anti-vivisection in Victorian England, 1870–1900." In N. A. Rupke (ed.), *Vivisection in Historical Perspective,* 259–87. New York: Routledge.

* Esther the Wonder Pig (2019), "About." *Esther the Wonder Pig.* Available online: https://www.estherthewonderpig.com/about .

* Evans, D., Welch, D. and Swaffield, J. (2017), "Constructing and Mobilizing 'The Consumer': Responsibility, Consumption and the Politics of Sustainability." *Environment and Planning A,* 49(6): 1396–412.

* FAO (2018), "World Livestock: Transforming the Livestock Sector through the Sustainable Development Goals," Rome. Licence: CC BY-NC-SA 3.0 IGO. Available online: http://www.fao.org/3/CA1201EN/ca1201en.pdf.

* Fegitz, E. and Pirani, D. (2018), "The Sexual Politics of Veggies: Beyoncé's 'Commodity Veg* ism'." *Feminist Media Studies*, 18(2): 294–308.

* Feigenbaum, A., Frenzel, F. and McCurdy, P. (2013), *Protest Camps*. London: Zed Books.

* Festinger, L. (1957), *A Theory of Cognitive Dissonance*. Evanston: Row, Peterson.

* Fisher, M. (2009), *Capitalist Realism*. Ropley, Hants: O Books.

* Fiske, J. (2010), *Introduction to Communication Studies*. London: Routledge.

* Fitzgerald, A. J. (2010), "A Social History of the Slaughterhouse: From Inception to Contemporary Implications." *Human Ecology Review*, 17(1): 58–69.

* Fitzgerald, A. J. and Taylor, N. (2014), "The Cultural Hegemony of Meat and the Animal Industrial Complex." In N. Taylor and R. Twine (eds.), *The Rise of Critical Animal Studies, from the Margins to the Center*, 165–82. London and New York: Routledge.

* Fitzgerald, D. and Callard, F. (2015), "Social Science and Neuroscience Beyond Interdisciplinarity: Experimental Entanglements." *Theory, Culture & Society*, 32(1): 3–32.

* Flail, G. J. (2011), "Why 'Flexitarian' Was a Word of the Year." *International Journal of Humanities and Social Science*, 1(12): 83–92.

* Flynn, M. and Hall, M. (2017), "The Case for a Victimology of Nonhuman Animal Harms." *Contemporary Justice Review*, 20(3): 299–318.

* Fox, N. J. and Alldred, P. (2016), *Sociology and the New Materialism: Theory, Research, Action*. London: Sage.

* Fraiman, S. (2012), "Pussy Panic versus Liking Animals: Tracking Gender in Animal Studies." *Critical Inquiry*, 39(1): 89–115.

* Francis, S. (2019), "Animal Rebellion Blockade Smithfield Market," *BBC News*, October 8. Available online: https :/ /ww w .bbc .co .u k /new s /uk- engla nd -lo nd on- 49976 197.

* Freedman, R. and Barnouin, K. (2010 [2005]), *Skinny Bitch*. Philadelphia: Running Press.

* Freedman, R. and Barnouin, K. (2007), *Skinny Bitch in the Kitch*. Philadelphia: Running Press.

* Freeman, J. (1984), "The Tyranny of Structurelessness." In J. Freeman and C. Levine (eds.), *Untying the Knot: Feminism, Anarchism and Organisation*, 5–16. Whitechapel: Dark Star and Rebel Press.

* French, R. (1975), *Antivivisection and Medical Science in Victorian Society*. Princeton, NJ: Princeton University Press.

* Gaard, G. (2011), "Ecofeminism Revisited: Rejecting Essentialism and Re-placing Species in a Material Feminist Environmentalism." *Feminist Formations*, 23(2): 26–53.

Gaard, G. (2002), "Vegetarian Ecofeminism: A Review Essay." *Frontiers: A Journal of Women Studies*, 23(3): 117–46.

* Gambert, I. (2019), "Got Mylk? The Disruptive Possibilities of Plant Milk." *Brooklyn Law Review*, 84 (3): 801–71.

* Gambert, I. and Linné, T. (2018a), "How the Alt-right Uses Milk to Promote White Supremacy." *The Conversation*, April 26. Available online: https://theconversation.com/how-the-alt-rightuses-milk-to-promote-white-supremacy-94854.

* Gambert, I. and Linné, T. (2018b), "From Rice Eaters to Soy Boys: Race, Gender, and Tropes of 'Plant Food Masculinity'." *Animal Studies Journal*, 7(2): 129–79.

* Game Changers (2019), "The Game Changers" Website. Available online: https://gamechangersmovie .com /team/.

* *Game Changers, The* (2018), [Film] Dir. L. Psihoyos. US: ReFuel Productions.

* Ganesan, R. (2017), "Vegan Misappropriations of Hinduism." In J. F. Brueck (ed.), *Veganism in an Oppressive World*, 61–8. Milton Keynes: Sanctuary Books.

* Garlick, B. (2015), "Not All Dogs Go to Heaven, Some Go to Battersea: Sharing Suffering and the 'Brown Dog Affair'." *Social and Cultural Geography*, 16(7): 798–820.

* Geier, T. (2017), *Meat Markets: The Cultural History of Bloody London*. Edinburgh: Edinburgh University Press.

* George, K. P. (2000), *Animal, Vegetable, or Woman?: A Feminist Critique of Ethical Vegetarianism*. New York: SUNY Press.

* George, K. P. (1994), "Should Feminists be Vegetarians?" *Signs: Journal of Women in Culture and Society*, 19(2): 405–34.

* Giles, D. B. (2018), "Abject Economies, Illiberal Embodiment, and the Politics of Waste." In V. Lawson and S. Elwood (eds.), *Relational Poverty Politics:(Un) Thinkable Forms, Struggles, Possibilities*, 113–30. Athens: University of Georgia Press.

* Gill, R. (2017), "The Affective, Cultural and Psychic Life of Postfeminism: A Postfeminist Sensibility 10 Years On." *European Journal of Cultural Studies*, 20(6): 606–26.

* Gill, R. (2007), "Postfeminist Media Culture: Elements of a Sensibility." *European Journal of Cultural Studies*, 10(2): 147–66.

* Gill, R. and Orgad, S. (2018), "The Amazing Bounce-backable Woman: Resilience and the Psychological Turn in Neoliberalism.." *Sociological Research Online*, 23(2): 477–95.

* Gillespie, K. (2018), *The Cow with Ear Tag# 1389*. Chicago: University of Chicago Press.

* Gillespie, K. (2017), "Feminist Food Politics." In J. S. Parreñas (ed.), *Gender: Animals, Macmillan Interdisciplinary Handbooks*, 149–63. Farmington Hills, MI: Palgrave Macmillan.

* Gillespie, K. (2011), "How Happy is your Meat? Confronting (Dis)connectedness in the 'Alternative' Meat Industry." *The Brock Review*, 12(1): 100–28.

* Gillespie, K. and Collard R-C. (2015), *Critical Animal Geographies: Politics, Intersections and Hierarchies in a Multispecies World*. New York: Routledge.

* Gillespie, K. and Narayanan, Y. (2020), "Animal Nationalisms: Multispecies

Cultural Politics, Race, and the (Un) Making of the Settler Nation-State." *Journal of Intercultural Studies*, 40(1): 1–7.

* Gilroy, P. (1991), "*There Ain't No Black in the Union Jack*": *The Cultural Politics of Race and Nation*. Chicago: University of Chicago Press.

* Ginn, F. (2014), "Sticky Lives: Slugs, Detachment and More-than-human Ethics in the Garden." *Transactions of the Institute of British Geographers*, 39(4): 532–44.

* Giraud, E. (2019), *What Comes After Entanglement? Activism, Anthropocentrism and an Ethics of Exclusion*. Durham, NC: Duke University Press.

* Giraud, E. (2018), "Displacement, 'Failure' and Friction: Tactical Interventions in the Communication Ecologies of Anti-capitalist Food Activism." In T. Schneider, K. Eli, C. Dolan and S. Ulijaszek (eds.), *Digital Food Activism*, 130–50. London: Routledge.

* Giraud, E. (2015), "Practice as Theory: Learning from Food Activism and Performative Protest." In K. Gillespie and R.-C. Collard (eds.), *Critical Animal Geographies: Politics, Intersections and Hierarchies in a Multispecies World*, 36–53. New York: Routledge.

* Giraud, E. (2013a), "'Beasts of Burden': Productive Tensions Between Haraway and Radical Animal Rights Activism." *Culture, Theory and Critique*, 54(1): 102–20.

* Giraud, E. (2013b), "Veganism as Affirmative Biopolitics." *PhaenEx*, 8(2): 47–79.

* Giraud, E. and Hollin, G. (2016), "Care, Laboratory Beagles and Affective Utopia." *Theory, Culture & Society*, 33(4): 27–49.

* Giraud, E., Hollin, G., Potts, T. and Forsyth, I. (2018), "A Feminist Menagerie." *Feminist Review*, 118(1): 61–79.

* Glabau, D. (2017), "Feminists Write the Anthropocene: Three Tales of Possibility in Late Capitalism." *Journal of Cultural Economy*, 10(6): 541–8.

* Glasser, C. L. (2011), "Tied Oppressions: An Analysis of How Sexist Imagery Reinforces Speciesist Sentiment." *The Brock Review*, 12(1): 51–68.

* Glasser, C. S. (2014), "The Radical Debate: A Straw Man in the Movement?" In N. Taylor and R. Twine (eds.), *The Rise of Critical Animal Studies: From the Margins to the Centre*. London: Routledge.

* Goldberg, D. T. (2015), *Are We All Postracial Yet?* Maldon: John Wiley & Sons.

* Goldberg, D. T. (2009), *The Threat of Race: Reflections on Racial Neoliberalism*. Malden: Wiley-Blackwell.

* Goodman, M. K., Maye, D. and Holloway, L. (2010), "Ethical Foodscapes?: Premises, Promises, and Possibilities." *Environment and Planning A: Economy and Society*, 42(8): 1782–96.

* Greenebaum, J. (2012a), "Veganism, Identity and the Quest for Authenticity." *Food, Culture & Society*, 15(1): 129–44.

* Greenebaum, J. (2012b), "Managing Impressions: 'Face-Saving' Strategies of Vegetarians and Vegans." *Humanity & Society*, 36(4): 309–25.

* Greenebaum, J. and Dexter, B. (2018), "Vegan Men and Hybrid Masculinity." *Journal of Gender Studies*, 27(6): 637–48.

* Greenebaum, J. B. (2018), "Vegans of Color: Managing Visible and Invisible Stigmas." *Food, Culture & Society*, 21(5): 680–97.

* Greenebaum, J. B. (2017), "Questioning the Concept of Vegan Privilege: A Commentary." *Humanity & Society*, 41(3): 355–72.

* Greenhough, B. and Roe, E. (2011), "Ethics, Space, and Somatic Sensibilities: Comparing Relationships between Scientific Researchers and their Human and Animal Experimental Subjects." *Environment and Planning D: Society and Space*, 29(1): 47–66.

* Gregg, M. (2008), "The Normalisation of Flexible Female Labour in the Information Economy." *Feminist Media Studies*, 8(3): 285–99.

* Gruen, L. (2020), "What Motivates Us to Change What We Eat?" *The Philosopher*, 108(1): 39–43.

* Gruen, L. (2015), *Entangled Empathy*. New York: Lantern Books.

* Gruen, L. and Weil, K., eds. (2012), "Animal Others," special edition. *Hypatia: A Journal of Feminist Philosophy*, 27(3).

* Guthman, J. (2008), "Bringing Good Food to Others: Investigating the Subjects of Alternative Food Practice." *Cultural Geographies*, 15(4): 431–47.

* Guthman, J. (2004), *Agrarian Dreams? The Paradox of Organic Farming in California*. Berkeley: University of California Press.

* Guthman, J. (2003), "Fast Food/Organic Food: Reflexive Tastes and the Making of 'Yuppie Chow'." *Social and Cultural Geography*, 4(1): 45–58.

* Haenfler, R. (2004), "Rethinking Subcultural Resistance: Core Values of the Straight Edge Movement." *Journal of Contemporary Ethnography*, 33(4): 406–36.

* Haenfler, R., Johnson, B. and Jones, E. (2012), "Lifestyle Movements: Exploring the Intersection of Lifestyle and Social Movements." *Social Movement Studies*, 11(1): 1–20.

* Halkier, B. (2019), "Political Food Consumerism between Mundane Routines and Organizational Alliance-Building." In M. Boström, M. Micheletti and P. Oosterveer (eds.), *The Oxford Handbook of Political Consumerism*. Oxford: Oxford University Press, 275.

* Hall, S. (2010 [1981]). "Notes on Deconstructing 'the Popular'." In I. Szeman and T. Kaposy (eds.), *Cultural Theory: An Anthology*, 72–80. Chichester: Wiley Blackwell.

* Hall, S. (1980), "Encoding/Decoding." In S. Hall (ed.), *Culture, Media, Language: Working Papers in Cultural Studies*, 128–38. London: Hutchinson in association with the Contemporary Cultural Studies, University of Birmingham.

* Hamilton, C. (2016), "Sex, Work, Meat: The Feminist Politics of Veganism." *Feminist Review*, 114(1): 112–29.

* Hamilton, C. L. (2019), *Veganism, Sex and Politics: Tales of Danger and Pleasure*. Bristol: HammerOn Press.

* Hamilton, L. and Taylor, N. (2013), *Animals at Work: Identity, Politics and Culture in*

Work with Animals. Leiden: Brill.

* Haraway, D. (2017), "Staying with the Manifesto: An Interview with Donna Haraway," interview by Sarah Franklin. *Theory, Culture & Society*, 34(4): 49–63.

* Haraway, D. (2016), *Staying with the Trouble*. Durham, NC: Duke University Press.

* Haraway, D. (2011), "Species Matters, Humane Advocacy: In the Promising Grip of Earthly Oxymorons." In M. DeKoven and M. Lundblad (eds.), *Species Matters: Humane Advocacy and Cultural Theory*, 17–26. New York: Columbia University Press.

* Haraway, D. (2008), *When Species Meet*. Minneapolis: University of Minnesota Press.

* Haraway, D. (2003), *The Companion Species Manifesto: Dogs, People, and Significant Otherness*. Chicago: Prickly Paradigm Press.

* Haraway, D. (1997), *Modest_Witness@Second_Millennium. FemaleMan@_Meets_ OncoMouse™: Feminism and Technoscience*. New York: Routledge.

* Haraway, D. (1988), "Situated Knowledges: The Science Question in Feminism and the Privilege of Partial Perspective." *Feminist Studies*, 14(3): 575–99.

* Harper, A. B. (2018), "RIP Intersectionality (Or Is It Too Soon to Quit)." *The Sistah Vegan Project*, January 30. Available online: http://sistahvegan.com/2018/01/30/rip-intersectionality-or-is-it-too-soon-to-quit/.

* Harper, A. B. (2014), "On Ferguson, Thug Kitchen, and Trayvon Martin." *The Sistah Vegan Project*, October 9. Available online: http://sistahvegan.com/2014/10/09/on-ferguson-thug-kitchen-and-trayvon-martin-intersections-of-postrace-consciousness-food-justice-and-hip-hop-vegan-ethics/.

* Harper, A. B. (2012), "Going Beyond the Normative White 'Post-Racial' Vegan Epistemology." In P. Williams-Forson and C. Counihan (eds.), *Taking Food Public: Redefining Foodways in a Changing World*, 155–74. New York: Routledge.

* Harper, A. B. (2010a), "Race as a 'Feeble Matter' in Veganism: Interrogating Whiteness, Geopolitical Privilege, and Consumption Philosophy of 'Cruelty-Free' Products." *Journal for Critical Animal Studies*, 8(3): 5–27.

* Harper, A. B. (2010b), *Sistah Vegan: Black Female Vegans Speak on Food, Identity, Health, and Society*. New York: Lantern Books.

* Harvie, D., Milburn, K., Trott, B. and Watts, D., eds. (2005), *Shut Them Down! The G8, Gleneagles 2005 and the Movement of Movements*. Leeds: Dissent!; Brooklyn: Autonomedia.

* Hayes, G. and Doherty, B. (2019), "What Next for Extinction Rebellion?" *The Political Quarterly*, April 29. Available online: https://politicalquarterly. blog/2019/04/29/what-now-for-extinction-rebellion/.

* Hebdige, D. (2005 [1997]), *Subculture: The Meaning of Style*. London: Routledge.

Helmreich, S. (2009), *Alien Ocean: Anthropological Voyages in Microbial Seas*. Berkeley: University of California Press.

* Hemmings, C. (2005), "Telling Feminist Stories." *Feminist Theory*, 6(2): 115–39.

Hetherington, K. (2020), *The Government of Beans: Regulating Life in the Age of Monocrops*. Durham, NC: Duke University Press.

* Heynen, N. (2010), "Cooking Up Non-violent Civil-Disobedient Direct Action for the Hungry." *Urban Studies*, 47(6): 1225–40.

* Hilson, C. J. (2016), "Environmental SLAPPs in the UK: Threat or Opportunity?" *Environmental Politics*, 25(2): 248–67.

* Hodge, P., McGregor, A., Springer, S., Véron O. and White, R. J. (2021), *Vegan Geographies: Spaces Beyond Violence, Ethics Beyond Speciesism*. New York: Lantern.

Holliday, R. and Sanchez Taylor, J. J. (2006), "Aesthetic Surgery as False Beauty." *Feminist Theory*, 7(2): 179–95.

* Hollin, G. (2017), "Failing, Hacking, Passing: Autism, Entanglement, and the Ethics of Transformation." *BioSocieties*, 12(4): 611–33.

* Huddart Kennedy, E., Parkins, J. R. and Johnston, J. (2018), "Food Activists, Consumer Strategies, and the Democratic Imagination: Insights from Eat-local Movements." *Journal of Consumer Culture*, 18(1): 49–168.

* Inness, S. (2006), *Secret Ingredients: Race, Gender, and Class at the Dinner Table.* Basingstoke: Palgrave Macmillan.

* Jackson, S. J., Bailey, M. and Foucault Welles, B. (2020), *#HashtagActivism: Networks of Race and Gender Justice.* Cambridge, MA: MIT Press.

* Jackson, S. J., Bailey, M. and Foucault Welles, B. (2018), "#GirlsLikeUs: Trans Advocacy and Community Building Online." *New Media & Society*, 20(5): 1868–88.

Jackson, Z. I. (2020), *Becoming Human: Matter and Meaning in an Antiblack World.* New York: New York University Press.

* Jackson, Z. I. (2016), "Losing Manhood: Animality and Plasticity in the (Neo) Slave Narrative." *QuiParle: Critical Humanities and Social Sciences*, 25(1–2): 95–136.

* Jackson, Z. I. (2015), "Outer Worlds: The Persistence of Race in Movement 'Beyond the Human'." *Gay and Lesbian Quarterly (GLQ)*, 21(2–3): 215–18.

* Jackson, Z. I. (2013), "Animal: New Directions in the Theorization of Race and Posthumanism." *Feminist Studies*, 39(3): 669–85.

* Jenkins, S. (2017), "Experience: I Accidentally Bought a Giant Pig." *The Guardian*, February 10. Available online: https://www.theguardian.com/lifeandstyle/2017/feb/10/experience-i-accidentally-bought-a-giant-pig.

* Jenkins, S., Walter, D. and Crane, C. (2018), *The True Adventures of Esther the Wonder Pig.* New York: Hachette.

* Jenkins, S., Walter, D. and Crane, C. (2017), *Esther the Wonder Pig: Changing the World One Heart at a Time.* New York: Grand Central Publishing.

* Jevsejevas, P. (2018), "Their Faces. Building the Semiotic Case of Animal Selfies." *Punctum*, 4(2): 10–32.

* Johnson, E. R. (2015), "Of Lobsters, Laboratories, and War: Animal Studies and the Temporality of More-than-human Encounters." *Environment and Planning D: Society and Space*, 33(2): 296–313.

* jones, p. (2014), *The Oxen at the Intersection.* New York: Lantern Books.

* Joy, M. (2011), *Why We Love Dogs, Eat Pigs, and Wear Cows: An Introduction to Carnism*. San Francisco: Conari Press.

* Juna, S. (2017), "Reflections: A Journey Toward Veganism in a Muslim Upbringing." In J. F. Brueck (ed.), *Veganism in an Oppressive World*, 57–60. Milton Keynes: Sanctuary Books.

* Juris, J. (2007), *Networking Futures: The Movements Against Corporate Globalization*. Durham, NC: Duke University Press.

* Kassam, A. (2017), "Judge Dismisses Case of Woman Who Gave Water to Pigs Headed to Slaugher." *The Guardian*, May 4. Available online: https://www. theguardian.com/world/2017/may/04/canada-anita-krajnc-pigs-water-case-dismissed.

* Kay, L. (2020), "League Against Cruel Sports Settles 'Ethical Veganism' Case." *Third Sector*, March 3. Available online: https://www.thirdsector.co.uk/league-against-cruel-sports-settles-ethical-veganism-case/management/article/1675692#:~:text=The%20League%20Against%20Cruel%20Sports,with%20his%20support%20for%20veganism.

* Kean, H. (1998), *Animal Rights: Political and Social Change in Britain Since 1800*. London: Reaktion Books.

* Keith, L. (2009), *The Vegetarian Myth: Food, Justice, and Sustainability*. Crescent City: PM Press.

* Khandker, W. (2020), *Process Metaphysics and Mutative Life: Sketches of Lived Time*. Basingstoke: Palgrave Macmillan.

* Khandker, W. (2014), *Philosophy, Animality and the Life Sciences*. Edinburgh: Edinburgh University Press.

* Kheel, M. (2004), "Vegetarianism and Ecofeminism: Toppling Patriarchy with a Fork." In S. F. Sapontzis (ed.), *Food for Thought: The Debate Over Eating Meat*, 327–41. Amherst: Prometheus Books.

* Kim, C. J. (2015), *Dangerous Crossings: Race, Species and Nature in a Multicultural*

Age. Cambridge: Cambridge University Press.

* Kim, C. J. (2011), "Moral Extensionism or Racist Exploitation? The Use of Holocaust and Slavery Analogies in the Animal Liberation Movement." *New Political Science*, 33(3): 311–33.

* Kim, L. S. (2001), "'Sex and the Single Girl' in Postfeminism: The F Word on Television." *Television & New Media*, 2(4): 319–34.

* Ko, A. (2019), *Racism as Zoological Witchcraft: A Guide to Getting Out*. New York: Lantern Books.

* Ko, A. (2017a), "#AllVegansRock: The All Lives Matter Hashtag of Veganism." In A. Ko and S. Ko (eds.), *Aphro-Ism: Essays on Pop Culture, Feminism, and Black Veganism from Two Sisters*, 13–19. New York: Lantern.

* Ko, A. (2017b), "Bringing our Digital Mops Home." In A. Ko and S. Ko (eds.), *Aphro-Ism: Essays on Pop Culture, Feminism, and Black Veganism from Two Sisters*, 7–12. New York: Lantern.

* Ko, S. (2017), "We Can Avoid the Debate about Comparing Human and Animal Oppressions If We Simply Make the Right Connections." In A. Ko and S. Ko (eds.), *Aphro-Ism: Essays on Pop Culture, Feminism, and Black Veganism from Two Sisters*, 82–7. New York: Lantern.

* Ko, A. and Ko, S. (2017), *Aphro-Ism: Essays on Pop Culture, Feminism, and Black Veganism from Two Sisters*. New York: Lantern.

* Krajnc, A. (2016), "Bearing Witness: Is Giving Thirsty Pigs Water Criminal Mischief or a Duty." *Animal Law*, 23: 479–98.

* Kristof, N. (2014), "Opinion: Abusing the Chickens we Eat." *New York Times*, December 3. Available online: https://www.nytimes.com/2014/12/04/opinion/nicholas-kristof-abusing-chickens-we-eat.html.

* Kurp, J. (2016), "These Vegans Cooking and Eating E.T. the Extra Terrestrial Will Ruin BBQ for You," *Uproxx*, April 20. Available online: https://uproxx.com/viral/et-

the-extra-terrestrial-bbq/.

* Kusz, K. (2017), "The Road to Charlottesville: The Role of Popular Culture in Priming Young White Men for the White Right." *Activist History Review*, October 20. Available online: https://activisthistory.com/2017/10/20/the-road-to-charlottesville-the-role-of-popular-culture-in-priming-young-white-men-for-the-white-right/.

* Kwan, S. and Roth, L. M. (2011), "The Everyday Resistance of Vegetarianism." In C. Bobel and S. Kwan (eds.), *Embodied Resistance: Breaking the Rules in Public Places*, 186–96. Nashville: Vanderbilt University Press.

* Laclau, E. (2005), *On Populist Reason*. London: Verso.

* Latimer, J. (2013), "Being Alongside: Rethinking Relations Amongst Different Kinds." *Theory, Culture & Society*, 30(7–8): 77–104.

* Latour, B. (1993), *We Have Never Been Modern*. Cambridge, MA: Harvard University Press.

* Latour, B. (1992), "Where are the Missing Masses? The Sociology of a Few Mundane Artefacts." In W. Bijker (ed.), *Shaping Technology/Building Society*, 225–58. London: MIT Press.

* Laven, R. (2010), "Disbudding Calves." *National Association for Disease*. Available online: https://www.nadis.org.uk/disease-a-z/cattle/disbudding-calves/.

LeDuff, C. (2003), "At the Slaughterhouse Some Things Never Die." In C. Wolfe (ed.), *Zoontologies: The Question of the Animal*, 183–98. Minneapolis: University of Minnesota Press.

* Lewis, S. (2019), *Full Surrogacy Now*. New York: Verso.

* Lewis, S. (2018), "Cyborg Uterine Geography: Complicating 'Care' and Social Reproduction." *Dialogues in Human Geography*, 8(3): 300–16.

* Lewis, S. (2017), "Cthulu Plays No Role for Me." *Viewpoint Magazine*. Available online: https://www.viewpointmag.com/2017/05/08/cthulhu-plays-no-role–for-me/.

* Leys, R. (2017), *The Ascent of Affect: Genealogy and Critique*. Chicago: University of

Chicago Press.

* Lindgren, S. and Lélièvre, M. (2009), "In the Laboratory of Masculinity: Renegotiating Gender subjectivities in MTV's Jackass." *Critical Studies in Media Communication*, 26(5): 393–410.

* Linné, T. (2016), "Cows on Facebook and Instagram: Interspecies Intimacy in the Social Media Spaces of the Swedish Dairy Industry." *Television & New Media*, 17(8): 719–33.

* Littler, J. (2017), *Against Meritocracy*. Abingdon, Oxon: Routledge.

* Littler, J. (2009), *Radical Consumption: Shopping for Change in Contemporary Culture*. New York: Open University Press.

* Lockwood, A. (2021), "A Useful Uselessness: Vegan Geographies of Bearing Witness at the Slaughterhouse Gates." In P. Hodge, A. McGregor, S. Springer, O. Véron and R. J. White (eds.), *Vegan Geographies: Spaces Beyond Violence, Ethics Beyond Speciesism*. New York: Lantern.

* Lockwood, A. (2019a), "Dr Alex Lockwood on Public Vigils for Nonhuman Animals," Australasian Animal Studies Association [blog], March 5. Available online: http://animalstudies.org.au/archives/6576.

* Lockwood, A. (2019b), "'Are You a Plant?'." *The New Veganism*, Oxford University, November 13–14.

* Lockwood, A. (2019c), "How We Sent Mixed Messages in Excluding Other Calls for Veganism." *Animal Rebellion*, August 30. Available online: https://medium.com/animal-rebellion/how-we-sent-mixed-messages-in-excluding-other-calls-for-veganism-ae0bdcc617c3.

* Lockwood, A. (2018), "Bodily Encounter, Bearing Witness and the Engaged Activism of the Global Save Movement." *Animal Studies Journal*, 7(1): 104–26.

* Lockwood, A. (2016a), "Graphs of Grief and Other Green Feelings: The Uses of Affect in the Study of Environmental Communication." *Environmental*

Communication, 10(6): 734–48.

* Lockwood, A. (2016b), *The Pig in Thin Air: An Identification*. Brooklyn: Lantern Books.

* Lorimer, J. (2013), "Multinatural Geographies for the Anthropocene." *Progress in Human Geography*, 36(5): 593–692.

* Lorimer, J. (2015), *Wildlife in the Anthropocene*. Minneapolis: University of Minnesota Press.

* Lorimer, J. (2007), "Nonhuman Charisma." *Environment and Planning D: Society and Space*, 25(5): 911–32.

* Loughnan, S., Bastian, B. and Haslam, N. (2014), "The Psychology of Eating Animals." *Current Directions in Psychological Science*, 23: 104–8.

* Loughnan, S., Haslam, N. and Bastian, B. (2010), "The Role of Meat Consumption in the Denial of Moral Status and Mind to Meat Animals." *Appetite*, 55: 156–9.

* Lyon, T. P. and Montgomery, A. W. (2015). "The Means and End of Greenwash." *Organization & Environment*, 28(2): 223–49.

* MacCormack, P. (2016), *Posthuman Ethics: Embodiment and Cultural Theory*. London: Routledge.

* Maeckelbergh, M. (2011), "Doing is Believing: Prefiguration as Strategic Practice in the Alterglobalization Movement." *Social Movement Studies*, 10(1): 1–20.

* Mannering, R. (2019), "Sainsbury's Reacts to Consumer Trends with 'UK's First' Meat-Free Butchers." *Convenience Store*, June 24. Available online: https://www.conveniencestore.co.uk/news/sainsburys-reacts-to-customer-trends-with-uks-first-meat-free-butchers/594732.article.

* Maron, D. F. (2020), "Did a Mink Just Give Coronavirus to a Human?" *National Geographic*, May 23. Available online: https://www.nationalgeographic.co.uk/animals/2020/05/did-a-mink-just-give-the-coronavirus-to-a-human-heres-what-we-know.

* Martindill, M. (2015), "Lessons in White Fragility: When Vegan Abolitionists Appropriate Intersectionality." *Vegan Feminist Network*, May 6. Available online: http://veganfeministnetwork.com/lessons-in-white-fragility/.

* Mason, P. (1997), *The Brown Dog Affair: The Story of a Monument that Divided the Nation*. London: Two Sevens.

* McCausland, C., O'Sullivan, S. and Brenton, S. (2013), "Trespass, Animals and Democratic Engagement." *Res Publica*, 19(3): 205–21.

* McCorry, S. and Miller, J. (2019), *Literature and Meat Since 1900*. Basingstoke: Palgrave Mcmillan.

* McKay, R. (2018), "A Vegan Form of Life." In E. Quinn and B. Westwood (eds.), *Thinking Veganism in Literature and Culture: Towards a Vegan Theory*, 249–72. Basingstoke: Palgrave Macmillan.

* McKenna, M. (2017), *Plucked! The Truth about Chicken*. London: Little Brown.

* McKenna, M. (2015), "The Poultry Industry Responds to an Activist Farmer." *Wired*, February 23. Available online: https://www.wired.com/2015/02/watts-response/.

* *McLibel: Two People Who Wouldn't Say Sorry* (2005), [Film] Dirs F. Armstrong and K. Loach. London: Spanner Films.

* McMahon, J. (2019), "Inside the UK Protests against Bloodied Abattoir Animal Deaths." *Vice*, February 12. Available online: https://www.vice.com/en_uk/article/yw833m/save-movement-pig-chicken-protests-essex-london-feature.

* McRobbie, A. (2009), *The Aftermath of Feminism: Gender, Culture and Social Change*. London: Sage.

* McRobbie, A. (2004), "Notes on Postfeminism and Popular Culture: Bridget Jones and the New Gender Regime." In A. Harris (ed.), *All About the Girl: Culture, Power and Identity*, 3–14. London: Routledge.

* McRobbie, A. (1990), *Feminism and Youth Culture: From "Jackie" to "Just Seventeen."* Basingstoke: Palgrave Macmillan.

* Mendes, K. (2012), "'Feminism Rules! Now, Where's my Swimsuit?' Re-evaluating Feminist Discourse in Print Media 1968–2008." *Media, Culture & Society*, 34(5): 554–70.

* Michael, M. and Birke, L. (1994), "Enrolling the Core Set: The Case of the Animal Experimentation Controversy." *Social Studies of Science*, 24(1): 81–95.

* Milburn, J. (forthcoming), "The Analytic Philosophers: Peter Singer and Tom Regan." In L. Wright (ed.), *Routledge Handbook of Vegan Studies*. New York: Routledge.

* Mitchell, D. and Heynen, N. (2009), "The Geography of Survival and the Right to the City." *Urban Geography*, 30(6): 611–32.

* Mizelle, B. (2011), *Pig*. London: Reaktion.

* Monroe, J. (2019), *Vegan(ish): 100 Simple, Budget Recipes that Don't Cost the Earth.* Stuttgart: Pan Macmillan.

* Moore, J. W. (2017), "The Capitalocene, Part I." *The Journal of Peasant Studies*, 44(3): 594–630.

* Morgenmuffel, I. (2005), "The Feeding of the Five-thousand." In D. Harvie, K. Milburn, B. Trott and D. Watts (eds.), *Shut Them Down!* Brooklyn: Dissent!/Autonomedia.

* Morris, C. (2018), "'Taking the Politics out of Broccoli': Debating (de) Meatification in UK National and Regional Newspaper Coverage of the Meat Free Mondays Campaign." *Sociologia Ruralis*, 58(2): 433–52.

* Moskowitz, I. C. (2005), *Vegan with a Vengeance*. New York: Marlowe & Company. Moskowitz, I. C. and Romero, T. H. (2007), *Veganomicon*. New York: Marlowe & Company.

* Mukherjee, R. (2016), "Antiracism Limited: A Pre-history of Post-race." *Cultural Studies*, 30(1): 47–77.

* Mummery, J. and Rodan, D. (2017), "Mediation for Affect: Coming to Care about

Factory-Farmed Animals." *Media International Australia,* 165(1): 37–50.

* Munro, L. (2005), "Strategies, Action Repertoires and DIY Activism in the Animal Rights Movement." *Social Movement Studies,* 4(1): 75–94.

* Narayanan, Y. (2018), "Cow Protection as 'Casteised Speciesism': Sacralisation, Commercialisation and Politicisation." *South Asia: Journal of South Asian Studies,* 41(2): 331–51.

* Narayanan, Y. (2017), "Street Dogs at the Intersection of Colonialism and Informality: 'Subaltern Animism' as a Posthuman Critique of Indian Cities." *Environment and Planning D: Society and Space,* 35(3): 475–94.

* Narayanan, Y. and Gillespie, K. (2020), "Radical Intimacies: A Multispecies Politics of Care and Kinship." *Call for Papers.* Available online: https://www .dcasn .com / new -page -4.

* Nash, J. C. (2018), *Black Feminism Reimagined: After Intersectionality.* Durham, NC: Duke University Press.

* Naylor, T. (2019), "The £14 Cauliflower Steak: Is this the Cost of Vegan Cooking Being Taken Seriously?" *The Guardian,* June 16. Available online: https://www. theguardian.com/food/shortcuts/2019/jan/16/the-14-cauliflower-steak-is-this-the-cost-of-vegan-cooking-being-taken-seriously .

* Neubert, C. (2020), "The Anthropocene Stinks! Odor, Affect, and the Entangled Politics of Livestock Waste in a Rural Iowa Watershed." *Environment and Planning D: Society and Space,* 0263775820919768.

* Nibert, D. (2002), *Animal Rights/Human Rights: Entanglements of Oppression and Liberation.* Lanham: Rowman and Littlefield.

* Nicholson, M. A. (2000), "McLibel: A Case Study in English Defamation Law." *Wisconsin International Law Journal,* 18: 1–144.

* Nocella, A. J. II and George, A. (2019), *Intersectionality of Critical Animal Studies.* New York: Peter Lang.

* Noske, B. (1997), *Beyond Boundaries: Humans and Animals*. New York: Black Rose Books.

* Nunes, R. (2005), "Nothing Is What Democracy Looks Like." In D. Harvie, K. Milburn, B. Trott and D. Watts (eds.), *Shut Them Down! The G8, Gleneagles 2005 and the Movement of Movements*, 299–320. Leeds: Dissent!; Brooklyn: Autonomedia.

* Oliver, C. (2020a), "Beyond-Human Research: Negotiating Silence, Anger and Failure in Multispecies Worlds." *Emotion, Space and Society*, 35. https://doi.org/10.1016/j.emospa.2020.100686.

* Oliver, C. (2020b), "Towards a Beyond Human Geography." PhD thesis, University of Birmingham, UK.

* O'Neill, R. (2020), "Glow from the Inside Out: Deliciously Ella and the Politics of 'Healthy Eating'." *European Journal of Cultural Studies*. doi: 10.1177/1367549420921868.

* O'Sullivan, S. (2011), *Animals, Equality and Democracy*. Basingstoke: Palgrave Macmillan.

* Ouzounian, G. (ND), "Guiltless Grill? Is There Another Kind?." *Best Page in the Universe*. Available online: http://www.thebestpageintheuniverse.net/c.cgi?u=grill (accessed March 19, 2019).

* Pachirat, T. (2011), *Every Twelve Seconds: Industrialized Slaughter and the Politics of Sight*. New Haven, London: Yale.

* Papoulias, C. and Callard, F. (2010), "Biology's Gift: Interrogating the Turn to Affect." *Body & Society*, 16(1): 29–56.

* Parkinson, C. (2019), *Animals, Anthropomorphism and Mediated Encounters*. London: Routledge.

* Paxson, H. (2008), "Post-Pasteurian Cultures: The Microbiopolitics of Raw-milk Cheese in the United States." *Cultural Anthropology*, 23(1): 15–47.

* *Peaceable Kingdom* (2004), [Film] Dir. J. Stein. New York: Tribe of Heart.

* *Peaceable Kingdom: The Journey Home* (2009), [Film] Dir. J. Stein. New York: Tribe of Heart.

* Peat, J. (2020), "Record Numbers Complete Veganuary as Vegan Products Flood the High Streets." *The London Economic*, February 3. Available online: https://www. thelondoneconomic.com/food-drink/record-numbers-complete-veganuary-2020-as-new-vegan-products-flood-britains-high-streets/03/02/ .

* Pedersen, H. and Stanescu, V. (2014), "Future Directions of Critical Animal Studies." In N. Taylor and R. Twine (eds.), *The Rise of Critical Animal Studies, from the Margins to the Center*, 262–75. London and New York: Routledge.

* Peggs, K. (2013), "The 'Animal-advocacy Agenda': Exploring Sociology for Non-human Animals." *The Sociological Review*, 61(3): 591–606.

* Pendergrast, N. P. (2018), "PETA, Patriarchy and Intersectionality." *Animal Studies Journal*, 7(1): 59–79.

* PETA (2020a), "Too Hot for the Big Game: PETA's Banned Super Bowl Ads," *PETA*. Available online: https :/ /www.peta.org/feat ures/peta-banned-super-bowl-commercials-ads-nsfw/.

* PETA (2020b), "The Naked Truth About Sex Appeal." *PETA*. Available online: https://headlines.peta.org/lettuce-ladies-banana-boys-why-does-peta-use-nudity/.

* Philo, C. (1995), "Animals, Geography, and the City: Notes on Inclusions and Exclusions." *Environment and Planning D: Society and Space*, 13(6): 655–81.

* Philo, C. and MacLachlan, I. (2018), "The Strange Case of the Missing Slaughterhouse Geographies." In S. Wilcox and S. Rutherford (eds.), *Historical Animal Geographies*, 100–20. London: Routledge.

* Phipps, A (2020), *Me Not You: The Trouble with Mainstream Feminism*. Manchester: Manchester University Press.

* Pick, A. (2018), "Vegan Cinema." In E. Quinn and B. Westwood (eds.), *Thinking Veganism in Literature and Culture: Towards a Vegan Theory*, 125–46. Basingstoke:

Palgrave Mcmillan.

* Pick, A. (2012), "Turning to Animals between Love and Law." *New Formations*, 76: 68–85.

* Pickerill, J. (2003), *Cyberprotest: Environmental Activism On-Line*. Manchester: Manchester University Press.

* Pickerill, J. and Chatterton, P. (2006), "Notes Towards Autonomous Geographies: Creation, Resistance and Self-management as Survival Tactics." *Progress in Human Geography*, 30(6): 730–46.

* Plumwood, V. (2003), "Animals and Ecology: Towards a Better Integration." Available online: https :/ /op enres earch -repo sitor y .anu .edu. au /bi tstre am /18 85 /41 767 /3 /Vegp ap6 .p df.

* Polish, J. (2016), "Decolonizing Veganism: On Resisting Vegan Whiteness and Racism." In J. Castricano and R. R. Simonsen (eds.), *Critical Perspectives on Veganism*, 373–91. Basingstoke: Palgrave Macmillan.

* Potts, A., ed. (2016), *Meat Culture*. Boston: Brill.

* Potts, A., ed. (2010), "Women, Psychology and Nonhuman Animals," special edition *Feminism & Psychology*, 20(3).

* Potts, A. and Haraway, D. (2010), "Kiwi Chicken Advocate Talks with Californian Dog Companion." *Feminism & Psychology*, 20(3): 318–36.

* Potts, A. and Parry, J. (2010), "Vegan Sexuality: Challenging Heteronormative Masculinity Through Meat-Free Sex." *Feminism & Psychology*, 20(1): 53–72.

* Priestley, A., Lingo, S. K. and Royal, P. (2016), "The Worst Offense Here is the Misrepresentation: Thug Kitchen and Contemporary Vegan Discourse." In J. Castricano and R. R. Simonsen (eds.), *Critical Perspectives on Veganism*, 349–72. Basingstoke: Palgrave Macmillan.

* Probyn, E. (2016), *Eating the Ocean*. Durham, NC: Duke University Press.

* Probyn, E. (2000), *Carnal Appetites: FoodSexIdentities*. London: Routledge.

* Probyn-Rapsey, F., O'Sullivan, S. and Watt, Y. (2019), "'Pussy Panic' and Glass Elevators: How Gender Is Shaping the Field of Animal Studies." *Australian Feminist Studies*, 34(100): 198–215.

* Puig de la Bellacasa, M. (2017), *Matters of Care: Speculative Ethics in More than Human Worlds*. Minneapolis: University of Minnesota Press.

* Puig de la Bellacasa, M. (2012), "'Nothing Comes without its World': Thinking with Care." *The Sociological Review*, 60(2): 197–216.

* Puig de la Bellacasa, M. (2011), "Matters of Care in Technoscience: Assembling Neglected Things." *Social Studies of Science*, 41(1): 85–106.

* Quinn, E. (2020), "Notes on Vegan Camp." *PMLA*, 135(5): 914–30.

* Quinn, E. and Westwood, B. (2018), *Thinking Veganism in Literature and Culture: Towards a Vegan Theory*. Basingstoke: Palgrave Macmillan.

* Ramsden, E. (2011), "From Rodent Utopia to Urban Hell: Population, Pathology, and the Crowded Rats of NIMH." *Isis*, 102(4): 659–88.

* Ramsden, E. and Wilson, D. (2014), "The Suicidal Animal: Science and the Nature of Self-Destruction." *Past & Present*, 224(1): 201–42.

* Rasmussen, C. (2015), "Pleasure, Pain and Place." In K. Gillespie and R.-C. Collard (eds.), *Critical Animal Geographies: Politics, Intersections and Hierarchies in a Multispecies World*, 54–70. New York: Routledge.

* Ritzer, G. (2013), *The McDonaldization of Society*. London: Sage.

* Robinson, M. (2013), "Veganism and Mi'kmaq Legends." *The Canadian Journal of Native Studies*, 33(1): 189–96.

* Robinson, M. (2014), "Animal Personhood in Mi'kmaq Perspective." *Societies*, 4(4): 672–88.

* Robinson, M. (2017), "Intersectionality in Mi'kmaw and Settler Vegan Values." In J. F. Brueck (ed.), *Veganism in an Oppressive World*, 71–88. Milton Keynes: Sanctuary Books.

* Royal Society for the Encouragement of Arts, Manufacturers and Commerce (RSA), Food, Farming and Countryside Commission (2019), *Our Future in the Land*. Report. * Available online: https://www.thersa.org/globalassets/reports/rsa-ffcc-our-future-in-the-land.pdf.

* Safran Foer, J. (2010), *Eating Animals*. London: Penguin.

* Sainsbury's (2019), *Future of Food Report*. Report. Available online: https://www.about.sainsburys.co.uk/~/media/Files/S/Sainsburys/pdf-downloads/future-of-food-08.pdf.

* Salih, S. (2014), "Vegans on the Verge of a Nervous Breakdown." In N. Taylor and R. Twine (eds.), *The Rise of Critical Animal Studies, from the Margins to the Center*, 52–68. London and New York: Routledge.

* Sandelin, E. and Unsworn Industries (2015), "Eating E.T." In E. Andersson Cederholm, A. Björck, K. Jennbert and A.-S. Lönngren (eds.), *Exploring the Animal Turn: Human-Animal Relations in Science, Society and Culture*, 47–56. Lund: Pufendorf Institute for Advanced Studies.

* Saunders, C. (2008), "Double-Edged Swords? Collective Identity and Solidarity in the Environment Movement." *The British Journal of Sociology*, 59(2): 227–53.

* Sbicca, J. (2013), "The Need to Feed: Urban Metabolic Struggles of Actually Existing Radical Projects." *Critical Sociology*, 40(6): 817–34.

* Scott, E. (2020), "Healthism and Veganism." In D. Lupton and Z. Feldman (eds.), *Digital Food Cultures*, 68–81. London: Routledge.

* Seager, J. (2003), "'Pepperoni or Broccoli?' On the Cutting Wedge of Feminist Environmentalism." *Gender, Place and Culture: A Journal of Feminist Geography*, 10(2): 167–74.

* Sebastian, C. (2020), "In Response to Harriet Hall: The White Saviour is You, Not Joaquin Phoenix." *Christopher Sebastian*, February 13. Available online: https://www.christophersebastian.info/post/in-response-to-harriet-hall-the-white-savior-is-you-

not-joaquin-phoenix.

* Sebastian, C. (2018), "If Veganism is Racist and Classist, Bad News for Nonveganism." *Christopher Sebastian*, October 20. Available online: https://www. christophersebastian.info/post/2018/10/20/if-veganism-is-racist-and-classist-bad-news-for-nonveganism.

* Serpell, J. (2003), "Anthropomorphism and Anthropomorphic Selection—Beyond the 'Cute Response'." *Society & Animals*, 11(1): 83–100.

* Sexton, A. (2016), "Alternative Proteins and the (Non)Stuff of 'Meat'." *Gastronomica: The Journal of Critical Food Studies*, 16(3): 66–78.

* Sexton, A. E., Garnett, T. and Lorimer, J. (2019), "Framing the Future of Food: The Contested Promises of Alternative Proteins." *Environment and Planning E: Nature and Space*, 2514848619827009.

* Shah, K. (2018), "The Vegan Race Wars: How the Mainstream Ignores Vegans of Color." *Thrillist*, January 26. Available online: https://www.thrillist.com/eat/nation/vegan-race-wars-white-veganism.

* Shapiro, R. (2016), "Outrageous New PETA Ad Compares Cows with Rape Victims." *Huffington Post*, April 11. Available online: https://www.huffingtonpost.co.uk/entry/peta-ad-rape_n_581befcfe4b0aac624836a29.

* Shotwell, A. (2017), "The Folly of Purity Politics," Interview by Julie Beck, *The Atlantic*, January 20. Available online: https://www.theatlantic.com/health/archive/2017/01/purity-politics/513704/.

* Shotwell, A. (2016), *Against Purity: Living Ethically in Compromised Times*. Minneapolis: University of Minnesota Press.

* Shukin, N. (2009), *Animal Capital: Rendering Life in Biopolitical Times*. Minneapolis: University of Minnesota Press.

* Singer, P. (2015 [1975]), *Animal Liberation*. London: The Bodley Head.

Slaven, M. and Heydon, J. (2020), "Crisis, Deliberation, and Extinction Rebellion."

Critical Studies on Security, 8(1): 59–62.

* Slocum, R. (2007), "Whiteness, Space and Alternative Food Practice." *Geoforum*, 38(3): 520–33.

* Smith, M. and Mac, J. (2018), *Revolting Prostitutes: The Fight for Sex Workers' Rights.* London: Verso.

* Spataro, D. (2016), "Against a De-politicized DIY Urbanism: Food Not Bombs and the Struggle over Public Space." *Journal of Urbanism: International Research on Placemaking and Urban Sustainability*, 9(2): 185–201.

* Specht, J. (2020), "Cash Cows: Meatpacking and the Specter of Coronavirus." *The Baffler*, May 4. Available online: https :/ /th ebaff ler .c om /la test/ cash- cows- spech t. Stallwood, K. (2014), *Growl*. New York: Lantern Books.

* Stanescu, J. (2013), "Beyond Biopolitics: Animal Studies, Factory Farms, and the Advent of Deading Life." *PhaenEx*, 8(2): 135–60.

* Stănescu, V. (2018), "'White Power Milk': Milk, Dietary Racism, and the 'Alt-Right'". *Animal Studies Journal*, 7(2): 103–28.

* Stanescu, V. (2014), "Crocodile Tears, Compassionate Carnivores and the Marketing of 'Happy Meat'." In J. Sorenson (ed.), *Thinking the Unthinkable: New Readings in Critical Animal Studies*, 216–33. Toronto: Canadian Scholars Press.

* Star, S. L. (1991), "Power, Technology and the Phenomenology of Conventions: On Being Allergic to Onions." In J. Law (ed.), *A Sociology of Monsters: Essays on Power, Technology and Domination*, 26–56. London: Routledge.

* Starhawk (2005), "Diary of a Compost Toilet Queen." In D. Harvie, K. Milburn, B. Trott and D. Watts (eds.), *Shut Them Down! The G8, Gleneagles 2005 and the Movement of Movements*, 185–202. Leeds: Dissent!; Brooklyn: Autonomedia.

* Stephens, N. (2013), "Growing Meat in Laboratories: The Promise, Ontology, and Ethical Boundary-work of Using Muscle Cells to Make Food." *Configurations*, 21(2): 159–81.

* Stephens, N., Di Silvio, L., Dunsford, I., Ellis, M., Glencross, A. and Sexton, A. (2018), "Bringing Cultured Meat to Market: Technical, Socio-Political, and Regulatory Challenges in Cellular Agriculture." *Trends in Food Science & Technology*, 78: 155–66.

* Stephens Griffin, N. (2020), "'Everyone was Questioning Everything': Understanding the Derailing Impact of Undercover Policing on the Lives of UK Environmentalists." *Social Movement Studies*, 1–19. doi: 10.1080/14742837.2020.1770073.

* Stephens Griffin, N. (2017), *Understanding Veganism: Biography and Identity*. London: Routledge.

* Stephens Griffin, N. (2014), "Doing Critical Animal Studies Differently: Reflexivity and Intersectionality in Practice." In N. Taylor and R. Twine (eds.), *The Rise of Critical Animal Studies, from the Margins to the Center*, 111–36. London and New York: Routledge.

* Stewart, K. and Cole, M. (2020), "Veganism Has Always Been More About Living an Ethical Life than Just Avoiding Meat and Dairy." *The Conversation*, January 7. Available online: https://theconversation.com/veganism-has-always-been-more-about-living-an-ethical-life-than-just-avoiding-meat-and-dairy-129307.

* Stewart, K. and Cole, M. (2009), "The Conceptual Separation of Food and Animals in Childhood," *Food, Culture & Society*, 12(4): 457–76.

* Sturgeon, N. (2009), "Considering Animals: Kheel's Nature Ethics and Animal Debates in Ecofeminism." *Ethics & the Environment*, 14(2):153–62.

* Sundberg, J. (2014), "Decolonizing Posthumanist Geographies." *Cultural Geographies*, 21(1): 33–47.

.* TallBear, K. (2017), "Beyond the Life/Not Life Binary: A Feminist-Indigenous Reading of Cryopreservation, Interspecies Thinking and the New Materialisms." In J. Radin and E. Kowal (eds.), *Cryopolitics: Frozen Life in a Melting World*, 179–200. Cambridge, MA: MIT Press.

* Tasker, Y. and Negra, D. (2005), "In Focus: Postfeminism and Contemporary Media Studies." *Cinema Journal*, 44(2): 107–10.

* Taylor, N. (2016), "Suffering Is Not Enough: Media Depictions of Violence to Other Animals and Social Change." In N. Almiron, M. Cole and C. P. Freeman (eds.), *Critical Animal and Media Studies: Communication for Nonhuman Animal Advocacy*, 42–55. New York: Routledge.

* Taylor, S. (2017), *Beasts of Burden: Animal and Disability Liberation*. New York: The New Press.

* Terry, B. (2014), "The Problem with 'Thug' Cuisine." *CNN*, October 10. Available online: https://edition.cnn.com/2014/10/10/living/thug-kitchen-controversy-eatocracy/index.html.

* Terry, B. (2009), *Vegan Soul Kitchen*. Cambridge, MA: Da Capo Press.

Todd, Z. (2016), "An Indigenous Feminist's Take on the Ontological Turn: 'Ontology' Is Just Another Word for Colonialism." *Journal of Historical Sociology*, 29(1): 4–22.

Trachsel, M. (2019), "Befriending Your Food: Pigs and People Coming of Age in the Anthropocene." *Social Sciences*, 8(4). Available online: https://www.mdpi.com/2076-0760/8/4/106/htm.

* Tronto, J. C. (1993), *Moral Boundaries: A Political Argument for an Ethic of Care*. London: Routledge.

* Tsing, A. L. (2015), *The Mushroom at the End of the World: On the Possibility of Life in Capitalist Ruins*. Princeton: Princeton University Press.

* Tsing, A. L. (2011), *Friction: An Ethnography of Global Connection*. Princeton: Princeton University Press.

* Turnbull, J., Searle, A. and Adams, W. M. (2020), "Quarantine Encounters with Digital Animals." *Journal of Environmental Media*, 1.doi.org/10.1386/jem_00027_1.

* Twine, R. (2017), "Materially Constituting a Sustainable Food Transition: The Case of Vegan Eating Practice." *Sociology*, 52(1): 166–81.

* Twine, R. (2014), "Vegan Killjoys at the Table—Contesting Happiness and Negotiating Relationships with Food Practices." *Societies*, 4(4): 623–39.

* Twine, R. (2010), *Animals as Biotechnology: Ethics, Sustainability and Critical Animal Studies*. London: Earthscan/Routledge.

* Taylor, N. and Twine, R. (2014), *The Rise of Critical Animal Studies: From the Margins to the Centre*. London: Routledge.

* Tyler, T. (2018), "Trojan Horses." In E. Quinn and B. Westwood (eds.), *Thinking Veganism in Literature and Culture: Towards a Vegan Theory*, 107–24. Basingstoke: Palgrave MacMillan.

* Tyler, T. (2012), *CIFERAE: A Bestiary in Five Fingers*. Minneapolis: University of Minnesota Press.

* Tyler, T. (2006), "Four Hands Good, Two Hands Bad." *Parallax*, 12(1): 69–80.

Tyler, T. (2003), "If Horses Had Hands…." *Society & Animals*, 11(3): 267–81.

* Urbanik, J. (2012), *Placing Animals: An Introduction to the Geography of Human-animal Relations*. London: Rowman & Littlefield.

* United Nations (2015), "UN Human Rights Chief Urges U.K. to Tackle Hate Speech, after Migrants called 'Cockroaches'." United Nations Human Rights, April 24. Available online: https://www.ohchr.org/en/NewsEvents/Pages/DisplayNews.aspx?NewsID=15885&LangID=E .

* Valpey, K. R. (2020), *Cow Care in Hindu Ethics*. Basingstoke: Palgrave Macmillan.

Vegan Society (2020a), "Key Facts." *Vegan Society*. Available online: https :/ /ww w .veg ansoc iety. com /a bout- us /fu rther -info rmati on /ke y -fac ts.

* Vegan Society (2020b), "Nutrition and Health." *Vegan Society*. Available online: https://www.vegansociety.com/resources/nutrition-and-health.

* Véron, O. (2016), "(Extra)Ordinary Activism: Veganism and the Shaping of Hemeratopias." *International Journal of Sociology and Social Policy*, 36(11/12): 756–73.

* Véron, O. (2016b), "From Seitan Bourguignon to Tofu Blanquette: Popularizing

* Veganism in France with Food Blogs." In J. Castricano and R. R. Simonsen (eds.), *Critical Perspectives on Veganism*, 287–306. Basingstoke: Palgrave Macmillan.

* Vidal, J. (1997), *McLibel: Burger Culture on Trial.* Chatham: Pan Books.

* Wadiwel, D. (2015), *The War Against Animals.* Leiden: Brill.

* Webster, F. (2004), "Cultural Studies and Sociology at, and after, the Closure of the Birmingham School." *Cultural Studies*, 18(6): 847–62.

* Weil, K. (2012), *Thinking Animals: Why Animal Studies Now?* New York: Columbia University Press.

* Weisberg, Z. (2009), "The Broken Promises of Monsters: Haraway, Animals and the Humanist Legacy." *Journal for Critical Animal Studies*, 7(2): 22–62.

* Whatmore, S. (2006), "Materialist Returns: Practising Cultural Geography in and for a More-than-Human World." *Cultural Geographies*, 13(4): 600–9.

* Whistleblower Lawyer Team (2016), "2015's Whistleblower of the Year Award Goes to... Perdue Chicken Farmer Craig Watts." *Whistleblower Group*, February 9. Available online: https :/ /co nstan tinec annon .com/ 2016/ 02 /09 /year s -whi stleb lower -year -awar d -goe s -per due -c hicke n -far mer -c raig- watts /.

* White, R. (2018), "Looking Backward, Moving Forward: Articulating a 'Yes, BUT...!' Response to Lifestyle Veganism." *Europe Now*, September 5. Available online: https://www.europenowjournal.org/2018/09/04/looking-backward-moving-forward-articulating-a-yes-but-response-to-lifestyle-veganism/.

* White, R. (2015), "Animal Geographies, Anarchist Praxis and Critical Animal Studies." In K. Gillespie and R.-C. Collard (eds.), *Critical Animal Geographies: Politics, Intersections, and Hierarchies in a Multispecies World*, 19–35. London: Routledge.

* White, R. and Cudworth, E. (2014), "Challenging Systems of Domination from Below." In A. J. Nocella II, J. Sorenson, K. Socha and A. Matsuoka (eds.), *Defining Critical Animal Studies: An Intersectional Social Justice Approach for Liberation*, 202–20. New York: Peter Lang.

* White, R. and Springer, S. (2018), "For Spatial Emancipation in Critical Animal Studies." In A. Matsuoka and J. Sorenson (eds.), *Critical Animal Studies: Towards Trans-species Social Justice*, 160–83. London: Rowman and Littlefield.

* Wiegman, R. (2012), *Object Lessons*. Durham, NC: Duke University Press.

* Wilkie, R. (2015), "Multispecies Scholarship and Encounters: Changing Assumptions at the Human-animal Nexus." *Sociology*, 49(2): 323–39.

* Winch, A. (2011), "'Your New Smart-mouthed Girlfriends': Postfeminist Conduct Books." *Journal of Gender Studies*, 20(4): 359–70.

* Winter, D. R. (2015), "Doing Liberation: The Story and Strategy of Food Not Bombs." In A. J. Nocella II, R. J. White and E. Cudworth (eds.), *Anarchism and Animal Liberation: Essays on Complementary Elements of Total Liberation*, 59–70. Jefferson: McFarland.

* Wolfe, C. (2012), *Before the Law: Humans and Animals in a Biopolitical Frame*. Chicago: University of Chicago Press.

* Wolfe, C. (2010), *What Is Posthumanism?* Minneapolis: University of Minnesota Press.

* Wolfe, C. (2003), *Animal Rites: American Culture, the Discourse of Species, and Posthumanist Theory*. Chicago: University of Chicago Press.

* Wolfson, D. (1999), *The McLibel Case and Animal Rights*. London: Active Distribution.

* Womack, C. S. (2013), "There Is No Respectful Way to Kill an Animal." *Studies in American Indian Literatures*, 25(4): 11–27.

* Wrenn, C. L. (2020), *Piecemeal Protest: Animal Rights in the Age of Nonprofits*. Ann Arbor: University of Michigan Press.

* Wrenn, C. L. (2019), "The Vegan Society and Social Movement Professionalization, 1944–2017." *Food and Foodways*, 27(3): 190–210.

* Wrenn, C. L. (2017a), "Trump Veganism: A Political Survey of American Vegans in the Era of Identity Politics." *Societies*, 7(4): 32.

* Wrenn, C. L. (2017b), "Fat Vegan Politics: A Survey of Fat Vegan Activists' Online

* Experiences with Social Movement Sizeism." *Fat Studies*, 6(1): 90–102.

* Wrenn, C. L. (2016), *A Rational Approach to Animal Rights*. New York: Palgrave Macmillan.

* Wrenn, C. L. (2015), "The Role of Professionalization Regarding Female Exploitation in the Nonhuman Animal Rights Movement." *Journal of Gender Studies*, 24(2): 131–46.

* Wrenn, C. L. (2014), "The Thug Kitchen Cookbook and the Problem of Vegan Blackface." *Corey Lee Wrenn*, February 27. Available online: http://www. coreyleewrenn.com/the-thug-kitchen-cookbook-and-the-problem-of-vegan-blackface/.

* Wrenn, C. L. (2013), "Resonance of Moral Shocks in Abolitionist Animal Rights Advocacy: Overcoming Contextual Constraints." *Society & Animals*, 21(4): 379–94.

* Wrenn, C. L. (2011), "Resisting the Globalization of Speciesism: Vegan Abolitionism as a Site for Consumer-Based Social Change." *Journal for Critical Animal Studies*, 9(3): 8–27.

* Wright, L., ed. (2019), *Through a Vegan Studies Lens: Textual Ethics and Lived Activism*. Reno and Las Vegas: University of Nevada Press.

* Wright, L., ed. (2018), "Vegan Studies and Ecocriticism." Special cluster *ISLE: Interdisciplinary Studies in Literature and Environment*, 24(4): 737–802.

* Wright, L. (2015), *The Vegan Studies Project: Food, Animals, and Gender in the Age of Terror*. Athens: University of Georgia Press.

* Yarborough, A. and Thomas, S., eds. (2010), "Women of Color in Critical Animal Studies." Special edition, *Journal for Critical Animal Studies*, 8(3).

* Zephaniah, B. (2001), *The Little Book of Vegan Poems*. Edinburgh, London: AK Press.

434

"세상 모든 것에 감탄하는 지혜로운 사람들의 공간"

도서출판 호밀밭

비거니즘 Veganism
ⓒ 2022, 에바 하이파 지로 Eva Haifa Giraud

지은이	에바 하이파 지로 Eva Haifa Giraud
옮긴이	장한라
초판 1쇄	2022년 10월 24일
편집	허태준 책임편집, 박정오, 임명선, 하은지
디자인	박규비 책임디자인, 전혜정, 최효선
미디어	전유현
경영전략	김태희, 최민영
마케팅	최문섭
종이	세종페이퍼
제작	영신사

펴낸이	장현정
펴낸곳	호밀밭
등록	2008년 11월 12일 (제338-2008-6호)
주소	부산광역시 수영구 연수로 357번길 17-8
전화, 팩스	051-751-8001, 0505-510-4675
전자우편	homilbooks@naver.com

Published in Korea by Homilbooks Publishing Co, Busan.
Registration No. 338-2008-6.
First press export edition October, 2022.

Author Eva Haifa Giraud   **Translator** Jang, Hanla
ISBN 979-11-6826-074-0   93300